中国证券业发展报告

（2013）

中国证券业协会　编

中国财政经济出版社

图书在版编目（CIP）数据

中国证券业发展报告．2013/中国证券业协会编．—北京：中国财政经济出版社，2013.4

ISBN 978－7－5095－4447－1

Ⅰ.①中…　Ⅱ.①中…　Ⅲ.①证券市场－经济发展－研究报告－中国－2013　Ⅳ.①F832.51

中国版本图书馆CIP数据核字（2013）第078956号

责任编辑：翁晓红等　　责任校对：于　月

封面设计：李运平　　版式设计：朱碧波

中国财政经济出版社出版

URL：http：//www．cfeph.cn

E－mail：cfeph@cfeph.cn

社址：北京市海淀区阜成路甲28号　邮政编码：100142

营销中心电话：88190406　北京财经书店电话：64033436　84041336

北京中兴印刷有限公司印刷　各地新华书店经销

787×1092毫米　16开　24.25印张　538 000字

2013年4月第1版　2013年4月北京第1次印刷

定价：50.00元

ISBN 978－7－5095－4447－1/F·3601

（图书出现印装问题，本社负责调换）

本社质量投诉电话：010－88190744

反盗版举报热线：010－88190492

010－88190446

《中国证券业发展报告(2013)》
编　委　会

《中国证券业发展报告(2013)》
作者名单
(按照姓氏笔画排序)

于　佳　万华伟　马晓洁　方　涌　王　可　王　伟
王　卓　王建业　王湖值　王　慧　冯　潇　申　屹
龙飞虎　刘小诗　刘和平　刘　莱　刘　潇　向开旭
孙雯雯　朱　蕾　祁曙光　严志辉　何苗苗　张卫东
张小莉　张红梅　张凯慧　张　荣　张　玲　张　望
李立锋　李志勇　李明亮　李　朋　李婉晴　杜长庆
杜洪波　沈传玉　苏　明　陈久红　陈荣杰　单蔚良
周　天　周洪荣　林建何　武向阳　姜婧一　胡　博
郝　亮　唐　旭　徐仕达　徐建华　徐　锋　袁　熙
谈　恺　贾　韬　常丽娟　常志刚　曹永强　曹炳艾
黄　辉　龚　佳　鲁　伟　谭先福　潘光远

前　言

中国证券业协会会长　陈共炎

2012 年是中国证券业创新发展的一年。创新是证券行业发展的不竭动力，以创新驱动发展，证券业才能永葆生机与活力。在中国证监会的领导下，2012 年 5 月，中国证券业协会发起召开了证券公司创新发展研讨会，提出了证券公司改革开放、创新发展的 11 条措施，确立了行业创新发展的方向。证券业抓住机遇，顺应行业发展的新形势和现实需求，持续推动行业改革、开放和发展：证券公司新业务、新产品创新进程加快，业务范围和投资方式限制进一步放宽，资产管理能力得到明显提高；证券公司交易、托管结算、支付、投资和融资等基础功能得以拓展，服务市场和实体经济的能力有所提升；证券公司合规风险控制水平持续提高，合规管理制度不断健全；投资者适当性制度建设有效强化；区域性股权交易市场逐步走向规范发展，证券公司柜台市场开始试点，多层次资本市场体系建设初见成效。

行业的创新发展是《中国证券业发展报告（2013）》关注的重点。在编撰的过程中，报告内容紧跟行业发展的步伐，突出了行业创新特色。2012 年证券行业的创新发展围绕证券公司各业务条线展开，以业务线分类的各个分报告中涉及相关内容，新增的专题报告系统介绍了行业 2012 年创新发展状况。同时，《中国证券业发展报告（2013）》承继了上年总报告、分报告及专题报告的编写模式，涵盖了证券行业的方方面面，客观、多维度、深入反映了 2012 年证券行业的发展全貌、行业特色和发展趋势，力求为中国证券业的发展留下真实可靠的历史资料，并为今后证券业的发展提供必要借鉴。

由于编写时间紧迫，《中国证券业发展报告（2013）》难免有疏漏、错误之处，敬请业内同仁、广大读者提出宝贵意见和建议。

2013 年 4 月

目　录

总　报　告
2012 年中国证券业发展回顾与展望

分　报　告
分报告之一：2012 年中国证券经纪业务发展回顾与展望

分报告之二：2012 年中国投资银行业务发展回顾与展望

分报告之三：2012 年中国证券公司资产管理业务发展回顾与展望

分报告之四：2012 年中国证券投资咨询业务发展回顾与展望

分报告之五：2012 年中国证券公司融资融券业务发展回顾与展望

分报告之六：2012 年中国证券公司投资业务发展回顾与展望

分报告之七：2012 年中国证券公司国际业务发展回顾与展望

专　题　报　告

专题报告之一：2012 年证券行业创新发展综述

专题报告之二：2012 年中国证券行业信息技术发展综述

专题报告之三：2012 年中国证券公司合规与风险管理发展综述

专题报告之四：2012 年证券公司投资者教育与服务工作报告

专题报告之五：2012 年中国证券资信评级业务发展综述

总报告

2012年中国证券业发展回顾与展望

第一章

2012年中国证券业发展现状

2012年是中国证券行业创新发展的一年。在这一年里，证券行业积极贯彻落实5月份证券公司创新发展研讨会提出的《关于推进证券公司改革开放、创新发展的思路与措施》，不断推进证券公司的业务创新、产品创新及制度创新，拓展市场的广度和深度，促进多层次资本市场发展，将证券行业创新推向纵深发展。

一、证券行业总体情况

（一）证券公司发展情况

截至2012年底，全国共有证券公司114家，与2011年相比增加5家，分别为东方花旗证券有限公司、上海东方证券资产管理有限公司、上海光大证券资产管理公司、上海国泰君安证券资产管理有限公司、上海海通证券资产管理有限公司，其中后4家为已有证券公司设立的全资资产管理子公司。

114家证券公司中，共有19家证券公司在沪、深证券交易所上市，其中2家证券公司在香港证券交易所上市。股权分置改革后，证券公司上市融资力度显著提升，2007～2011年，逐年分别有5家、1家、3家、4家和3家证券公司在沪、深证券交易所上市，2012年新增西部证券1家上市证券公司。同时，在100多家证券公司中，合资证券公司有10家，2012年新增东方花旗证券有限公司1家合资证券公司，由东方证券股份有限公司与花旗环球金融（亚洲）有限公司共同投资组建（见图1－1）。

1. 证券公司资产规模。截至2012年底，证券公司总资产规模合计1.72万亿元，同比扩大9.55%，平均每家证券公司总资产为150.88亿元，比2011年末增长4.76%；全部证券公司净资产规模合计6 943.46亿元，同比增长10.17%，平均每家证券公司净资产为60.91亿元。从证券行业整体的杠杆倍数①来看，由2002年的7.78降至2008年的

① 杠杆倍数即公司资产负债表中总资产/净资产的比率；其中，净资本是衡量证券公司资本充足和资产流动性状况的一个综合性监管指标，净资本＝净资产－金融产品投资的风险调整－应收项目的风险调整－其他流动资产项目的风险调整－长期资产的风险调整－或有负债的风险调整＋/－中国证监会认定或核准的其他调整项目。

4.16 后有所反弹，2012 年为 3.46（见表 1－1）。

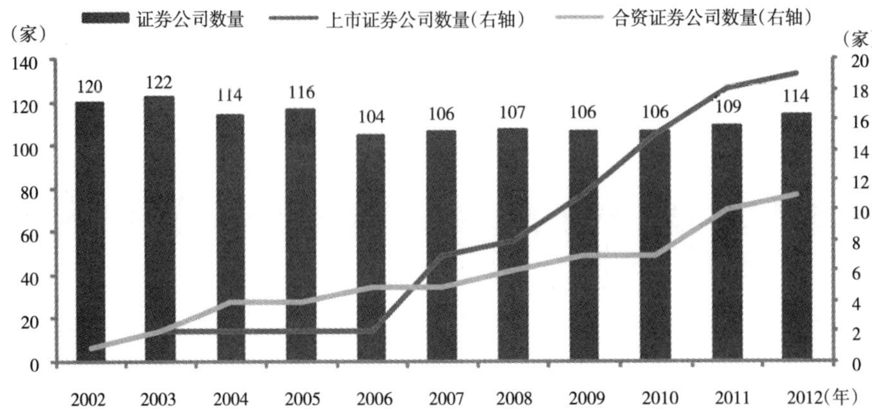

图 1－1 2002～2012 年证券公司数量变化

资料来源：中国证券业协会网站及各证券公司网站。

表 1－1　　2002～2012 年证券公司规模情况

年度 \ 规模	总资产（万亿元）	净资产（亿元）	净资本（亿元）	杠杆倍数
2012	1.72	6 943.46	4 970.99	3.46
2011	1.57	6 302.55	4 634.02	3.39
2010	1.97	5 663.59	4 319.28	4.56
2009	2.03	4 838.80	3 831.80	5.30
2008	1.20	3 584.81	2 887.40	4.16
2007	1.73	3 443.00	2 977.00	5.81
2006	0.62	1 072.00	813.00	7.63
2005	0.28	608.88	380.78	7.35
2004	0.33	669.08	453.41	7.28
2003	0.49	1 215.14	791.26	6.19
2002	0.53	1 088.90	681.64	7.78

注：2002～2011 年为合并报表数据，2012 年为未经审计的母公司数据。

资料来源：中国证券业协会网站，Wind 资讯。

从证券公司规模的集中度来看，总资产、净资产和净资本三项指标的前五大证券公司的集中率（CR5）基本保持一致的变化趋势。2002 年以来，证券行业呈现逐渐集中的趋势，到 2007 年达到最高值，三项指标前五家证券公司的集中率（CR5）分别上升至 30.83%、33.76% 和 38.99%；而 2007 年后，证券公司集中率逐渐下降并趋于稳定，2011 年底，前五大证券公司总资产、净资产和净资本三项指标的集中率分别为 28.70%、33.76% 和 29.36%（见图 1－2）。

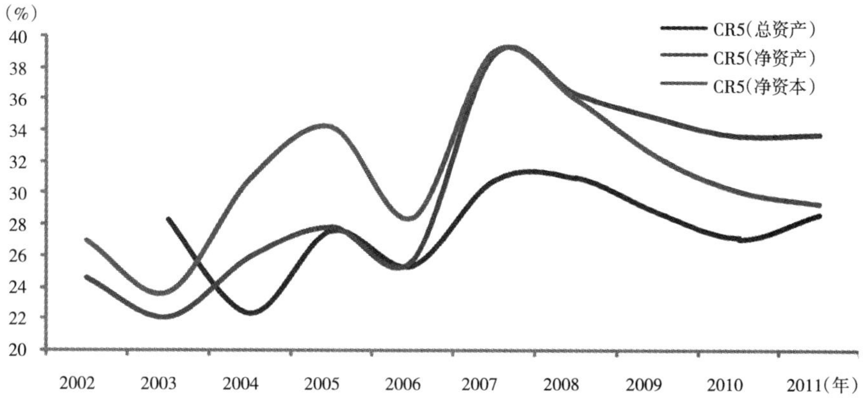

图1－2　2002～2011年证券公司规模集中度的变化情况

注：以上为合并报表数据。

资料来源：Wind资讯，各公司年报。

2. 证券公司业务利润变动和收入结构情况。2012年证券公司实现营业收入1 294.71亿元，同比下降20.68%；实现净利润329.3亿元，同比下降24.14%；净利率为27.01%，同比下降1.23个百分点；行业净资产收益率（ROE）为4.74%，同比下降2.11个百分点。从2012年证券公司的收入结构来看，经纪业务、自营业务和证券承销与保荐业务是证券公司收入的主要来源，其占比分别为38.93%、22.41%、13.70%，而投资咨询业务、财务顾问业务、资产管理业务和融资融券业务尽管收入占比较低，但在2012年期间各业务占比呈现明显的上升趋势，分别由2012年上半年的0.44%、1.29%、1.48%、3.06%上升至0.89%、2.74%、2.07%和4.06%，这与2012年资产管理和融资融券业务的创新力度密切相关（见表1－2）。

表1－2　　2012年证券公司利润和收入情况

项目＼年度	2012年上半年	2012年前三个季度	2012年全年
营业收入（亿元）	706.28	955.77	1 294.71
代办买卖证券业务净收入（%）	38.70	40.69	38.93
投资咨询业务净收入（%）	0.44	0.64	0.89
证券承销与保荐业务净收入（%）	12.61	13.53	13.70
财务顾问业务净收入（%）	1.29	1.76	2.74
受托客户资产管理业务净收入（%）	1.48	1.76	2.07
证券投资净收益（%）	27.64	22.43	22.41
融资融券业务利息净收入（%）	3.06	3.81	4.06
其他业务（%）	14.78	15.37	15.19
净利润（亿元）	226.59	263.42	329.3
净利率（%）	32.08	27.56	27.01

注：净利率＝净利润÷营业收入×100%；以上为母公司数据。

资料来源：中国证券业协会网站。

从2007年以来证券公司的利润和收入情况来看，其与股票市场的波动呈现一定的正相关性。以2008年为例，行业营业收入仅为1 434.97亿元，同比下降54.60%；实现净利润522.58亿元，同比下降63.01%；由此行业净利率也由2007年的44.70%下降至36.42%，净资产收益率由2007年的38.69%下降至13.79%。

从2007年以来证券公司的收入结构变化情况来看，经纪业务收入比重显著下降，2012年首次降低至40%以下，为39.82%；证券承销业务和资产管理业务的收入比重则均有提升，分别由2007年的3.22%和1.45%上升至2012年的13.70%和2.07%（见表1－3）。

表1－3　2007～2012年证券公司利润和收入情况

项目＼年度	2012	2011	2010	2009	2008	2007
营业收入（亿元）	1 294.71	1 632.31	2 202.02	2 347.39	1 434.97	3 160.80
代理买卖证券业务净收入（%）	39.82	45.29	53.49	66.26	67.63	55.55
证券承销业务净收入（%）	13.70	12.96	11.35	5.32	5.38	3.22
投资净收益（%）	22.41	13.49	15.40	11.81	3.68	29.72
受托客户资产管理业务净收入（%）	2.07	2.37	1.62	1.16	1.71	1.45
利息净收入（%）	13.61	14.18	8.31	6.75	10.53	3.44
其他业务（%）	7.34	11.71	9.83	8.71	11.08	6.62
净利润（亿元）	329.30	460.97	821.68	1 019.59	522.58	1 412.76
净利率（%）	27.01	28.24	37.31	43.44	36.42	44.70
行业净资产收益率（ROE,%）	4.74	6.85	13.79	19.89	13.79	38.69
上市证券公司净资产收益率（ROE,%）	3.23	9.45	12.75	14.17	11.80	24.55

注：净资产收益率（ROE）＝净利润÷期末净资产×100%；2007～2011年为合并报表数据，2012年为未经审计的母公司数据。

资料来源：中国证券业协会网站，Wind资讯。

截至2012年上半年，证券公司经纪业务和证券承销业务前5家集中率和前10家集中率均有明显提升，而在2007～2011年，这两项业务的集中度呈现逐年下降的趋势。同时，2012年，证券自营业务和资产管理业务的集中率有所下降；其中，证券投资收益与股票市场波动密切相关，2008年和2011年，49%和43%进行证券投资的证券公司取得负收益，由此导致这两年证券自营业务收入高度集中，CR5高达230.01%和86.80%；而资产管理业务的集中度则自2008年以来逐年下行，证券公司资产管理市场的竞争越来越激烈（见图1－3）。

3. 证券公司营业网络分布情况。截至2012年底，全国证券公司营业部共4 978家，与2011年相比减少了54家。其中，东南沿海和东部沿海地区营业部分布较为密集，广东、上海、江苏和浙江四省（直辖市）营业部分布最多，分别达到500家、482家、350家和337家；除港、澳、台三地外，西部地区营业部分布较为稀疏，且西藏、青海和宁夏三省（自治区）的营业部数量最少，分别仅有4家、13家和23家。与2011年相比，

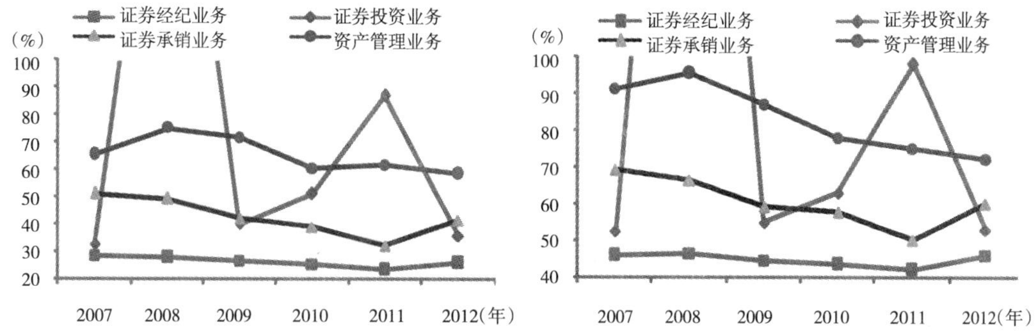

图 1－3　2007～2012 年证券公司各业务收入集中度 CR5（左）和 CR10（右）情况

注：以上为合并报表数据。

资料来源：Wind 资讯。

广东、辽宁和浙江三个地区营业部缩减最多，分别减少 179 家、42 家和 36 家；天津营业部数量增长最为明显，增加了 163 家。

2002～2012 年，全国共增加 2 183 家营业部，年复合增长率高达 5.39%；其中，2004 年和 2010 年，营业部数量增长速度最快，分别比上年增加 40.07% 和 21.98%（见表 1－4）。

表 1－4　　2002～2012 年证券公司营业部辖区分布　　（单位：家）

序号	年度／地区	2012	2011	2010	2009	2008	2007	2006	2005	2004	2003	2002
1	广东	500	679	619	570	518	571	485	481	586	390	461
2	上海	482	482	479	470	477	477	472	455	640	473	493
3	江苏	350	335	298	251	216	210	201	196	222	161	185
4	浙江	337	373	329	259	223	220	202	184	215	152	143
5	北京	265	256	225	208	199	185	178	166	203	170	160
6	天津	265	102	95	85	79	78	84	78	101	69	83
7	山东	231	252	234	198	158	193	139	132	163	93	98
8	四川	213	203	197	154	139	142	140	137	162	117	109
9	福建	198	218	192	153	119	103	98	92	113	104	81
10	湖北	187	185	148	125	113	136	115	108	137	114	124
11	辽宁	170	212	210	167	177	175	169	158	210	139	132
12	湖南	169	169	165	117	97	72	67	64	77	66	73
13	河北	162	156	147	80	100	63	61	61	72	39	44
14	安徽	154	149	133	81	70	67	66	66	69	55	60
15	河南	143	144	140	105	77	73	78	74	86	53	32
16	江西	123	123	122	93	63	63	60	58	77	49	39
17	黑龙江	121	117	118	103	72	95	70	70	96	61	61
18	陕西	119	105	90	65	72	64	64	63	72	56	57
19	山西	118	110	86	58	45	41	36	39	49	35	36
20	重庆	104	112	99	79	73	66	61	64	77	55	54
21	广西	96	90	82	67	39	37	46	37	44	37	52
22	吉林	96	91	85	67	62	60	56	52	64	50	48

续表

序号	年度/地区	2012	2011	2010	2009	2008	2007	2006	2005	2004	2003	2002
23	云南	72	69	66	42	39	39	34	34	53	28	30
24	甘肃	61	60	60	48	32	30	30	30	32	26	34
25	内蒙古	61	59	52	41	24	25	25	24	28	13	17
26	新疆	58	62	62	33	47	31	32	35	38	29	40
27	贵州	47	44	32	26	13	14	11	12	14	10	12
28	海南	36	36	32	25	24	23	24	24	29	24	27
29	宁夏	23	22	18	16	12	22	13	13	13	5	6
30	青海	13	13	9	6	6	7	5	6	5	1	2
31	西藏	4	4	4	2	1	1	1	1	0	1	2
32	澳门	0	0	0	0	0	0	0	0	0	0	0
33	台湾	0	0	0	0	0	0	0	0	0	0	0
34	香港	0	0	0	0	0	0	0	0	0	0	0
总计		4 978	5 032	4 628	3 794	3 386	3 383	3 123	3 014	3 747	2 675	2 795

资料来源：中国证券业协会网站，Wind 资讯。

4. 证券公司从业人员。截至2012年底，证券公司注册从业人员数达到24.09万人，同比减少2.09万人，减幅高达7.98%，这也是自2008年以来从业人员首次减少的年份。从业人员中，一般从业人员16.51万人，证券经纪业务营销人员6 190人，证券经纪人4.10万人，证券投资咨询业务（分析师）2 451人，证券投资咨询业务（投资顾问）2.32万人，保荐代表人2 154人，投资主办人743人。其中，一般证券业务和证券经纪营销业务人员比上年减少人数最多，分别减少2.92万人和3 181人；而证券投资业务（投资顾问）人员增加人数最多，增加4 974人，证券投资咨询业务（分析师）、证券经纪人的数量也分别增加493人和3 648人（见表1－5）。

表1－5　2007～2012年证券公司从业人员规模及分布　（单位：人）

人员/年度	从业人员	一般证券业务	证券经纪业务营销	证券经纪人	证券投资咨询业务（分析师）	证券投资咨询业务（投资顾问）	证券投资咨询业务（其他）	保荐代表人	投资主办人
2012	240 922	165 076	6 190	41 104	2 451	23 205	0	2 154	742
2011	261 802	194 241	9 371	37 456	1 958	18 231	545	0	0
2010	209 246	161 160	12 333	25 265	815	3 882	5 791	0	0
2009	125 120	102 732	8 550	4 194	0	0	9 644	0	0
2008	77 289	70 288	0	0	0	0	7 001	0	0
2007	57 379	52 191	0	0	0	0	5 188	0	0

注："保荐代表人"和"投资主办人"为2012年中国证券业协会执业证书管理系统中新增的从业人员类别。

资料来源：中国证券业协会。

投资主办人资格是2012年新施行的关于证券公司资产管理业务的新资格。2012年8月，中国证监会发布实施《证券公司客户资产管理业务管理办法》，并规定，"证券公司开展资产管理业务，投资主办人不得少于 5 人。投资主办人须具有 3 年以上证券投资、研究、投资顾问或类似从业经历，具备良好的诚信纪录和职业操守，通过中国证券业协会的注册登记”。

另外，保荐代表人资格的管理于 2012 年 10 月 15 日起，由中国证监会移交至中国证券业协会，在中国证券业协会的执业证书管理系统中，原已注册的保荐代表人，其证书类别从“一般证券从业资格”变更为“保荐代表人”。

（二）证券投资咨询公司发展状况

截至 2012 年底，通过中国证监会年检的证券投资咨询公司共 84 家。从地域分布来看，上海、北京和深圳的证券投资咨询公司的数量明显多于其他地区，分别为 19 家、17 家、9 家。

截至 2012 年底，证券投资咨询公司的员工总数为 2 108 人，其中注册证券从业人员 1 384 人，注册证券投资咨询业务（分析师）资格 190 人，注册证券投资咨询业务（投资顾问）资格 982 人，注册一般证券业务资格 212 人。

（三）证券市场资信评级机构发展状况

截至 2012 年底，经中国证监会批准的从事证券市场资信评级业务的资信评级机构共 6 家——中诚信证券评估有限公司、上海新世纪资信评估投资服务有限公司、鹏元资信评估有限公司、大公国际资信评估有限公司、联合信用评级有限公司、东方金诚国际信用评估有限公司。2012 年未新增证券市场资信评级机构。

根据 2012 年中国证券业协会专项调查统计，2012 年 6 家资信评级机构资产总额达 8. 65 亿元，同比增长约 23. 75%；营业收入约为 5. 03 亿元，比 2011 年增长 25. 75%；其中证券评级业务收入约占 16. 87%，比 2011 年增加 9. 80 个百分点。

2012 年，证券市场资信评级业务发展迅速，资信评级机构共承接债券评级项目 299 个，约为 2011 年的两倍，但承接项目规模仅增加 11. 21%。而在资产证券化评级、公司治理评价和社会责任评价等创新业务中，2012 年仅 3 家评级机构开展资产证券化评级项目，共参与评级 9 个项目，项目数量增加 5 个。

截至 2012 年底，6 家证券资信评级机构的员工总数达 1 016 人，其中具有证券从业资格评级人员和具有硕士研究生及以上学历的员工分别约占 39. 37% 和 61. 42%，分别比 2011 年降低约 5 个百分点、增加约 2 个百分点（见表 1 - 6）。

表 1 - 6　　证券市场资信评级机构发展状况

机构状况 / 年度	资产总额（亿元）	营业收入（亿元）	证券评级业务收入（万元）	利润总额（万元）	承接项目数量（个）	承接项目规模（亿元）
2012	8. 65	5. 03	8 484. 59	1. 30	299	2 875. 35
	资产证券化评级项目（个）	资产证券化评级项目规模（亿元）	跟踪评级项目数量（个）	员工总数（人）	具有证券从业资格评级人员数量（人）	具有硕士研究生及以上学历的员工数量（人）
2012	9	115. 73	306	1 016	400	624

资料来源：2012 年中国证券业协会专项调查统计数据。

二、证券公司各项业务开展情况

（一）经纪业务

1. 市场规模和交易情况。截至2012年底，境内上市公司（A、B股）达到2 494家，相比2011年增加152家，同比增速下降7个百分点。2002年以来，上市公司总股本及流通股本呈现逐年上升态势，2012年底分别达到2002年底的5.78倍和14.59倍，为3.18万亿股和2.48万亿股，流通股本占比约为77.99%。而总市值和流通市值两项指标在2008年和2011年有所萎缩，其中流通市值这两年比上年分别缩减51.45%和14.60%；2012年，上市公司总市值和流通市值同比分别增加7.26%和10.19%，为23.04万亿元和18.17万亿元；流通市值占比约为78.86%。

2012年，股票和基金交易共实现32.27万亿元的交易额，同比下降24.60%。其中，股票交易额较2011年明显减少，全年累计成交31.46万亿元，同比下降25.38%，降幅高于2011年的22.73%；基金成交额为0.81万亿元，同比增长26.56%。2012年债券市场的规模井喷和上涨行情，带来交易所债券成交额达到历史最高值；交易所债券成交额超过股票基金交易总额，高达37.83万亿元；与2011年相比，增幅高达79.03%（见表1-7）。

表1-7　2002~2012年市场规模和交易情况

市场/年度	上市公司数量（家）	退市公司数量（家）	股本（万亿股）		市值（万亿元）		股票成交额（万亿元）	基金成交额（万亿元）	交易所债券成交额（万亿元）
			总股本	流通股本	总市值	流通市值			
2012	2 494	4	3.18	2.48	23.04	18.17	31.46	0.81	37.83
2011	2 342	3	2.97	2.25	21.48	16.49	42.16	0.64	21.13
2010	2 063	4	2.70	1.94	26.54	19.31	54.56	0.90	7.21
2009	1 700	6	2.06	1.42	24.39	15.13	53.60	1.03	4.02
2008	1 604	2	1.89	0.69	12.14	4.52	26.71	0.58	2.86
2007	1 530	11	1.70	0.49	32.71	9.31	46.06	0.86	2.07
2006	1 421	13	1.27	0.34	8.94	2.50	9.05	0.20	1.83
2005	1 377	11	0.72	0.25	3.24	1.06	3.17	0.08	2.84
2004	1 373	11	0.67	0.22	3.72	1.17	4.23	0.05	5.03
2003	1 285	4	0.60	0.19	4.25	1.32	3.21	0.07	6.21
2002	1 223	8	0.55	0.17	3.83	1.25	2.80	0.12	3.33

注：上市公司终止上市的原因主要包括：吸收合并、转板上市、证券置换、连续三年亏损等。

资料来源：Wind资讯。

2. 股票账户情况。2012年，沪、深两市A股账户、B股账户和基金账户的增长数量和增长速度均低于2011年。截至2012年底，两市A股账户总数为16 811.4万户，净增516.7万户，同比增长3.17%；B股账户总数为253.06万户，净增0.90万户，同比增长0.36%；基金账户总数为4 018.69万户，净增306.39万户，同比增长8.25%（见表1-8）。

表 1－8　　2002～2012 年 A 股账户和基金账户变化情况　　（单位：万户）

账户＼年度	2012	2011	2010	2009	2008	2007	2006	2005	2004	2003	2002
A 股账户总数	16 811.4	16 294.7	15 204.1	13 781.8	12 123.5	11 053.0	7 317.6	7 028.1	6 945.9	6 803.5	6 669.1
B 股账户总数	253.06	252.16	249.96	246.10	240.35	234.31	164.56	161.31	160.24	157.49	153.95
基金账户总数	4 018.69	3 712.30	3 404.25	3 121.80	2 834.12	2 599.75	371.90	115.66	109.61	20.23	18.74

资料来源：中国证券登记结算有限责任公司。

从 A 股账户结构来看，2012 年自然人账户数达 16 748.5 万户，比 2011 年增长 3.17%；且近 6 年来，自然人账户在 A 股账户总数中的比重逐年上升，由 2006 年的 99.50% 上升至 2012 年的 99.63%。机构投资者在账户比重下降的同时，其增幅也低于自然人账户的增长速度；截至 2012 年底，机构投资者账户数达 62.91 万户，同比增长 2.60%（见表 1－9）。

表 1－9　　2005～2012 年 A 股账户结构变化情况　　（单位：户）

结构＼年度	2012	2011	2010	2009	2008	2007	2006	2005
A 股账户总数	168 114 228	162 947 417	152 040 634	137 817 798	121 235 410	110 529 647	73 175 457	70 281 273
自然人	167 485 115	162 334 232	151 460 366	137 277 240	120 749 282	110 060 585	72 812 898	69 941 162
证券投资基金	2 323	1 769	1 400	1 139	920	745	673	505
证券公司自营	96 319	96 277	98 256	98 776	98 494	107 947	111 619	113 575
证券公司集合理财	822	566	372	181	—	—	—	—
基金公司专户理财产品	2 010	1 572	1 196	639	—	—	—	—
社保基金	196	180	168	154	132	93	73	61
企业年金	5 055	4 040	3 315	2 287	—	—	—	—
QFII	355	239	214	175	122	104	88	58
RQFII	50	—	—	—	—	—	—	—
保险	1 287	1 051	998	953	—	—	—	—
信托	12 073	11 622	9 284	9 697	—	—	—	—
一般机构	508 632	495 869	465 065	426 724	386 460	360 173	250 106	225 912

资料来源：中国证券登记结算有限责任公司。

3. 经纪业务收入情况。证券公司经纪业务与市场交易情况密切相关，2012 年股票和基金交易量的下滑也带来经纪业务收入的下降。2012 年，证券行业经纪业务收入为 504.07 亿元，同比减少 31.82%，该降幅大于股票、基金交易总量的降幅，这也预示着经纪业务平均佣金率的下降。根据测算，2012 年全市场平均交易佣金率为 0.07810%，低于 2011 年 0.08636% 的水平。

2007 年以来，证券公司经纪业务收入呈现逐渐下行的趋势，除了受到交易量波动的影响，业务佣金率的下降趋势是主要原因，2012 年行业平均佣金率仅为 2007 年 41.74% 的水平，由 2007 年的 0.18712% 下行至 0.07810%（见表 1－10）。

表 1－10　　2007～2012 年证券公司经纪业务情况

年度＼经纪业务	业务净收入（亿元）	平均佣金率（%）	业务集中度（CR5）
2012	504.07	0.07810	25.92
2011	739.28	0.08636	23.49
2010	1 177.93	0.10619	25.21
2009	1 555.29	0.14234	26.30
2008	970.42	0.17777	27.89
2007	1 755.89	0.18712	28.40

注：平均佣金率＝经纪业务净收入÷全市场股票基金交易总额÷2 ×100%；以上为合并报表数据。

资料来源：Wind 资讯。

4. 市场集中度情况。2012 年，证券经纪业务的市场集中度呈现上升趋势，某些证券公司的网络优势逐渐显现。排名前 5 家（CR5）和前 10 家（CR10）的证券公司股票、基金交易量的市场份额，分别由 2010 年的 25.32%、38.58%，上升至 2012 年的 27.74%、42.43%。同时，证券经纪业务收入前 5 家的集中度（CR5）也由 2011 年的 23.49% 上升至 25.92%（见图 1－4）。

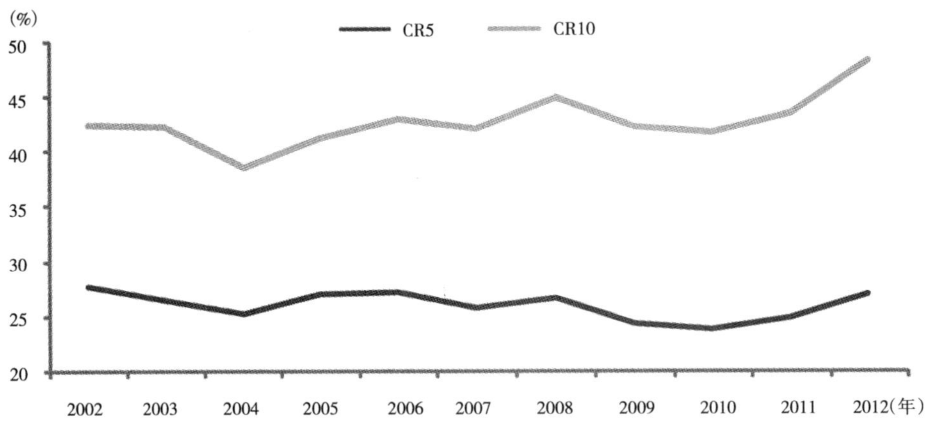

图 1－4　2002～2012 年证券经纪业务交易量集中度

资料来源：Wind 资讯。

（二）投资咨询业务

投资咨询业务包括证券投资顾问业务和发布研究报告业务这两种基本的服务形式。2012 年全年，投资者咨询业务发展迅速，业务收入增长迅速；上半年投资咨询业务实现营业收入 3.12 亿元，第三和第四季度分别创收 2.96 亿元和 5.38 亿元。

1. 证券投资顾问业务。根据 2012 年中国证券业协会专项调查统计显示，截至 2012 年底，在参与调研的 88 家证券公司中，共有 85 家已开展投资顾问业务。其中，62 家设立了专门从事及管理投资顾问业务的独立部门，53 家设立了子部门或有明确的团队分工，且子部门集中分布于财富管理部、投顾理财部和营销服务支持部三大类。

根据调查统计显示，投资顾问的产品类型主要有标准化产品、个性化产品和高端产品。标准化产品主要包括基础资讯产品和工具类产品；个性化产品包括投资咨询、投资组合、策略指南等；高端产品包括投资沙龙、差别佣金产品、现金收费类产品等。

证券公司投资顾问业务的组织形式基本以总部和分支机构分工协作为主；其中，总部投资顾问的平均团队规模为 21 人，是分支机构投资顾问平均规模的 11.35%，该比例比 2011 年高 1.8 个百分点，这表明分支机构以增加人员配备来发展该项业务。投资顾问队伍中，拥有硕士及以上学历的共有 938 人，具有 5 年以上从业经验的共有 1 643 人，分别占投资顾问队伍总人数的 5.78% 和 10.12%。

2. 发布研究报告业务。

（1）证券公司发布研究报告情况。根据 2012 年中国证券业协会的专项调查统计数据，2012 年，设有研究所（部、子公司）的 87 家证券公司，总共发布研究报告 157 545 篇，与 2011 年相比，增加 23 877 篇；其中，深度报告 16 874 篇，约占研究报告总数的 10.71%，在数量上比 2011 年增加 3 097 篇，在比重上增加 0.40 个百分点。

从证券研究的广度来看，主要包括宏观研究、策略研究、行业与公司研究、金融工程研究、综合研究、基金研究、债券及固定收益研究、买方研究、衍生品研究、特别覆盖研究、理财产品研究、大宗商品研究、汇率研究、数量与指数研究、财富研究、中小市值研究、（金融）创新研究等。研究报告为证券研究产品的主要形式。

证券研究的服务包括本公司内外部服务。外部服务的对象包括公募基金、保险公司、社保基金、私募基金、产业资本、资产管理公司、证券公司资产管理部门、证券公司自营部门、合格境外机构投资者（QFII）、合格境内机构投资者（QDII）、海外客户、高净值客户等；研究产品的推广形式主要有联合调研、高端论坛、电话会议、新媒体互动、一对一会议、一对一调研、专题研讨会、上门一对一服务、分析师互动、销售经理交流、委托定制等。

内部服务对象涉及公司其他各个业务部门，包括经纪业务部、投资银行部、资产管理部、证券投资部、固定收益部、融资融券部等。设有研究所（部、子公司）的 87 家证券公司中，82 家对分支机构实施内部服务。内部服务开展的形式主要包括常规服务和超额服务。常规服务是指研究所提供各类标准化服务和产品，如研究报告、资讯产品和研究交流等；超额服务则是按照分支机构提出的超出常规性服务范围的特殊业务支持需求，提供给分支机构专项研究支持，如创新业务专题项目研究支持、特定客户维护、委托定制报告、委托定制调研等。

（2）证券公司从事发布研究报告业务的人员情况。2012 年，从事发布研究报告业务的人员数量激增，87 家证券公司研究所（部、子公司）的全部员工总数为 4 001 人，约为 2011 年人数的两倍；其中，具有 5 年及以上从业经验的员工人数为 1 088 人，具有博士及以上学历的员工人数为 488 人，基本与 2011 年持平。

（3）发布研究报告业务的国际化。从证券研究的国际化趋势来看，部分证券公司已积极布局研究业务的“国际化”和“走出去”战略。一些本土证券公司研究所，从市场策略、金融工程等角度对海外市场进行跟踪和研究，及时收集海外市场的信息、动态，进行海外市场和大宗商品的研究，撰写海外市场、大宗商品的专题报告；而合资证券公司则利用与外资证券公司的合作关系和外资投行的品牌效应，在研发等各项业务条线加强协同和互动，在合规的前提下进行优势互补和资源共享；对于在中国香港和海外已设立子公司的证券公司，则派驻分析员开展海外研究。另外，在服务形式上，研究部门依托对原有 QFII 客户的服务经验，积极开拓新的海外客户。

（三）证券承销与发行业务

2012 年证券公司证券承销总额高达 2.02 万亿元，同比增长 24.97%，扭转了 2011 年业务总量下行的趋势。其中，股票承销总额和其在证券承销总额的占比在近两年内下降明显，分别由 2010 年的 9 909.26 亿元、59.96% 下降至 2012 年的 4 583.59 亿元和 22.67%，其比重为 10 年内最低；而债券承销总额大幅上升，2012 年高达 1.56 万亿元，约为 2010 年的 2.36 倍，其在证券承销总额的比重也由 2010 年的 40.04% 上升至 2012 年的 77.33%（见图 1－5）。

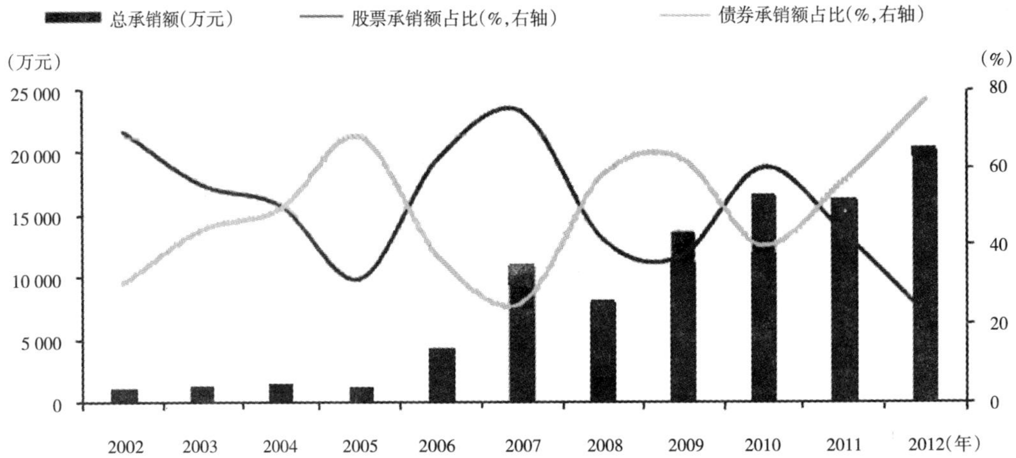

图 1－5 2002～2012 年股票、债券融资总额及融资结构情况

资料来源：Wind 资讯。

1. 股票发行与承销业务。

（1）首次公开发行（IPO）。2012 年，证券公司共完成首次公开发行项目 153 家，募集资金 994.60 亿元，平均每家募集资金 6.50 亿元；与 2011 年相比，首次公开发行项目数量减少 127 家，募集资金减少 1 686.15 亿元，降低 63.42%。

（2）增发。2012 年，证券公司共完成增发项目 158 家，募集资金 3 479.56 亿元，平均每家募集资金 22.02 亿元；与 2011 年相比，增发项目数量和募集资金额度均有小幅降低，增发项目减少 29 家，增发募集资金减少 397.69 亿元。

（3）配股。2012 年，证券公司共完成配股项目 8 家，募集资金 93.63 亿元，平均每家募集 11.70 亿元；与 2011 年相比，发行家数减少 6 家，募集资金减少 328.33 亿元。

2. 债券发行与承销业务。2012 年，证券公司债券承销总额规模大幅扩大，共承销债券 1 048 只，是 2011 年的 2. 38 倍；承销总额达 1. 56 万亿元，同比增长 69. 78%。其中，证券公司承销的债券中，企业债、金融债和公司债的承销额占比最大，分别达 41. 50%、25. 05% 和 16. 65%；且企业债、公司债的承销额增速最快，约为 2011 年的 2. 68 倍和 2. 02 倍（见表 1 - 11）。

表 1 - 11　2002 ~ 2012 年证券公司债券承销规模和结构情况

规模和结构 / 年度	承销只数（只）	承销金额（亿元）								
		总计	公司债	企业债	金融债	可转债	政府机构支持债	资产支持债	短期融资券	中期票据
2012	1 048	15 632. 16	2 602. 43	6 487. 31	3 915. 80	163. 55	1 500. 00	212. 62	237. 00	513. 45
2011	440	9 207. 06	1 291. 20	2 423. 48	3 391. 83	413. 20	1 000. 00	0. 00	217. 50	469. 85
2010	309	6 616. 13	511. 50	2 647. 53	958. 80	717. 30	1 290. 00	0. 00	140. 00	351
2009	381	8 492. 06	734. 89	3 173. 49	2 832. 89	46. 61	966. 65	0. 00	25. 50	712. 03
2008	199	4 661. 16	288. 00	1 535. 90	837. 00	77. 20	750. 00	302. 01	30. 70	840. 35
2007	150	2 773. 91	112. 00	998. 10	630. 03	99. 98	550. 00	178. 08	16. 92	188. 8
2006	97	1 581. 04	0. 00	573. 00	380. 00	43. 87	376. 67	58. 50	41. 30	107. 7
2005	36	708. 30	0. 00	537. 00	100. 00	0. 00	50. 00	0. 00	0. 00	21. 3
2004	32	648. 53	0. 00	239. 50	150. 00	209. 03	50. 00	0. 00	0. 00	0
2003	31	508. 83	0. 00	258. 33	50. 00	185. 50	15. 00	0. 00	0. 00	0
2002	16	324. 00	0. 00	260. 00	22. 50	41. 50	0. 00	0. 00	0. 00	0

资料来源：Wind 资讯。

2012 年，76 家企业通过发行中小企业私募债，共募集资金 94 亿元。同时，在中期票据和短期融资券的承销业务中，中信证券和中金公司分别承销 30 只和 10 只中期票据，中信证券、中金公司和国泰君安分别承销 15 只、4 只及 1 只短期融资券。

3. 证券承销与发行业务收入情况。2012 年，证券公司证券承销业务行业净收入为 177. 44 亿元，同比下降 16. 13%。2010 年以来，证券承销业务收入逐年降低，这主要源于股票承销与发行业务收入的下降（见图 1 - 6）。

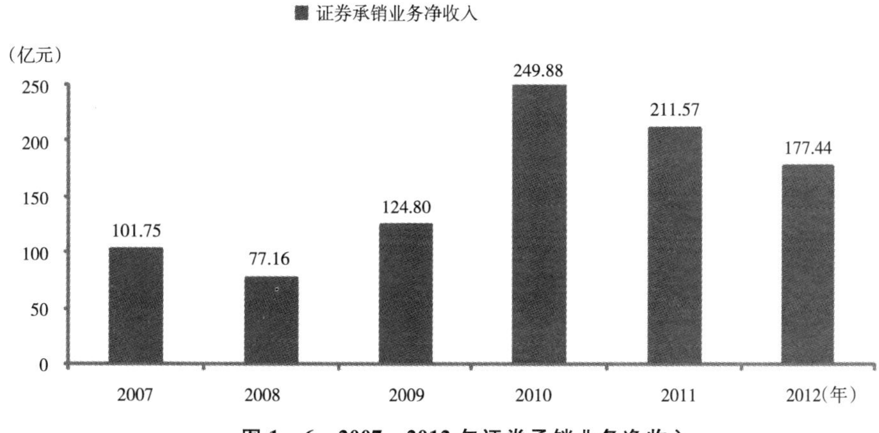

图 1 - 6　2007 ~ 2012 年证券承销业务净收入

从证券公司承销首次公开发行股票的费率来看，承销费率呈现逐年上升的趋势，从2007年的1.70%上升至2012年的5.49%（见图1-7）。

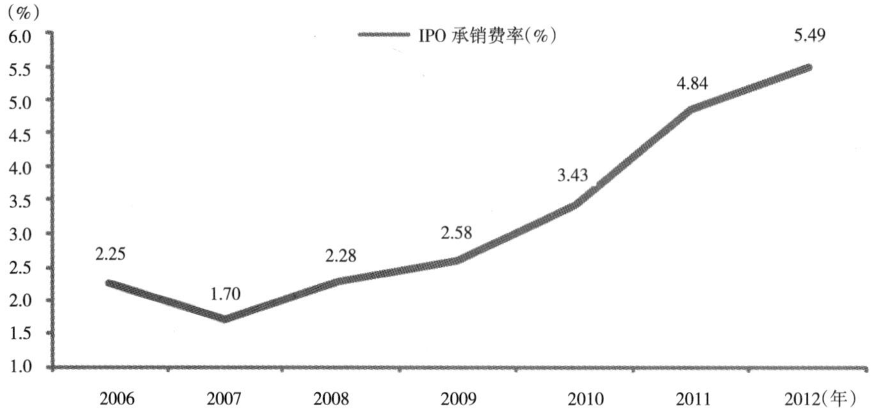

图1-7 2006~2012年证券公司承销首次公开发行（IPO）股票的费率变化

资料来源：Wind资讯。

4. 市场集中度情况。从股票和债券承销项目募集资金的集中度来看，2012年证券承销业务的集中度同比下降；其中，股票和债券承销市场前5家证券公司的集中率下降0.47个百分点，前10家证券公司的集中率下降0.57个百分点。相对而言，债券承销市场比股票承销市场集中率的下降更为显著，前5家和前10家的集中度分别下降9.08和5.83个百分点；同时，债券承销市场比股票承销市场更为集中，CR5和CR10两个指标分别高3.98和6.74个百分点（见表1-12）。

表1-12 2002~2012年股票和债券承销集中度情况

集中度 / 年度	股债承销额		股票承销额		债券承销额	
	CR5（%）	CR10（%）	CR5（%）	CR10（%）	CR5（%）	CR10（%）
2012	38.56	58.00	37.28	55.37	41.26	62.11
2011	39.03	58.57	36.33	59.10	50.34	67.94
2010	40.28	61.33	39.13	60.73	49.52	67.66
2009	51.58	68.64	57.13	71.94	56.62	73.02
2008	57.41	75.41	48.03	72.51	62.87	80.90
2007	63.19	78.85	64.49	80.64	69.47	84.63
2006	73.81	85.96	71.97	87.45	73.66	88.41
2005	79.39	91.25	90.78	96.39	76.35	92.23
2004	57.45	72.69	31.01	57.18	77.79	94.66
2003	49.06	70.22	45.97	68.05	60.86	83.20
2002	60.22	75.29	50.31	67.69	90.90	—

注：2002年证券公司中完成债券承销项目的不超过10家，因此CR10数据不作披露。

资料来源：Wind资讯。

（四）财务顾问业务

2012年，共有65个并购重组项目通过并购重组委员会的审核，与2011年相比，增加8个项目；其中，上市公司的并购重组主要集中于“重大资产重组”、“要约收购”、“发行股份购买资产”、“吸收合并”等类型。

2012年上半年、前三季度和全年，证券公司财务顾问业务分别累计实现9.08亿元、16.84亿元和35.51亿元的营业收入，且该业务在行业总收入的占比逐步提升，其比重分别达到1.29%、1.76%和2.74%。2012年末，财务顾问业务收入占比已超过资产管理业务，成为仅次于经纪业务、自营业务、证券承销与发行业务和融资融券业务的第五大收入来源。

（五）资产管理业务

截至2012年底，从证券公司资产管理业务的产品类别来看，集合理财产品457只，实际投入营运的产品435只，资产份额2 192.44亿份，期末合计受托管理金额2 052.09亿元；专项资产管理产品19只，合计期末受托管理金额34.93亿元；83家证券公司发行了定向资产管理产品，合计期末受托管理金额16 847.28亿元（见表1－13）。

表1－13　　近年来证券公司资产管理业务规模（存量）一览

类别 \ 年度		2007	2008	2009	2010	2011	2012
集合资产管理产品	产品数量（只）	26	42	82	157	275	435
	期末受托金额（亿元）	788.09	511.54	928.71	1 121.76	1 502.56	2 052.09
专项资产管理产品	产品数量（只）	—	19	18	11	13	19
	期末受托金额（亿元）	—	79.76	42.67	10.63	10.37	34.93
定向资产管理产品	开展业务证券公司数量（家）	—	22	36	46	48	83
	期末受托金额（亿元）	—	327.55	511.94	740.27	1 305.75	16 847.28

资料来源：中国证券业协会。

1. 证券公司集合理财产品发行情况。2012年，证券公司一共发行集合产品224只，共1 029.83亿份，分别比2011年增长107.41%和59.87%；其中，股票型产品9只，混合型产品79只，货币型产品48只，债券型产品85只，FOF型2只，QDII型1只；债券型产品占比最高（37.95%），混合型（35.27%）和货币型（21.43%）紧随其后。从新发行产品数量上看，2012年的新发行量为历年来最大，但单只产品规模由2011年的5.96亿份持续下滑到4.81亿份。

总体上看，尽管2012年股市表现较为平淡，单只产品募集资金规模持续下降，但证券公司资产管理产品数量和规模增长均创新高。

2. 业绩情况。截至2012年底，已投资营运并报告业绩的证券公司理财产品共435只，其中实现正收益的产品有304只，占69.89%，亏损的产品有124只，占28.51%，另外有7只产品为实现收益或亏损。相较于2011年80.36%的亏损面，受益于固定收益属性标的配置比例提升和A股市场的平稳走势，2012年证券公司理财产品的总体表现大幅改善。

在2012年各类实现正收益的304只产品中，128只为混合型产品，占比42.11%；其次是债券型产品，数量为85只，占比27.96%。股票型产品的亏损面为57.5%，位居各类产品之首；混合型产品以40.5%的亏损面排第二位；量化型产品以17.65%的亏损面仅高于债券型产品和货币市场型产品。

3. 集合理财产品市场集中度变化。受益于集合理财产品发行转为备案制，2012年集合理财产品发行速度和数量均较以往有较快增长，15家新增证券公司的加入使集合产品市场集中度变化进一步下滑，CR5和CR10分别降至33.17%和50.68%，均创市场新低（见图1－8）。

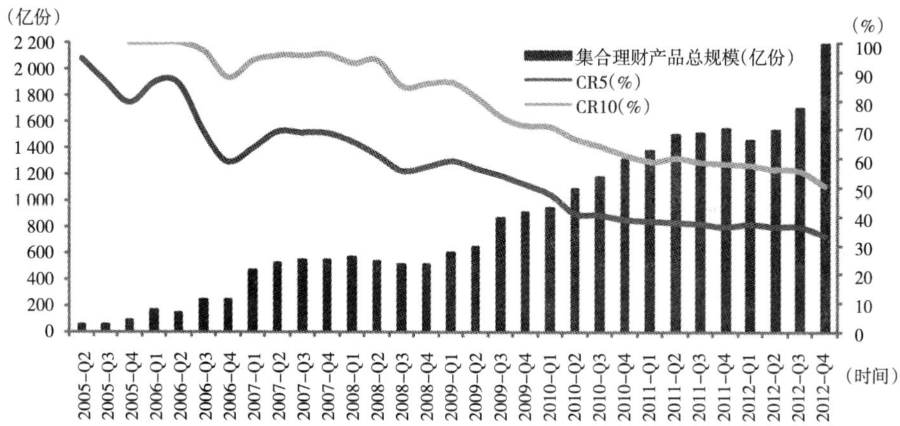

图1－8　证券公司集合理财产品市场结构变化

资料来源：Wind资讯。

（六）证券自营业务

证券公司自营投资的金融产品主要包括股票、基金、债券、权证、信托产品等。截至2012年底，证券公司进行金融产品投资的资金规模达5 715.38亿元，同比增加34.27%。其中，债券资产的比重最大，高达68.34%；其次为股票和基金，投资比例分别为16.22%和10.96%。

从2007～2012年证券自营投资于证券产品的情况来看，其投资规模逐步增大，2012年达到峰值，同比增速比2011年增加约8个百分点。在各类产品配置上，2008年以来，债券产品的配置比重持续上升，且一直保持在投资规模的一半以上。股票资产在2007年牛市中的比重高达70.28%，近年来随着股票市场行情的起伏，2010年以来其比重也持续降低。这正体现了证券公司在证券市场波动下的资产配置能力（见表1－14）。

表 1－14　　2007～2012 年证券公司金融产品投资配置情况

配置 年度	投资规模（亿元）	股票（%）	基金（%）	债券（%）	权证（%）	其他证券产品（%）
2012	5 715. 38	16. 22	10. 96	68. 34	0	4. 48
2011	4 256. 73	17. 87	8. 12	71. 01	0	3. 00
2010	3 374. 09	29. 27	11. 71	56. 06	0	2. 97
2009	2 825. 20	26. 74	17. 97	52. 91	0. 01	2. 36
2008	1 782. 26	10. 65	9. 12	55. 72	0. 01	24. 50
2007	1 581. 89	70. 28	5. 21	19. 42	0. 25	4. 84

资料来源：中国证券业协会。

（七）融资融券业务

2012 年 8 月，中国证券金融公司转融资业务试点启动，先后有 30 家证券公司获得转融资业务资格，转融资业务的开闸推动了融资融券业务的发展。截至 2012 年底，共有 288 只证券（包括 10 只 ETF）纳入融资融券业务标的证券范围，证券市场共有 74 家证券公司开展融资融券业务。

1. 市场交易情况。2012 年，融资融券市场交易规模逐步扩大。截至 2012 年底，融资融券余额高达 895. 16 亿元，是 2011 年底该余额的 2. 34 倍。其中，融资余额 856. 94 亿元，约占融资融券余额的 95. 73%；融券余额 38. 21 亿元，约占 4. 27%。与 2011 年相比，融券余额的比重上升 2. 54 个百分点。

从融资融券后的交易规模来看，2012 年融资买入额和融券卖出额累计达到 9 045. 73 亿元，约为 2011 年的 2. 84 倍；其中，融券卖出的交易额约占总交易额的 19. 67%，而 2011 年该比重仅为 8. 56%。由此可见，融券交易在 2012 年比 2011 年更为活跃。

从整个 A 股市场来看，截至 2012 年底，融资融券余额约占 A 股市场流通市值的 0. 3886%，融资融券交易额约占 A 股交易总额的 5. 10%。尽管融资融券交易仍存在规模发展空间，但相比于 2011 年底的 0. 1779% 和 1. 575%，融资融券已成为推动 2012 年 A 股市场流动性发展的重要因素之一（见表 1－15、图 1－9 和图 1－10）。

表 1－15　　融资融券业务开展以来市场交易情况

交易 时间	融资融券余额			融资买入和融券卖出交易		
	融资融券余额（亿元）	融券余额占比（%）	融资融券余额/A股流通市值（%）	融资融券交易额（万元）	融券卖出额占比（%）	融资融券交易额/A股交易总额（%）
2012 年 12 月	895. 16	4. 27	0. 3886	1 603. 14	21. 48	5. 107
2012 年 11 月	771. 38	3. 1	0. 3869	790. 46	29. 42	4. 553
2012 年 10 月	769. 96	2. 24	0. 3619	713. 71	20. 94	3. 936
2012 年 9 月	700. 59	2. 17	0. 3275	831. 92	21. 53	3. 606
2012 年 8 月	674. 95	1. 91	0. 3221	694. 31	21. 19	2. 906

续表

交易 时间	融资融券余额			融资买入和融券卖出交易		
	融资融券余额（亿元）	融券余额占比（%）	融资融券余额/A股流通市值（%）	融资融券交易额（万元）	融券卖出额占比（%）	融资融券交易额/A股交易总额（%）
2012年7月	641.40	2.13	0.3009	666.89	21.53	2.690
2012年6月	610.34	1.96	0.2698	602.68	17.74	2.527
2012年5月	570.46	2.24	0.2384	824.98	14.28	2.367
2012年4月	485.27	2.33	0.2037	576.97	16.71	2.162
2012年3月	467.50	1.83	0.2081	766.32	13.73	1.999
2012年2月	407.95	2.54	0.1708	641.54	14.49	1.916
2012年1月	357.96	2.28	0.162	332.81	19.27	2.012
2011年12月	382.07	1.73	0.1779	312.26	21.56	1.575
2011年11月	376.54	1.26	0.1625	352.24	11.99	1.091
2011年10月	335.67	1.49	0.1381	249.94	12.58	1.215
2011年9月	335.91	0.61	0.145	228.12	11.15	1.028
2011年8月	343.57	0.91	0.1349	299.14	8.84	0.814
2011年7月	321.56	0.78	0.1221	336.21	5.42	0.802
2011年6月	273.99	0.97	0.1037	240.69	6.52	0.773
2011年5月	257.63	0.7	0.0998	193.87	7.05	0.574
2011年4月	241.15	0.64	0.0878	309.03	4.19	0.677
2011年3月	209.08	0.6	0.0753	331.54	3.79	0.527
2011年2月	165.91	0.4	0.0599	173.99	2.07	0.466
2011年1月	144.14	0.22	0.0552	154.21	1.74	0.447
2010年12月	127.72	0.09	0.0481	172.10	1.96	0.350
2010年11月	94.10	0.31	0.0356	199.92	1.63	0.244
2010年10月	69.74	0.33	0.0258	155.14	1.15	0.248
2010年9月	47.02	0.34	0.0197	56.07	1.35	0.128
2010年8月	37.81	0.58	0.0161	52.67	1.31	0.112
2010年7月	25.31	0.94	0.0112	34.56	1.62	0.106
2010年6月	14.98	0.96	0.0077	14.94	4.64	0.059
2010年5月	10.42	1.53	0.005	15.41	5.19	0.047
2010年4月	3.85	0.88	0.0017	6.60	6.29	0.013
2010年3月	0.07	1.44	0.0000269	0.07	1.46	0.00015

资料来源：Wind资讯。

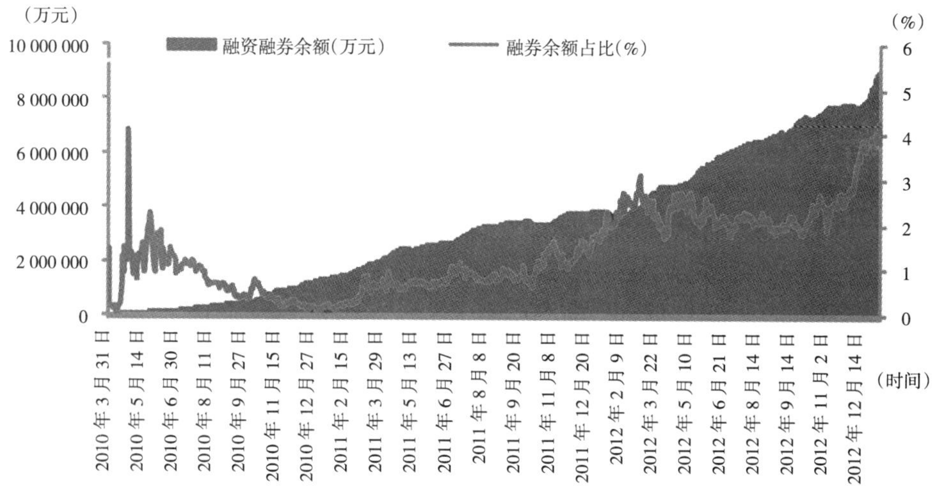

图 1－9　融资融券业务开展以来规模发展情况

资料来源：Wind 资讯。

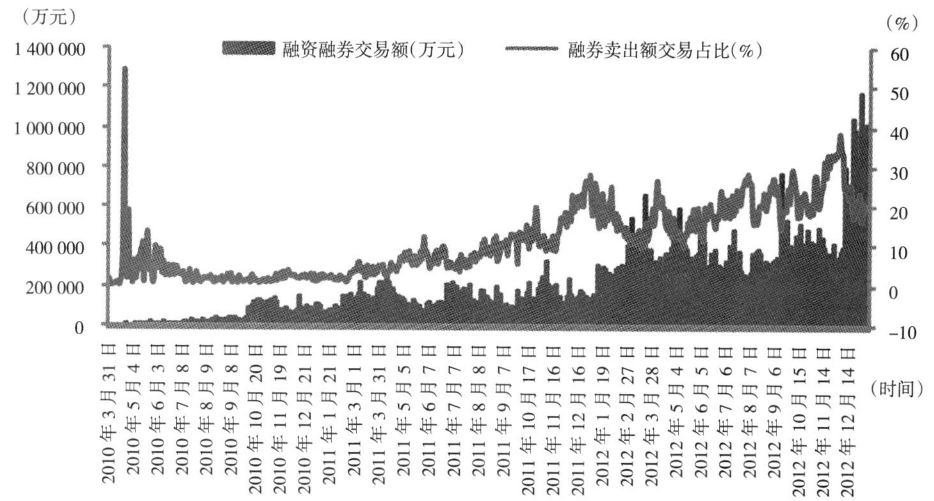

图 1－10　融资融券业务开展以来交易情况

资料来源：Wind 资讯。

2. 投资者情况。2012 年，融资融券业务的参与者数量持续增加。截至 2012 年 10 月，融资融券信用账户开户数为 838 198 户，约是 2011 年底的 2.4 倍；2012 年前 10 个月，信用账户开户数月平均增长率为 9.17%（见图 1－11）。

3. 业务集中度情况。自 2010 年 3 月融资融券业务正式开展以来，随着越来越多的证券公司开展该项业务，前 5 家证券公司融资融券余额和融券余额的集中度均呈现下滑趋势。在 2012 年内，融资融券余额前 5 家占比由 1 月的 41.39% 降至 12 月的 35.94%，下降 5.4 个百分点；融券余额前 5 家占比基本保持在 67% 左右。同时，不难看出，融券余额的集中度明显高于融资融券余额（或融资余额）的集中度，2012 年末，前 5 家证券公司的市场集中度前者比后者高 31.72 个百分点（见图 1－12）。

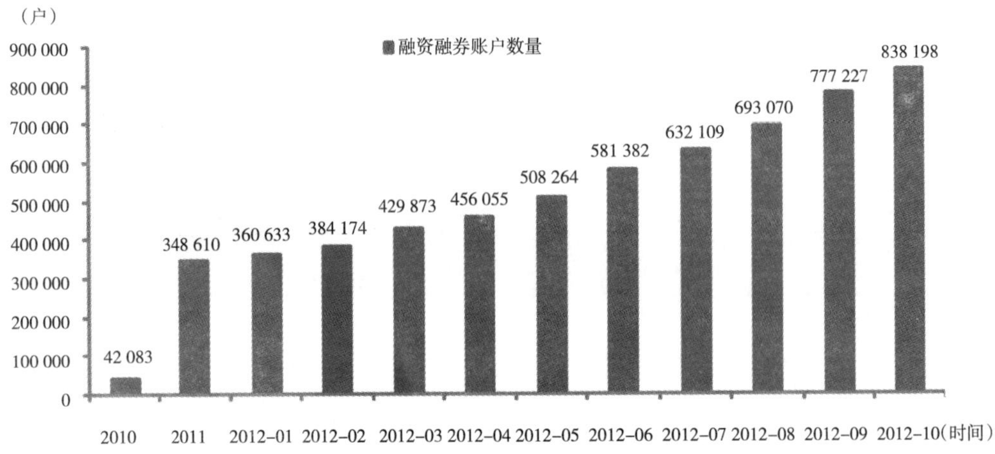

图1-11　证券信用账户期末账户数量

资料来源：中国证券金融股份有限公司。

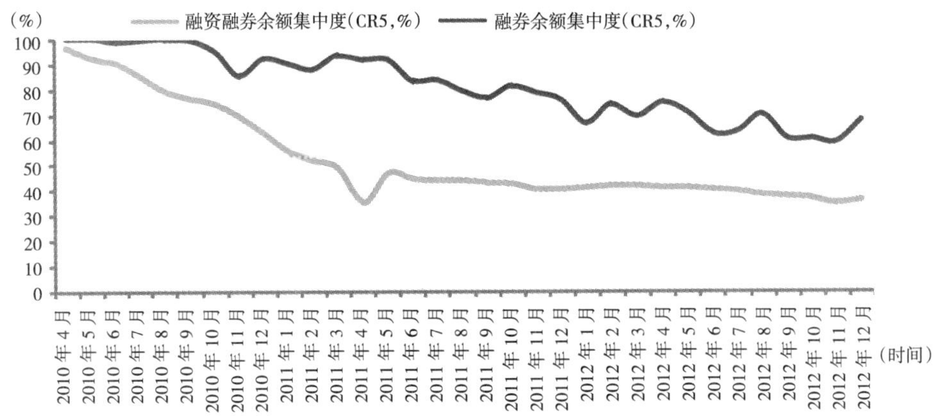

图1-12　证券公司开展融资融券业务的融资融券余额集中度情况

资料来源：Wind资讯。

（八）直投业务

2012年11月2日，《证券公司直接投资业务规范》发布。根据《证券公司直接投资业务规范》，证券公司的直投业务是指证券公司使用自有资金或设立直投基金，对企业进行股权投资或与股权相关的债权投资，或投资于与股权投资相关的其他投资基金，或者为客户提供与股权投资相关的投资顾问、投资管理、财务顾问服务等。

《证券公司直接投资业务规范》还规定：证券公司直投公司可以以非公开的方式向合格的投资者募集资金，设立直投基金。证券公司直投子公司及其下属机构、直投基金在有效控制风险、保持流动性的前提下，可以以现金管理为目的，将闲置资金投资于依法公开发行的国债、央行票据、投资级公司债、货币市场基金及保本型银行理财产品等风险较低、流动性较强的证券，以及证券投资基金、集合资产管理计划或专项资产管理计划。

1. 总体情况。根据中国证券业协会专项调查统计（样本总数为48家），截至2012年底，已经开展直投业务的证券公司达48家，注册资本金共计355.3亿元，按可比口径同比上涨29.39%；管理产业基金9只，总规模达109.3亿元；管理直投基金3只，募集资金83.9亿元。48家证券公司直投公司自开展直投业务以来累计已投资项目487个，对应投资金额255.7亿元；已上市项目65个，对应投资金额19.1亿元；已实现完全退出项目55个。证券公司直投公司员工队伍，从2007年末的11人发展到2012年末的763人。

从盈利能力来看，自开展直投业务以来，48家证券公司直投公司累计实现净利润31.0亿元，其中盈利能力最好的证券公司直投公司累计实现的净利润占48家合计净利润的48%。

2. 证券公司直投公司的项目投资、退出及盈利情况。2012年证券公司新增的投资项目较2011年有明显减少，但是退出项目却大幅增加。2012年度新增的投资项目是95个，较2011年减少了26.36%，但是单个项目的投资额有所增长。

2012年度新增的全部退出项目明显增长。2012年新增的全部退出项目达44个，而2011年只有6个，其中，2012年以IPO方式退出的项目有19个，2011年只有2个；以并购方式退出的项目有9个，而2011年没有（见表1－16、图1－13、图1－14和图1－15）。

表1－16　　48家证券公司直投公司业务情况调查统计

基本情况分类			2011年	2012年	增减变化
管理资金情况	自有资金	规模（亿元）	256.1	337.2	31.67%
	管理产业基金	数量（只）	7	9	28.57%
		规模（亿元）	100.8	109.3	8.43%
	管理直投基金	数量（只）	1	3	200.00%
		规模（亿元）	50	83.9	67.80%
投资情况	本年度新增投资项目数量（个）		166	122	－26.51%
	对应投资金额（亿元）		78.8	81.9	3.93%
项目上市情况	本年度新增上市项目数量（个）		21	24	14.29%
	对应投资金额（亿元）		6.1	7.4	21.31%
项目退出情况	本年度新增的全部退出项目数量（个）		6	44	633.33%
	其中IPO方式退出数量（个）		2	19	850.00%
	其中并购方式退出数量（个）		0	9	—
主要指标	注册资本（亿元）		274.6	355.3	29.39%
	净资产（亿元）		234.5	368.9	57.31%
	投资收益（亿元）		13.27	22.46	69.25%
	净利润（亿元）		9.8	16.1	64.29%
员工情况（人）			563	763	35.52%

资料来源：2012年中国证券业协会专项调查统计数据。

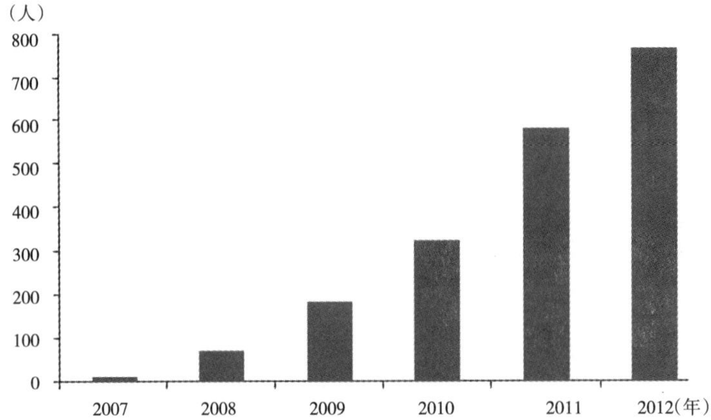

图 1－13　2007～2012 年证券公司直投公司人员数量（人）

资料来源：2012 年中国证券业协会专项调查统计数据。

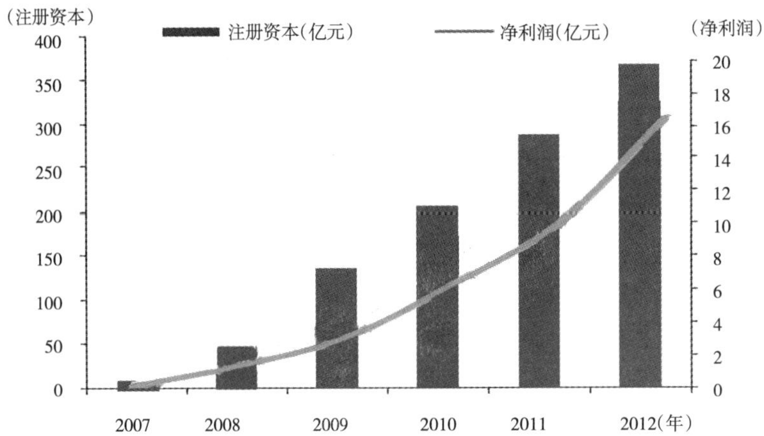

图 1－14　2007～2012 年证券公司直投公司注册资本及净利润

资料来源：2012 年中国证券业协会专项调查统计数据。

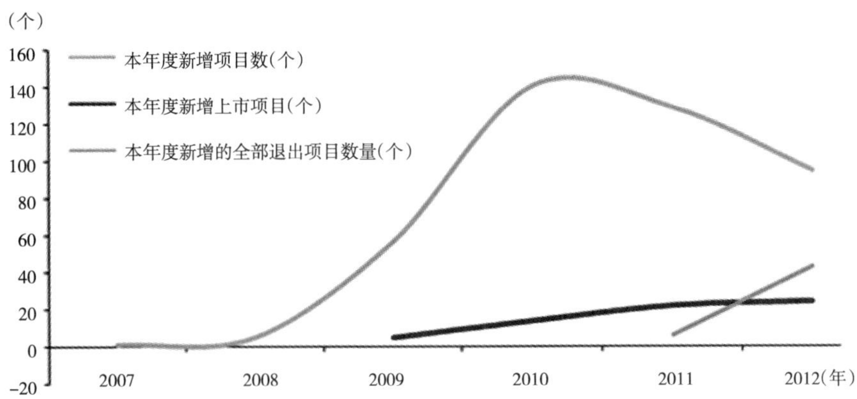

图 1－15　证券公司直投公司投资项目投资、上市及退出情况（2007～2012 年）

资料来源：2012 年中国证券业协会专项调查统计数据。

（九）其他业务

1. 约定购回式证券交易业务。自2011年10月3家证券公司——中信证券、银河证券、海通证券获准第一批约定购回式证券交易试点，到2012年12月上海证券交易所与中国证券登记结算有限责任公司共同制定的《约定购回式证券交易及登记结算业务办法》发布实施，约定购回式证券交易业务已转入常规运行。2012年，招商证券、国元证券、光大证券、兴业证券、华泰证券、长江证券、广发证券、东吴证券、宏源证券、西南证券、国海证券等多家证券公司均开始开展该项业务。

股票约定式回购业务中，客户以持有的股票作为抵押品，向证券公司获取资金，并支付给证券公司一定的利息。与融资业务相比，融资业务获取的资金只能用于购买股票，而股票回购的融资没有用途限制。

2. 债券质押式报价回购业务。债券质押式报价回购业务是证券公司将债券作为质物向客户融资的业务。自2009年5月国信证券获得第一批债券质押式报价回购业务试点资格、发行“国信证券‘金天利’债券质押式报价回购”产品以来，在近3年的时间里，该业务已扩展至20多家证券公司。2012年，东吴证券、西南证券、山西证券、东北证券、国元证券、湘财证券等证券公司均获得从事债券质押式报价回购业务的试点资格。

3. 国际业务。目前，我国证券公司的国际化进程，在地域上主要集中在我国香港地区。截至2012年，我国共有21家证券公司在香港设立子公司或分公司。2012年，兴业证券香港子公司兴证（香港）金融控股有限公司在香港挂牌；同时，中国证监会批准3家证券公司设立香港子公司，分别为中信建投的中信建投（国际）金融控股有限公司、方正证券的方正证券（香港）金融控股有限公司和齐鲁证券的齐鲁国际控股有限公司。除香港市场外，中资证券公司的分支机构也扩展到了美国、新加坡、伦敦、德国、法国、日本等地区。如中国国际金融有限公司目前已在纽约、伦敦、新加坡设立分支机构；2012年中信证券全资收购法国里昂证券，其在香港、伦敦和纽约均有业务网点，并向全球客户提供股票经纪、并购和资产管理服务。

在证券承销与发行业务方面，2012年香港市场首次公开发行（IPO）和再融资总额分别为80.2亿美元和501.2亿美元，其中，中资证券公司在香港市场IPO的市场份额为44.80%，同比增加32.28个百分点；而再融资业务的市场份额为7.80%，同比下降3.52个百分点。同时，在债券承销业务上，2012年，香港市场债券融资额为328亿美元，排名前50位的承销商中只有3家中资证券公司，总融资额8.9亿美元，占总市场份额的2.72%；对比2011年，香港市场债券融资额为140亿美元，排名前50位的承销商中有8家中资证券公司，总承销额19.74亿美元，占总市场份额的14.08%。

在兼并与收购业务方面，全球跨国收购与兼并业务中仍少有中资证券公司的身影，虽总体排名有所上升，但业务均是与中国企业有关的（收购方或者被收购方为中国企业）跨国收购与兼并。2012年，在与中国企业有关的跨国收购与兼并业务排名前50位的公司中，3家中资证券公司共完成11笔跨国收购与兼并交易，交易金额69.1亿美元，市场份额约为9.8%；相比于2011年，3家中资证券公司完成8笔跨国收购与兼并交易，占据市场份额6.9%，有所提升。

在资产管理业务方面，自2011年底人民币合格境外机构投资者（RQFII）业务资格批复以来，2012年1月11日，首批RQFII产品发售：海通证券香港子公司海通国际旗下的海通中国人民币收益基金和汇添富基金香港分公司旗下的汇添富人民币债券基金均在香港发售。截至2012年底，共有12家证券公司和9家基金公司香港子公司作为试点开展RQFII业务，试点总额度达到200亿元人民币。

在RQFII业务试点规模扩大的同时，QDII和QFII业务也迅速发展。截至2012年底，已有13家证券公司获得QDII资格，12家证券公司获得共53亿美元的QDII额度，已发行集合产品6只，合计份额8.21亿份。2012年，中国证监会共批复QFII 72家，创下自2003年我国开始引入QFII以来新批QFII家数10年之最；同时，2012年发放QFII额度为160亿美元，相当于此前6年发放额度总和。

三、证券行业制度建设情况

（一）证券监管部门

2012年是近几年来证券业制度建设力度最大、频度最高的一年。证券业制度建设的重点是围绕着发行体制改革、市场诚信监管、证券公司业务创新等主题而展开（见表1－17）。

表1－17　　2012年中国证监会发布的主要法规规则及政策措施一览

主要类别	时间	主要政策措施及法规规则
发行体制改革类	2012年4月28日	发布《关于进一步深化新股发行体制改革的指导意见》
	2012年5月22日	【第78号令】《关于修改〈证券发行与承销管理办法〉的决定》
	2012年5月30日	发布《关于进一步提高首次公开发行股票公司财务信息披露质量有关问题的意见》和《关于新股发行定价相关问题的通知》
上市公司类	2012年2月21日	【第77号令】《关于修改〈上市公司收购管理办法〉第六十二条及第六十三条的决定》，自2012年3月15日起施行
	2012年5月4日	《关于进一步落实上市公司现金分红有关事项的通知》
	2012年12月19日	发布了《上市公司监管指引第2号——上市公司募集资金管理和使用的监管要求》，自发布之日起正式实施，中国证监会《关于进一步规范上市公司募集资金使用的通知》（证监公司字［2007］25号）同时废止

续表

主要类别	时间	主要政策措施及法规规则
市场监管类	2012年7月25日	【第80号令】《证券期货市场诚信监督管理暂行办法》，2012年9月1日起施行
	2012年9月24日	【第82号令】《证券期货业信息安全保障管理办法》，2012年11月1日起施行；《证券期货业信息安全保障管理暂行办法》（证监信息字〔2005〕5号）同时废止
	2012年11月15日	公布《基金管理公司开展投资、研究活动防控内幕交易指导意见》，自2012年12月15日起施行
	2012年11月19日	《关于加强与上市公司重大资产重组相关股票异常交易监管的暂行规定》，2012年12月17日起施行
	2012年12月5日	《关于加强对利用"荐股软件"从事证券投资咨询业务监管的暂行规定》，自2013年1月1日起施行
基金管理公司类	2012年6月19日	【第79号令】《关于修改〈证券投资基金运作管理办法〉第六条及第十二条的决定》
	2012年9月20日	【第84号令】《证券投资基金管理公司管理办法》2012年11月1日起实施。《证券投资基金管理公司管理办法》（证监会令第22号）同时废止
	2012年9月26日	【第83号令】《基金管理公司特定客户资产管理业务试点办法》，原有的《基金管理公司特定客户资产管理业务试点办法》（证监会令第74号）同时废止
	2012年10月29日	《证券投资基金管理公司子公司管理暂行规定》自2012年11月1日起施行
	2012年11月1日	《证券投资基金托管业务管理办法（征求意见稿）》
	2012年12月13日	《关于深化基金审核制度改革有关问题的通知》及配套措施，2013年1月1日起实施
证券公司业务创新类等	2012年10月18日	【第87号令】《证券公司客户资产管理业务管理办法》自公布之日起施行，2003年12月18日的《证券公司客户资产管理业务试行办法》同时废止
	2012年10月18日	《证券公司定向资产管理业务实施细则》自公布之日起施行，2008年5月31日的《证券公司定向资产管理业务实施细则（试行）》同时废止
	2012年10月18日	《证券公司集合资产管理业务实施细则》
	2012年11月2日	《证券公司直接投资业务规范》
	2012年11月16日	《证券公司代销金融产品管理规定》
	2012年11月16日	关于修改《关于证券公司证券自营业务投资范围及有关事项的规定》的决定
	2012年12月27日	《证券公司次级债管理规定》自公布之日起实施，《证券公司借入次级债务规定》（证监会公告〔2010〕23号）同时废止
期货管理公司	2012年7月31日	【第81号令】《期货公司资产管理业务试点办法》，自2012年9月1日起施行

资料来源：中国证监会网站。

1. 深化发行体制改革。2012 年上半年，中国证监会发布了一系列的政策措施，进一步完善了新股发行体制。4 月 28 日，中国证监会正式发布《关于进一步深化新股发行体制改革的指导意见》，从适当调整询价范围和配售比例、加强发行定价的监管、增加新上市公司流通股数量等六方面深入改革。5 月 21 日，中国证监会公布修订后的《证券发行与承销管理办法》提出，首次公开发行股票，除可以询价方式定价外，也可以通过发行人与主承销商自主协商直接定价等其他合法可行的方式确定发行价格。5 月 30 日，中国证监会发布《关于进一步提高首次公开发行股票公司财务信息披露质量有关问题的意见》和《关于新股发行定价相关问题的通知》，明确发行人承担 IPO 财务信息披露第一责任人，发行市盈率超过行业平均市盈率 25% 的新股出现 3 种情况将被退回重审。这些新股发行改革措施的集中出台，直接针对过去新股发行机制中存在的问题，实质性地深化了新股发行制度的改革。

2. 推进上市公司并购重组市场化，增强上市公司的股东回报意识。2012 年上市公司的制度建设与管理更注重适应市场变化，强调可操作性。上市公司制度建设主要有两个方面：一是完善上市公司收购管理办法和募资管理；二是继续加强上市公司的分红政策，增强上市公司股东回报意识。

上市公司市场化的并购重组是社会经济资源有效配置与结构合理调整的重要方式之一。推进我国上市公司并购重组市场化提高一直是证券市场建设的重要目标。2012 年 2 月，中国证监会修改了《上市公司收购管理办法》第六十二条及第六十三条，进一步完善了该制度，使其更符合我国国情和资本市场的实际，既减少并购重组行政许可事项、简化并购重组行政许可程序，又完善资本市场内生稳定机制、健全资本市场运行机制。

12 月 19 日，为了规范上市公司募集资金的管理和使用，明确监管要求，中国证监会发布了《上市公司监管指引第 2 号——上市公司募集资金管理和使用的监管要求》，即在现有法律法规框架体系下，遵循“募集资金监管要求总体不变、适当放宽资金使用用途、最大限度提高现有货币市场产品效益”三个原则，对现有募集资金监管规定进行了梳理和完善。如，允许上市公司使用闲置募集资金购买安全性高、流动性好的投资产品，比如固定收益类的国债、银行理财产品以及其他投资产品等。

与此同时，2012 年继续推进上市公司的分红政策。为持续增强上市公司的股东回报意识，引导证券市场的价值投资和长期投资理念，2012 年 5 月 4 日，中国证监会发布了《关于进一步落实上市公司现金分红有关事项的通知》。

3. 围绕诚信制度、信息安全与内幕交易等方面，建立与维护“三公”市场环境。随着市场规模的日益扩大、创新产品的日益增多，为了确保市场运行环境的“公开、公平、公正”，中国证监会在 2012 年发布了一系列新法令，同时对原有的重要规则进行了新的完善。2012 年市场环境的制度建设与维护的重点仍然放在市场诚信建设、信息安全管理、内幕交易的防范等几个方面。

为了加强证券期货市场诚信建设，强化对市场主体及其行为的诚信约束，进一步提高市场诚信水平，2012 年 7 月，中国证监会发布了《证券期货市场诚信监督管理暂行办法》，这是我国资本市场首部专门的诚信监管规章，是从诚信建设出发，探索尝试不同于一般行政监管的资本市场监管的机制模式。作为资本市场诚信建设的一部重要基础性法律制度，《证券期货市场诚信监督管理暂行办法》的创新之处在于：建立诚信档案制度；推出诚信信息查询制度；建立违法失信惩戒制度；建立针对几类特定主体的诚信约束制度；为激励、鼓励守信留下了空间；明确诚信监督合作制度等。2012 年 9 月，为了保障证券期货信息系统安全运行，加强证券期货业信息安全管理工作，促进证券期货市场稳定健康发展，保护投资者合法权益，中国证监会发布了新的《证券期货业信息安全保障管理办法》，2012 年 11 月 1 日起施行。《证券期货业信息安全保障管理暂行办法》（证监信息字〔2005〕5 号）同时废止。2012 年 11 月，中国证监会发布了《关于加强与上市公司重大资产重组相关股票异常交易监管的暂行规定》，严防上市公司重组中的内幕交易。

4. 政策制度注入证券公司新活力：拓宽证券公司融资渠道，大幅度推进证券公司业务创新。这是 2012 年证券业制度建设中的一大亮点。

为了进一步拓宽证券公司融资渠道，完善净资本补充机制，支持证券公司创新发展，中国证券业协会与中国证监会步调一致地推出两大政策措施。2012 年 12 月 21 日，中国证券业协会推出《证券公司柜台交易业务规范》，7 家试点证券公司率先启动了柜台交易市场，有利于激活与推动证券公司业务创新。2012 年 12 月 27 日，中国证监会发布《证券公司次级债管理规定》，这是在对 2010 年的《证券公司借入次级债务规定》基础上的修订版，原规定同时废止。此次发布的《证券公司次级债管理规定》扩大了证券公司次级债的机构投资者范围，放宽了长期次级债计入净资本的限制，增强了发行的灵活性。

在业务创新方面，证券公司业务在纵深度上都有极大的提升，尤其是大资产管理业务发布了一系列新的业务规则。2012 年 10 月，中国证监会对证券公司资产管理业务颁发了“一法两则”，即《证券公司客户资产管理业务管理办法》、《证券公司集合资产管理业务实施细则》和《证券公司定向资产管理业务实施细则》，对证券公司资产管理业务进一步放松管制、放宽限制，同时强化监管、防控风险。

（二）证券业自律组织——中国证券业协会

在中国证监会“放松管制、加强监管”的总体思路下、在行业创新发展的大背景下，2012 年，中国证券业协会继续加强证券行业自律管理，完善证券行业自律管理体系；配合证券公司的业务创新，及时推出相应的业务管理规范（见表 1 - 18）。

表 1 - 18　　2012 年中国证券业协会发布的自律规则一览

发布时间	中国证券业协会自律规则
2012 年 3 月 19 日	《证券资信评级机构执业行为准则》，自公布之日起实施
2012 年 6 月 11 日	《中国证券业协会调解员管理办法（试行）》
2012 年 6 月 11 日	《中国证券业协会证券纠纷调解规则（试行）》
2012 年 6 月 11 日	《中国证券业协会证券纠纷调解工作管理办法（试行）》
2012 年 7 月 3 日	《证券分析师执业行为准则》，自 2012 年 9 月 1 日起施行，2005 年发布的《中国证券分析师职业道德守则》同时废止

续表

发布时间	中国证券业协会自律规则
2012 年 7 月 3 日	《发布证券研究报告执业规范》，自 2012 年 9 月 1 日起施行
2012 年 7 月 18 日	《中国证券业协会会员管理办法》（2012 年修订）
2012 年 8 月 13 日	《中国证券业协会自律监察案件办理规则》，自发布之日起施行
2012 年 8 月 13 日	《中国证券业协会自律监察专业委员会组织规则》，自发布之日起施行
2012 年 8 月 13 日	《中国证券业协会自律管理措施和纪律处分实施办法》，自发布之日起施行
2012 年 10 月 19 日	《证券公司客户资产管理业务规范》，自公布之日起施行
2012 年 12 月 3 日	《证券公司证券营业部信息技术指引》（2012 年 12 月 3 日修订发布）
2012 年 12 月 6 日	《中国证券业协会会员单位参与整治利用网络等媒体从事非法证券活动工作指引》，自发布之日起施行
2012 年 12 月 21 日	《证券公司柜台交易业务规范》，自发布之日起施行

资料来源：中国证券业协会。

1. 加强行业自律管理，自律管理制度趋向精细化和可操作性。2012 年 8 月 13 日，中国证券业协会推出了三项制度：《中国证券业协会自律监察案件办理规则》、《中国证券业协会自律监察专业委员会组织规则》和《中国证券业协会自律管理措施和纪律处分实施办法》，进一步明确了惩戒措施的种类和各自的适用范围、适用原则，提高中国证券业协会公信力、执行力，增强自律管理权威性、有效性，深入推进会员单位归位尽责、提升行业诚信建设水平、保障各项创新业务健康发展具有重要意义。

中国证券业协会建立了协会主导、地方证券业协会协作参与、协会会员单位配合的证券纠纷行业调解机制。2012 年 6 月，颁布了三项证券纠纷调解规则，即《中国证券业协会证券纠纷调解工作管理办法（试行）》、《中国证券业协会证券纠纷调解规则（试行）》、《中国证券业协会调解员管理办法（试行）》。

2. 配合证券公司业务创新，及时推出业务管理规范，为证券公司业务创新助力。2012 年 7 月，中国证券业协会直投专业委员会成立。直投专业委员会旨在为直投业务发展创造良好的外部环境，加强证券直投业务行业研究，正面宣传直投业务形象，做好舆论引导工作，加强直投行业的自律监管，制定直投的自律规则，引领整个证券直投行业健康稳步发展。

2012 年 10 月 19 日，为配合中国证监会发布的证券公司资产管理业务的“一法两则”，即《证券公司客户资产管理业务管理办法》、《证券公司集合资产管理业务实施细则》、《证券公司定向资产管理业务实施细则》，中国证券业协会发布了《证券公司客户资产管理业务规范》，标志着证券公司客户资产管理业务自律管理工作提升到一个新台阶。

中国证券业协会在 2012 年 12 月 21 日发布《证券公司柜台交易业务规范》，正式启动了证券公司的柜台交易业务试点。大力发展证券公司柜台交易市场，有助于完善多层次的资本市场体系。证券公司柜台交易既可通过灵活的交易方式、丰富的产品设计满足投资者更加多样化、个性化的投融资需求，同时也拓宽了证券公司的融资渠道，推动证券公司创新业务的开展。

3. 进一步规范证券分析师行为，强调执业规范性。为规范证券分析师执业行为，提高证券分析师专业水平，维护证券分析师的良好职业形象，2012 年 7 月，中国证券业协会发布了《证券分析师执业行为准则》。为了进一步规范证券公司、证券投资咨询机构发布证券研究报告行为，保护投资者合法权益，2012 年 7 月，中国证券业协会发布了《发布证券研究报告执业规范》。《发布证券研究报告执业规范》和《证券分析师执业行为准则》的发布有利于进一步提升证券公司、证券投资咨询机构发布证券研究报告业务规范化程度，加强研究报告质量控制，提高证券研究报告质量；对加强投资者保护，提升证券公司、证券投资咨询机构研究水平，提高证券研究的市场定价能力，促进证券市场健康发展将发挥积极作用。

第二章

2012年中国证券行业发展特点

2012年是我国证券行业的创新之年。为了扭转同质化竞争造成通道型业务盈利状况不断恶化的趋势，通过创新来调整现有业务结构成为全行业摆脱困境和谋求持续发展的共识，监管层、行业协会的积极引导与证券公司主动求变、求新相结合，形成了一个证券公司盈利模式转型同多层次资本市场建设协同发展的局面，为我国经济平稳较快发展提供了重要支撑。

一、多层次资本市场建设持续推进，服务实体经济的空间大幅提升

构建多层次资本市场，推动证券行业创新发展，必须以服务实体经济为目标。2012年，我国证券行业积极创新，不断拓宽业务范围，在促进投融资转化和引导资源市场化配置方面起到了不可替代的作用。

（一）中小企业私募债放行，加强对中小企业提供融资中介服务的支持

促进中小企业和民营经济快速发展，是推动经济发展方式转型和构建和谐社会的题中之意，证券公司作为中小企业的融资中介在其中扮演着至关重要的角色。2012年，证券公司通过承销中小企业板和创业板IPO项目及中小企业私募债等业务为解决中小企业融资问题做出了巨大的贡献（见图2-1、图2-2）。

2012年，通过中国证监会审核的中小企业（包括中小企业板和创业板）一共168家[①]，占所有通过审核的IPO项目总数的63.63%。2012年全年发行上市的中小企业（中小企业板和创业板）共124家，其中创业板72家，共募集资金321.5亿元，中小企业板52家，共募集资金339.97亿元。中小企业募集资金占全年所有上市企业融资总量的66.48%，较2011年增加1.09个百分点。

2012年5月，上海证券交易所和深圳证券交易所相继公布《中小企业私募债券业务试点办法》、中国证券业协会发布《证券公司开展中小企业私募债券承销业务试点

① 资料来源：Wind资讯。

办法》，国内中小企业私募债业务试点正式启动。6月8日，东吴证券承销了首只中小企业私募债“12苏镀膜”。截至2012年底，一共有76家企业通过发行中小企业私募债，募集资金94亿元。发行私募债的中小企业以工业和消费行业为主，票面利率多处于7%～10%之间。国信证券和中信建投证券承销的市场份额，位于行业前两位，平安证券、东吴证券和国泰君安证券市场份额紧随其后（见图2－3、图2－4、图2－5、图2－6）。

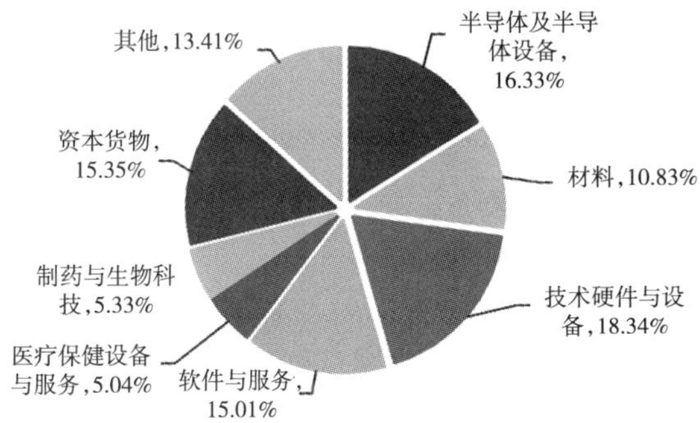

图2－1　2012年创业板IPO行业分布

资料来源：Wind资讯。

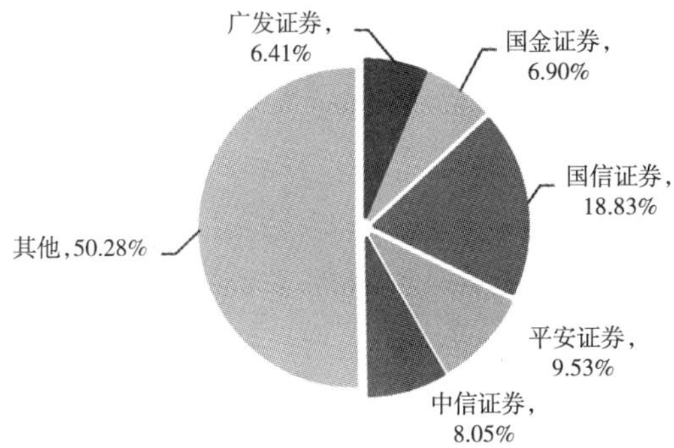

图2－2　2012年创业板IPO主承销证券公司市场份额

资料来源：Wind资讯。

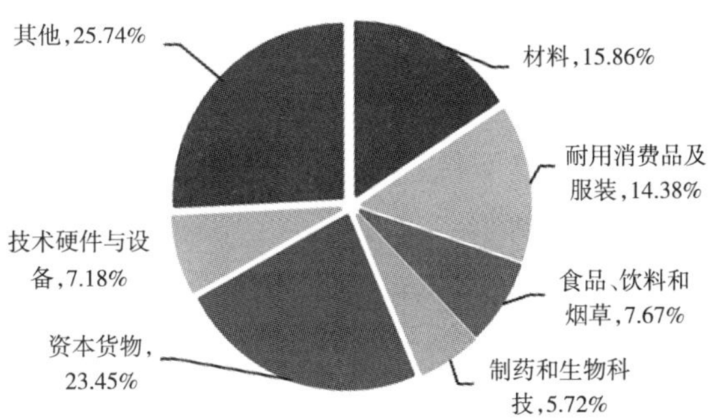

图2－3　2012年中小企业板IPO行业分布

资料来源：Wind资讯。

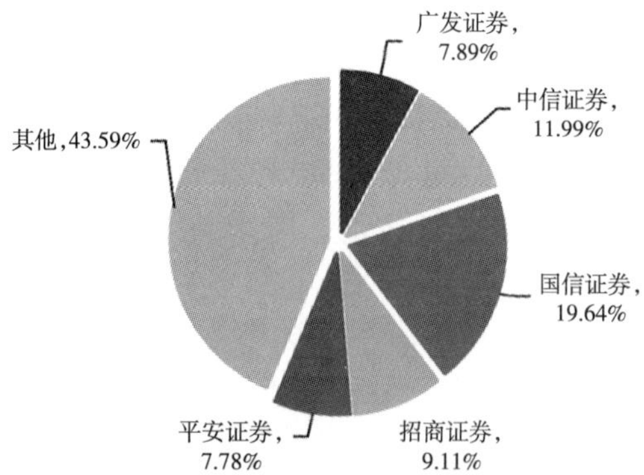

图 2-4 2012 年中小企业板 IPO 主承销证券公司市场份额

资料来源：Wind 资讯。

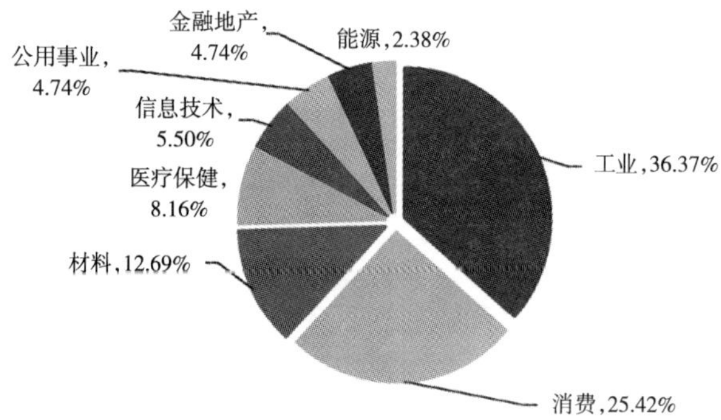

图 2-5 中小企业私募债行业分布

资料来源：Wind 资讯。

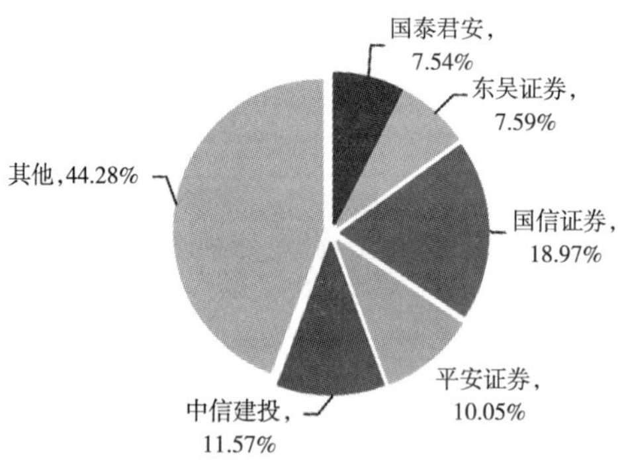

图 2-6 中小企业私募债承销证券公司市场份额

资料来源：Wind 资讯。

此外，2012 年还有 4 家创业板公司的私募债发行获得了中国证监会的审核，其中乐视网（300103）和向日葵（300111）分别于 5 月 10 日和 6 月 1 日进行了 2 亿元和 3 亿元的私募债发行。

直投业务是证券公司服务实体经济的另一条重要途径。根据中国证券业协会专项调研统计数据，截至2012年末，已经开展直投业务的证券公司达48家，注册资本共计355.3亿元，按可比口径同比上涨29%；共计管理产业基金9只，总规模109.3亿元；设立直投基金3只，募集资金83.9亿元。48家证券公司直投公司自开展直投业务以来累计已投资项目487个，对应投资金额255.7亿元；已上市项目65个，对应投资金额19.1亿元；已实现完全退出项目55个。

（二）新三板市场扩容，全国性非上市中小企业股权转让系统启动

新三板市场扩容是2012年国内多层次市场建设最显著的成就之一。3月，监管层提出包括完善转板制度、探索做市商制度和支持主办券商直投业务在内的多项建议；7月，副主办券商制度正式施行；8月，上海张江高新产业开发区、武汉东湖新产业开发区和天津滨海高新区成为首批新增的3家试点园区；9月，全国中小企业股份转让系统有限责任公司注册成立，标志着全国性场外市场初具雏形。截至2012年底，新三板市场挂牌公司数量达到200家，较2011年增长106.19%，新增家数超过前3年之和。其中，北京中关村175家，上海张江8家，天津滨海7家，武汉东湖10家，全年共交易11 455.51万股，交易金额5.84亿元（见表2－1、图2－7、图2－8）。

表2－1　新三板市场总貌

市场情况 \ 年度	2008	2009	2010	2011	2012
挂牌公司（家）	41	59	74	97	200
总股本（亿股）	18.86	23.59	26.9	32.57	55.27
成交笔数（笔）	479	874	635	827	638
成交股数（万股）	5 380.66	10 702.26	6 886.29	9 544.26	11 455.51
成交金额（亿元）	2.93	4.82	4.17	5.6	5.84

资料来源：深圳证券交易所。

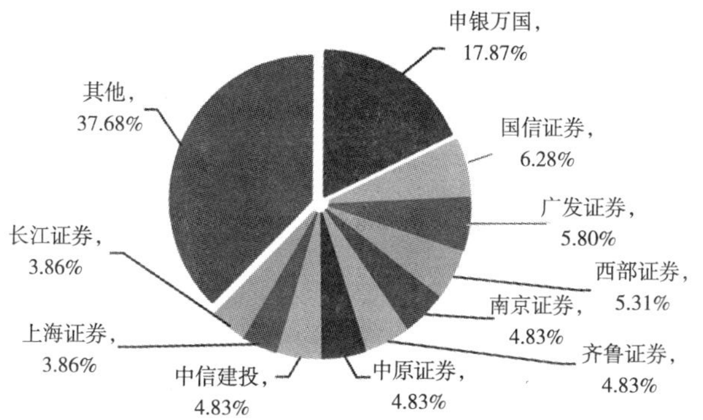

图2－7　新三板主办券商市场份额分布

资料来源：深圳证券交易所。

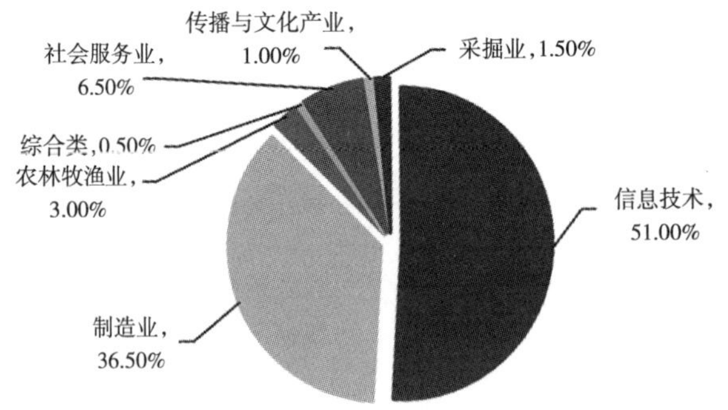

图 2-8 新三板公司行业分布

资料来源：深圳证券交易所。

从主办业务情况看，2012 年具有主办业务资格的证券公司增加到 65 家，其中 38 家从事了主办业务，从事了副主办业务的证券公司有 37 家。其中，申银万国、国信证券和广发证券主办事项业务份额排名行业前 3 位；前 10 位证券公司的市场份额达 62.32%。但动态来看，中关村的高科技企业超过 1.3 万家，挂牌率还不到 1.5%，全国 105 个高新技术开发区还有 7 万余家企业均可视为潜在的挂牌对象，新三板市场的前景非常可观。

2012 年有 2 家新三板公司实现转板，博晖创新和东土科技分别于 5 月 23 日和 9 月 27 日完成创业板 IPO，至此已有 7 家挂牌公司成功实现转板。此外，双杰电气、合纵科技和康斯特 3 家企业暂停报价等候发审，安控科技于 5 月 18 日顺利过会等候发行。

（三）区域性股权交易市场建设持续推进，多层次市场链条更加完善

区域性股权交易市场（以下简称“区域性市场”）是多层次资本市场的重要组成部分，对于促进企业特别是中小微企业股权交易和融资，鼓励科技创新和激活民间资本，加强对实体经济薄弱环节的支持，具有不可替代的作用。为落实 2012 年全国金融工作会议精神，规范证券公司参与区域性市场，促进区域性市场健康发展，防范和化解金融风险，维护市场秩序和社会稳定，根据有关法律法规和《国务院关于清理整顿各类交易场所 切实防范金融风险的决定》（国发〔2011〕38 号）、《国务院办公厅关于清理整顿各类交易场所的实施意见》（国办发〔2012〕37 号），在深入调研、广泛征求意见的基础上，中国证监会于 2012 年 8 月 23 日印发了《关于规范证券公司参与区域性股权交易市场的指导意见（试行）》[（以下简称《指导意见（试行）》]，按照“先规范、后发展”和“差异化发展”的原则，在各省市各类交易场所清理整顿工作完成后，允许证券公司通过成为会员或入股的形式参与区域性市场建设，通过规范证券公司的参与行为，推动区域性市场规范发展。中国证券业协会负责对证券公司参与区域性市场进行自律管理。

截至 2012 年底，共有浙江、湖北、重庆、贵州、西藏、甘肃、青海、深圳 8 省（区、市）的交易场所的清理整顿工作率先通过联席会议检查验收。在通过清理整顿验收的 8 个省（区、市）中，浙江省和重庆市区域性市场已具有一定规模，深圳市前海股

权交易中心也于2012年5月15日设立。其中：（1）浙江股权交易中心于2012年10月正式成立。截至2012年底，共有110家会员，挂牌企业为57家，总股本39.58亿股，累计成交股数985.63万股，累计成交2 780.26万元；托管企业156家，托管股本157.06亿股；私募债备案3家，备案金额4.2亿元，其中实际发行2.2亿元。（2）重庆股份转让中心设立于2009年底。截至2012年底，会员共有171家，挂牌企业共有90家，总股本34.76亿股，总资产101.88亿元，总市值96.33亿元，设立以来累计交易金额56.97亿元，累计融资金额78.92亿元；托管公司422家，托管股本429.14亿股。

证券公司参与区域性市场，一方面有效拓展了证券公司的业务领域；另一方面通过发挥其专业能力促进了市场的规范发展。中国证券业协会通过对证券公司参与区域性市场的自律管理，注重加强与相关省级政府金融管理部门及区域性市场的沟通协作，推动区域性市场规范发展。

（四）柜台市场取得新进展，证券公司基础功能完善再添试验田

柜台市场是证券公司在集中交易场所之外自主建立的私募产品交易系统，证券公司在柜台市场可与投资者进行交易或为投资者交易提供服务。作为场外市场的重要组成部分，证券公司柜台市场建设在2012年取得了长足的进展。

2012年以来，中国证券业协会围绕完善证券公司柜台交易、托管结算、支付、投资和融资等基础功能进行深入研讨，积极支持培育和拓展证券公司市场组织功能，以提升证券公司在资本市场的中介服务作用。2012年12月，经中国证监会同意，中国证券业协会正式发布《证券公司柜台交易业务规范》，同时正式启动证券公司柜台业务试点工作，海通证券、国泰君安、国信证券、申银万国、中信建投、广发证券和兴业证券成为首批启动柜台交易业务的7家试点证券公司。

柜台交易市场建设初期以销售和转让证券公司理财产品、代销金融产品为主，交易产品种类遵循先易后难的原则，且多为证券公司自己创设、开发、管理的金融产品。证券公司柜台业务主要针对机构客户，业务开展采用备案制管理，交易方式以协议交易为主，并逐步尝试展开报价交易或做市商交易机制。

二、行业营业收入下滑趋缓，资产管理规模增加，新兴业务增长迅速

（一）2012年证券行业总收入和净利润同比下降4.77%、16.37%，经纪业务收入占比首次低于40%

由于2012年全年股市交易量和股权融资量萎缩，证券行业收入和净利润连续第三年出现下滑，但得益于债券类业务（包括承销和自营）表现良好和创新业务的快速成长，下滑势头相比2011年大幅减缓。2012年证券行业杠杆倍数为3.46倍，略高于2011年的3.39倍，但净资产利润率（ROE）仅为4.74%，比2011年下滑1.51个百分点。从业务结构来看，代理买卖证券收入占比较2011年下降11.74个百分点，证券投资收入则由2011年的3.66%增加到22.41%，为2008年以来最高（见图2－9、图2－10）。

经纪业务依然是2012年证券公司收入占比最高的子业务，但受累于市场交易量的大幅萎缩（2012年全年股票基金交易额约32.27万亿元，比2011年下降24.6%）和交易

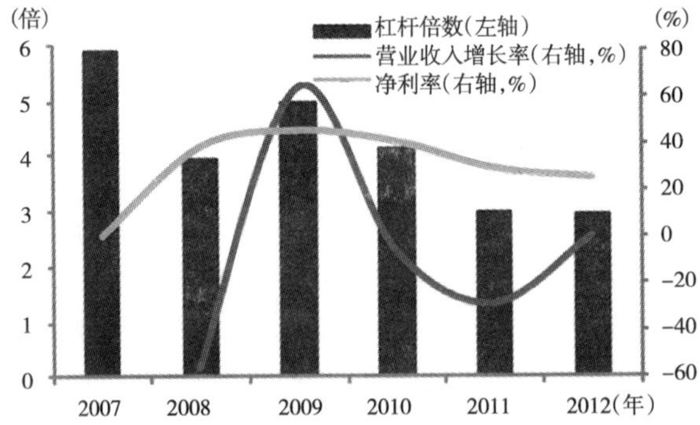

图 2-9　近年证券业行业收益和杠杆倍数变化一览

资料来源：中国证券业协会。

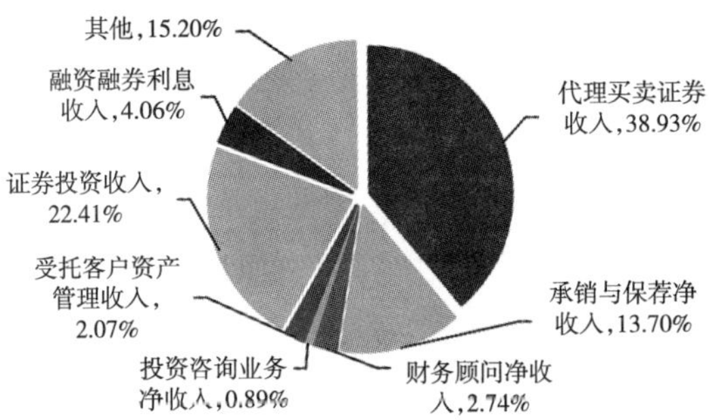

图 2-10　2012 年证券行业收入分布图

资料来源：中国证券业协会。

佣金水平走低（2012 年平均佣金率约为 0.78‰，低于 2011 年的 0.86‰），经纪业务收入同比下降 26.83%，成为拖累行业总收入下滑的首要因素（见图 2-11）。

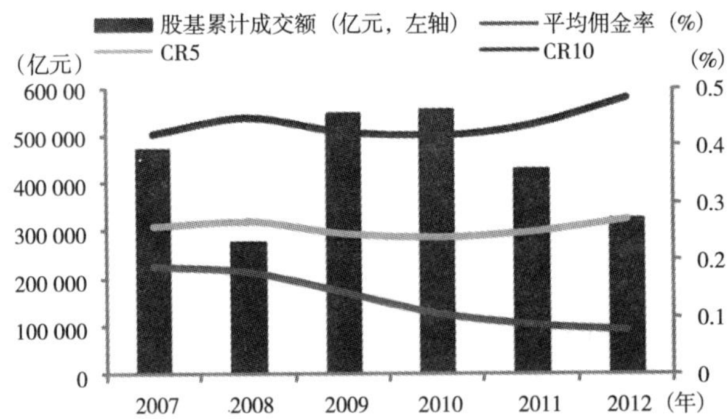

图 2-11　2012 年交易额和佣金率双降、集中度上升

资料来源：深圳证券交易所，上海证券交易所，中国证券业协会。

2012 年证券行业共实现投行业务收入 212.95 亿元，比 2011 年减少 11.78%，IPO 规模萎缩是造成投行业务下滑的主要原因，2012 年 IPO 总规模比 2011 年减少 62.9%。此外，2012 年仅有 39 家证券公司揽得 IPO 项目，低于 2007～2011 年平均值，但 2012 年承销业务的市场集中度与 2011 年相差无几。重视债券承销业务成为 2012 年各家证券公司拓展投行业务的重点（见图 2-12）。

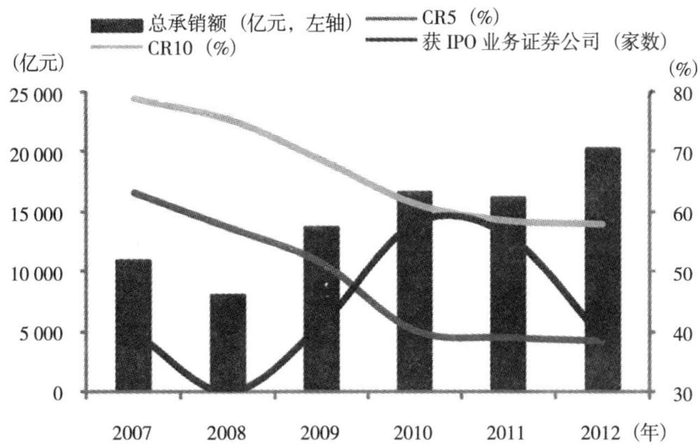

图2-12　近年证券行业承销市场一览

资料来源：Wind资讯。

与证券承销保荐业务收入连续两年下滑相反，2012年财务顾问服务不仅连续两年增收，而且创出行业新高。与此相应，证券公司投资银行业务结构发生了较为明显的变化，并购/承销收入占比升至20.01%，分别比2010年和2011年增加12.5和8.2个百分点（见图2-13、图2-14）。

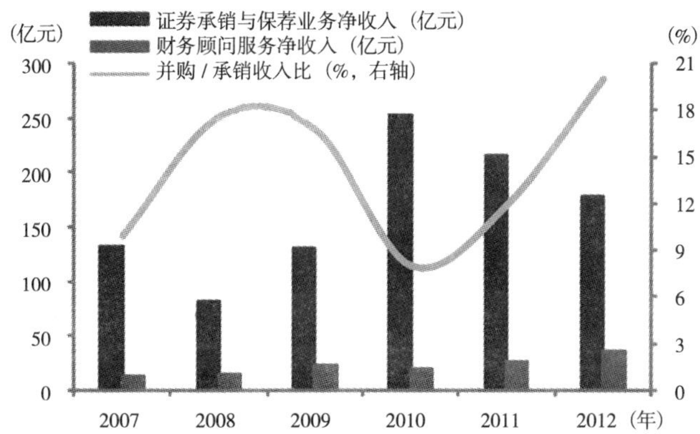

图2-13　2012年财务顾问收入创新高

资料来源：深圳证券交易所，上海证券交易所，中国证券业协会。

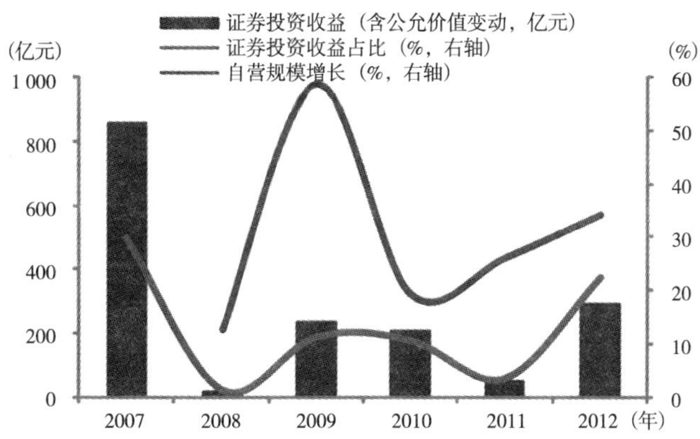

图2-14　近年证券行业证券投资收益业务一览

资料来源：Wind资讯。

2012 年末证券公司拥有自营资产 5 715.38 亿元，同比增长 34.27%，全年共实现证券投资收益（含公允价值变动）290.17 亿元，收入规模和占比均为 2008 年以来最高。

（二）证券公司收入的固定收益属性明显提升

2012 年中国政府工作报告中明确提出要积极发展债券市场，优化投融资结构并以此促进国民经济转型。受此影响，2012 年证券行业收入的固定收益属性有显著提升。

首先，从承销业务来看，债券业务的规模和比重有非常显著的增加。2012 年 70 家证券公司共承销债券 15 632.16 亿元，占债券承销市场的 37.13%，分别较 2011 年增加 69.78% 和 3.61%。同时，由于 IPO 项目萎缩和债券承销规模迅速增加，2012 年承销债股的比例达到 4.89，高于 2011 年的 1.87，为 2007～2011 年均值的 3.56 倍（见图 2－15）。

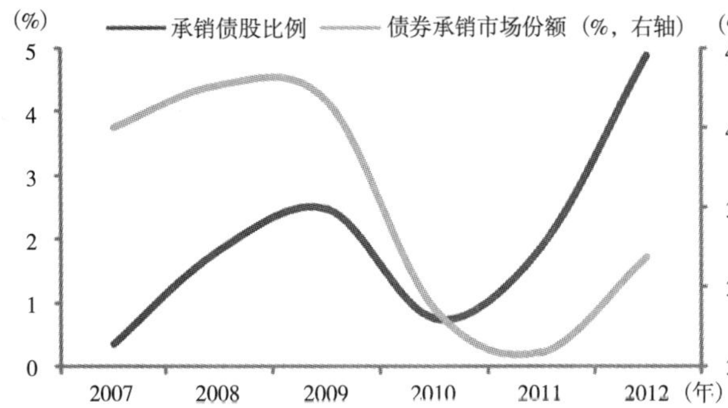

图 2－15 近年承销市场筹资结构变化

资料来源：Wind 资讯。

其次，从自营业务来看，债券投资比重上升和量化策略的使用是收入大幅增长的主要原因。2012 年从事证券自营业务的证券公司当中，52.87% 增加了债券投资的占比，全行业自营债券投资占比均值进一步升至 64.76%，比 2011 年高出 5.79 个百分点。其中，2012 年有 28 家证券公司执行了减少股票投资并增加债券投资的操作，而执行相反操作的证券公司仅有 4 家，同时执行股票债券增持的 29 家证券公司当中，有 21 家增持债券的额度超过股票。另外，2012 年有 46 家证券公司在自营业务中使用股指期货或利率互换等衍生品工具来进行套保，占比 52.87%（见图 2－16）。

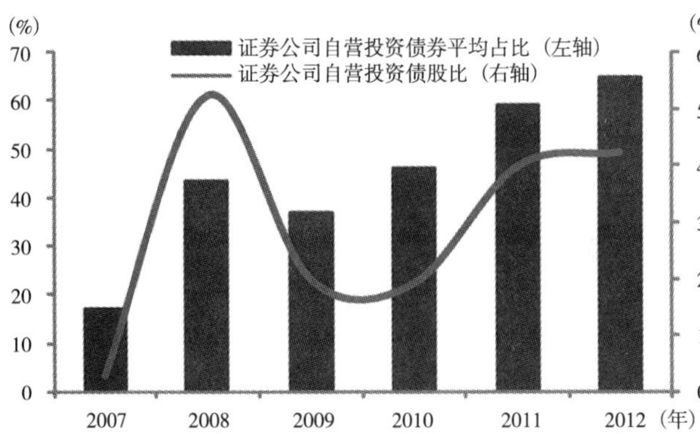

图 2－16 近年证券公司自营债券配置提升

资料来源：中国证券业协会。

此外，就客户资产管理业务来讲，2012 年全年发行固定收益类产品 133 只，占比 54.51%，首次超过股票型和混合型产品，其中债券型产品全年扩容 171.76%，为各类产品最快。

（三）证券公司资产管理规模突破万亿元，实现规模效应的同时盈利贡献依然偏低

资产管理业务规模巨幅增加是 2012 年证券行业发展最显著的特征之一，截至 2012 年底，全行业受托管理资金额总计 18 934.3 亿元，较 2011 年末增长 571.74%。其中，定向资产管理业务规模增长最为显著，增长了 11.9 倍；专项产品次之，增长了 2.37 倍；而最能体现证券公司资产配置和管理能力的集合理财产品则仅增长了 36.57%，略高于 2011 年的 33.95%（见图 2－17、图 2－18）。

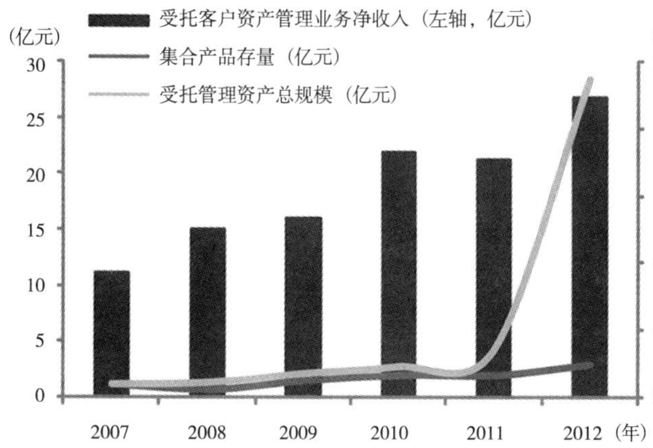

图 2－17 近年证券行业资产管理业务规模和收入一览

资料来源：中国证券业协会。

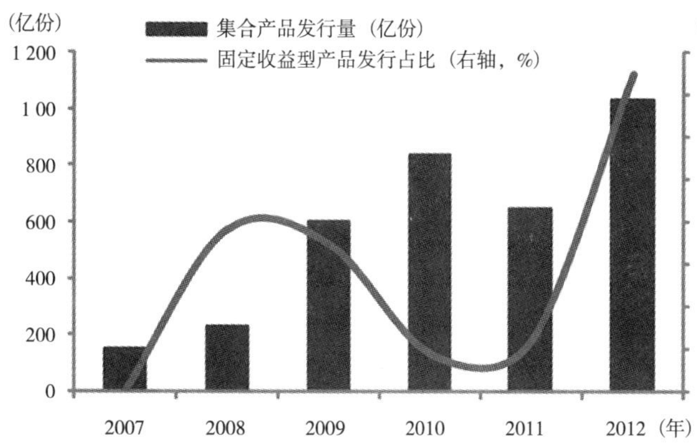

图 2－18 集合理财产品发行数据

资料来源：Wind 资讯。

2012 年，证券公司资产管理业务“一法两则”（即《证券公司客户资产管理业务管理办法》、《证券公司集合资产管理业务实施细则》和《证券公司定向资产管理业务实施细则》）在很大程度上解决了困扰行业多年的“通道困局”问题，产品发行采用备案制、

扩大集合产品可选投资范围及在产品设计和流动性方面允以更高的灵活度为行业规模快速扩张拉开了大幕。其中，定向资产管理业务成为各家证券公司做大规模的首选，通过与银行和信托公司进行合作，证券公司资产管理规模达到万亿元级别。截至2012年底，有“银—证—信”合作产品合计325只，规模3 641.76亿元；“银—证”合作产品合计523只，规模超过7 965.43亿元。

然而，证券公司资产管理业务规模增长却并未带来与之匹配的收入增长。2012年全行业共实现受托客户资产管理收入26.76亿元，对应的资产管理业务净收益率1.55‰，仅为2011年的17.18%（2011年行业资产管理业务净收益率为9.02‰），规模庞大的定向资产管理业务收入贡献率偏低是造成净收益率下滑的主要原因。由于定向资产管理业务具有明显的“通道”特征，产品高同质性和与银行议价能力的欠缺致使大量证券公司涌入后佣金率快速下降，2012年全行业有83家证券公司开展定向资产管理业务，比2011年增加35家。按照2012年末16 847.28亿元规模进行测算，即便执行1%的资本金要求新规定，对应的资本金为168.47亿元，再按照2012年4.74%的ROE计算所需要产生的净利润为7.99亿元，但实际上2012年全行业受托资产管理业务净收入仅比上一年增加了5.63亿元。

（四）新兴业务增长迅速

2012年是国内证券行业的革新之年，既有的创新业务规模在持续保持较快速度增长的同时，一些新的创新业务也逐渐进入高速成长阶段。

1. 融资融券业务收入翻番。融资融券业务自2010年推出以来便一直保持平稳快速的增长态势，2012年参与融资融券业务的证券公司由2011年的25家进一步扩至74家，年底融资融券余额达到895.16亿元，同比增长134.29%，全年融资融券业务净收入52.6亿元，同比增长115.75%，业务收入占比亦从2011年的2.35%增至5.25%。与2011年相比，由于融券业务规模增速高于融资业务，2012年融券/融资余额平均比率由9.19%升至24.36%，行业集中度则持续下滑，CR5和CR10分别为35.94%和67.66%（见图2－19）。

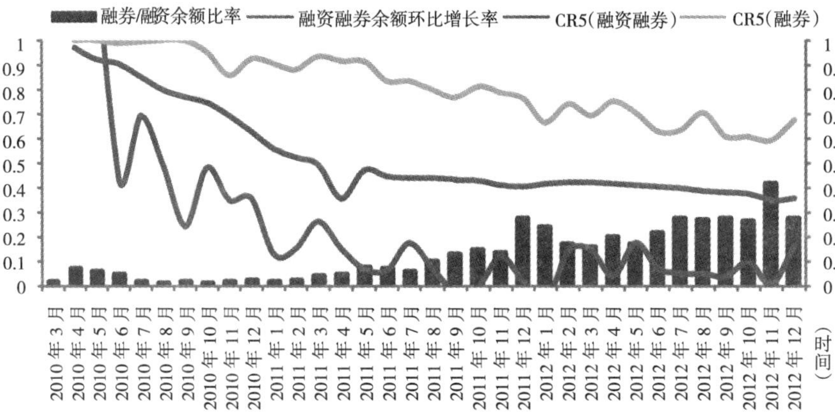

图2－19 融资融券业务发展概况

资料来源：Wind资讯。

2. 转融资业务率先起航。转融资业务于2012年8月末正式启动，首批11家证券公司参与期限分别为7天、14天和28天三个档次的转融资交易，该项业务推出首日便实现55亿元的交易额，11月转融资试点证券公司扩至30家后，交易余额一度升至106亿元。截至年底，转融资余额92.51亿元，占中国证券金融股份有限公司注册资本的77.09%。转融资业务进一步增加了融资融券的资金来源，为融资融券业务规模的扩张提供了保障。

3. 保证金管理产品扩容。自2011年信达证券率先推出保证金管理业务“现金宝”以来，该项产品能够在不影响投资者股票交易的前提下为闲置资金提供增值服务，实现证券公司、银行和投资者的“双赢”，业务规模成长势态良好。2012年9月，保证金管理产品正式转为常规监管，截至2012年底，共有20家证券公司推出了自己的保证金管理产品（含信达证券），新募集资金174.4亿元，其中仅第四季度便有15家证券公司发行了自己的保证金管理产品，这一势头有望在2013年得以延续（见表2-3）。

表2-3 2012年新发行保证金管理产品概况

集合理财简称	发售起始日	存续期间（年）	总募集规模（亿元）	管理人
国泰君安现金管家	2012年6月28日	2	16.35	上海国泰君安资产管理公司
华泰紫金天天发A计划	2012年7月18日	3	41.91	华泰证券
银河水星1号	2012年7月23日	2	1.14	银河证券
中信证券16号	2012年7月30日	2	5.30	中信证券
海通现金赢家	2012年10月18日	2	22.53	上海海通证券资产管理公司
国信现金增利1号	2012年10月22日	2	2.73	国信证券
招商智远天添利	2012年11月12日	3	36.28	招商证券
宏源天添利现金	2012年11月19日	5	10.97	宏源证券
广发金管家现金增利	2012年11月26日	3	3.31	广发证券
长江超越理财货币管家	2012年11月26日	3	2.74	长江证券
申万天天增1号	2012年11月28日	2	7.29	申银万国证券
西南双喜增利	2012年11月28日	3	3.24	西南证券
东方红现金管理	2012年12月3日	3	3.88	上海东方证券资产管理公司
东莞旗峰天添利	2012年12月17日	5	1.36	东莞证券
联讯现金惠	2012年12月17日	2	3.11	联讯证券
新时代天天利	2012年12月17日	2	4.27	新时代证券
民族现金港	2012年12月17日	3	1.44	民族证券
财通现金聚财	2012年12月20日	3	2.65	财通证券
国联现金添利1号	2012年12月27日	3	3.89	国联证券

资料来源：财汇金融数据终端。

4. ETF做市商业务正式启动。2012年5月，上海证券交易所确认海通证券、中信证券、华泰证券、广发证券、方正证券、长江证券、国泰君安证券、平安证券、银河证券和招商证券10家证券公司作为华泰柏瑞沪深300ETF的流动性服务提供机构。随后，深圳证券交易所也指定中信证券、海通证券、国泰君安、平安证券、国信证券、广发证券和招商证券7家证券公司为嘉实沪深300ETF的做市商。这标志着国内证券公司的做市商业务正式步入试航阶段。截至2012年底，共有4只ETF基金进入证券公司做市业务名单（另外两只是华夏恒生ETF和华夏上证中盘ETF），其中华泰柏瑞沪深300ETF上市仅7个月累计成交额就突破1 000亿元（1 040.05亿元），成为流动性最活跃的3只ETF之一。

尽管目前国内证券公司的做市商业务还处于起步阶段，但未来可以拓展的空间十分广阔。做市商业务作为最重要的中介型买方业务，根据SIFMA的统计，1976～2010年30多年间占行业总收入比重的平均值为15.94%。在国内证券行业积极创新和业务模式转型的大背景下，可以预见随着场外市场建设的持续推进，证券公司的做市商业务即将迎来一个高成长阶段。

5. 其他创新型业务的发展。2012年除融资融券、保证金管理产品、ETF做市商等创新业务快速增长外，股票约定式回购、债券质押式报价回购、柜台市场等方面的建设和推进也取得了长足进展，并且有望在2013年迎来新的成长高峰。表2－4简要列举了这几项业务在2012年度的进展状况。

表2－4　　2012年部分创新业务进展概况

创新业务	2012年进展概况
股票约定式回购	4月，约定式回购业务准入门槛由机构向个人投资者开放。8月，约定式回购业务交易门槛由500万元降至250万元。9月，中登公司和深圳证券交易所正式发布《约定回购业务之证券公司技术系统变更指南》，首次明确股票约定式回购交易业务的工程技术标准。10月，深圳证券交易所的股票约定式回购系统的最终技术测试完成。截至9月底，一共有15家证券公司获得约定式回购业务的试点资格，累计成交金额约12亿元，融资余额11.6亿元。
债券质押式报价回购	作为2012年上海证券交易所梳理的11项证券公司创新产品之一，债券质押式报价回购业务的试点工作正稳健推进，全年新增东北证券、方正证券等13家证券公司作为试点。
柜台市场	10月，海通证券等9家证券公司的柜台市场建设方案率先通过专业评价。12月，《证券公司柜台交易业务规范》正式颁布，柜台交易业务的监管采取事后定期报备的方式，海通证券、国泰君安、国信证券、申银万国、中信建投、广发证券和兴业证券成为首批启动柜台交易业务的试点证券公司。

资料来源：上海证券交易所，深圳证券交易所，中国证券业协会，Wind资讯。

三、证券公司资产管理业务“通道困境”破局，迎来向财富管理行业转型良机

（一）证券公司资产管理业务投资范围拓宽，行业步入产品创新主导阶段

大力发展资产管理业务和向财富管理行业转型是目前国内证券行业谋求盈利模式变革的必然要求，2012年在行业创新大背景下资产管理业务“通道困局”的破题成为行业转型初期的一个主要标志。《证券公司客户资产管理业务管理办法》及其配套细则的相继出台使证券公司在集合产品发行、投资范围和产品设计方面享有更高的自由度，“通

道困局”缓释后证券公司对资产管理业务的投入程度进一步提升，全年新增参与集合理财业务的证券公司 15 家（另外，光大证券和海通证券先后成立资产管理子公司），新增参与定向资产管理业务的证券公司 35 家，全行业受托管理客户资金规模 18 934. 3 亿元，同比增长 571. 14%，其中集合理财业务 2 052. 09 亿元，高出 2011 年 549. 53 亿元，均创出行业新高（见表 2 - 5）。

表 2 - 5　2012 年修订后的《证券公司客户资产管理业务管理办法》及其两个配套细则的新变化

内容	变　化　情　况
管理制度	由行政审批制变为备案制。
投资范围	对于小集合产品，允许投资证券期货交易所交易的投资品种、银行间市场交易的投资品种以及金融监管部门批准或备案发行的金融产品。对于大集合产品，增加了中期票据、保证收益及保本浮动收益商业银行理财计划。对于定向资产管理产品，允许投资者和证券公司双方自行约定投资范围，不再单独设置限制。
产品设计	允许证券公司集合资产管理计划和定向资产管理参与融资融券交易，允许集合计划和定向资产管理将其持有的证券作为融券标的证券出借给证券金融公司；允许集合计划进行正回购；提高自有资金参与一个集合计划的比重，允许自有资金在集合计划存续期间有条件参与或退出集合计划。取消小集合和定向资产管理双 10% 的限制；豁免指数化集合计划的双 10% 及相关关联交易投资限制。还删除《证券公司集合资产管理业务实施细则（试行）》中“计划资产净值不得连续 20 个交易日低于 1 亿元人民币”的规定；允许集合计划份额分级和有条件转让。

除了规模上的强势增长外，资产配置和管理能力的重要性也得以凸显，行业开始步入产品创新主导阶段。2012 年，证券公司资产管理产品创新迎来一轮高潮，产品种类进一步丰富和完善（见表 2 - 6）。

表 2 - 6　　2012 年证券公司资产管理业务创新产品一览

时间	创　新　产　品
2012 年 7 月 18 日	华泰证券“紫金天天发”首次将保证金产品投资范围扩至逆回购、货币基金及固定收益产品。
2012 年 9 月 10 日	国内首只纯债型产品中信证券“中信季季增利纯债”发行。
2012 年 9 月 26 日	国内首只 14 天证券公司理财产品申银万国“申银万国灵通快利 14 天”发行。
2012 年 10 月 29 日	国内首只 7 天证券公司理财产品申银万国“申银万国灵通快利 7 天”发行。
2012 年 11 月 8 日	国内第一只投资信托的产品渤海证券“蓝海系列巴南改造限额特定集合计划”发行。
2012 年 11 月 19 日	光大证券“金阳光支付通”业务正式上线，成为国内首家具备保证金支付功能的产品。
2012 年 11 月 22 日	国内第一只分级债券型产品国泰君安“君得丰”发行。
2012 年 11 月 22 日	国内第一只分级股票型产品国泰君安“君享融通一号”发行。
2012 年 11 月 26 日	国内首只联名私募产品“国泰君安君享·重阳阿尔法对冲一号”发行。
2012 年 12 月 17 日	国内首只多空双向证券公司产品广发证券“金管家多空杠杆集合资产管理计划”发行。
2012 年 12 月 17 日	国内首只证券公司短期纯债型分级产品海通证券“海通月月赢 6 个月优先级”发行。

资料来源：各家证券公司网站。

得益于政策红利，2012 年证券公司集合理财产品创新在第四季度集中涌现。一方面，第四季度共有 15 只保证金管理产品发行，占全年发行只数的 78.95%；另一方面，国泰君安于 11 月 22 日推出国内首只分级型产品，截至年底共有 12 款分级型产品发行，其中债券型 8 款，股票型 2 款，混合型和货币市场型各 1 款，合计募集资金近 90 亿元。

（二）证券公司代销金融产品闸门开启，传统经纪业务借此谋求新空间

经纪业务收入占比下滑是证券行业盈利模式转型的主要特征，同时经纪业务的转型也是证券行业业务模式转型的主要组成部分。2012 年由于股票市场交易量和佣金率双双下滑，经纪业务收入大幅下滑，作为当前证券行业最主要的收入来源，经纪业务的转型和创新与发展其他创新业务同等重要，代销金融产品和业务模式向财富管理转型为此提供了一个重要契机。

根据中国证监会于 2012 年 11 月 12 日颁布的《证券公司代销金融产品管理规定》，证券公司在销售自行创设的理财产品的同时，可以向客户提供“在境内发行的，并经国家有关部门或者其授权机构批准或者备案的各类金融产品”，这意味着证券公司可以借此打造全方位、综合性的财富管理平台。目前国内证券公司代销证券投资基金和同业理财产品的收入占比不足 1%，而美国证券行业这一数据保持在 7% 左右。尽管在客户资源和营销渠道方面证券公司与商业银行还存在比较大的差距，但证券公司可以通过提供多功能账户服务来打造更加专业的现代财富管理平台。2012 年代销基金产品前 10 名的证券公司平均代销基金 1 076 只，而前 10 名的商业银行仅平均代销 857 只基金。借助代销金融产品和完善账户管理服务功能的契机，将促进经纪业务盈利结构优化调整。

（三）证券公司系并购基金试航，获保险资金管理资格，证券公司资产管理业务多层次体系初具雏形

2012 年，证券公司资产管理业务的飞速发展并非仅仅体现在受托管理资产规模的强势扩张上，也体现在资产管理业务多层次体系的构建层面。除集合理财、专项资产管理和定向资产管理实现规模跃升外，证券公司在保险资金管理、并购基金、直投基金、自营资产管理方面均有所突破。（1）保险资金管理。中国保监会在 2012 年 7 月和 9 月先后颁布《保险资金委托投资管理暂行办法》、《证券公司开展保险机构特殊机构客户业务报告事项的说明》和《保险机构参与特殊机构客户模式报告事项的说明》，证券公司可以通过为保险机构提供资产管理服务来获取佣金和管理费收入。截至年底，中信证券、海通证券等 26 家证券公司获准管理保险资金。（2）并购基金。6 月，中信证券通过旗下金石投资有限公司设立中信并购基金获中国证监会批准，成为国内首家获准成立的证券公司系并购基金。随后海通证券、光大证券、中投证券等也开始筹备设立并购基金，并购基金业务不仅能够帮助证券公司协调投行、自营和资产管理各项业务以提升范围经济，也为证券公司直投业务提供了除 IPO 以外的新退出渠道。（3）直投基金。11 月，中国证券业协会颁布《证券公司直接投资业务规范》，明确证券公司设立直投基金采取备

案制管理方式，并可以施行直投跟投机制，同时放宽直投子公司及其下属机构不得负债经营的限制。截至年底，新成立证券公司直投基金 3 只，共募集资金 80.39 亿元

（4）自营资产管理。11 月，中国证监会发布关于修改《关于证券公司证券自营业务投资范围及有关事项的规定》的决定，对证券公司自营业务投资范围进行了放宽，将新三板、区域性股权交易市场挂牌转让的股票、柜台交易产品及金融衍生品等纳入证券公司自营业务投资范围。截至年底，87 家证券公司从事证券自营投资业务，持有证券市值规模达 5 715.38亿元，较 2011 年增长 34.27%。

短期内，在证券行业创新大背景下，借助证券公司资产管理业务“通道”打开的机遇，通过代销多元化金融产品提升范围经济，加强低风险产品和指数化产品的开发，重点发展分级产品和定制化产品，培养自己的管理人才和营销人才，提升机构客户的议价能力。中长期内，提升账户管理的专业化程度，寻求产业链层面的差异化定位，从定制化和标准化两个维度搭建综合性全球化财富管理平台，增强复杂衍生产品、宏观对冲产品的设计能力和跨国资产配置能力，形成以持续产品创新和差异化服务为核心的品牌竞争力（见图 2－20）。

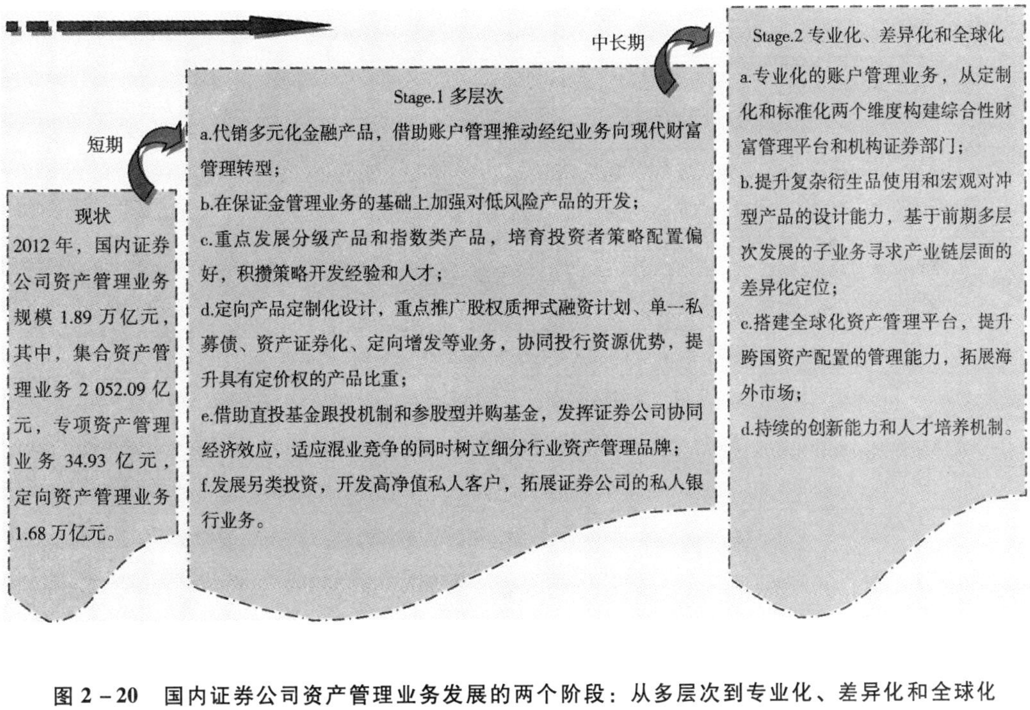

图 2－20　国内证券公司资产管理业务发展的两个阶段：从多层次到专业化、差异化和全球化

四、制度创新之年，证券行业盈利模式调整迎来好时机

（一）中国证券业制度建设进一步完善

2012 年是国内证券业发展的制度创新之年，中国证监会和中国证券业协会分别围绕发行、分红、退市等市场基础制度及证券公司业务创新和行业自律等方面进行进一步完善，为证券行业的稳健发展和创新转型夯实了基础。

首先，证券市场发行、分红、退市等基础制度建设持续推进。2012 年上半年中国证监会先后发布《关于进一步深化新股发行体制改革的指导意见》、《证券发行与承销管理办法（修订版）》、《关于进一步提高首次公开发行股票公司财务信息披露质量有关问题的意见》和《关于新股发行定价有关问题的通知》等系列文件，对新股发行体制进行了持续完善建设。5 月 4 日，中国证监会发布《关于进一步落实上市公司现金分红有关事项的通知》，继续推进 2011 年强调的上市公司分红政策，为强化上市公司的股东回报意识和证券市场价值投资理念起到了很好的引导作用。6 月，上海证券交易所和深圳证券交易所分别发布了《关于完善上海证券交易所上市公司退市制度的方案》和《关于改进和完善深圳证券交易所主板、中小企业板上市公司退市制度的方案》，对上市公司退市程序进行完善，并进一步明确上市公司退市的指标要求和重新上市的详细标准（见表 2-7）。

表 2-7　创新 11 条落实情况

序号	创新措施内容	至 2012 年末进展状况
1	提高证券公司理财产品创新能力	10 月，中国证监会正式发布修订后的《证券公司客户资产管理业务管理办法》及配套实施细则，扩大投资范围，允许产品分级，降低投资门槛，减少相关限制。
2	加快新产品新业务创新进程	集合资产管理计划发行制度已由审批制改为备案制，保证金管理业务转常规。
3	放宽业务范围和投资方式限制	自营业务"一增两扩"，直投基金转为事后备案制，证券公司系并购基金正式放行，股票约定式回购业务试点进一步扩大。
4	扩大证券公司代销金融产品范围	《证券公司代销金融产品管理规定》已于 11 月正式发布实施。
5	支持跨境业务发展	QFII、RQFII 和 QDII 额度进一步增加，跨境 ETF 已面世。
6	推动营业部组织创新	修订后的《证券公司证券营业部信息技术指引》已于 12 月正式发布。
7	鼓励证券公司发行上市和并购重组	海通证券 H 股上市，中信证券收购里昂证券，取消证券公司上市审慎监管标准。
8	鼓励证券公司积极参与场外市场建设和中小微企业私募债券试点	新三板市场扩容，全国中小企业股份转让系统有限公司成立；中小企业私募债试点业务正式启动，27 家证券公司年内共承销 88 只私募债；全年新增 4 家区域性股权交易市场；《证券公司柜台交易业务规范》于 12 月正式颁布，海通证券等 7 家证券公司获准首批试点柜台业务。
9	改革证券公司风险控制指标体系	《关于修改〈关于证券公司风险资本准备计算标准的规定〉的决定》和修订后的《关于调整证券公司净资本计算标准的规定》已于 11 月正式发布。
10	探索长效激励机制	中国证监会于 11 月发布《证券公司治理准则》，提出在《证券法》相关条款修改前允许证券公司管理层和业务骨干以信托方式设立有限公司或合伙企业方式间接持有证券公司股份，并探索其他激励约束机制。
11	积极改善证券公司改革开放、创新发展的社会环境	《发布证券研究报告执业规范》、《证券分析师执业行为准则》、《中国证券业协会证券纠纷调解工作管理办法》、《中国证券业协会证券纠纷调解规则》、《中国证券业协会调解员管理办法》、《证券公司投资者适当性制度指引》等一系列行业自律和适当性管理规则相继出台，投资者教育持续推进。

其次，证券公司业务创新和业务模式调整的制度保障得到进一步加强。2012 年初，中国证券业协会牵头组织了联合调研小组，在北京、上海、深圳和兰州等地进行实地调研，梳理出当前国内证券公司在经纪业务、资产管理、投行业务、国际业务和自营业务等十个方面存在的 60 多个问题，最终形成《关于推进证券公司改革开放、创新发展的思路与措施（征求意见稿）》的专题报告，并提出推进行业创新极具针对性的 11 条举措，成为 5 月证券行业创新大会的讨论主题。9 月，中国证券业协会在山东威海召开“证券公司五大基础功能发展专题研讨会”，对国内证券公司交易、托管结算、支付以及融资和投资等基础功能的加强和发展进行了深入研讨。2012 年全年，中国证券业协会积极引导行业创新，先后出台了《证券公司客户资产管理业务规范》、《证券公司证券营业部信息技术指引》、《证券公司柜台交易业务规范》三项业务规范指引以及《证券分析师执业行为准则》、《发布证券研究报告执业规范》等一系列行业自律规范指引。

（二）证券公司杠杆管理空间得到释放

为了保障业务创新持续推进和盈利模式调整的顺畅实现，证券公司资本金约束和杠杆管理的监管要求也势必做出调整。

一方面，中国证监会于 2012 年 11 月发布《关于修改〈关于证券公司风险资本准备计算标准的规定〉的决定》和《关于调整证券公司净资本计算标准的规定（2012 年修订）》，对多项金融资产的净资本扣减比例和风险资本计提比例进行了下调，为证券公司创新业务的开展释放更多空间。其中，对于证券公司自营业务中未进行风险对冲的证券衍生品、权益类证券和固定收益类证券的风险资本金计提标准由 30%、20%、10% 下调至 20%、15%、8%，对专项、集合、定向资产管理业务的风险资本金计提标准由 8%、5%、5% 下调至 2%、2%、1%，对融资业务的风险资本金计提标准由 10% 下调至 5%，A、B 类证券公司的基准计算标准也由 0.6 倍、0.8 倍下调至 0.3 倍和 0.4 倍，连续三年被评为 A 类的证券公司则采用 0.2 倍的标准计提。据此，按照新规计算的证券行业监管杠杆倍数上限比此前提升了大约 10%。当然，相较于海外一流投行通常超过 10 倍的杠杆水平，国内证券行业资本金计提标准依然偏严，随着行业创新的持续深入和证券公司风险管理能力的提升，资本金约束有望进一步得以放松。

另一方面，证券公司短期融资券和次级债放行进一步拓展了证券公司的资金来源。除资本金计提标准下调外，通过再次启动证券公司短期融资券和修改证券公司次级债记入资本本金的要求亦是从资金来源方面提升了证券公司调整杠杆的空间。2012 年 5 月 31 日，招商证券 2012 年度第一期短期融资券正式发行，成为 2006 年证券公司短期融资券停发以来首只重启的证券公司短期融资券。截至年底，中信证券、招商证券、国泰君安和广发证券分别发行了 5 期、4 期、4 期和 2 期短期融资券，共募集资金 531 亿元。12 月，中国证监会发布《证券公司次级债管理规定》，对次级债的期限、流通转让、发行借入流程等方面进一步放宽。相比《证券公司介入次级债务规定》，新规允许 1 年期的次级债也可以视为长期次级债并按照 50% 计入资本金，3 年期次级债计入资本金的比例则由 70% 提升至 100%，同时，证券公司次级债的投资者范围也在此前的基础上大幅放宽。

此外，约定式回购业务和债券质押式报价回购业务也为证券公司进行杠杆管理提供了更强的灵活性。通过这两项业务，证券公司可以对自己的资金头寸进行更具主动性的管理，从而实现对杠杆的灵活调度。

第三章

中国证券业 2013 年发展展望

承接 2012 年制度改革的良好趋势，2013 年，制度建设仍将会进一步深化并触动诸多深层次的问题，证券行业也将延续 2012 年国内证券公司的创新趋势。

一、证券公司业务结构和盈利模式将进一步改善

对于证券公司传统业务来说，经纪业务竞争加剧，服务产品将呈现差异化特征，并购业务在投行业务中的比重将继续上升，资产管理业务将朝多层次纵深发展。营业部设立新规和非现场开户等政策的出台，经纪业务将面临新的挑战。通过业务创新与差异化可以有效解决同质化竞争的问题，尤其是服务产品的创新。在加大技术开发力度、为投资者提供方便快捷的交易手段基础上，对现有客户和潜在客户进行深入分析，根据不同客户的资金状况、投资目标、交易习惯等，有的放矢地进行市场开拓，并提供个性化的服务产品。对投行业务来说，并购重组业务具有技术含量高、客户黏性强、智力驱动、资产资本消耗小、综合性强、业务衍生和辐射能力强等特点，在当前中国产业结构调整的关键时期，投行将对并购业务高度重视，并将并购重组业务作为战略性业务进行培育。随着国内财富管理子行业“割据”状态逐渐被打破，产品创新、策略开发和资产配置能力成为行业竞争优势的主导因素，“通道困境”破局后的证券公司资产管理业务将沿着先多层次再专业化、差异化和国际化的路径推进。

对创新型业务来说，融资融券业务的规模将持续增长，融资融券标的将进一步扩大，融券业务的占比也会显著提升；资产证券化业务是证券行业向现代投资银行转型的关键，是现代投资银行的两条纵深业务主线之一，不仅为证券行业提供了广阔的业务空间，还为多项后继创新业务开发和整合提供了契机；股权质押融资、股票约定式回购等创新型融资业务将迅速起步，促进证券公司资本中介型业务的发展。另外，证券公司柜台业务、区域性股权市场和新三板市场等场外市场建设的力度将进一步加强，服务实体经济能力进一步提升。

二、证券公司融资渠道拓宽带来创新动力

实现业务结构优化和盈利模式转型是当前证券行业创新不辍的根本原因，2012 年 11 月《关于修改〈关于证券公司风险资本计算标准的规定〉的决定》和《关于调整证券公司净资本计算标准的规定（2012 年修订）》两部新规对多项金融资产的净资本扣减比例和风险资本计提比例进行了下调，再加之短期融资融券的重新放行和《证券公司次级债管理规定》的颁发，证券行业持续创新的空间得到显著释放。

2013 年 3 月，中国证监会公布了《证券公司债务融资工具管理暂行规定（征求意见稿）》，对证券公司债务融资工具范围、发行方式和条件、审批、发行和转让场所、境外发债等方面进行了放松。至此，国内证券公司的杠杆管理手段已经囊括债券质押式报价回购、同业拆借、短期融资券、次级债、公司债、转融通和收益凭证等一系列工具，尤其是受益凭证，不仅没有规模上限，在期限和标的物方面享有非常高的灵活性，而且非公开发行采取备案制，赋予证券公司进行杠杆管理极大的主动性。在传统通道型业务竞争日益激烈、利润率不断下滑的形势下，增加杠杆有助于提升各家证券公司的 ROE。

三、证券公司国际化经营将进一步加快

国际大型投行的发展历史表明，国际化经营可以使其获得和增加新的优势，获取原来在国内无法得到的有利的经营条件，从而增加其相对国内公司原有的竞争优势；只要国外确实存在可以利用的而且在国内暂时没有的有利条件，通过国际化经营去谋求这种优势的增加是不可避免的。

虽然我国证券公司国际化经营之路在未来的一段时间内仍将处于初级阶段，但其国际化经营将从广度和深度两方面继续发展。首先，从参与机构看，越来越多的中国证券公司认识到国际化经营的好处，将开始国际化经营之路，实施“走出去”战略；其次，来自国际证券业务的收入占其总收入的比重将稳步提高；再次，虽然近期内我国香港仍是我国证券公司国际化经营的集中地，但其国际业务的地域分布将从以香港为中心逐步向国际发达市场和新兴市场扩大，更多的中资证券公司将目光投向了更为广阔的国际市场，逐步建立欧、美和新兴市场等海外分支机构，以拓展境外业务平台和客户，少数规模大、品牌好的公司有可能建立起全球网络，与国际大型投行一争高下；最后，各项国际业务将向更加均衡方向发展。在中国企业对外投资加快进行和国内资本市场更加国际化的条件下，国际投行业务仍然占据重要地位并得到进一步发展，兼并收购业务有望取得进展；在人民币国际化背景下，香港资本市场特别是债券市场将进一步发展，从而带动中国证券公司固定收益业务；在中国居民富裕程度不断提高和政策推动下，跨境资产管理业务也将得到较快发展。

四、机构投资者的发展将逐步成为资本市场发展的重要基石

截至 2012 年底，公募基金资产管理规模为 2.87 万亿元，同比增长 32.3%；证券公司资产管理受托客户资产规模达 1.89 万亿元，同比增长 570.5%，资产管理业务的政策松绑使资产管理规模爆发式增长。2012 年中国证监会共批复 QFII 72 家，创下自 2003 年

开始引入 QFII 以来，新批 QFII 家数十年之最；同时，2012 年发放 QFII 额度为 160 亿美元，相当于此前 6 年发放额度总和。2012 年 RQFII 试点范围不断扩大，共有 12 家证券公司和 9 家基金公司香港子公司作为试点开展 RQFII 业务，试点总额度达到 200 亿元人民币。同时，2012 年 9 月起《期货公司资产管理业务试点办法》开始施行，11 月首批 18 家期货公司获得资产管理资格，这意味着新的机构投资者开始启动。

大力发展机构投资者是整个金融体系建设发展内在需要，更是壮大资本市场的要求；社会养老资金、公积金、保险资金、居民储蓄资金需要寻找投资路径，机构投资者的发展能够提供有效渠道，实现社会财富的整体增长。2013 年机构投资者将呈现以下几大发展趋势：（1）基金公司子公司设立，将凭借子公司平台进入未上市公司股权投资、债权、另类投资等市场，实现差异化转型，且基金公司融资渠道将逐步打开，进一步促进基金公司行业规模和资产管理规模的同步提升。（2）证券公司资产管理将进一步完善产品的多样化和层次性，重点加强新产品开发，尤其是中低风险的固定收益产品和结构化产品的创新设计，加强与保险、银行和信托等其他金融机构的合作，拓展各类销售渠道并提升定向产品的定制化设计能力和议价能力，在壮大管理资产规模的同时培育差异化竞争模式。（3）QFII 和 RQFII 规模将进一步扩大，并进一步丰富额度使用的方式，如加快发行跨境双向挂牌上市 ETF 产品；另外，审批流程的简化也将得到进一步推进。

分报告

分报告之一：2012年中国证券经纪业务发展回顾与展望

第一章

2012年中国证券经纪业务的总体情况和竞争格局

第一节　2012年中国证券经纪业务的总体情况

一、市场总体情况和经纪业务规模

（一）沪、深两市指数剧烈震荡，趋势探底回升；股票基金交易清淡，债券交易量大增

沪、深两市指数呈现冲高回落、持续探底、尾盘回升的走势。2012年，上证综合指数从上年收盘的2199.42点，冲高到2478.38点，最低达1949.46点，收盘2269.13点，全年指数上涨3.18%；深证综合指数从上年收盘的866.65点，冲高到973.7点，最低达724.97点，收盘881.17点，全年指数上涨1.68%。

股票基金日均交易量明显下降。2012年，两市股票基金总成交32.28万亿元，较2011年的42.8万亿元锐减10.52万亿元，减幅达24.58%；与2011年相比，2012年少一个交易日，全年有243个交易日。2012年股票基金日均交易1 328.36亿元，较2011年的1 754.16亿元下降425.80亿元，降幅达24.27%。

股票交易量下降，基金交易量上升，债券①交易快速提升。2012年，股票成交31.47万亿元，较2011年的42.16万亿元减少10.69万亿元，减幅达25.36%，股票日均交易金额从2011年的1 728.06亿元下降到2012年的1 294.93亿元，降幅达25.06%。2012年基金成交0.81万亿元，较2011年的0.64万亿元增加0.17亿元，增幅达26.56%。2012年债券成交33.83万亿元，较2011年的20.66万亿元增加了63.75%（见图1－1）。

（二）市场扩容速度减缓；市值回升，但市盈率略有下降

2012年境内上市公司数（A、B股）达2 494家，全年增加152家，与上一年增加

① 本文的债券交易特指深圳证券交易所和上海证券交易所的债券交易。

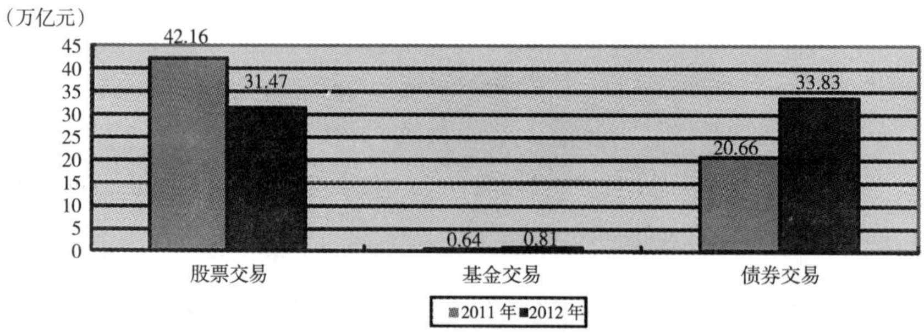

图1-1　2012年和2011年各品种交易量变化对比图

资料来源：Wind资讯。

的279家相比，增速有所减缓；股票发行股本从上一年的36 096亿股增长到38 395亿股，增幅达6.37%，较上一年的8.77%增幅下降了2.4个百分点；其中，流通股从上一年的28 850亿股增长到31 340亿股，增幅达8.63%；较上一年12.51%的增幅下降3.88个百分点。

受扩容和价格因素影响，两市总市值出现了回升。2012年底，两市股票市价总值为23.04万亿元，较2011年的21.48万亿元提升了1.56万亿元，升幅达7.26%；其中，流通股从上一年的16.49万亿元提升到2012年底的18.17万亿元，升幅达10.19%。

市场平均静态市盈率继续下降。2012年底，沪市的平均静态市盈率达到12.30倍，较2011年底的13.40倍下降了8.21%；而深市的平均静态市盈率达到22.01倍，较2011年底的23.11倍下降了4.76%（见表1-1）。

表1-1　2012年证券市场概况统计表

市场概况＼年度	2011年底	2012年底	2012年底比2011年增减比例（%）
境内上市公司数（A、B股）（家）	2 342	2 494	6.49
境内上市外资股（B股）（家）	108	107	-0.93
境外上市公司数（H股）（家）	171	179	4.68
股票总发行股本（亿股）（含在境内上市公司发行的H股）	36 095.52	38 395.00	6.37
其中：流通股本（亿股）	28 850.26	31 339.60	8.63
股票市价总值（亿元）	214 758.10	230 357.62	7.26
其中：股票流通市值（亿元）	164 921.30	181 658.26	10.15
股票成交金额（亿元）	421 646.74	314 667.41	-25.37
日均股票成交金额（亿元）	1 728.06	1 294.93	-25.06
上证综合指数（收盘）	2 199.42	2 269.13	3.17
深证综合指数（收盘）	866.65	881.17	1.68
股票有效账户数（万户）	14 050.37	14 045.91	-0.03
平均市盈率（静态）			
上海	13.40	12.30	-8.21
深圳	23.11	22.01	-4.76
证券投资基金只数（只）	915	1 173	28.20
交易所上市证券投资基金成交金额（亿元）	6 365.80	8 123.59	27.61

资料来源：中国证监会网站。

受市场行情的影响，2012年股票筹资功能相比2011年有所下降，债券筹资功能持续提升。2012年，股票市场首次公开发行金额为1 034.32亿元，较2011年的2 825.07亿元减少1 790.75亿元，减幅达63.39%；再筹资金额为2 093.22亿元，较2011年的2 248亿元减少154.78亿元，减幅达6.89%。债券市场筹资金额为2 722.77亿元，较2011年的1 707.4亿元增加了1 015.37亿元，增幅达59.47%（见图1－2）。

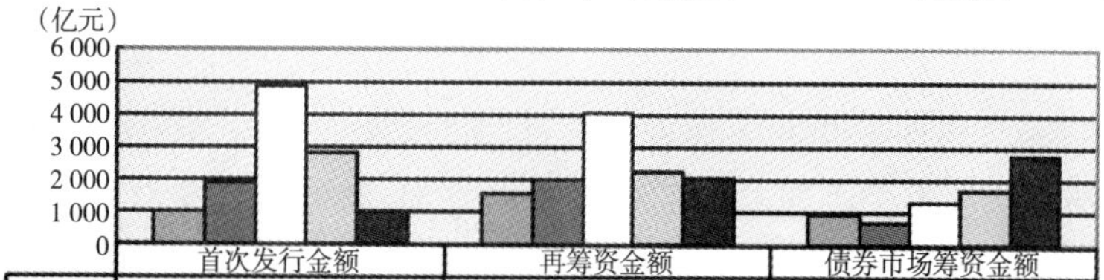

	首次发行金额	再筹资金额	债券市场筹资金额
2008年	1 036.52	1 583.19	976.45
2009年	1 879.00	2 015.53	715.01
2010年	4 882.63	4 072.36	1 320.30
2011年	2 825.07	2 248.00	1 707.40
2012年	1 034.32	2 093.22	2 722.77

图1－2　2012年市场筹资统计图

资料来源：中国证监会网站。

（三）信用交易保持快速发展势头，融资业务远快于融券业务

2011年底，融资余额375.48亿元，期间买入额2 908.99亿元，偿还额2 661.12亿元；到2012年，这三项分别增加到856.94亿元、7 265.98亿元和6 784.51亿元；增长幅度分别达到128%、150%和155%。融券方面，2011年融券卖出只有22.88亿股，2012年卖出达到358.47亿股，增长幅度达到1 467%（见表1－2、图1－3）。

表1－2　　2010～2012年融资融券业务发展数据

融资融券业务 / 年度	融资			融券		
	截止日余额（亿元）	期间买入额（亿元）	期间偿还额（亿元）	截止日余额（亿元）	期间卖出量（亿股）	融资融券余额（亿元）
2010	127.61	695.13	567.42	0.11	0.73	127.72
2011	375.48	2 908.99	2 661.12	6.59	22.88	382.07
2012	856.94	7 265.98	6 784.51	38.21	358.47	895.16
2012年比2011年变化幅度	128%	150%	155%	480%	1 467%	134%

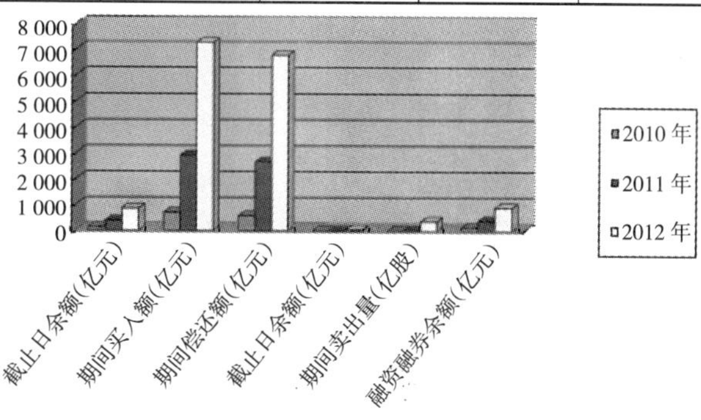

图1－3　2010～2012年融资融券业务发展情况

资料来源：Wind资讯。

二、市场参与主体

（一）投资者期末空仓占比达60.02%；近一年未参与交易的账户占比达68.12%

截至2012年末，沪、深股票账户数合计为17 064.47万户，其中A股账户16 811.42万户，B股账户253.05万户，剔除休眠账户3 018.56万户，有效账户为14 045.91万户。

2012年末，沪、深两市共有A股有效账户13 792.86万户。其中4 397.16万户近一年内参与了二级市场交易，占期末A股有效账户的31.88%；未参与交易的A股有效账户9 395.70万户，占期末A股有效账户的68.12%。参与交易的A股有效账户中，七成期末持有证券，三成期末未持有任何证券。未参与交易的账户中，七成期末未持有任何证券。

2012年末持仓的A股账户数为5 514.49万户，持仓A股账户占全部A股有效账户的比重为39.98%；空仓账户占60.02%。

1. 股票账户持续增加，但增幅已连续三年明显减缓。自2009年以来，因市场环境恶劣，二级市场指数持续下滑，股票账户的总数虽然一直有所增加，但增幅已连续三年明显减缓。

2012年两市股票账户净增517.58万户，增长幅度为3.13%，与2011年的7.07%相比，增长幅度明显下滑。其中A股账户净增516.68万户，增长幅度为3.17%；B股账户净增0.89万户，增长幅度为0.35%（见表1－3、图1－4）。

表1－3　　2008～2012年股票账户变化情况

股票账户 \ 年度	2008	2009	2010	2011	2012
期末股票账户总数（万户）	12 363.89	14 027.88	15 454.03	16 546.90	17 064.47
期末A股账户数（万户）	12 123.54	13 781.78	15 204.06	16 294.74	16 811.42
期末B股账户数（万户）	240.35	246.10	249.97	252.16	253.05

资料来源：中国证券登记结算有限责任公司。

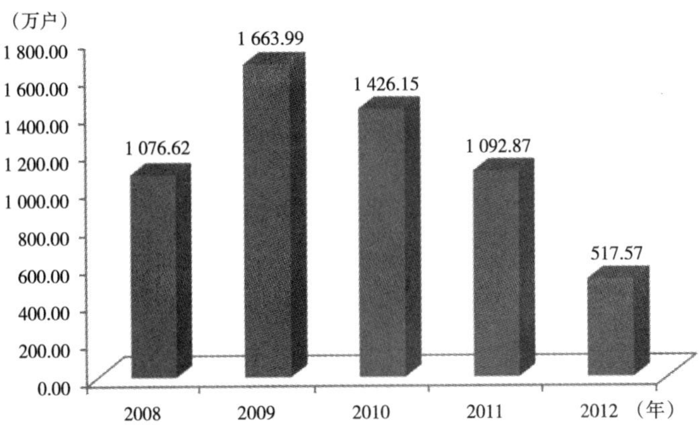

图1－4　2008～2012年股票账户数相较上年的变化趋势图

资料来源：中国证券登记结算有限责任公司。

2. 基金账户保持稳定增长。截至 2012 年底，两市基金账户总数为 4 018.69 万户，相较 2011 年底的 3 712.30 万户，净增 306.39 万户，增长幅度为 8.25%，基本和 2011 年 308.05 万户的净增额保持一致（见表 1－4、图 1－5）。

表 1－4　　2008～2012 年基金账户变化情况

基金账户＼年度	2008	2009	2010	2011	2012
期末基金账户总数（万户）	2 834.12	3 121.80	3 404.25	3 712.30	4 018.69

资料来源：中国证券登记结算有限责任公司。

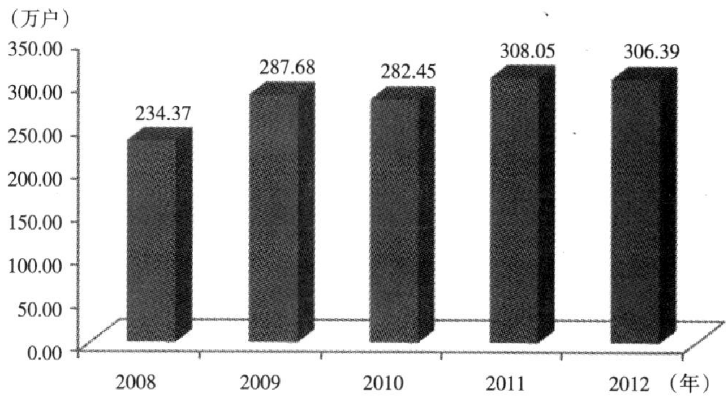

图 1－5　2008～2012 年基金账户数相较上年的变化趋势图

资料来源：中国证券登记结算有限责任公司。

（二）自然人和机构投资者的市值分布有很大差异

投资者 A 股账户的期末已上市 A 股流通市值中，自然人账户八成以上低于 10 万元，近四成低于 1 万元；机构账户五成低于 50 万元，三成低于 10 万元，但有两成高于 500 万元。

可见，从占比上，大部分自然人的 A 股账户市值在 50 万元以下，而机构投资者不同资产区间账户数量的分布比较平均。

2012 年与 2011 年相比，无论是自然人还是机构，50 万元以下市值的账户占比略有下降，500 万元以上市值的账户占比则略有上升（见表 1－5）。

表 1－5　2011 年与 2012 年按自然人和机构投资者分列的 A 股账户市值分布数据

自然人：

期末已上市的 A 股流通市值	2012 年		2011 年	
	账户数（户）	比重（%）	账户数（户）	比重（%）
1 万元以下	20 751 771	38.197	21 661 112	38.566
1 万～10 万元	25 906 187	47.685	27 024 459	48.115
10 万～50 万元	6 418 964	11.815	6 309 333	11.233
50 万～100 万元	753 419	1.387	712 296	1.268

续表

期末已上市的A股流通市值	2012年		2011年	
	账户数（户）	比重（%）	账户数（户）	比重（%）
100万～500万元	447 607	0.824	415 352	0.739
500万～1 000万元	32 286	0.059	29 048	0.052
1 000万元～1亿元	16 863	0.031	14 554	0.026
1亿元以上	887	0.002	713	0.001

资料来源：中国证券登记结算有限责任公司。

机构投资者：

期末已上市的A股流通市值	2012年		2011年	
	账户数（户）	比重（%）	账户数（户）	比重（%）
1万元以下	7 370	8.87	7 238	8.18
1万～10万元	17 654	21.24	20 148	22.76
10万～50万元	18 342	22.07	20 804	23.50
50万～100万元	7 873	9.47	8 696	9.82
100万～500万元	14 270	17.17	15 193	17.16
500万～1 000万元	3 987	4.80	4 114	4.65
1 000万元～1亿元	7 918	9.53	7 362	8.32
1亿元以上	5 686	6.84	4 971	5.62

资料来源：中国证券登记结算有限责任公司。

（三）投资者开户地区主要分布在经济发达区域

投资者按地区分布情况，截至2012年底，两市A股账户的开户数居前三位的分别是上海、广东和江苏，其中上海的开户数占比达到全国的1/10以上。其余位居前列的省（市）有深圳、北京、浙江、山东等沿海和经济较发达地区。中西部省份中，比重较高的有四川、湖北、河南等（见表1－6）。

表1－6　2012年底投资者开户地区分布

地区	上海分公司开户总数（户）	深圳分公司开户总数（户）	两市合计开户总数（户）	比重（%）
北京	5 771 312	4 658 779	10 430 091	5.92
天津	1 243 273	1 534 330	2 777 603	1.58
河北	2 107 858	2 266 727	4 374 585	2.48
山西	1 533 372	1 440 032	2 973 404	1.69
内蒙古	873 530	840 550	1 714 080	0.97
辽宁	3 296 126	3 628 836	6 924 962	3.93
吉林	1 394 042	1 358 599	2 752 641	1.56
黑龙江	1 900 355	1 990 308	3 890 663	2.21
上海	12 259 698	6 711 327	18 971 025	10.77

续表

地区	上海分公司开户总数（户）	深圳分公司开户总数（户）	两市合计开户总数（户）	比重（%）
江苏	6 902 138	6 852 356	13 754 494	7.81
浙江	4 766 340	5 516 616	10 282 956	5.84
安徽	1 849 025	1 657 752	3 506 777	1.99
福建	3 025 926	3 304 028	6 329 954	3.59
江西	1 411 830	1 706 416	3 118 246	1.77
山东	5 086 422	5 056 097	10 142 519	5.76
河南	2 914 392	3 447 407	6 361 799	3.61
湖北	3 164 439	3 403 691	6 568 130	3.73
湖南	2 429 219	3 080 114	5 509 333	3.13
广东	7 610 385	9 075 642	16 686 027	9.47
深圳	6 261 066	6 004 139	12 265 205	6.96
广西	1 324 041	1 654 320	2 978 361	1.69
海南	511 945	746 473	1 258 418	0.71
重庆	1 297 235	1 442 557	2 739 792	1.56
四川	3 560 288	3 913 086	7 473 374	4.24
贵州	559 490	550 930	1 110 420	0.63
云南	928 177	1 003 066	1 931 243	1.10
西藏	26 246	37 933	64 179	0.04
陕西	1 589 739	1 900 249	3 489 988	1.98
甘肃	891 202	902 098	1 793 300	1.02
青海	325 964	242 550	568 514	0.32
宁夏	416 912	304 031	720 943	0.41
新疆	1 183 613	1 116 039	2 299 652	1.31
其他	0	395 393	395 393	0.22
合计	88 415 600	87 742 471	176 158 071	—

资料来源：中国证券登记结算有限责任公司。

（四）投资者性质分布：自然人账户占绝对多数

从A股账户构成上看，自然人账户依旧占据绝对多数，达到99.6%，基本和2011年持平。机构账户中占比较高的是一般机构和证券公司自营账户。

从变化趋势看，2012年所有类型的投资者账户数都较2011年有所增加。其中自然人账户增加515万户，但相比2011年超千万户的增加，幅度大幅下降。机构账户中，证券公司自营账户2012年有所上升，扭转了2011年下降的趋势。

从增幅大小来说，近几年机构投资者的增幅远远高于自然人的增幅。机构投资者中增幅最高的是QFII；其次是证券公司集合理财账户；此外保险账户的增幅也很明显（见表1－7）。

表 1-7　　2012 年 A 股账户结构及变化数据

	2012 年末 A 股账户数（户）	2012 年末 A 股账户数结构（%）	2011 年末 A 股账户数（户）	2012 年较 2011 年增减变化（户）	2012 年较 2011 年变化幅度（%）	2011 年较 2010 年增减变化（户）	2011 年较 2010 年变化幅度（%）
自然人	167 485 115	99.6258	162 334 232	5 150 883	3.17	10 873 866	7.18
证券公司自营	96 319	0.0573	96 277	42	0.04	-1 979	-2.01
证券公司集合理财	822	0.0005	566	256	45.23	194	52.15
证券投资基金	2 323	0.0014	1 769	554	31.32	369	26.36
基金公司专户理财产品	2 010	0.0012	1 572	438	27.86	376	31.44
社保基金	196	0.0001	180	16	8.89	12	7.14
企业年金	5 055	0.0030	4 040	1 015	25.12	725	21.87
QFII	355	0.0002	239	116	48.54	25	11.68
RQFII	50	0.0000	—	—	—	—	—
保险	1 278	0.0008	1 051	227	21.60	53	5.31
信托	12 073	0.0072	11 622	451	3.88	2 338	25.18
一般机构	508 632	0.3026	495 869	12 763	2.57	30 804	6.62

资料来源：中国证券登记结算有限责任公司。

第二节　2012 年中国证券经纪业务的竞争格局

一、市场集中度有所提升

2012 年，证券公司行业集中度较 2011 年有所上升，股票基金交易量排名行业前 20 位的证券公司的市场份额总和为 62.95%，比 2011 年的 60.50% 增加了 2.45 个百分点。

2012 年，经纪业务股票基金市场份额前 10 名的证券公司分别是：华泰证券、银河证券、国泰君安、海通证券、申银万国、国信证券、招商证券、广发证券、中信建投、中信证券。其中华泰证券因为合并了华泰联合的经纪业务，因此排名从 2011 年的第 8 位上升到 2012 年的第 1 位；第 10～20 位的证券公司排名变化不大，只有中国中投证券和安信证券的排名互换了位置。前者从第 14 位上升到第 13 位，后者则从第 13 位下降到第 14 位。

前 20 位证券公司份额变化以合并后的华泰证券最明显，份额上升幅度达到了 42.31%。华泰证券的市场地位说明行业兼并将是证券公司未来提高市场份额的有效手段之一。海通证券、申银万国和中信证券都采取了市场扩张的策略，对网点建设加大了投入，其 2012 年的网点数量较 2011 年有明显增加。营业部家数的增多有助于市场份额的提升（见表 1-8）。

表 1－8　　2012 年股票基金份额排名前 50 位的证券公司统计表

证券公司	市场份额（%）			排　名（位）	
	2012 年	2011 年	变化幅度	2012 年	2011 年
华泰证券	5.4697	3.8434	42.31	1	8
中国银河	5.0941	5.1635	－1.34	2	1
国泰君安	4.7896	4.8919	－2.09	3	2
海通证券	4.5002	4.0919	9.98	4	4
申银万国	4.3219	3.9146	10.40	5	7
国信证券	4.1086	4.3077	－4.62	6	3
招商证券	4.0248	3.9352	2.28	7	6
广发证券	4.0062	4.0780	－1.76	8	5
中信建投	3.2284	3.1524	2.41	9	9
中信证券	3.1314	2.7771	12.76	10	11
光大证券	3.0255	3.0004	0.84	11	10
齐鲁证券	2.5012	2.5171	－0.63	12	12
中国中投证券	2.4449	2.4042	1.70	13	14
安信证券	2.3050	2.4493	－5.89	14	13
中信金通	1.9047	1.9501	－2.33	15	15
方正证券	1.8342	1.7398	5.43	16	16
长江证券	1.7514	1.7299	1.24	17	17
兴业证券	1.6498	1.6990	－2.89	18	18
东方证券	1.5428	1.5668	－1.53	19	19
宏源证券	1.3139	1.2822	2.47	20	20
浙商证券	1.1650	1.1646	0.03	21	21
财通证券	1.1344	1.1427	－0.73	22	24
东兴证券	1.0707	1.0849	－1.31	23	25
国元证券	1.0596	1.0751	－1.44	24	27
平安证券	1.0592	1.1498	－7.88	25	22
华西证券	1.0406	1.1454	－9.15	26	23
中国国际金融	0.9724	1.0825	－10.17	27	26
中银国际证券	0.9583	0.9756	－1.78	28	28
东吴证券	0.9059	0.9248	－2.04	29	30
信达证券	0.9057	0.8965	1.03	30	31
长城证券	0.8214	0.8286	－0.87	31	33
湘财证券	0.8169	0.9333	－12.48	32	29
华福证券	0.7839	0.7712	1.65	33	37
西南证券	0.7792	0.7817	－0.32	34	35
上海证券	0.7522	0.8356	－9.98	35	32
东北证券	0.7196	0.7161	0.48	36	40
国海证券	0.6983	0.6814	2.49	37	41
国金证券	0.6944	0.6594	5.30	38	44
东海证券	0.6943	0.7728	－10.15	39	36
东莞证券	0.6925	0.6452	7.33	40	45
南京证券	0.6781	0.7246	－6.43	41	39
渤海证券	0.6714	0.7820	－14.13	42	34
中信万通	0.6688	0.7312	－8.53	43	38
财达证券	0.6443	0.6798	－5.23	44	42

续表

证券公司	市场份额（%）			排　　名（位）	
	2012年	2011年	变化幅度	2012年	2011年
民生证券	0.6272	0.5425	15.61	45	51
中原证券	0.6121	0.6247	-2.02	46	46
中国民族证券	0.6103	0.6655	-8.30	47	43
国联证券	0.5906	0.6146	-3.91	48	47
华安证券	0.5812	0.5401	7.62	49	52
西部证券	0.5467	0.5763	-5.13	50	49

资料来源：沪、深证券交易所。

二、行业整体经纪业务收入下滑

受二级市场交易量进一步萎缩的影响，2012年证券行业整体盈利状况继续下滑。根据中国证券业协会公布的初步统计数据，2012年全行业实现营业收入1 294.71亿元，较2011年的1 359.50亿元下降了4.77%。净利润为329.30亿元，较2011年的393.77亿元下降了16.37%。但值得注意的是，两者的下滑幅度都低于市场全年日均交易量的下滑幅度，这体现了在同等交易量下，证券公司的创利能力在提升。

三、佣金率[①]趋于稳定

2012年，行业整体佣金率继续呈下滑趋势。2012年全年，行业佣金率为0.078%，相比2011年全年的0.081%，下滑幅度为3.01%。下滑幅度低于2010年的15.25%。

过去10年来，行业佣金率一直处于下滑趋势，从2003年的0.227%下滑到2012年的0.078%，下滑幅度高达65.64%。证券公司不能普遍提供差异化的、满足客户需求的增值服务，仍然主要进行着同质化竞争，是佣金率持续下滑的重要因素。但随着证券公司对经纪业务创新的重视，以及新设网点增速放缓的影响，2012年的佣金率下滑幅度已经大大低于2011年，呈现了逐步企稳的态势（见图1-6和表1-9）。

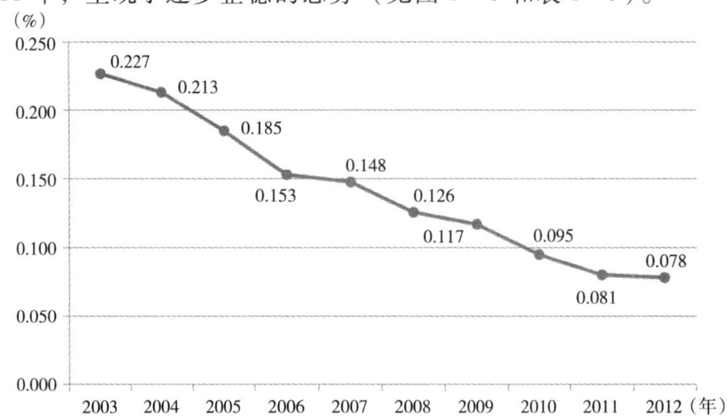

图1-6　2003~2012年行业佣金率的走势图

资料来源：中国证券业协会网站及国泰君安整理。

① 指净佣金率，下同。

表 1－9　　2003～2012 年行业佣金率变化表

年度	行业佣金率（%）	相比前一年下滑幅度（%）
2003	0. 227	－23. 83
2004	0. 213	－6. 17
2005	0. 185	－13. 15
2006	0. 153	－17. 30
2007	0. 148	－3. 27
2008	0. 126	－14. 86
2009	0. 117	－7. 14
2010	0. 095	－18. 81
2011	0. 081	－15. 25
2012	0. 078	－3. 01

资料来源：中国证券业协会网站及国泰君安整理。

四、托管市值有所回升

2012 年行业托管证券市值达到了 137 646 亿元，较 2011 年的 126 250 亿元，增长幅度达到 9. 03%。

在市场交易份额排名靠前的大证券公司中，银河证券 A 股托管总额（流通市值）近几年一直排名第 1 位，排名第 2 位和第 3 位的分别是中信证券和国泰君安。

2012 年相比 2011 年，前 10 家证券公司托管市值都有所上升，上升幅度较高的有申银万国、广发证券、中信证券。另外，从排名的角度，这 10 家证券公司中，广发证券的排名有所上升，招商证券、华泰证券的排名下滑（见表 1－10 和表 1－11）。

表 1－10　　2010～2012 年市场份额排名靠前的证券公司 A 股托管总额的变化　　（单位：亿元）

证券公司＼年度	2010	2011	2012	2012 年比 2011 年变化幅度（%）
银河证券	22 222. 7	17 754. 2	18 183. 8	2. 42
中信证券	14 646. 6	12 089. 9	13 648. 0	12. 89
国泰君安	10 973. 5	8 547. 1	8 940. 4	4. 60
广发证券	9 925. 1	7 080. 8	8 019. 7	13. 26
招商证券	9 605. 1	7 472. 0	7 965. 3	6. 60
华泰证券	6 606. 0	7 319. 5	7 882. 0	7. 68
海通证券	8 302. 6	6 247. 7	6 788. 1	8. 65
国信证券	7 789. 6	5 993. 2	6 287. 5	4. 91
申银万国	6 242. 1	5 273. 7	6 115. 5	15. 96
中信建投	4 520. 2	3 551. 8	3 760. 6	5. 88

资料来源：中国证券登记结算有限责任公司。

表 1－11　　2012 年底两市 A 股托管总额前 50 位的主要参与人排名情况

名次	名　称	上海托管总额（亿元）	比例（%）	名　称	深圳托管总额（亿元）	比例（%）
1	中国银河证券	14 916.16	9.47	广发证券	4 486.92	6.33
2	中信证券	11 073.98	7.03	华泰证券	3 837.71	5.41
3	中银国际证券	8 313.34	5.28	国泰君安证券	3 664.75	5.17
4	中国中投证券	7 803.61	4.95	国信证券	3 627.11	5.12
5	东兴证券	6 321.24	4.01	招商证券	3 316.20	4.68
6	宏源证券	6 301.74	4.00	中国银河证券	3 267.64	4.61
7	交通银行托管	6 015.38	3.82	海通证券	2 860.58	4.03
8	国泰君安证券	5 275.62	3.35	中国工商银行	2 793.37	3.94
9	招商证券	4 649.05	2.95	中信证券	2 574.00	3.63
10	工商银行托管	4 550.37	2.89	申银万国证券	1 648.46	2.32
11	申银万国证券	4 467.04	2.83	中国建设银行	1 618.22	2.28
12	中国国际金融	4 109.43	2.61	中信建投证券	1 547.40	2.18
13	华泰证券	4 044.27	2.57	平安证券	1 502.05	2.12
14	海通证券	3 927.54	2.49	中国银行	1 397.17	1.97
15	广发证券	3 532.77	2.24	齐鲁证券	1 378.81	1.94
16	建设银行托管	2 854.55	1.81	中国中投证券	1 343.85	1.90
17	国信证券	2 660.41	1.69	光大证券	1 340.42	1.89
18	光大证券	2 295.96	1.46	安信证券	1 298.88	1.83
19	齐鲁证券	2 213.43	1.40	宏源证券	1 170.31	1.65
20	中信建投证券	2 213.15	1.40	中信证券（浙江）	936	1.32
21	中国银行托管	2 127.22	1.35	中国农业银行	876.14	1.24
22	兴业证券	2 120.62	1.35	长江证券	833.59	1.18
23	农业银行托管	1 448.45	0.92	兴业证券	809.27	1.14
24	山西证券	1 345.73	0.85	中国国际金融	800.14	1.13
25	东方证券	1 345.11	0.85	东吴证券	756.14	1.07
26	长江证券	1 321.99	0.84	方正证券	731.47	1.03
27	华宝证券	1 277.04	0.81	交通银行	727.84	1.03
28	安信证券	1 153.95	0.73	华西证券	719.7	1.01
29	长城证券	1 002.89	0.64	国元证券	700.16	0.99
30	西南证券	979.63	0.62	民生证券	647.87	0.91
31	平安证券	958.26	0.61	西部证券	604.62	0.85
32	汇丰银行托管	933.41	0.59	山西证券	586.13	0.83
33	中航证券	929.38	0.59	东方证券	565.11	0.80

续表

名次	名　称	上海托管总额（亿元）	比例（%）	名　称	深圳托管总额（亿元）	比例（%）
34	中信证券（浙江）	913.22	0.58	东北证券	534.56	0.75
35	上海证券	808.27	0.51	财达证券	521.83	0.74
36	方正证券	804.78	0.51	财通证券	519.09	0.73
37	国元证券	713.1	0.45	国海证券	482.89	0.68
38	中原证券	615.96	0.39	湘财证券	467.13	0.66
39	湘财证券	536.01	0.34	中原证券	464.21	0.65
40	华西证券	524.2	0.33	长城证券	457.76	0.65
41	东海证券	482.58	0.31	浙商证券	446.57	0.63
42	花旗银行托管	465.52	0.30	国金证券	440.1	0.62
43	东吴证券	463.05	0.29	中航证券	414.53	0.58
44	中国民族证券	456.4	0.29	第一创业证券	407.55	0.57
45	东北证券	454.18	0.29	中信万通证券	395.04	0.56
46	财达证券	454.14	0.29	东海证券	384.42	0.54
47	英大证券	440.03	0.28	渤海证券	372.35	0.53
48	信达证券	434.59	0.28	西南证券	367.24	0.52
49	国都证券	390.28	0.25	东莞证券	346.05	0.49
50	南京证券	369.07	0.23	汇丰银行（中国）	332.8	0.47

资料来源：中国证券登记结算有限责任公司。

五、从业人员数量下降、结构优化

据中国证券业协会统计，2012年，所有证券公司登记的从业人员数呈现下降态势。截至2012年底，注册从业人数为240 922人，其中包含一般从业人员165 076人，证券经纪业务营销人员6 190人，证券经纪人41 104人，证券投资咨询业务（分析师）2 451人，证券投资咨询业务（投资顾问）23 205人，保荐代表人2 154人，投资主办人742人。

与2011年相比，2012年从业人员减少了20 880人。其中，一般从业人员减少29 165人，证券经纪业务营销人员减少3 181人，证券经纪人增加3 648人，证券投资咨询业务（分析师）增加493人，证券投资咨询业务（投资顾问）增加4 974人，从业人员中增加了保荐代表人和投资主办人种类。

从从业人员结构来看，占绝对多数的是一般证券从业人员。2011年一般证券从业人员占比达74%，2012年下降到68%；而证券经纪人占比从14%提升到17%，证券投资咨询业务（投资顾问）从原来的7%提升到10%，证券经纪业务营销人员占比从2011年的4%下降到2012年的3%。

第二章

2012年中国证券经纪业务面临的问题及2013年前景展望

第一节　2012年中国证券经纪业务面临的问题

受我国资本市场整体不振的影响，2012年我国证券业代理买卖证券业务净收入504亿元，相比于2011年的689亿元，同比下降了26%以上。鉴于经纪业务仍是证券公司最主要的收入来源，2012年贡献度占比39%，因此全行业业绩受传统经纪业务负面影响较大。

一、受市场影响过大，盈利模式需改善

传统经纪业务收入直接受业务佣金率与证券交易额影响，其中前者与行业内竞争激烈程度相关，后者与股票交易情况直接联系。就2012年的情况来看，一方面，相对于2011年佣金率下降的趋势，我国2012年的佣金率维持0.08%左右，略有上升，持续两年的行业佣金率下行的情况基本结束，表明目前行业的佣金竞争状况总体上实现了均衡；另一方面，2012年交易情况低迷，日均股基交易额1 317亿元，同比下降24.5%，股票交易额萎靡、换手率持续降低、客户保证金持续净流出是造成2012年经纪业务收入下滑的最主要原因。

随着融资融券、保证金管理等创新业务的推出，2012年传统经纪业务“靠天吃饭”的局面开始有所缓解，但从总体上看，经纪业务收入仍主要由股票市场交易量等外生因素决定。未来经纪业务应形成良好的可持续经营模式，特别是借助融资融券等卖空业务的拓展，在资本市场走“熊”的情况下保持较高交易量，仍有获利机会，形成经纪业务盈利相对独立于市场的良好盈利模式（见图2－1、图2－2）。

二、营业部数量持续上升，但业务贡献下降

近几年来，各证券公司在开拓营业网点方面不遗余力，营业部网点数量从2007年的3 051家上升至2012年的5 220家，年均复合增速约10%。新设的营业部在员工聘请、

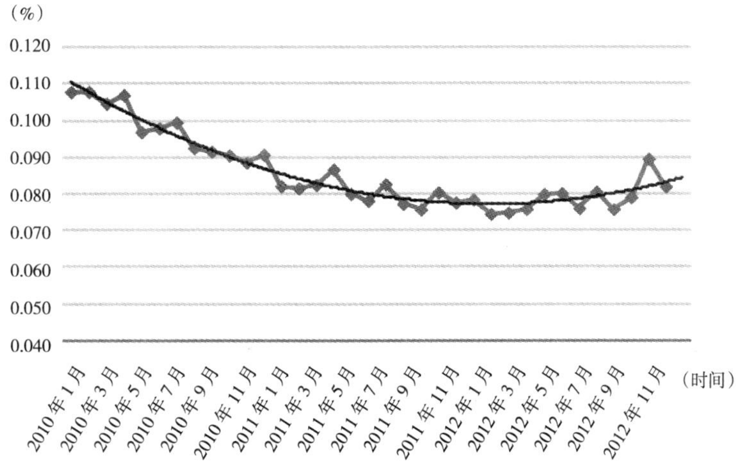

图2－1　我国经纪业务行业平均佣金率趋稳

资料来源：中国证券业协会，国泰君安证券研究。

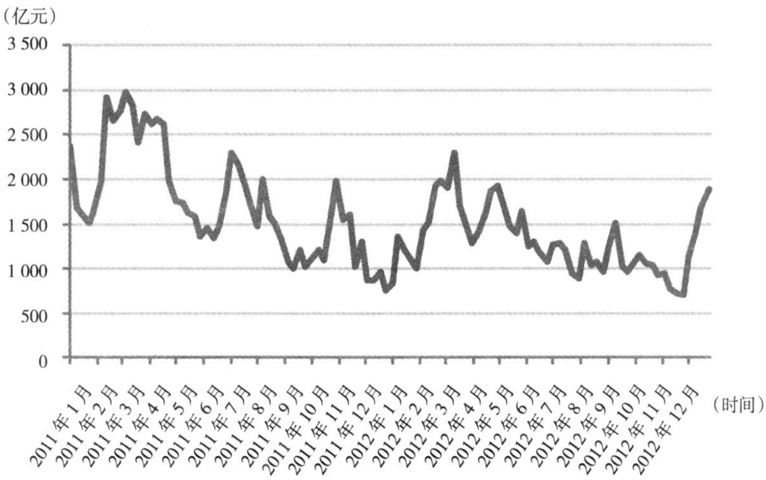

图2－2　2012年日均股基交易额同比下降

资料来源：Wind资讯，国泰君安证券研究。

设备建造和场地租用方面占用成本较大，导致经纪业务成本不断提高，而单位营业部所贡献的经纪佣金额总体上呈下降趋势。

营业部持续扩张的情况更多与近年来证券公司采取的低成本揽客策略有关，盲目进行营业部门开拓。从目前看，这种战略选择难以起到业绩促进的作用。考虑到未来证券公司非现场开户、代销金融产品等新业务，证券公司内部也开始酝酿降低营业部人员和设备配置等一系列改革措施，未来证券公司营业部数量扩张态势不会改变。但如何实现营业部创造增量边际价值，各证券公司应积极思考，结合经纪业务的比较优势，如渠道、研究、业务协同等，选择差异化的经纪业务战略（见图2－3）。

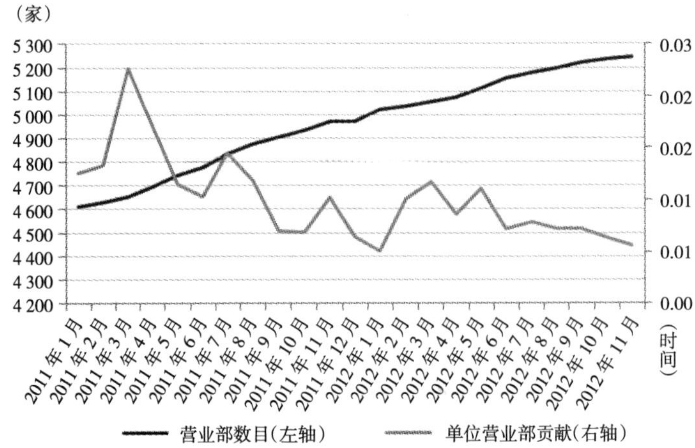

图2－3　营业部单位收入贡献下降

资料来源：中国证券业协会，国泰君安证券研究。

三、客户服务差异化不足，产品单一

传统经纪业务主要立足于个人投资者，佣金率较低。在传统通道业务竞争日益激烈的背景下，2011年1月1日投资顾问业务开始试点。然而，市场尝试探索两年多，在市场不配合的情况下，客户如没能如期盈利，则往往会转化为纠纷甚至诉讼，在实际中，投资顾问人员最后演变成为专门卖金融产品的单一营销人员。

在机构投资者方面，随着2000年之后以公募基金为代表的机构投资者逐渐兴起，部分大中型证券公司也开始尝试通过设立研究所，以高质量的研究服务增强机构客户黏性，摸索出以卖方研究服务换佣金派点的新模式。但近几年卖方分析师扩充过快，产能过剩已成为行业面临的现实问题，股市的强周期特征也导致卖方研究存在强周期性。2007年公募基金规模达到历史最高点3.3万亿元，2008年严重缩水至1.9万亿元，此后几年规模一直在3万亿元以下。与此同时，提供卖方研究的证券公司数量却不断提高，前10名佣金分仓占比已经持续下降，从2007年的55%降低至2011年的42%左右（见图2－4、图2－5）。

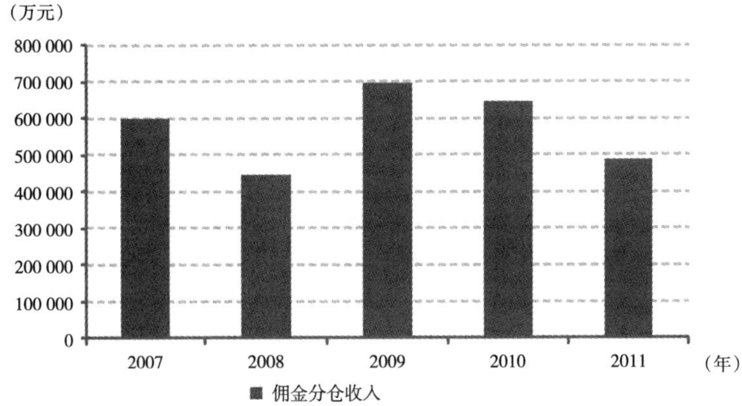

图2－4　2007～2011年基金佣金分仓收入

资料来源：Wind资讯，国泰君安证券研究。

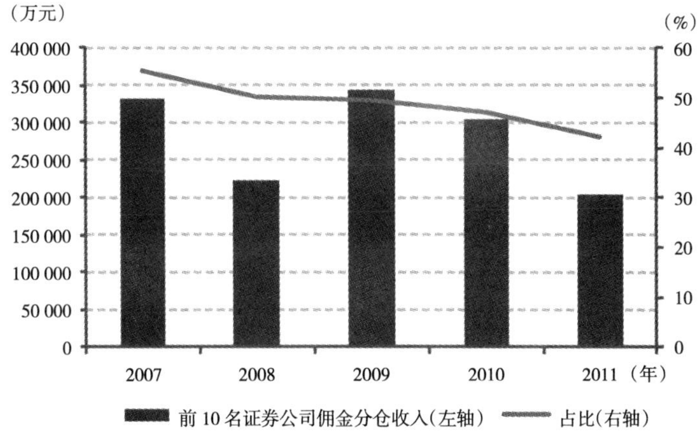

图2－5　前10名证券公司分仓收入占比逐年下降

资料来源：Wind资讯，国泰君安证券研究。

未来传统经纪业务服务对象的两个可能转变方向，一是个人零售经纪业务向财富管理转型。按照《2012胡润财富报告》，我国千万元以上富豪达到102万人，中国富裕群体有独特的生活方式和理财需求。相对于银行对私人业务的开拓情况，目前证券公司对相关业务开发不足，缺乏有针对性的业务（见表2－1）。

表2－1　　　　我国富裕群体发展状况和理财要求

涉及方面	描　　述	对证券公司经纪业务转型的影响
群体数量	2012年，10亿元以上富豪达到7 500人，相对2011年（4 000人）增加3 500人；千万元富豪人数已达到102万人，相比2011年（96万人）增加6万人，北京、广州和上海排名前三位。	市场潜力巨大，对证券公司而言，个人经纪业务向综合财富管理业务战略转型。
生活方式	千万元富豪的平均年龄为39岁，男女比例为6∶4，平均每人拥有2个私人银行账户； 理财产品涉及房地产、金融资产、贵金属、文物收藏，最关注子女出国留学选择。	作为业务转型拓展，财富管理业务未来应作为业务整合平台，经纪业务作为重要渠道，参与各业务运作。
投资偏好	35%左右为积极投资者，在理财产品选择上，最偏好房地产投资，其次是股票，然后是债券等固定收益产品； 在理财机构选择上，首选中资银行，外资银行排第二位，证券公司排第三位，高于第三方理财机构（第四位）和共同基金（第五位）。	目前客户对证券行业参与理财业务的认可度不高，但客户对理财产品有较高需求。

资料来源：《2012胡润财富报告》，国泰君安证券研究所整理。

传统经纪业务第二个转型方向是针对机构客户经纪业务服务的差异化，未来卖方研究服务也有望从纯粹的对外服务转为内外服务并重。首先，卖方研究将基于不同期限、不同类型的机构投资者，提供差异化研究服务。目前公募基金仍是卖方研究服务的主体，2012年第3季度持有市值约50.16%，与此同时，保险资金、社保资金、QFII等投资期限较长的资金在市场上的话语权开始提高，再加上私募股权基金、风投基金的兴起，研究服务的差异化已成为必然趋势。其次，卖方研究对内服务的比重也将逐步提高。研究所可以作为战略部门，与公司销售、交易、投行、自营和资金管理部门紧密合作，依靠自身的资产定价能力和机构客户资源为各业务部门服务创收，承担证券公司平台整合业务线的作用（见表2-2）。

表2-2　资本市场机构投资者比例统计（2012.3Q）

机构投资者	持有市值占比（%）	投资期限
公募基金	50.16	偏短期
保险公司	35.20	长期
QFII	3.82	长期
社保基金	3.39	长期
信托公司	2.20	偏短期
证券公司集合理财	1.68	偏短期
证券公司自营	1.65	偏短期
阳光私募	0.85	偏短期
银行理财	0.67	偏短期
财务公司	0.37	偏短期
企业年金	0.02	长期
全部	100.00	

注：考虑到持有目的差异，在统计中不包含一般法人持股和非金融类上市公司持股。

资料来源：Wind资讯，国泰君安证券研究。

四、创新经纪业务亟待开发

2012年以来，我国监管部门对证券行业提出一系列放松管制、鼓励创新的措施，2012年8月，国泰君安、中信证券等6家证券公司联名发表题为《再造我国证券公司作为投行的三大基础功能》的文章，指出证券公司创新业务开展薄弱，支付功能受限、托管功能缺失、交易功能薄弱等三大基础问题已成为制约我国证券公司创新发展的主要障碍。而在9月初召开的威海会议上也明确提出再造证券公司交易、托管结算、支付、融资和投资五大功能，其中交易、托管结算以及支付功能均与经纪业务有紧密的联系。

尽管如此，目前证券公司具体的经纪创新业务仍处于发展的初期，与成熟资本市场差距明显：我国证券业对经纪业务的依赖度（40.69%）远高于美国（20.09%），但主要基于传统股票交易，缺乏OTC场外交易、期权衍生品交易、创新产品交易等的创新经纪业务支持（见表2-3、表2-4）。

表2-3　我国经纪业务依赖度高、创新业务不足

经纪业务来源	美国（2010年数据）（%）	中国（2012年第3季度披露）（%）
交易所交易	6.16	40.69
OTC场外交易	2.10	0.00
期权等衍生品交易	1.31	0.00
其他创新产品交易	10.52	0.00
经纪业务总收入	20.09	40.69

资料来源：美国证券业协会（SIFMA），中国证券业协会，国泰君安证券研究。

表 2-4　　高盛创新经纪业务收入大于传统经纪业务

业务类型		业务描述	2011 年收入比例（%）	2010 年收入比例（%）
佣金收入	传统经纪业务	为客户提供股票、债券、期权和期货等一系列金融资产的交易服务而获取的佣金和费用。	13.10	9.11
做市商收入	创新经纪业务	以自有资本直接进入金融市场为客户及其他市场参与者提供流动性，转移并对冲风险，从而取得的收入。	32.23	34.93
利息收入	创新经纪业务	包括融资融券存款利息收入、借入或转售的证券持有期间产生的利息、持有金融工具的利息收入和其他利息收入。	18.02	14.05

资料来源：高盛年报披露，国泰君安证券研究。

第二节　2013 年中国证券经纪业务发展前景展望

一、政策面：市场化加速

2012 年涉及经纪业务的具体政策包括降低手续费、扩大金融产品代销范围、转融资业务启动、支付消费功能开通、保证金现金管理试点转常规等，一方面贡献增量收入，另一方面将增强客户黏性，为经纪业务从传统通道向财富管理转型铺平道路（见表 2-5）。

表 2-5　　2012 年经纪及相关业务政策梳理

主题	时间	事　　件	影　　响
手续费下降	2012 年 5 月	沪、深证券交易所和中登公司宣布，降低 A 股交易的相关收费标准，总体降幅约 25%	对交易成本总体影响有限，但表明监管层改革决心
	2012 年 7 月	沪、深证券交易所证券监督管理费由交易额的 0.4‰下降至 0.2‰，降幅 50%	
	2012 年 9 月	沪、深证券交易所和中登公司再次大幅降低 A 股交易经手费、过户费和期货交易手续费，降幅约 20%	
保证金现金管理	2012 年 7 月	华泰证券、国泰君安、银河证券和中信证券四家第二批获得保证金试点资格	增强客户黏性，防止客户保证金流失；放宽证券公司对客户资金运用
	2012 年 9 月	试点转常规	

续表

主题	时间	事　　件	影　　响
转融通业务	2012年8月	转融通试点启动，转融资先行	证券公司将运用杠杆开展融资融券业务，提升利息和佣金收入
金融产品代销	2012年11月	中国证监会公布《证券公司代销金融产品管理规定》	全面代销各类金融产品，提供财富管理全产品线，提升证券公司收入
支付消费功能	2012年11月	光大证券获得消费支付首家创新资格	重塑证券公司五大基础功能之一，改变了证券资金账户单一投资功能

资料来源：国泰君安证券研究。

二、业务面：创新主导业务转型

（一）传统业务：谋求差异化发展

就短期来看，“营业部组织创新”可能对行业特别是区域性证券公司的佣金率带来负面冲击，但鉴于2012年日均股基交易额已处于历史底部，我们认为，2013年的交易额可望稳中有升。而大型证券公司也可望通过转型和创新来对冲竞争风险。在日均股基交易额上升、佣金率温和下降的假设下，2013年经纪业务收入有望实现增长。

就长期来看，目前业内已普遍达成共识，同质化服务带来的佣金恶性竞争局面已不可持续，大型证券公司都在从机构客户和高端零售客户两方面发掘经纪业务差异化服务潜力、提供增值服务。

首先，从单纯的针对公募机构的卖方分析服务转型为大宗经纪业务服务。一方面，随着机构投资者的培育成长，证券公司研究所服务主体将由单纯的公募机构向保险、私募、对冲基金、QFII拓展，针对不同的投资收益特征提供差异化研究服务；另一方面，机构服务内容也不单是以研究服务换取交易通道的模式，不再单纯依靠佣金派点模式体现，而将搭建不同资产类型和货币的多策略交易平台，提供研究、交易、技术、银行借贷、融资等一站式服务。需要指出的是，这里的“交易”不仅包括传统的交易所通道业务，还包括作为机构客户的对手方，在证券、利率、信用、抵押贷款、外汇和实物商品等市场提供做市服务。

其次，挖掘投资顾问和产品创新潜力，向财富管理转型。根据瑞信2010年数据，中国财富市场按财富总值排名世界第三位，按财富人口（>10万美元）数量则是世界第七位。中国财富管理机构包括商业银行、证券公司、信托公司、保险公司和第三方理财机构，其中商业银行和证券公司是财富人群选择的主要财富管理机构，分别占60%和20%的份额。与其他金融机构相比，证券公司的专业核心优势在于具备专业的投资顾问队伍和资产管理能力，这将是实现经纪业务向财富管理转型的着力点和引擎。一方面，投资顾问定位即财富经理将是财富管理服务运转的核心。角色的重新定位对现有的投资顾问人员专业知识广度、深度、从业经验等各方面提出了更高的要求；另一方面，资产管理业务的服务范围和能力是财富管理业务的重要支撑，例如2009~2011年UBS资产管理部门受托管理资产的近三成来自财富管理部门。财富管理业务的收入主要来自按客户资产规模收取的管理费和产品销售佣金，将有效地推动经纪业务由佣金模式主导向佣金与费用模式并重转化，大大降低交易佣金收入模式下的波动性，有效维持单位客户资产的收入贡献。

再次，借力轻型营业部建设，争取中低端经纪客户。城镇化是我国未来区域经济发展的重要方向。在广大农村人口转变为城市人口过程中，居民的理财需求会由传统的储蓄业务向证券交易业务转变，传统证券经纪业务有开拓空间。证券公司可以参考嘉信理财等美国专业社区经纪业务服务商的做法。该机构的盈利模式是“折扣经纪＋资产管理”，即立足于成本领先战略，通过廉价的交易通道和便捷的经纪服务尽可能多地吸引客户资产，而后通过保证金利息、资产管理服务和金融产品“上架费”等实现盈利。考虑到目前新设营业部边际业务贡献不高，未来应借助网上开户、轻型营业部等渠道开展新的中低端经纪客户。

最后，随着网络技术的发展及开户政策限制的放开，未来或许会出现以纯粹网络渠道为载体的网络经纪商模式，其以各类优质的线上服务工具及成本优势进行差异化竞争，并在新的细分市场中不断明晰自身定位。目前由马云、马明哲、马化腾“三马”联手启动的，以纯互联网模式为特色的“众安在线”保险项目已获中国保监会批复。“众安在线”或将突破国内现有的保险营销模式，不设分支机构，完全通过互联网进行销售和理赔。互联网与金融的结合已渐成趋势，如何寻找和推进互联网证券快速发展的合作伙伴和合作方式，如何打造适应互联网的新型证券公司，也将是证券公司传统经纪业务转型的重要挑战。

（二）创新业务：部门协同效应彰显

首先，就纯粹的经纪创新业务而言，融资融券业务发展潜力巨大，期货IB业务、代销金融产品、消费支付业务、保证金现金管理的推出则是对原有经纪业务客户财富管理的转型和深开发，有利于提高客户黏性、减少经纪业务收入的波动性。就融资融券业务而言，截至2012年末，融资融券余额已达896亿元，同比增长134%；融资融券余额/流通市值已升至0.49%，但仍小于美国市场1.2%的占比，2013年融资融券标的券和投资者扩容、转融通试点扩大以及证券公司净资本松绑，都将成为除市场因素之外融资融券业务的推动因素。在这些因素推动下，融资融券规模可望达到1 000亿～1 200亿元、增速为30%～50%，收入贡献度达到10%以上。

其次，营业部掌握着证券公司最大的客户资源，创新发展必将赋予更多部门合作的重任。一方面，伴随着资产管理、多层次资本市场、资本中介业务的迅速成长，经纪业务将在承销、资金管理、自营等创新业务中扮演渠道、交易和提供客户资源的作用，连接不同大类平台，并在此过程中获取佣金、手续费等收入。另一方面，营业部也是证券公司各项创新业务对外推广的最前线，证券公司的创新产品、创新业务将通过营业部传递到客户，而客户的托管、承销、市值管理、投资、融资等一揽子需求，也将通过营业部传递到公司的各业务线上。

然而，在跨部门合作中，经纪业务与其他部门之间如何进行利益分配，内部组织架构如何调整等问题已经在一些证券公司暴露出来。目前证券公司的组织架构相似，部门根据业务牌照进行设置，许多大型证券公司已有初步方案开始着手变革，方案大都不尽相同。目前可能的设想是，营业部除由经纪部门总部来指导管理外，还可以根据不同的业务种类与总部相应业务部门无缝对接。在收益分配上，根据公司不同业务单元主体在业务中的定位和作用，按独立的企业模式经营营业部（见表2－6）。

表2－6　　证券公司潜在创新业务中经纪部门参与收益分配情况

创新业务类型	业务描述	盈利模式	经纪业务参与情况
融资融券、转融通	类信贷业务	佣金收入＋利息收入	收取佣金收入
期货 IB	为期货公司介绍客户参与期货交易并提供服务	期货公司向证券公司支付佣金	佣金收入提成
代销金融产品	向客户提供银行、信托等金融机构发行的产品	收取手续费	获取手续费收入
保证金现金管理	与资产管理部门合作，实现客户保证金的支付、消费、结算、投资功能	收取管理费＋托管费	参与，费用提成
衍生品交易	远期、期货、期权和互换	衍生品的涉及和承销收入、做市收入、风险对冲收益等	获得佣金收入
场外市场	新三板、区域性股权市场和证券公司柜台交易市场	支付、交易、托管等职能	获取交易、托管收入（待定）
其他	投行、资产管理、自营、另类投资等	管理费及业绩提成，自有资金投资收益	提供渠道和客户资源，获取佣金及提成

资料来源：国泰君安证券研究。

分报告之二：
2012 年中国投资银行业务发展回顾与展望

第一章 2012年中国投资银行业务的总体情况

第一节 主承销业务情况

2012年，我国证券市场股权融资金额和主承销项目家数相比2011年有比较明显的下降，全年首发、上市公司再融资（包括公开增发、融资性非公开发行、配股，不包括可转换公司债）募集资金3 196.90亿元，比2011年的5 073.07亿元下降了36.98%（见图1-1）①。

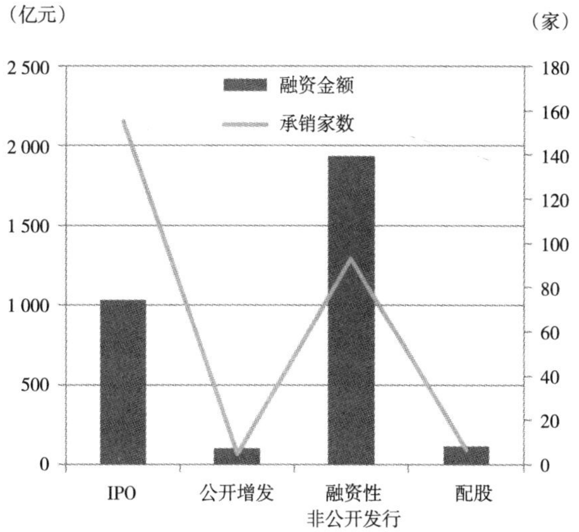

图1-1 2012年首发和上市公司再融资情况图

① 本文数据若无特别说明，均来自中国证监会、中国证券业协会、交易所和Wind数据库。

2012 年承销市场具体情况如下：

一、首次公开发行

2012 年共完成首发项目 153 家，募集资金 994.59 亿元，平均每家 6.50 亿元；与 2011 年相比，募集资金减少 1 725.43 亿元。

根据 Wind 数据的统计，2012 年在上海证券交易所发行上市的项目 29 家，募集资金 333.12 亿元，占市场 IPO 融资量的 33.49%，平均每家 11.49 亿元；在深圳中小企业板上市的项目共有 52 家，募集资金 321.50 亿元，占市场 IPO 融资量的 32.32%，平均每家 6.18 亿元；在深圳创业板上市的项目共有 72 家，募集资金 339.97 亿元，占市场 IPO 融资量的 34.18%，平均每家 4.72 亿元。

2012 年首发项目融资额最大的公司是中国交建，募集资金 50.00 亿元。2012 年募集资金排在前 5 名的其他 4 家公司是：中信重工（31.99 亿元）、日出东方（21.50 亿元）、慈星股份（21.35 亿元）和奥康国际（20.66 亿元）。其中，慈星股份在创业板上市，其他 4 家均在上海证券交易所主板上市。中小企业板融资金额最多的是西部证券，募集资金 17.40 亿元。创业板融资金额超过 20 亿元的公司有 1 家，即慈星股份（21.35 亿元）。

二、公开增发

2012 年共完成公开发行增发项目 6 家，募集资金 115.47 亿元，平均每家募集资金 19.25 亿元；与 2011 年相比，发行家数相同，募集资金减少 237.00 亿元。2012 年公开发行增发最大的项目为格力电器，募集资金 32.60 亿元。

2012 年，报喜鸟、川投能源、金发科技、天山股份和格力电器 5 家公开增发项目出现包销。其中，包销比例最大的是天山股份，达到 56.82%；包销金额最大的是金发科技，达到 11.85 亿元。在二级市场处于弱势情况下，主承销商承做公开增发项目时，面临较大的包销风险。

三、融资性非公开发行

2012 年共完成融资性非公开发行项目 118 家，共计募集资金 1 947.33 亿元，平均每家融资 16.50 亿元；与 2011 年相比，发行家数减少 55 家，募集资金增加 282.83 亿元。融资量最大的前 5 家是：交通银行（297.65 亿元）、北京银行（118.00 亿元）、中国南车（87.55 亿元）、海南航空（80.00 亿元）和大有能源（75.39 亿元）。

四、配股

2012 年共有 8 家公司实施配股，总计募集资金 93.63 亿元，平均每家 11.70 亿元；与 2011 年相比，发行家数减少 6 家，募集资金减少 328.33 亿元。募集资金量最大的前 5 家公司分别为：中国北车（69.09 亿元）、宇通客车（22.11 亿元）、祁连山（7.65 亿元）、中银绒业（6.33 亿元）和新华医疗（6.21 亿元）。

第二节　证券公司主承销排名

2012 年，共有 57 家证券公司完成主承销项目。

一、按承销金额排名

按承销金额排名，2012 年主承销项目情况见表 1－1。

表 1－1　2012 年按承销金额排名情况　（单位：万元）

序号	公司	股票主承销金额
1	中信证券	4 004 814. 10
2	国信证券	2 259 037. 80
3	国泰君安	2 162 840. 88
4	广发证券	1 783 505. 56
5	中信建投	1 709 234. 62
6	瑞银证券	1 395 894. 94
7	招商证券	1 109 095. 35
8	中金公司	1 108 809. 55
9	西南证券	1 106 652. 28
10	宏源证券	1 061 884. 43
11	平安证券	926 713. 70
12	国金证券	871 181. 51
13	海通证券	785 435. 78
14	中原证券	779 761. 63
15	民生证券	736 745. 76
16	华泰联合	710 703. 46
17	银河证券	705 080. 40
18	长城证券	612 518. 00
19	高盛高华	590 939. 98
20	摩根士丹利华鑫	590 000. 00
21	安信证券	517 217. 80
22	华林证券	482 999. 70
23	红塔证券	447 064. 83
24	第一创业	389 631. 88
25	东北证券	372 696. 80

续表

序号	公司	股票主承销金额
26	中德证券	369 016. 39
27	光大证券	353 102. 89
28	兴业证券	302 720. 00
29	华西证券	300 500. 00
30	广州证券	290 699. 00
31	中银国际	248 426. 34
32	太平洋证券	222 063. 85
33	国海证券	218 874. 50
34	浙商证券	176 663. 94
35	中投证券	172 967. 20
36	南京证券	171 396. 00
37	恒泰证券	166 611. 27
38	东方证券	158 310. 00
39	齐鲁证券	151 805. 71
40	国元证券	151 428. 12
41	国盛证券	139 309. 43
42	华龙证券	138 337. 95
43	长江证券	133 598. 01
44	东海证券	124 544. 80
45	瑞信方正	111 100. 00
46	华英证券	93 708. 22
47	东莞证券	84 627. 80
48	财通证券	77 769. 00
49	中航证券	74 322. 94
50	湘财证券	51 715. 80
51	金元证券	49 950. 00
52	东吴证券	48 140. 00
53	中国民族	41 750. 00
54	西部证券	41 280. 00
55	德邦证券	29 999. 97
56	海际大和	27 805. 00
57	日信证券	26 010. 00

注：排名中，华泰证券与华泰联合证券、山西证券与中德证券、国联证券与华英证券、第一创业证券与第一创业摩根大通证券、长江证券与长江承销保荐证券、方正证券与瑞信方正证券、华鑫证券与摩根士丹利华鑫证券、上海证券与海际大和证券合并计算。以上数据不含可转债类。

二、按承销家数排名

按承销家数排名，2012 年主承销项目情况见表 1－2。

表 1－2　　2012 年按承销家数排名情况　　（单位：家）

序号	公司	股票主承销家数
1	国信证券	28
2	中信证券	26
3	平安证券	16
4	广发证券	16
5	国泰君安	12
	中信建投	12
	民生证券	12
	国金证券	12
6	华泰联合	11
7	招商证券	10
8	海通证券	8
9	中金公司	7
	宏源证券	7
10	中国银河	6
	瑞银证券	6
	安信证券	6
11	西南证券	5
12	兴业证券	4
	太平洋证券	4
	中德证券	4
	东北证券	4
13	广州证券	3
	齐鲁证券	3
	中投证券	3
	光大证券	3
	华林证券	3
	长城证券	3
	中航证券	3
	中原证券	3
	国元证券	3
	华西证券	3
	恒泰证券	3
	红塔证券	3

续表

序号	公司	股票主承销家数
14	中银国际	2
	浙商证券	2
	东吴证券	2
	第一创业	2
	东方证券	2
	财通证券	2
	东海证券	2
	高盛高华	2
	国盛证券	2
	湘财证券	2
15	国海证券	1
	德邦证券	1
	摩根士丹利华鑫	1
	瑞信方正	1
	南京证券	1
	华英证券	1
	华龙证券	1
	金元证券	1
	中国民族	1
	东莞证券	1
	日信证券	1
	长江证券	1
	海际大和	1
	西部证券	1

注：（1）排名中，华泰证券与华泰联合证券、山西证券与中德证券、第一创业证券与第一创业摩根大通证券、国联证券与华英证券、长江证券与长江承销保荐证券、方正证券与瑞信方正证券、华鑫证券与摩根士丹利华鑫证券、上海证券与海际大和证券合并计算。

（2）联合保荐或主承销家数以各按一家计算为准。

三、证券公司主承销业务的特点

2012年，证券公司的主承销业务呈现以下三个特点：

（一）IPO数量下降

2012年新股发行家数较前一年下滑明显。相比2011年，平安证券、民生证券、齐鲁证券下滑明显，而上市后的证券公司中信、广发、华泰等业务较为稳定。

（二）承销市场集中度提高

统计数据显示，2012年中国IPO企业承销商当中，主要还是以国信、平安、中信、招商、民生、广发等证券公司为主，行业集中的趋势愈发明显。2012年共有国信证券、中信证券、中金公司、中信建投等13家证券公司IPO承销收入超过1亿元，其中，国信证券、中信证券收入均超7亿元，优势极其明显。

（三）上市公司地区集中度高

2012年，广东省（过会33家企业）、北京市（28家）、江苏省（25家）、浙江省（17家）位列前4名，过会数占了全国一半以上，上海市的过会家数回落较为明显。西部新疆维吾尔自治区、重庆市、四川省等地表现尤为突出，但是在一些经济欠发达地区，上市资源还是偏少，成功上市的企业数量更少。

第三节　2012年公司债发行情况

一、可转换公司债券和可分离交易的公司债券

2012年共公告发行4家可转换公司债券，共计募集资金157.05亿元，平均每家39.26亿元；与2011年相比，发行家数减少5家，募集资金减少256.15亿元。其中，募集资金量最大的公司是重工转债（80.50亿元）。2011年起可分离交易债券品种处于停滞状态，2012年全年无发行。

二、通过中国证监会审核的公司债发行情况

2012年共完成公司债项目184家，发行总额2 520.30亿元（不含可转债），平均每家13.70亿元；2012年公司债发行额最大的公司债是中油01，发行额160.00亿元。2012年发行额排在前5名的其他4家公司债是：石化01（130.00亿元）、武钢债（72.00亿元）、石化02（70.00亿元）和中交01、中兴01（60.00亿元）。承销家数排名第一位的是中信建投，共承销13.5家；承销金额排名第一位的是中金公司，共发行240.00亿元（见表1－3、表1－4）。

表1－3　　2012年度证券公司债券主承销金额排名表　　（单位：万元）

序号	公司	债券主承销金额
1	中金公司	2 400 000.00
2	中信证券	2 231 666.67
3	中银国际	1 816 666.67
4	中信建投	1 757 000.00
5	瑞银证券	1 640 000.00
6	国泰君安	1 629 000.00
7	招商证券	1 481 666.67
8	广发证券	1 173 000.00

续表 1

序号	公司	债券主承销金额
9	平安证券	916 000. 00
10	银河证券	842 666. 67
11	华泰联合	740 000. 00
12	中德证券	633 000. 00
13	高盛高华	580 000. 00
14	国信证券	564 000. 00
15	长城证券	553 333. 33
16	海通证券	478 000. 00
17	兴业证券	370 000. 00
18	安信证券	345 000. 00
19	摩根士丹利华鑫	319 666. 67
20	广州证券	319 500. 00
21	国开证券	250 000. 00
22	申银万国	245 000. 00
23	财通证券	200 000. 00
24	华融证券	199 000. 00
25	西南证券	182 000. 00
26	金元证券	180 000. 00
27	瑞信方正	170 000. 00
28	国海证券	164 500. 00
29	国金证券	150 000. 00
30	宏源证券	133 333. 33
31	第一创业摩根大通	124 000. 00
32	东方证券	120 000. 00
33	浙商证券	120 000. 00
34	德邦证券	115 000. 00
35	中航证券	110 000. 00
36	华林证券	95 000. 00
37	东北证券	80 000. 00
38	中投证券	80 000. 00
39	渤海证券	80 000. 00
40	东方花旗证券	65 000. 00
41	信达证券	60 000. 00
42	华西证券	54 000. 00
43	光大证券	50 000. 00

续表 2

序号	公司	债券主承销金额
44	国盛证券	50 000.00
45	东兴证券	46 000.00
46	齐鲁证券	40 000.00
47	太平洋证券	40 000.00
48	首创证券	35 000.00
49	新时代证券	27 000.00
50	华英证券	25 000.00
51	东莞证券	20 000.00

注：①排名不含发改委的企业债。

②排名中，方正证券与瑞信方正证券、北京高华证券与高盛高华证券、第一创业证券与第一创业摩根大通证券、财富证券与财富里昂证券、长江证券与长江承销保荐证券、华泰证券与华泰联合证券、山西证券与中德证券、国联证券与华英证券合并计算。

表 1－4　　2012 年度证券公司债券主承销家数排名　　（单位：家）

序号	公司	债券主承销家数
1	中信建投	$13\frac{1}{2}$
2	平安证券	13
3	中银国际	11
4	国泰君安	$10\frac{5}{6}$
5	中信证券	10
6	国信证券	9
7	中金公司	$8\frac{3}{4}$
8	广发证券	$7\frac{1}{2}$
9	招商证券	$7\frac{1}{4}$
10	瑞银证券	$6\frac{3}{4}$
11	海通证券	$6\frac{1}{2}$
12	广州证券	$6\frac{1}{2}$
13	华泰联合	5
14	兴业证券	5
15	华融证券	4
16	浙商证券	4
17	安信证券	$3\frac{1}{2}$
18	银河证券	3
19	中德证券	3
20	摩根士丹利华鑫	3
21	申银万国	3
22	西南证券	3

续表

序号	公司	债券主承销金额
23	东方证券	3
24	长城证券	3
25	国海证券	$2\frac{1}{2}$
26	财通证券	2
27	金元证券	2
28	华林证券	2
29	中投证券	2
30	东兴证券	2
31	瑞信方正	$1\frac{1}{3}$
32	第一创业摩根大通	$1\frac{1}{3}$
33	高盛高华	$1\frac{1}{4}$
34	国金证券	1
35	宏源证券	1
36	德邦证券	1
37	中航证券	1
38	东北证券	1
39	信达证券	1
40	华西证券	1
41	光大证券	1
42	国盛证券	1
43	齐鲁证券	1
44	首创证券	1
45	新时代证券	1
46	东莞证券	1
47	国开证券	$\frac{1}{2}$
48	渤海证券	$\frac{1}{2}$
49	东方花旗证券	$\frac{1}{2}$
50	太平洋证券	$\frac{1}{2}$
51	华英证券	$\frac{1}{2}$

注：排名中，第一创业证券与第一创业摩根大通证券、华泰证券与华泰联合证券、方正证券与瑞信方正证券、财富证券与财富里昂证券、长江证券与长江承销保荐证券、山西证券与中德证券、国联证券与华英证券、北京高华证券与高盛高华证券合并计算。

三、通过深圳、上海证券交易所备案审核的私募债发行情况

2012年，76家企业通过发行中小企业私募债，共募集资金94亿元。承销家数排名第一位的是中信建投，共承销12家；承销金额排名第一位的是国信证券，共发行17.50亿元。

四、2012 年并购业务发展情况（包含通过并购重组委的重组项目和中国证监会直接核准的重组项目）

2012 年度，并购重组委审核与中国证监会直接核准（不需通过并购重组委审核）重大资产重组的上市公司共 80 家次。其中，72 家次通过并购重组委或中国证监会审核，通过率高达 90%。共有 34 家证券公司担当了此 72 家上市公司并购重组业务的独立财务顾问。

2012 年并购重组过会项目的交易总规模达到 1 681.80 亿元（见表 1－5）；最大三家分别是双汇发展定向增发及吸收合并、深圳能源定向增发及吸收合并、京能热电定向增发及配套融资项目，涉及金额分别达到 268.94 亿元、104.11 亿元和 88.98 亿元。

表 1－5　证券公司并购重组所涉及交易金额及家数情况表

序号	证券公司名称	过会家数（家）	所涉及交易金额（亿元）
1	华泰联合证券	9	92.91
2	西南证券	7	119.09
3	中信证券	6	144.53
4	国信证券	5	56.72
5	民生证券	4	52.97
6	中信建投	4	136.49
7	海通证券	3	62.91
8	国泰君安	3	42.81
9	齐鲁证券	3	26.68
10	广发证券	2	66.53
11	中金公司	2	343.57
12	中银国际	2	64.05
13	东海证券	2	16.70
14	招商证券	2	17.74
15	中原证券	1	42.28
16	中投证券	1	5.00
17	中德证券	1	24.14
18	浙商证券	1	1.83
19	长城证券	1	5.40
20	信达证券	1	6.34
21	新时代证券	1	2.65
22	西部证券	1	22.00
23	太平洋证券	1	3.24
24	平安证券	1	16.74
25	摩根大通	1	104.11
26	华龙证券	1	29.65
27	华林证券	1	10.05
28	宏源证券	1	49.17
29	国元证券	1	5.90
30	国都证券	1	22.93
31	东方证券	1	25.61

续表

序号	证券公司名称	过会家数（家）	所涉及交易金额（亿元）
32	财通证券	1	24.16
33	湘财证券	1	34.17
34	红塔证券	1	2.73
总计		74	1 681.80

注：京能热电（SH.600578）并购重组项目是由中信建投和中银国际联合承办，所以承办家数、金额按各占50%计算。

在目前行业政策、中国证监会近期出台的新配套融资规定及审核机制优化的支持下，国内并购市场前景良好，各证券公司对并购业务逐渐重视，并购业务机会呈上升趋势，有着很大的发展空间，2012年上市公司并购重组呈现以下特点：

（一）行业政策支持

由工信部、发改委、国资委等部委于2013年1月22日联合发布《关于加快推进重点行业企业兼并重组的指导意见》，着力推进的九大行业并购重组。九大行业包括钢铁、水泥、汽车、机械制造、电子信息、造船、稀土、电解铝和农业。据统计，这九大行业共涉及900家左右上市公司，占到目前A股上市公司的一半，总市值超过4万亿元。这些行业之所以成为兼并重组的主要对象，其根本原因是行业产能严重过剩。2009～2012年这些行业产能非理性扩张冲动并没有因为政策限定而收缩，过剩的产能已经严重超出市场需求，也压低了行业利润。在行业产能过剩的当前，加快兼并重组提升产业集中度在一定程度上可以淘汰落后产能，企业竞争能力创新能力都会有所提升，同时可以优化产业结构。

（二）配套融资规定获得业务响应

2011年8月1日，中国证监会发布《关于修改上市公司重大资产重组与配套融资相关规定的决定》〔第73号令〕，允许上市公司发行股份购买资产与配套融资同步操作，解除了二者分开操作的政策限制，实现一次受理，一次核准，有利于上市公司拓宽兼并重组融资渠道，有利于减少并购重组审核环节，有利于提高并购重组的市场效率，为进一步探索通过发行股份、债券、可转换债等方式拓宽并购融资渠道，不断创新和丰富并购融资工具开辟了通道。事实证明，该政策出台后得到了上市公司的响应，2012年绝大多数上市公司重组采用了配套融资的方案。

（三）审核时间缩短、透明度提高、审核加快

相比以往，并购重组业务审批过程愈发趋向简约化，通道时间大大缩减，同时公示审核进度，加强了审核透明度。据统计，2012年度中国证监会并购重组委审核通过的有40家只用时不到6个月便完成草案披露到上会审核，占比62.5%；某些上市公司如＊ST朝华（SZ.000688）、东湖高新（SH.600133）和ST泰复（SZ.000409），仅在3个月以内就完成了草案披露到上会审核的全过程。

五、2012 年场外市场发展情况

2012 年，场外市场得到了很大的发展。我国三板市场包括从 2001 年起运作的老三板市场和从 2006 年起运作的新三板市场。三板市场原称“代办股份转让系统”，现调整为“全国中小企业股份转让系统”。

（一）我国三板市场框架

场外交易市场中的股权融资部分，未来将统一交由全国中小企业股份转让系统进行运营、监督和管理，即“新三板”。全国中小企业股份转让系统交易挂牌的企业主要分为四种类型：第一，从沪、深主板市场退市的企业；第二，NET、STAQ 系统挂牌公司；第三，中关村科技园区、上海张江高新产业开发区、湖北武汉东湖新技术产业开发区和天津滨海高新区的非上市股份有限公司；第四，除第三类企业之外的其他非上市公众公司。2013 年 1 月 1 日起开始施行的《非上市公众公司监督管理办法》对非上市公众公司股票的发行、转让行为进行了规范。

发达国家资本市场的结构是场外市场挂牌企业数占据资本市场融资企业数量的最大比例。而目前我国的场外市场尚处于初创阶段，截至 2012 年 12 月 31 日，“新三板”前身代办股份转让系统挂牌企业数量仅 256 家（包含 NET、STAQ 系统及退市企业）。其中，四个科技园区企业 200 家，与主板、中小板甚至创业板相比还存在一定的差距。

（二）我国三板市场发展概况

从 2006 年 1 月中关村科技园区非上市股份有限公司股份报价转让试点工作启动，到 2012 年底全国股份转让系统挂牌的高科技园区公司已达 200 家。其中，北京中关村 175 家，天津滨海 7 家，上海张江 8 家，武汉东湖 10 家。挂牌公司总股本为 55.27 亿股，年度交易量为 1 145.5 万股，成交金额为 5.84 亿元。挂牌公司中，具有高新技术企业资格的占 90%。43 家挂牌公司完成 52 次定向增资，累计募集资金 22.82 亿元，平均增资市盈率 22 倍。从业务主办证券公司情况看，申银万国、国信证券、西部证券、南京证券、广发证券等业务量前 10 位的证券公司市场份额超过 50%。

1. 新三板挂牌公司市盈率分布情况（见表 1－6）。

表 1－6　　新三板挂牌公司市盈率分布

市盈率（2011 年报）	家数（家）	占新三板上市公司比例（%）
0 以下	12	6.00
1～10	54	27.00
10～20	56	28.00
20～30	21	10.50
30～40	13	6.50
40～50	12	6.00
50～60	2	1.00

续表

市盈率（2011年报）	家数（家）	占新三板上市公司比例（%）
60~70	6	3.00
70~100	10	5.00
100以上	14	7.00
合　计	200	100.00

资料来源：Wind资讯。

2. 新三板挂牌公司净资产分布情况（见表1-7）。

表1-7　　新三板挂牌公司净资产分布

净资产（2011年报）	家数（家）	占新三板上市公司比例（%）
2 000万元以下	83	41.50
2 000万~5 000万元	58	29.00
5 000万元~1亿元	37	18.50
1亿元以上	22	11.00
合　计	200	100.00

资料来源：Wind资讯。

3. 新三板挂牌公司净利润分布情况（见表1-8）。

表1-8　　新三板挂牌公司净利润分布

净利润（2011年报）	家数（家）	占新三板上市公司比例（%）
100万元以下	48	24.00
100万~500万元	72	36.00
500万~1 000万元	34	17.00
1 000万~1 500万元	17	8.50
1 500万~2 000万元	10	5.00
2 000万~2 500万元	5	2.50
2 500万元以上	14	7.00
合 计	200	100.00

资料来源：Wind资讯。

第二章 投资银行业务的国际比较

第一节　股票发行市场的国际比较

纵观2012年中国股票及相关证券发行市场，与世界其他发达国家和地区相比，具有一些特点。

一、行业构成比较

从行业构成上来讲，2012年全球发达国家和地区大多是房地产投资信托，行业融资额排名第1位；而2012年中国则以制造业融资额位于第1位。此外，股票及相关证券融资排名前3位的行业与全球范围相比，也有较大的不同：全球范围内融资额排名前3位的行业分别为房地产投资信托、银行和保险；中国股票及相关证券融资排名前3位的则是制造业、金融保险业和采掘业。与2011年相比，中国金融行业企业的融资额明显提升，排名上升到股权融资所有行业中的第2位。但是从参与股权融资发行人的行业构成来看，我国产业结构与世界先进国家相比尚存在一定差距。现阶段我国进行股权融资的企业主要集中在采掘业等第一产业和工业等第二产业。可以预计，随着我国产业结构的升级，会有越来越多第三产业的企业进一步加入股权融资的行列（见图2－1、图2－2）。

二、股票及相关证券融资

中国股票及相关证券融资市场位居亚太地区融资额之首。在2012年亚太地区股票相关融资大幅缩水24.75%的情况下，中国股权融资的新股首发方面经历了长达2个月的无新股发行，最后一单首发融资是2012年11月2日的浙江世宝。2012年中国股票相关融资额为534.28亿美元，占亚太地区的41.68%。在世界范围内，2012年中国超过日本股票相关融资额243.9亿元，但比美国的2 426.03亿美元还有较大的差

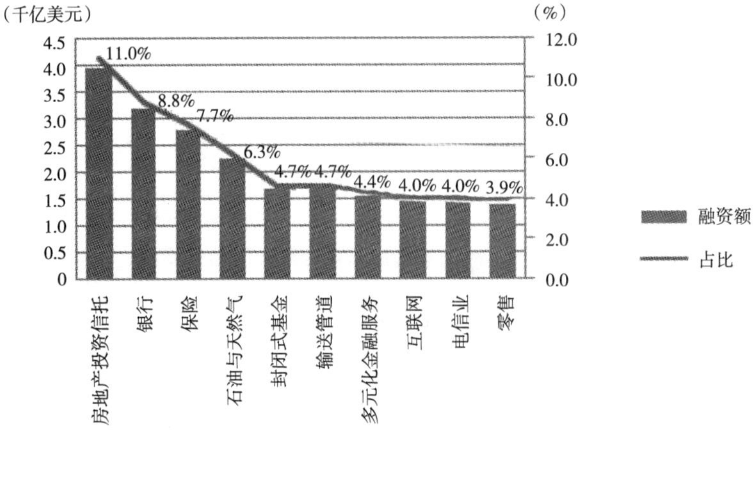

图 2－1　2012 年全球股票及相关证券融资额及占比

资料来源：Bloomberg。

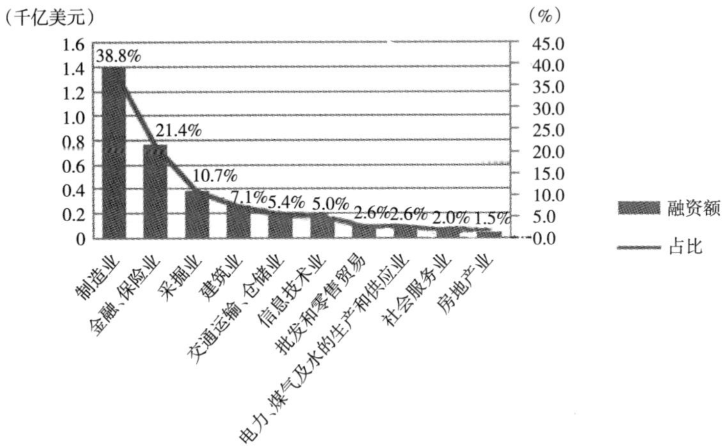

图 2－2　2012 年中国股票及相关证券融资额及占比

资料来源：Wind 资讯。

距，仅占其股票相关融资额的 22.02%。由此可见，我国股票相关融资市场融资额在亚太乃至世界范围内都具有领先的总量，但相比于 2012 年股票相关融资额排名第 1 位的美国，还有明显差距。

从发行市场看，美国在 2012 年的股票相关融资量为 2 426 亿美元，蝉联全球地区第 1 位。亚太地区（不含日本）2012 年股票相关融资量 1 282 亿美元，排名第 2 位。欧洲、中东以及非洲地区（EMEA）以 951 亿美元的融资量排名第 3 位。2012 年全球股票相关融资额比 2011 年下降 3.73%，降幅最大的是欧洲、中东以及非洲地区（EMEA），为 31.77%；美国地区股票相关融资额明显增长，增幅为 32.24%。具体情况见表 2－1。

表 2－1　2012 年股票发行市场的国际比较

区域	2012 年		2011 年		2012 年相比 2011 年融资额增长率（%）
	融资额（含超额配售）（百万美元）	融资单数（单）	融资额（含超额配售）（百万美元）	融资单数（单）	
美国	242 602. 87	2 088	183 455. 18	1 560	32. 24
亚太地区	128 199. 14	1 759	170 368. 20	2 140	－24. 75
EMEA	95 062. 97	626	139 335. 36	842	－31. 77
日本	24 390. 00	174	22 759. 03	143	7. 17
其他市场	44 581. 97	535	44 581. 97	535	10. 65
合计	534 836. 95	5 182	560 499. 74	5 220	－3. 73

资料来源：Bloomberg。

在 2011 年全球经济增速明显放缓、各国股票相关融资额明显收缩的背景下，中国股票相关融资额为 534. 28 亿美元，比 2011 年下降了 90. 11%。根据 Wind 统计，2012 年中国证券市场股票及相关证券融资单数 285 单，较 2011 年的 422 单下降 137 单。与世界其他地区相比，我国股票相关融资的融资单数与融资额跌幅最大，体现出我国股票相关融资对抗风险的能力较差。我国股票相关融资跌幅超出全球其他国家和地区的原因很大程度上是由政策因素所导致的。自 2012 年 10 月 10 日起至 2012 年底，中国证监会停止了对新股发行的发审会；自 2012 年 11 月 2 日至 2012 年底，新股发行市场也处于停滞状态。

2012 年全球经济增速缓慢。欧债危机对于欧洲经济以及全球经济的影响愈演愈烈。据 Bloomberg 统计，2012 年全球股票及相关证券市场发行量约为 5 396 亿美元，融资额比 2011 年有所下降。全球共有 5 355 单股票及相关证券发行案例，单数比 2011 年有所回升。

据 Bloomberg 统计，美国 2012 年股票市场融资单数较 2011 年有大幅上升，从 1 560 单上升至 2 088 单；总融资额也有比较显著的增加，增幅为 32. 24%，显示出美国股权融资在美国经济平稳回升的过程中强劲的增长势头。

欧洲、中东及非洲地区（EMEA）股票及相关证券融资额从 2011 年的 1 393 亿美元下降至 2012 年的 951 亿美元，降幅为 31. 73%。融资单数从 2011 年的 842 家下降至 2012 年的 626 家。显示出在欧债危机愈演愈烈的背景之下，相应地区的股权融资市场连续两年出现大幅下滑的趋势。

亚太地区（日本除外）2012 年股票及相关证券发行量从 2011 年的 1 704 亿美元下降至 1 282 亿美元，同比下降 24. 77%。融资单数则从 2 140 单下降至 1 759 单。亚太地区（日本除外）的融资额已经连续两年呈现较大幅度的下降。2012 年亚太地区（日本除外）股权融资的大幅下降，与中国股票市场股权融资近半年的停滞状态有比较明显的关系。

据 Bloomberg 统计，2012 年日本市场股票相关融资额为 244 亿美元，较 2011 年微升

7.17%。日本市场2012年融资174单，比2011年增加了31单。与亚太其他地区股权融资市场的萎缩不同，日本地区2012年股权融资与2011年基本持平，融资量和单数都略有回升。

三、承销投行市场份额

与世界其他国家和地区不同，中国2012年股票相关融资承销投行的市场份额相对比较分散。前10位承销商共占市场份额的57.3%，世界上其他主要国家和地区排名前10位承销商的市场份额均高于这一水平。全球范围内，摩根士丹利以510亿美元的承销额位列第1位，市场份额为9.4%；高盛集团从2011年第1位的位置下降1位，排名第2位，承销金额为493亿美元，市场份额为9.1%。美国投行在全球股票融资前十大承销商排名中依然占据5位（并且排名前5位）。这5家美国投行的合计市场份额从2011年的38.0%上升至2012年的43.9%。据Bloomberg统计，2012年全球股票及相关证券发行的平均承销费约为4.18%，排名前10位的承销商占据了市场份额的70.5%，具体见表2-2。

表2-2　　2012年全球市场排名前10位的承销商

承销商	市场份额（%）	金额（百万美元）	费率（%）	发行数（家）
摩根士丹利	9.4	50 964.72	2.631	268
高盛集团	9.1	49 280.05	2.796	245
花旗集团	8.9	47 968.69	2.473	282
摩根大通	8.4	45 116.26	2.953	305
美国银行美林	8.1	43 764.91	2.788	293
德意志银行	6.9	37 383.49	2.479	250
瑞士信贷集团	6.4	34 479.09	2.591	250
巴克莱资本	5.7	30 723.73	2.009	191
瑞士银行	5.6	30 263.49	2.664	235
加拿大皇家银行	2.0	10 611.28	3.429	134
前10家合计	70.5	380 555.71	—	2 453
全球合计	100.0	539 587.09	—	5 355

资料来源：Bloomberg。

（一）美国

2012年，花旗集团跃居美国地区股票及相关证券发行承销额第1位，累计承销304亿美元，占美国承销市场总额的12.5%；美国银行美林位列第2位，累计承销272亿美元，占美国承销市场总额的11.2%。前10名的承销商占据了市场份额89.6%，具体见表2-3。

表 2－3　　2012 年美国市场排名前 10 位的承销商

承销商	市场份额（%）	金额（百万美元）	费率（%）	发行数（家）
花旗集团	12.5	30 360.62	2.484	201
美国银行美林	11.2	27 197.55	2.785	203
巴克莱资本	10.7	26 055.76	1.985	161
摩根大通	10.6	25 785.44	3.029	195
摩根士丹利	10.5	25 462.40	2.672	159
高盛集团	9.9	23 987.81	2.81	145
瑞士信贷集团	7.9	19 193.32	2.607	150
德意志银行	7.8	18 896.51	2.431	148
瑞士银行	4.3	10 499.89	2.634	105
富国银行	4.2	10 307.63	2.831	127
合　计	89.6	217 746.93	—	1 594

资料来源：Bloomberg。

（二）欧洲、中东及非洲地区（EMEA）

2012 年，高盛集团以 144 亿美元的承销金额成为 EMEA 股票及相关证券发行承销额第 1 位的投行，占 EMEA 市场承销总额的 15.2%；摩根士丹利位列第 2 位，累计承销 106 亿美元，占 EMEA 市场承销总额的 11.1%。前 10 位的承销商占据了市场份额 76.6%，具体见表 2－4。

表 2－4　　2012 年 EMEA 地区市场排名前 10 位的承销商

承销商	市场份额（%）	金额（百万美元）	费率（%）	发行数（家）
高盛集团	15.2	14 411.24	5.61	30
摩根士丹利	11.1	10 567.54	1.875	37
德意志银行	11.1	10 564.81	4.445	48
瑞士信贷集团	7.6	7 257.97	1.723	34
美国银行美林	7.2	6 835.15	4.717	26
摩根大通	7.1	6 754.90	3.815	33
瑞士银行	6.1	5 774.08	6.406	37
花旗集团	5.4	5 110.45	1.09	14
法国巴黎银行	3.0	2 844.84	—	18
法国兴业银行	2.8	2 703.17	—	18
合　计	76.6	72 824.15	—	295

资料来源：Bloomberg。

（三）亚太地区（日本除外）

瑞士银行是 2012 年亚太地区股票及关联证券发行承销额排名第 1 位的投行，累计承销129亿美元，占亚太地区承销总额的10.1%。排名第2位的是花旗银行，累计承销104亿美元，占亚太地区承销总额的8.1%，具体见表2－5。

表2－5　2012年亚太地区市场（日本除外）排名前10位的承销商

承销商	市场份额（%）	金额（百万美元）	费率（%）	发行数（家）
瑞士银行	10.1	12 895.02	2.281	82
花旗集团	8.1	10 440.54	2.753	56
摩根士丹利	7.7	9 903.05	1.938	47
摩根大通	7.4	9 501.76	1.84	58
高盛集团	6.8	8 764.22	2.436	58
德意志银行	5.3	6 743.49	2.524	46
瑞士信贷集团	4.9	6 337.30	2.169	52
美国银行美林	4.9	6 297.24	2.247	41
汇丰银行	3.1	3 967.46	2.679	27
国信证券	2.8	3 618.12	5.133	23
合　计	61.1	78 468.20	—	490

资料来源：Bloomberg。

（四）日本

2012年前10位承销商更是占据了股票相关融资市场份额的97.6%。野村证券连续第10年在该地区股票承销上名列第1位，市场份额为25.3%，承销额为62亿美元，承销单数为44单，具体见表2－6。

表2－6　2012年日本市场排名前10位的承销商

承销商	市场份额（%）	金额（百万美元）	费率（%）	发行数（家）
野村证券	25.3	6 161.32	4.232	44
三井住友金融集团	18.1	4 409.20	3.146	23
摩根士丹利	14.1	3 435.19	2.670	14
大和证券	13.5	3 282.43	3.175	38
瑞穗金融集团	12.6	3 066.31	3.049	17
美国银行美林	3.7	905.53	2.557	4
高盛集团	3.4	835.66	3.544	3
摩根大通	3.4	825.90	3.914	4
瑞士银行	1.8	449.92	3.595	6
德意志银行	1.7	422.95	3.886	5
合　计	97.6	23 794.41	—	158

资料来源：Bloomberg。

四、发行结构比较

从发行结构上来讲，国内股票及相关证券融资市场融资额中，公开增发及非公开增发占据首位。2012 年中国股票及相关证券发行市场，IPO 募集资金规模占股权融资总额的 29.60%，公开增发及非公开发行占 61.38%，配股占 4.15%，可转债占 4.87%。由于政策因素，中国 2012 年股权融资方面首发融资金额急剧下降，占比也由 2011 年的首位下滑到第 2 位。中国 2012 年股权融资从融资品种结构上来说与主要发达国家和地区的股权融资结构基本一致。

五、国际投行在中国股票相关融资市场份额

国际投行在中国股票相关融资市场上份额很小。放眼世界其他地区，除了日本 2012 年股票及相关融资市场上份额最大的前 2 名是日本本土证券公司外，美国、EMEA 和亚太等地区股票相关融资承销金额名列前茅的无不是国际知名的投行，如高盛集团、摩根士丹利、摩根大通等等；而在中国 2012 年股票相关融资承销金额排名前 10 位的证券公司之中，只有瑞银证券 1 家外资背景的证券公司排名第 7 位，前 10 位中的剩余 9 席则清一色被中国本土证券公司占据。究其原因，首先是中国未完全放开本国的 A 股承销业务给国际投行。国际投行要参与 A 股的承销，必须在中国与具备承销资格的证券公司合资成立证券公司作为承销机构，且外资的比例必须在 49% 以下。这些规定在很大程度上影响了国际投行在中国资金和人才上的投入力度。另外，由于中国政策因素使得投行业务不断向资本实力强、具有本地关系资源和行业知识的证券公司倾斜，导致国际投行在中国分支机构普遍在 A 股股票及相关证券的承销过程中落后于中国本土证券公司。并且，2012 年中国资本市场整体走弱，也在很大程度上限制了海外证券公司在中国内地市场的投入。

第二节　债券发行市场的国际比较

2012 年，中国公司债券市场的债券发行量为 2 457 亿美元，是股票及相关证券融资额的 4.6 倍。相对于美国、日本等世界发达国家，这一比例基本持平。2012 年，由于政策因素，中国债券市场的融资额显著超越股权市场的融资额，且债券发行量与股权发行量的比例与全球发达国家的比例趋向一致。

2012 年，全球公司债券市场发行量为 3.96 万亿美元，比 2011 年的 3.22 万亿美元增长了 22.98%。其中，全球高收益债券市场发行量为 0.43 万亿美元，比 2011 年的 0.31 万亿美元上升了 38.71%。可见，2012 年的全球债券市场与 2011 年相比，有明显的扩张。

在前 10 位主承销商的市场集中度方面，与股票及相关证券承销市场相类似，中国债券承销市场中份额排名前 10 位的承销商所占份额仅为 57.3%。2012 年中国公司债券市场的债券发行量为 2 457 亿美元，发行数量为 1 229 单，与 2011 年相比皆呈现了飞跃式的增长。承销商中中信证券的融资金额最高，为 342 亿美元，市场份额 12.0%。具体

见表2－7。

表2－7　　2012年中国债券市场排名前10位的承销商

承销商	市场份额（%）	金额（百万美元）	发行数（家）
中信证券	12.0	34 245.73	131
中金公司	8.5	25 070.75	64
国开证券	6.4	14 256.32	79
中信建投	5.7	13 987.64	74
国泰君安	5.4	13 471.35	77
海通证券	5.3	11 760.55	38
中国银河	4.2	10 479.20	42
瑞银证券	3.3	10 324.98	30
中银国际	3.3	10 207.45	45
国信证券	3.2	8 107.03	61
合　计	57.3	151 911.00	641

资料来源：Wind资讯。

中国前10位承销商的市场份额虽略高于欧洲地区的水平，却显著低于美国和日本等地区前10位债券承销商的集中程度。

2012年，美国公司债券发行市场承销商排名第1位的是摩根大通，累计承销额约为2 040亿美元，市场份额为13.2%，融资单数为1 141单。具体见表2－8。

表2－8　　2012年美国公司债券发行市场排名前10位的承销商

承销商	市场份额（%）	金额（百万美元）	费率（%）	发行数（家）
摩根大通	13.2	204 007.81	0.620	1 141
美国银行美林	10.6	162 819.26	0.708	2 519
花旗集团	10.2	157 637.57	0.635	935
摩根士丹利	7.6	117 912.13	0.600	1 999
高盛集团	7.6	117 660.21	0.547	614
巴克莱资本	6.8	104 448.71	0.628	747
德意志银行	6.1	94 189.43	0.583	574
富国银行	5.7	87 927.10	0.824	1 981
瑞士信贷集团	4.3	66 836.44	0.653	422
瑞士银行	3.6	55 881.66	0.777	778
合　计	75.7	1 169 320.32	—	11 710

资料来源：Bloomberg。

2012 年，美国高收益债券发行市场承销商排名第 1 位的同样是摩根大通，累计承销金额约为 407 亿美元，市场份额 11.3%，融资单数为 329 单，具体见表 2－9。

表 2－9　　2012 年美国高收益债券发行市场排名前 10 位的承销商

承销商	市场份额（%）	金额（百万美元）	费率（%）	发行数（家）
摩根大通	11.3	40 747.61	1.470	329
美国银行美林	11.0	39 674.43	1.454	328
花旗集团	9.4	33 826.72	1.373	251
瑞士信贷集团	9.1	32 682.44	1.442	236
德意志银行	8.7	31 138.26	1.285	238
高盛公司	8.3	29 672.87	1.291	207
巴克莱资本	6.8	24 304.89	1.429	199
摩根士丹利	6.3	22 554.56	1.193	175
富国银行	6.2	22 325.23	1.585	205
瑞士银行	3.3	11 937.28	1.417	112
合计	80.4	288 864.29	—	2 280

资料来源：Bloomberg。

2012 年美国公司债券发行市场持续发展，全年公司债发行量达 1.51 万亿美元，发行 7 707 单。其中，高收益债券发行量为 0.36 万亿美元，共发行 758 单。

美国是世界最大的高收益债券市场。20 世纪 70 年代早期，由于石油危机以及政策变动，为给高成长潜力的公司提供新的融资渠道，高收益债券应运而生。经过多年的发展，美国已发展成世界最大的高收益债券市场，目前存量约为 1.3 万亿美元，约占全球存量高收益率债券规模的 60% 左右。

债券评级以 B～BB 级为主，期限集中在 5～10 年。目前，美国高收益债券中的等级分布以 B～BB 级为主，B～BB 的债券存量占高收益债券总量的比重约 76.5%，并且 B～BB＋各个子级的分布比较均匀。美国高收益债券的存续期限主要集中在.5～10 年，其中 7 年、8 年和 10 年期的规模最大，也有少部分发行年限长达 30 年以上，而期限在 3 年以内的总量很少。

发债主体相对多元化，投资者以基金和保险为主。在 20 世纪 80 年代末，高收益债券的发债主体主要集中于募集资金用于杠杆收购的公司。进入 21 世纪以后，高收益债的发债主体已经完全多样化，目前包括明日之星、堕落天使、高负债公司、杠杆收购公司、资本密集型企业和外国政府和企业六大类。投资者则以机构投资者为主，主要包括保险公司、养老基金和其他机构；个人投资者则通过购买高收益债券共同基金间接参与这个市场。

高收益债通过约束性条款来保护投资者利益、防范违约风险和道德风险。美国高收益债券存在一个相当成熟而且普遍的投资者保护机制——约束性契约。这些约束性条款是为了防止发债主体出现不利的资本或资本结构的变化，或出售或转让资产（包括子公司），或转移资源、资产从而损害债券持有人的利益，降低发债主体的偿债能力和履行偿债义务的意愿。如果发债主体违反了约束性条款，债券持有人将根据实际情况要求发债主体采取补救措施，或召开债券持有人大会。违反核心条款还将引发债券立即进入清偿程序。

高收益债券的定价重点考虑违约风险，但违约高发年份的风险补偿不足。美国高收益债的定价中违约风险溢价的比重最大，Baa-级别债券的违约风险溢价占比为30%，而投机级债券的违约风险溢价占比更高。值得注意的是，在1992年、2000~2001年等违约高发的年份，高风险债券（B级）的违约损失会超过信用利差，意味着低等级债券的定价中存在风险补偿不足。

尽管违约处理机制相当完善，但大部分违约公司最终仍然走向破产。美国高收益债违约后的解决方式一般为破产清算和债务重组。债务重组又包括破产重组、庭外解决和预先打包破产三种形式。不论采用哪种重组形式和方案，60%以上的发债主体最终都走向了破产。

与国际市场特别是美国高收益债市场相比，中国高收益债券发行存在一定不足。中国高收益债发行过程中需要特别思考以下问题：能否提供足额的风险补偿，如何通过债券条款进行投资者保护，以及如何建立违约处理机制。

欧洲2012年公司债券市场融资额1.92万亿美元，发行数量为9 383单。德意志银行和巴克莱银行分别占据2012年欧洲公司债券发行市场承销商排名的第1位和第2位，承销额分别为1 081亿美元和1 009亿美元，市场份额分别为5.6%和5.3%，具体见表2-10。

表2-10　　2012年欧洲公司债券市场排名前10位的承销商

承销商	市场份额（%）	金额（百万美元）	费率（%）	发行数（家）
德意志银行	5.6	108 106.32	0.330	684
巴克莱资本	5.3	100 922.54	0.291	704
汇丰银行	5.2	100 341.33	0.316	655
法国巴黎银行	4.8	92 067.27	0.259	527
摩根大通	4.3	82 189.67	0.274	541
意大利裕信银行	3.7	71 195.88	0.396	361
花旗集团	3.6	69 949.96	0.283	470
瑞士银行	3.6	69 536.94	0.242	472
苏格兰皇家银行	3.4	65 276.68	0.281	417
东方汇理	3.2	62 184.99	0.208	276
合计	42.7	821 771.58	—	5 107

资料来源：Bloomberg。

日本公司债券市场2012年的债券发行量为956亿美元，发行数量为928单。投行中摩根士丹利的融资金额最高，为233.99亿美元，市场份额为24.5%，具体见表2-11。

表 2－11　　2012 年日本公司债券发行市场排名前 10 位的承销商

承销商	市场份额（%）	金额（百万美元）	费率（%）	发行数（家）
摩根士丹利	24.5	23 398.90	0.360	192
瑞穗金融集团	23.2	22 172.96	0.348	186
野村控股	19.8	18 939.94	0.350	170
大和证券	15.1	14 463.54	0.364	158
三井住友金融集团	11.1	10 622.50	0.370	124
花旗集团	1.6	1 517.28	0.296	16
高盛公司	1.3	1 209.08	0.293	15
美国银行美林	1.0	985.87	0.272	14
东海东京证券	0.6	550.83	0.365	13
信金中央银行	0.5	468.87	0.360	15
合计	98.7	94 329.77	—	903

资料来源：Bloomberg。

通过 2012 年我国债券市场的国际比较和与 2011 年的对比，可以看出，2012 年由于政策等因素，中国债券市场获得了跨越式发展，无论是融资额还是融资家数，比 2011 年都有了大幅提升，且债券市场在中国资本市场中的地位也获得了极大的改变，从 2011 年债券融资量不及股权融资到 2012 年债券融资量达到股权融资量的 4.6 倍，可以说是中国债券市场大发展的一年。

第三节　并购重组交易活动的国际比较

2012 年，中国并购重组市场交易规模为 3 077.9 亿美元，比 2011 年增 37%，达近 6 年最高值。从具体完成交易来看，能源及矿业、互联网、金融行业和制造业居前。

国外经济情况的整体低迷，国内股权融资市场对于新股发行的政策性限制，以及国内企业并购重组整合意愿增强促使 2012 年达到近 6 年中国并购重组市场宣布交易规模最大值。数据显示，2007 年至今，中国并购重组市场交易规模呈现平稳上升趋势，其中 2012 年增势较为明显，交易规模由 2007 年的 1 034.7 亿美元增至 2012 年的 3 077.9 亿美元，累计增幅达 197.47%。

2012 年中国企业出境大规模并购重组成为亮点，比如中海油和中石化接连发生的大规模交易。2012 年中海油 151 亿美元拟购加拿大全球性能源公司尼克森全部流通股及 43 亿美元债务，并已获加拿大监管层通过；与此同时，2012 年 12 月中石油宣布以 16.3 亿美元现金收购必和必拓澳大利亚 Browse 液化天然气项目股份，并已获得必和必拓同意。

从行业来看，能源、互联网、金融、制造业交易规模居前。2012 年中国并购重组市场交易完成案例中，制造业以 450 起交易居首，而能源及矿业以 335.26 亿美元的并购重组交易规模居首。

2012 年国内私募股权投资机构（PE）并购重组退出案例达 140 起，相比 2011 年的 75 家增加较明显。大多数机构还是愿意通过 IPO 的方式退出。但是由于 IPO 退出渠道不畅，所以很多机构转向并购重组退出，使得 2012 年的并购重组退出案例创出新高。

根据投中集团统计，2006～2012 年，共有 612 家 PE 机构通过并购重组退出，其账面退出回报率在 2012 年达到最高值 4.5 倍，其退出案例数量在 2012 年达到最高值 140 起。

全球范围，2012 年从已实施并购的行业分布来看，涉及资本最多的行业为石油与天然气、电信业、电力、房地产和多元化金融服务（见图 2－3）。资本涉及最多的并购行业石油与天然气占全球所有并购交易资本的 7.32%。排名第 2 位和第 3 位的电信业和电力分别占到并购活动总资本的 5.28% 和 4.68%。

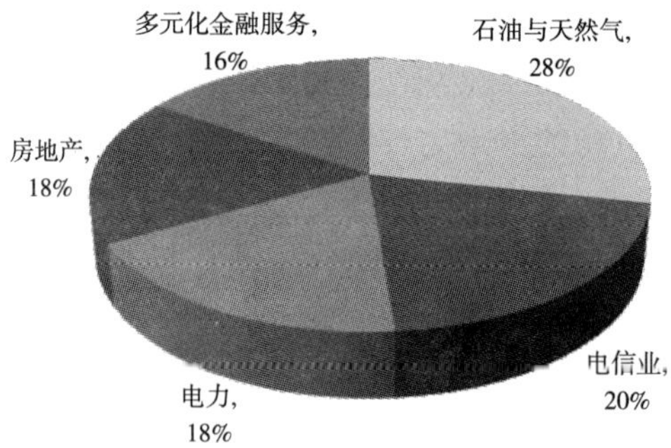

图 2－3　2012 年全球并购交易资本行业分布

资料来源：Bloomberg。

从中国已实施并购交易的投行财务顾问排名中，高盛集团和花旗集团分别占据第 1 名和第 2 名的位置。其中，2012 年高盛集团涉及并购金额为 330 亿美元，市场份额为 16.2%；花旗集团涉及并购金额为 320 亿美元，市场份额为 15.7%。具体见表 2－12。

表 2－12　2012 年中国已实施并购交易排名前 10 位的财务顾问

投行名称	市场份额（%）	总额（百万美元）	交易数目（个）
高盛集团	16.2	32 953.5	17
花旗集团	15.7	31 975.6	20
瑞银集团	15.7	31 946.6	16
瑞士信贷	12.1	24 705.7	12
中金公司	11.9	24 145.0	18
汇丰银行	10.4	21 231.8	11
苏格兰皇家银行	8.8	17 853.1	2
蒙特利尔资本	8.7	17 665.6	1
德意志银行	5.8	11 758.1	10
摩根大通	5.7	11 531.9	9
合计	111.0	225 766.9	116

资料来源：Thomson Reuters。

从2012年全球已实施并购交易的投行财务顾问排名中，高盛集团和摩根大通分别占据第1名和第2名的位置。其中，2012年高盛集团涉及已实施并购金额为4 968亿美元，市场份额为23.5%；摩根大通涉及并购金额为3 768亿美元，市场份额为17.8%，具体见表2－13。

表2－13　　2012年全球已实施并购交易排名前10位的财务顾问

投行名称	市场份额（%）	总额（百万美元）	交易数目（个）
高盛集团	23.5	496 777.6432	318
摩根大通	17.8	376 795.6908	238
摩根士丹利	17.0	359 550.6857	315
瑞士信贷	16.3	343 851.8877	222
巴克莱资本	14.9	314 591.6765	234
美银美林	12.5	263 819.2596	180
德意志银行	11.4	241 287.9717	189
花旗集团	11.4	240 580.0050	173
瑞德集团	9.1	193 383.8445	184
罗斯柴尔德	7.5	157 676.7279	189
合计	141.3	2 988 315.3944	2 242

注：由于部分并购项目由多家投行同时担任财务顾问，因此纳入各投行名下的并购金额、市场份额及并购次数的合计数比2012年全球已实施并购交易市场的并购金额、市场份额及并购次数的合计数大。

资料来源：Bloomberg。

通过以上对比可知，与股权和债权融资市场相比，目前中国的收购与兼并市场重要的财务顾问中，外资投行占据了很大的比重。主要的原因是中国的并购包括中国企业跨国并购和海外企业入境并购，这两块业务占据了较大比重。2012年，海外企业入境并购的案例有592项，并购总金额达333亿美元，较2011年同期的366亿美元下降9%。

从对外收购的角度来看，能源与电力行业的收购比2011年同期增长22%，仍为中国对外收购的热门行业，反映出中国企业持续增加的能源和资源需求。加拿大是中国企业跨境收购的最大目标市场，2012年迄今共21项并购案例，金额达188亿美元。

美国则是中国企业2012年跨境收购的第二大目标市场，金额达101亿美元，打破了2007年87亿美元的历史记录，创下新高。以新华信托牵头的中国财团出资42亿美元，收购美国国际集团（AIG）旗下国际租赁金融公司（ILFC）80.1%股份，成为2012年中国对美国跨境收购最大的一笔交易。

总体而言，2012年至今已公布的中国参与的并购交易金额占亚太并购总额的39%。中国是仅次于美国的全球第二大并购目标市场，2012年占全球市场份额的6.3%，较2011年所占5.6%的市场份额增长了0.7个百分点，连续三年成为全球第二大并购目标市场。

目前，中国本土证券公司作为跨国并购财务顾问的业务能力和规模与国际投行相比还存在明显差距，发展中国本土证券公司参与国际并购任重而道远。

第三章

2013年中国投资银行业务前景展望

根据2012年国内外投资银行的数据分析，在世界经济继续缓慢复苏预期下，对2013年国内外投资银行市场进行展望如下：

一、场内外市场化改革落实执行，配套制度年内继续完善

全国中小企业股份转让系统在2013年进入正式管理运营，有关扩大股份转让试点（新三板）的工作方案也将随之逐步落实。过去，新三板发展因挂牌公司规模偏小、交易不活跃、融资功能不强等因素，发展较慢，而在《非上市公众公司监督管理办法》生效后，股东人数超过200人的企业可以挂牌、个人投资者可以参与交易、转板机会无疑都将给新三板市场带来巨大的获利机会。

除新三板市场，区域性股权交易市场和证券公司柜台交易市场是多层次资本市场的重要组成部分，对于促进企业特别是中小微企业股权交易和融资、鼓励科技创新和激活民间资本、加强对实体经济薄弱环节的支持等，具有不可替代的作用，将在2013年进入实质性实施和发展阶段。

继中国证监会于2012年8月出台《关于规范证券公司参与区域性股权交易市场的指导意见》后，短短几个月时间内，深圳、浙江、广州、江苏、福建、新疆等地的十几家由证券公司参与的股权交易中心陆续出现。按照各省（自治区、直辖市）GDP占比和增长趋势，广东、江苏、浙江、山东、天津、上海和重庆等地将会成为主要区域股权交易市场。如何将证券公司在市场运作方面的丰富经验发挥出其应有的积极影响是未来的一大挑战。

另外，证券公司柜台市场建设也正在紧锣密鼓进行中。自2012年底《证券公司柜台交易业务规范》发布，正式启动柜台交易业务试点。至今，首批15家证券公司申报稿审核通过，获得试点资格。柜台交易业务目前正稳步推进，未来有望在现有业务规范基础上进一步完善。

二、美国引领全球经济缓慢复苏，中企海外上市优于2012年

2012年欧债危机的“溢出效应”动摇了国际金融市场信心，不断冲击着全球经济复苏的势头，为了稀释整体债务，欧洲央行宣布了救市计划（OMT）。随后，美国也为了支持其国内经济回暖力度、降低失业率而先后推出两轮宽松量化政策（QE3和QE4），新兴经济体也因外部需求减弱、内部需求动力不足而呈现明显的下滑态势。在此背景下，2012年前11个月仅42家中国企业成功在海外5个市场上市，融资额合计57.08亿美元。另外，中国企业2012年赴欧上市较为活跃，共有6家中国企业登陆法兰克福证券交易所，但是融资规模较低。

在进一步宽松流动性刺激下，美国经济继续领先回暖，2013年世界经济不确定因素将较2012年略有减少，欧洲、新兴经济体也将踏上缓慢复苏的道路，中国企业赴海外上市之路将会较2012年平坦。中概股方面，未曾间断的私有化事件以及SEC就“四大”和大华会计师事务所未按要求提供中国上市公司相关审计资料提起诉讼说明中概股前景依然充满诸多不确定因素。然而令人欣慰的是，2012年中概股业绩表现比较稳定、整体财务水平出现一定程度的提高，年初亏损上市的“唯品会”12月股价已较上市时翻番。因此，有理由相信专注修炼基本功的中概股企业及拟赴美上市的中国企业2013年将吸引更多投资人的眼光。

三、IPO依旧是VC/PE退出首选

2012年中国VC/PE行业经营惨淡，募、投、退环节数据呈现较大幅度下滑。以退出方面为例，根据最新统计，2012年仅有104家VC/PE支持的中国企业在境内外市场上市，合计融资108.48亿美元，IPO数量仅为2011年的67.5%，融资额则较2011年同期下滑57.0%；退出回报方面，2012年VC/PE机构IPO退出平均回报水平为5.19倍，而2011年剔除“华锐风电”极值后水平为8.17倍，回报缩水明显。

虽然2012年VC/PE机构的IPO退出之路不顺，但IPO退出依旧将是VC/PE机构2013年首选的退出方式，因为一、二级市场溢价以及限售股份全流通后溢价收入较其他退出方式更为可观，而且该退出方式对于符合上市条件的企业管理者而言更易接受。另外，由于境内市场估值较高，投资机构IPO退出市场选择2013年仍以境内中小板和创业板为主；为了降低IPO退出不畅风险，多数VC/PE机构倾向“多条腿走路”，对于难以达到上市要求的被投项目通过并购及股权转让等方式退出。

附录一：

2012年与投资银行业务相关的政策法规

1.《财政部关于做好执行企业会计准则的企业2012年年报工作的通知》（财政部2012年12月31日　财会［2012］25号）

2.《关于做好上市公司2012年年度报告披露工作的通知》（深圳证券交易所2012年12月31日）

3.《关于做好上市公司2012年年度报告工作的通知》（上海证券交易所2012年12月31日）

4.《上市公司定期报告工作备忘录第五号独立董事年度报告期间工作指引》（上海证券交易所2012年12月31日）

5.《关于开展高新技术企业认定管理工作检查的通知》（科技部、财政部、国家税务总局2012年12月28日　国科发火［2012］1220号）

6.《关于做好首次公开发行股票公司2012年度财务报告专项检查工作的通知》（中国证监会发行监管部、创业板发行监管部、会计部2012年12月28日　发行监管函［2012］551号）

7.《关于股份有限公司境外发行股票和上市申报文件及审核程序的监管指引》（中国证监会2012年12月20日　证监会公告［2012］45号）

8.《上市公司监管指引第2号——上市公司募集资金管理和使用的监管要求》（中国证监会2012年12月19日　证监会公告［2012］44号）

9.《上市公司业务办理指南第10号——重大重组停牌及材料报送》（深圳证券交易所公司管理部2008年5月20日发布，2012年12月17日修订）

10.《信息披露业务备忘录第13号——重大资产重组》（深圳证券交易所公司管理部2008年5月20日发布，2012年12月17日修订）

11.《中小企业板信息披露业务备忘录第17号：重大资产重组相关事项》（深圳证券交易所公司管理部2008年5月20日发布，2012年12月17日修订）

12.《深圳证券交易所退市公司重新上市实施办法》（深圳证券交易所2012年12月16日）

13.《深圳证券交易所退市整理期业务特别规定》（深圳证券交易所2012年12月16日）

14.《公开发行证券的公司信息披露内容与格式准则第30号——创业板上市公司年度报告的内容与格式（2012年修订）》（中国证监会2012年12月14日　证监会公告［2012］43号）

15.《关于发布退市配套业务规则的通知》（上海证券交易所2012年12月14日）

16.《对2012年度财务报表编制和审计工作的要求》（中国证监会2012年12月12日　证监会公告［2012］42号）

17.《上市公司日常信息披露工作备忘录第十号——约定购回式证券交易中的信息披露规范要求》（上海证券交易所2012年12月10日）

18.《深圳证券交易所上市委员会工作细则（2012年修订）》（深圳证券交易所2012年12月7日　深证上［2012］421号）

19.《深圳证券交易所交易规则（2012年修订）》（深圳证券交易所2012年11月30日）

20.《深圳证券交易所债券交易实施细则》（深圳证券交易所2012年11月29日）

21.《深圳证券交易所上市公司保荐工作指引》（深圳证券交易所2012年11月23日　深证上［2012］383号）

22.《关于实施上市公司股息红利差别化个人所得税政策有关问题的通知》（财政部、国家税务总局、中国证监会2012年11月16日）

23.《关于加强与上市公司重大资产重组相关股票异常交易监管的通知》（深圳证券交易所2012年11月16日）

24.《关于加强与上市公司重大资产重组相关股票异常交易监管的通知》（上海证券交易所2012年11月16日　上证公字［2012］48号）

25.《关于支持科技成果出资入股确认股权的指导意见》（中国证监会、科技部2012年11月15日）

26.《关于加强与上市公司重大资产重组相关股票异常交易监管的暂行规定》（中国证监会2012年11月6日　中国证券监督管理委员会公告［2012］33号）

27.《上市公司行业分类指引（2012年修订）》（中国证监会2012年10月26日　中国证券监督管理委员会公告［2012］31号）

28.《会计监管风险提示第4号——首次公开发行股票公司审计》（中国证监会办公厅2012年10月16日　证监办发［2012］89号）

29.《关于保荐代表人资格管理有关问题的通知》（中国证券业协会2012年10月15日）

30.《关于进一步优化调整上市环保核查制度的通知》（环境保护部2012年10月8日　环发［2012］118号）

31.《商务部关于涉及外商投资企业股权出资的暂行规定》（商务部2012年9月21日　商务部令2012年第8号）

32.《关于主承销商报备首次公开发行股票网下发行业务信息工作有关事项的通知》（中国证券业协会秘书处2012年9月7日　中证协发［2012］179号）

33.《首次公开发行股票询价和网下申购业务实施细则》（中国证券业协会2012年9月7日　中证协发［2012］177号）

34.《中小企业板上市公司信息披露与规范运作常见问题解答》（深圳证券交易所中小板公司管理部2012年9月4日修订）

35.《上市公司执行企业会计准则监管问题解答》（2012年第1期）（中国证监会会

计部 2012 年 8 月）

36.《深圳证券交易所中小企业私募债券试点业务指南》（深圳证券交易所 2012 年 8 月 23 日修订）

37.《上海证券交易所中小企业私募债券备案工作提示（第 1 号）》（上海证券交易所 2012 年 8 月 16 日）

38.《创业板信息披露业务备忘录第 1 号：超募资金使用（2012 年修订）》（深圳证券交易所创业板公司管理部 2012 年 8 月 16 日）

39.《债券业务备忘录第 1 号：特别处理、暂停上市、恢复上市、终止上市和申请复核》（深圳证券交易所 2011 年 8 月 16 日修订）

40.《发行监管部关于首发在审企业补充预披露事项的说明》（中国证监会发行监管部 2012 年 8 月 10 日）

41.《上市公司重大资产重组信息披露工作备忘录第一号——信息披露业务办理流程》（上海证券交易所 2012 年 8 月 3 日）

42.《上市公司重大资产重组信息披露工作备忘录第三号——资产评估相关信息披露》（上海证券交易所 2012 年 8 月 3 日）

43.《上市公司重大资产重组信息披露工作备忘录第四号——重组内幕信息知情人名单登记及提交》（上海证券交易所 2012 年 8 月 3 日）

44.《上市公司重大资产重组信息披露工作备忘录第七号——借壳上市的标准和条件》（上海证券交易所 2012 年 8 月 3 日）

45.《上市公司重大资产重组信息披露工作备忘录第八号——上市公司重大资产重组预案公告格式指引（试行）》（上海证券交易所 2012 年 8 月 3 日）

46.《上海证券交易所股票上市规则（2012 年修订）》（上海证券交易所 2012 年 7 月 7 日）

47.《深圳证券交易所股票上市规则（2012 年修订）》（深圳证券交易所 2012 年 7 月 7 日）

48.《关于首次公开发行股票询价对象与配售对象备案工作有关事项的通知》（中国证券业协会 2012 年 7 月 6 日　中证协发［2012］150 号）

49.《关于完善上海证券交易所上市公司退市制度的方案》（上海证券交易所 2012 年 6 月 28 日）

50.《关于改进和完善深圳证券交易所主板、中小企业板上市公司退市制度的方案》（深圳证券交易所 2012 年 6 月 28 日）

51.《关于中小企业私募债券在固定收益证券综合电子平台转让的通知》（上海证券交易所 2012 年 6 月 8 日　上证债字［2012］210 号）

52.《深圳证券交易所公司债券上市规则》（深圳证券交易所 2012 年 6 月 6 日）

53.《关于进一步提高首次公开发行股票公司财务信息披露质量有关问题的意见》（中国证监会 2012 年 5 月 23 日　中国证券监督管理委员会公告［2012］14 号）

54.《关于新股发行定价相关问题的通知》（中国证监会发行监管部、创业板发行监管部 2012 年 5 月 23 日）

55.《证券公司开展中小企业私募债券承销业务试点办法》（中国证券业协会 2012 年 5 月 23 日　中证协发［2012］120 号）

56.《深圳证券交易所中小企业私募债券业务试点办法》（深圳证券交易所 2012 年 5 月 23 日）

57.《深圳证券交易所中小企业私募债券试点业务指南》（深圳证券交易所 2012 年 5 月 23 日）已修订

58.《上海证券交易所中小企业私募债券业务指引（试行）》（上海证券交易所 2012 年 5 月 23 日）

59.《上海证券交易所中小企业私募债券业务试点办法》（上海证券交易所 2012 年 5 月 22 日）

60.《中小企业私募债券试点登记结算业务实施细则》（中国证券登记结算有限责任公司 2012 年 5 月 22 日）

61.《关于修改〈证券发行与承销管理办法〉的决定》（中国证监会 2012 年 5 月 18 日　中国证券监督管理委员会令第 78 号）、《证券发行与承销管理办法》（2006 年 9 月 11 日　中国证券监督管理委员会第 189 次主席办公会议审议通过，根据 2012 年 5 月 18 日中国证券监督管理委员会《关于修改〈证券发行与承销管理办法〉的决定》修订）

62.《关于做好餐饮等生活服务类公司首次公开发行股票并上市有关工作的通知》（中国证监会发行监管部 2012 年 5 月 16 日　发行监管部函［2012］244 号）

63.《关于进一步落实上市公司现金分红有关事项的通知》（中国证监会 2012 年 5 月 4 日）

64.《关于 2012 年创业板上市公司保荐机构在持续督导中落实现场核查工作的通知》（中国证监会　上市公司监管部 2012 年 4 月 27 日）

65.《深圳证券交易所创业板股票上市规则（2012 年修订）》（深圳证券交易所 2012 年 4 月 20 日）

66.《关于进一步深化新股发行体制改革的指导意见（征求意见稿）》（中国证监会 2012 年 3 月 31 日）

67.《创业板信息披露业务备忘录第 14 号——上市公司重大资产重组财务顾问业务指引（试行）》（深圳证券交易所创业板公司管理部　2012 年 3 月 30 日）

68.《创业板信息披露业务备忘录第 13 号——重大资产重组相关事项》（深圳证券交易所创业板公司管理部　2012 年 3 月 30 日）

69.《关于发布〈会计监管风险提示〉有关事项的通知》（中国证监会办公厅 2012 年 3 月 13 日　证监办发［2012］22 号）（《会计监管风险提示第 1 号——政府补助》《会计监管风险提示第 2 号——通过未披露关联方实施的舞弊风险》《会计监管风险提示第 3 号——审计项目复核》）

70.《中国银监会关于加强 2012 年地方政府融资平台贷款风险监管的指导意见》（中国银监会 3 月 13 日　银监发［2012］12 号）

71.《上市公司监管指引第 1 号——上市公司实施重大资产重组后存在未弥补亏损情形的监管要求》（中国证监会 2012 年 3 月 23 日　中国证券监督管理委员会公告

［2012］6号）

72.《关于深入开展重点行业环保核查进一步强化工业污染防治工作的通知》（环境保护部2012年3月23日　环发［2012］32号）

73.《关于进一步加强保荐业务监管有关问题的意见》（中国证监会2012年3月15日　证监会公告［2012］4号）

74.《企业安全生产费用提取和使用管理办法》（财政部、安全监管总局2012年2月24日　财企［2012］16号）

75.《财政部关于印发企业内部控制规范体系实施中相关问题解释第1号的通知》（财政部2012年2月23日　财会［2012］3号）

76.《上市公司收购管理办法》（根据2012年2月14日中国证券监督管理委员会《关于修改〈上市公司收购管理办法〉第六十二条及第六十三条的决定》修订）

77.《深圳证券交易所股票上市公告书内容与格式指引（2012年2月修订）》（深交所2012年2月7日　深证上［2012］23号）

78.《关于鼓励本所上市公司发行公司债的重要提示》（上海证券交易所债券业务部、公司管理部2012年1月17日）

79.《关于企业事业单位改制重组契税政策的通知》（财政部、国家税务总局2012年1月12日　财税［2012］4号）

附录二：

2012 年证券市场与投资银行业务相关的主要事件（以时间为序）

1.《关于进一步深化新股发行体制改革的指导意见》发布

中国证监会于 4 月 28 日正式出台了《关于进一步深化新股发行体制改革的指导意见》，并自公布之日起施行。此指导意见进一步细化并明确会计师事务所的职责要求；对发行人公司治理结构提出进一步要求；明确发行人及其主承销商可以在核准批文有效期内自主选择发行时间窗口；进一步明确在发行价格市盈率高于同行业上市公司平均市盈率 25% 的情形下，发行人需要补充披露信息的内容及程序；取消网下配售股锁定期；进一步明确对违法违规行为的处罚措施，从严监管。

2. 两市退市制度陆续出台

4 月 20 日，深圳证券交易所发布了《创业板上市规则》，且定于 5 月 1 日起正式施行。此次修订的《创业板上市规则》完善了退市标准，增加了对年度财务会计报告的追溯调整权；财务违规限期不改将加速退市；不支持“借壳”恢复上市，杜绝以非经常性损益调节利润。

6 月 28 日，上海证券交易所与深圳证券交易所分别发布了上市公司退市制度方案。两市退市制度方案总体框架和主要退市标准体系基本相同。此次修改完善重点从两个方面对现行退市制度进行了调整：一是为提高退市制度的完备性和可操作性，增加相关暂停上市、终止上市指标，细化相关标准，严格恢复上市要求，完善退市程序；二是为进一步保护投资者权益，提出风险警示板、退市公司股份转让服务、退市公司重新上市等退市配套机制的安排。

3. 中国证监会进一步落实上市公司现金分红有关事项

2012 年 5 月 4 日，中国证监会正式发布了《关于进一步落实上市公司现金分红有关事项的通知》，进一步采取措施提升上市公司对股东的回报。

4. 餐饮类公司步入上市轨道

为做好餐饮等生活服务类公司首次公开发行股票并上市的有关工作，提高信息披露质量，中国证监会制定并发布了《关于餐饮等生活服务类公司首次公开发行股票并上市信息披露指引（试行）》。

餐饮企业可按该指引在招股说明书中对重要事项进行披露；美容、健身等其他生活服务类公司可结合自身经营特点参照执行；其他类型的连锁经营企业或生产经营中存在大量个人客户和现金收付的企业，也可参照本指引相关条款进行信息披露。

5. 中小企业私募债券业务试点启动

2012年5月，上海证券交易所和深圳证券交易所相继公布《中小企业私募债券业务试点办法》，中国证券业协会发布《证券公司开展中小企业私募债券承销业务试点办法》，标志着试点启动。

6. 非上市公众公司拟纳入监管

6月底，中国证监会发布了《非上市公众公司监督管理办法（征求意见稿）》，并公开向社会征求意见。与目前上市公司发行及监管制度相比，《非上市公众公司监督管理办法》有多项制度创新，包括不设财务门槛，股东人数可超过200人，不设类似发审委组织，不实行保荐制，简化信息披露，实行分层管理等。出台非上市公众公司监管办法既是完善多层次资本市场、推出新三板等场外交易市场的前提，也是确保金融稳定的迫切需要。

7. 中国证监会取消和下放多项行政审批项目

根据《国务院关于第六批取消和调整行政审批项目的决定》（国发［2012］52号）和有关要求，自2012年9月23日该决定发布之日起，中国证监会取消25项行政审批项目，下放10项行政审批项目。

8. 中国证监会启动在审IPO项目财务专项核查

为深化落实《关于进一步深化新股发行体制改革的指导意见》（证监会公告［2012］10号）有关要求，切实推进以信息披露为中心的新股发行体制改革工作，提高信息披露质量，中国证监会于2012年12月28日正式发布《关于做好首次公开发行股票公司2012年度财务报告专项检查工作的通知》。

分报告之三：

2012年中国证券公司资产管理业务发展回顾与展望

第一章

2012年中国证券公司资产管理业务的总体情况

第一节　2012年中国证券公司资产管理业务的发展环境

证券公司资产管理业务的发展与其发展环境息息相关。证券公司资产管理业务的发展环境可以从两个方面给予评价：其一是推动证券公司资产管理业务发展的经济环境，如国民经济增长速度、居民财富积累的增长情况等；其二是推动证券公司资产管理业务发展的制度环境，如行业监管法规、监管态度及监管层对创新业务的态度。

2012年，我国经济前3个季度GDP分别增长8.1%、7.6%和7.4%，我国经济9月开始环比企稳，2012年第4季度回升至7.9%，全年GDP同比增长7.8%，我国国民经济仍保着较快的增长态势。同时，2012年11月CPI同比仅增长2.0%，经济在保持稳步增长的同时，控制物价过快增长的调控目标也基本得以实现。国内居民可支配收入保持持续增长态势，这为2012年国内证券公司资产管理业务的继续发展奠定了基础。另外，2012年我国推动证券公司资产管理业务发展的制度环境发生了重大变化。2012年10月19日中国证监会正式发布修订后的《证券公司客户资产管理业务管理办法》、《证券公司集合资产管理业务实施细则》及《证券公司定向资产管理业务实施细则》。这基本体现了2012年全国金融工作会议提出“坚持金融服务实体经济的本质要求，坚持市场配置资源的改革导向，坚持创新与监管相协调的发展理念，坚持把防范化解风险作为金融工作生命线，坚持自主渐进安全共赢的开放方针”的会议精神。在“五个坚持”会议精神的指导下，中国证监会“一法两则”的修订发布为证券公司改革开放，包括证券公司资产管理业务在内的创新发展指明了方向。

一、推动证券公司资产管理业务发展的经济环境

经济增长和由此导致的居民财富积累是证券公司资产管理业务发展的源泉。经济持续增长导致居民收入持续增加，在满足基本生活所需后，居民的理财意愿会逐渐增强，专业理财规模才会逐渐增长。以美国为例，1995～2012年，美国的GDP基本上持续小幅增长，由此导致美国的人均可支配收入持续增长（见图1－1）。

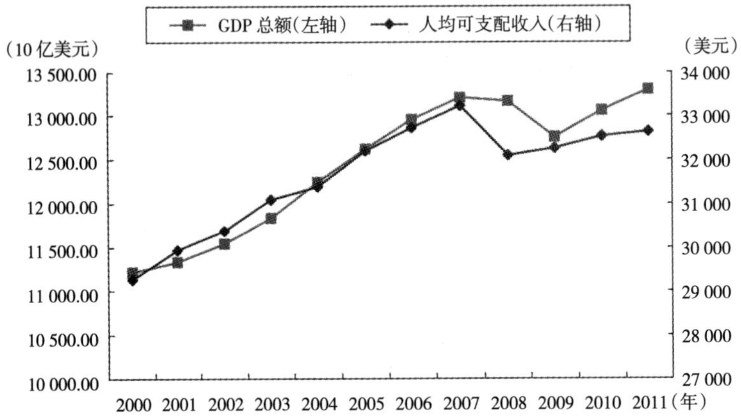

图1－1　2000～2011年美国GDP总额及人均可支配收入变动状况对比图

资料来源：根据美国商务部经济分析局（NBER）数据绘制（http：//www.nber.org/）。

一般而言，随着居民可支配收入的增加，居民对财富管理产品的需求会增加。以美国为例，美国居民2000～2011年人均可支配收入总体上呈现出震荡上升的态势，资产管理总规模增长态势与居民人均可支配收入走势基本同步，呈现出高度吻合同步的趋势（见图1－2）。

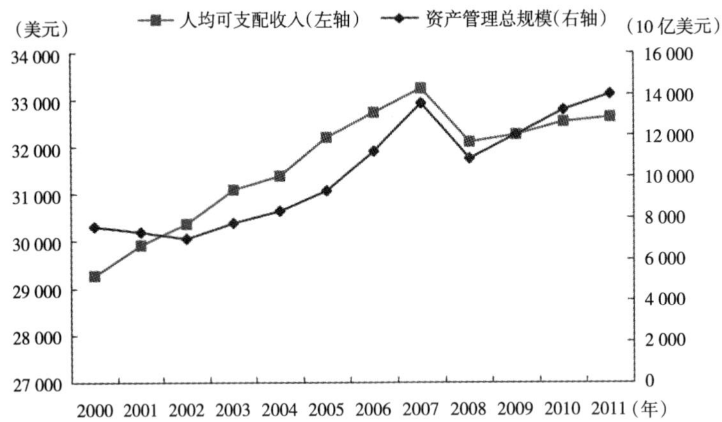

图1－2　2000～2011年美国人均可支配收入与美国资产管理总规模变动状况

资料来源：根据美国商务部经济分析局（NBER，http：//www.nber.org/）及美国投资公司协会（http：//www.ici.org/）数据绘制。

2012 年，我国经济增长仍保持 7.5% 以上，尽管相比于前几年我国经济增长速度有所放缓，但环顾世界其他经济体经济增长状况，我国经济增长仍处于高速增长状态（见图 1－3）。

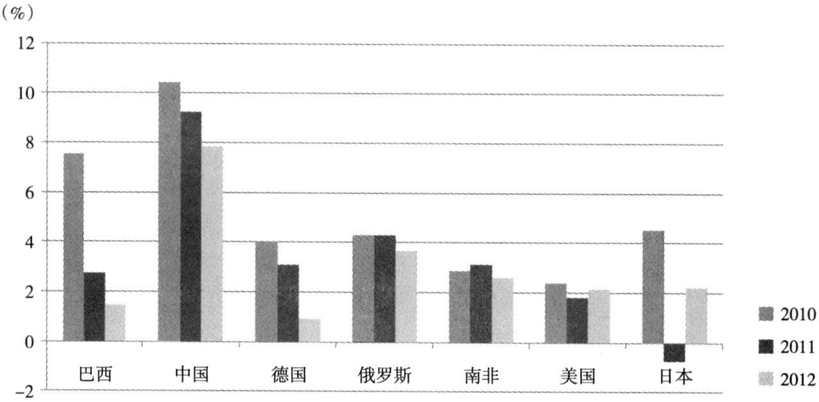

图 1－3　世界主要经济体 2010～2012 年经济增长状况对比

资料来源：根据国际货币基金组织（IMF）数据绘制。

我国居民可支配收入随着经济的快速增长而保持着稳定增长的态势。2002～2012 年我国城镇居民可支配的收入与国民经济增长态势大致保持着一致的增长态势。在此期间大多数年份中，我国城镇居民的可支配的收入增长速度高于国民经济增长速度。城镇居民可支配收入的快速增长及其财富的积累，为我国证券资产管理业的发展奠定了坚实的基础（见图 1－4）。

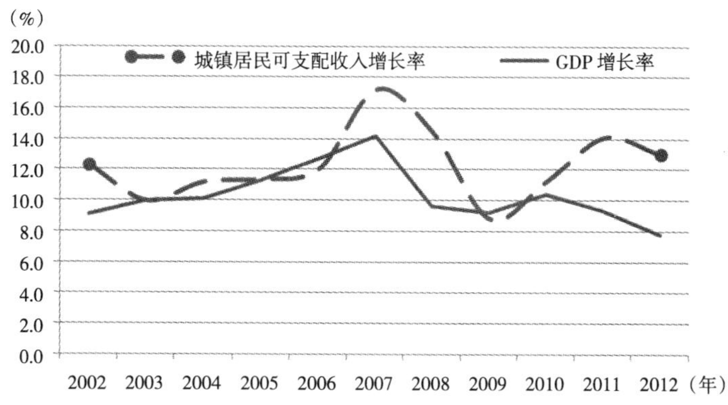

图 1－4　我国 2002～2012 年 GDP 增长与城镇居民可支配收入增长状况

注：城镇居民收入增长数据截止到 2012 年 9 月。

资料来源：根据中国国家统计局数据绘制。

二、推动证券公司资产管理业务发展的制度环境变化

2012 年 10 月 19 日中国证监会正式发布修订后的《证券公司客户资产管理业务管理办法》及配套实施细则的修订实现了重大的制度性突破（见表 1－1）。

表 1－1　证券公司资产管理新政在审批制度、投资范围、产品设计和流动性方面有所放松

	政策放松	行业影响
审批制度	行政审批制转为备案制	有利于证券公司灵活设计产品，以满足客户多样化、个性化的需求
投资范围	大集合：增加了中期票据、保证收益及保本浮动收益银行理财计划	丰富证券公司资产管理产品种类，提高资产收益率
	小集合：允许投资期货交易所交易的期货品种，利率远期、利率互换等银行间市场交易的投资品种，证券公司专项资产管理计划，商业银行理财计划，集合资金信托计划等金融监管部门批准或备案发行的金融产品以及中国证监会认可的其他投资品种	小集合可投信托、银行理财、证券公司资产管理产品，增强小集合融资能力
	定向资产管理：允许投资者和证券公司双方约定投资范围，不单独设限	证券公司资产管理可灵活与保险、银行资金对接
产品设计	允许设计分级产品，丰富产品种类	满足不同风险偏好、不同层次的客户需求
产品流动性	允许集合计划份额在投资者之间有条件转让	保证集合理财计划份额和规模的稳定，增强产品流动性

资料来源：申万研究。

三、制度变革对推动证券公司资产管理业务发展具有重要意义

（一）实现了制度性突破

《证券公司客户资产管理业务管理办法》及配套实施细则的修订实现了重大的制度性突破。

第一，集合资产管理计划取消行政审批，改为发行之后5日内向中国证券业协会备案，大大缩短了发行产品的时间，证券公司可以根据市场风格、不同客户的需求相应设计不同类别的产品，从而将大大增加集合理财计划的规模。

第二，投资范围扩大有望增加资产管理产品收益率。根据客户偏好及风险承受能力，对大集合、小集合和定向资产管理区别对待，投资范围逐渐放宽。大集合投资范围增加了中期票据、保证收益及保本浮动收益商业银行理财计划；小集合允许投资证券期货交易所交易的投资品种、银行间市场交易的投资品种以及金融监管部门批准或备案发行的金融产品。对于定向资产管理，允许投资者和证券公司自愿协商，合同约定投资范围。同时，允许集合资产管理计划和定向资产管理计划参与融资融券交易，并允许将其持有的证券作为融券标的证券出借给证券金融公司。投资范围的扩大，一方面增加资产管理的收益率，提高资产管理的吸引力；另一方面，证券公司可以设计开发不同类别的资产管理产品。

第三，允许设计分级产品，丰富产品种类。允许对集合计划份额根据风险收益特征进行分级，有利于证券公司根据不同客户的风险偏好水平、风险承受能力，设计分级产品，从而丰富产品类型，满足不同层次的客户需求，大幅提高证券公司集合计划的

规模。

第四，允许集合计划份额在投资者之间有条件转让。集合计划存续期间，证券公司、代理推广机构的客户之间可以通过证券交易所等中国证监会认可的交易平台转让集合计划份额，允许理财产品相互转让，减少产品大量赎回的概率，保持集合理财计划份额和规模的稳定。同时，新管理办法还允许一些经中国证监会许可的证券公司资产管理提供资产托管服务，这为证券公司资产管理业务的创新提供基础。

（二）推动证券公司资产管理业务快速发展

《证券公司客户资产管理业务管理办法》及配套实施细则的修订是证券行业放松管制的重要标志，有利于改变证券行业在同业竞争中的弱势地位。银行、信托等金融机构理财业务的发展经验表明，产品备案制是推动理财业务快速发展的重要制度基础。证券公司集合资产管理计划由行政审批改为备案制将大大缩短产品发行的时间，证券公司可以根据市场风格、不同客户的需求相应设计不同类别的产品，证券公司将迎来资产管理快速发展的新时期。证券公司与银行、信托等其他金融机构管理客户资产规模的差距也将迅速缩窄，证券公司的同业竞争环境趋于改善。截至2012年12月31日，银行理财产品超过7万亿元、信托产品6.32万亿元①、保险理财产品6.85万亿元、基金2.8万亿元。我国理财产品的市场总规模有20万亿元，而证券公司集合理财产品的规模2 052亿元，专项理财产品35亿元，定向理财产品16 847亿元，总规模约1.89万亿元（见表1－2），意味着证券公司在理财市场上的业务仍具有巨大成长空间。

表1－2　目前证券公司在理财产品市场上处于弱势地位　（单位：万亿元）

年度	保险管理资产规模	信托管理资产规模	基金管理资产规模	证券公司管理资产规模
2003	0.84	—	0.17	—
2004	1.08	—	0.32	—
2005	1.41	—	0.47	0.08
2006	1.78	0.35	0.86	0.03
2007	2.67	0.88	3.28	0.26
2008	3.06	1.23	1.94	0.06
2009	3.74	2.04	2.67	0.10
2010	4.60	3.04	2.50	0.15
2011	5.54	4.81	2.13	0.12
2012	6.85	6.32	2.80	1.89

资料来源：根据Wind资讯、中国证券业协会相关数据整理。

（三）推动证券公司资产管理业务与投行业务的融合与转型

资产管理业务的发展能够有效促进证券公司财富管理和投资银行业务的转型发展

① 信托产品规模统计截至2012年9月30日。

和融合，而这一转型与融合正是对日渐增长的综合性理财需求的有效回应。佣金自由化改革以后，单纯的低佣金已经无法有效吸引客户，只有让客户的资产保值增值，实现真正意义上的财富管理，才是证券公司留住客户的长久发展之道。未来资产管理业务发展的过程就是不断强化财富管理、实现客户资产保值增值的过程。除此之外，资产管理业务的快速发展有利于构建跨业务合作的联动机制，如促进投行业务实现从传统的承销模式向"投行+资管"融合的综合金融管理服务的转型。资产管理业务发展能够为投行业务带来丰富的客户资源和多元化、综合性的服务组合；投资银行业务的拓展能够为证券公司资产管理业务提供投资工具及产品设计、投资标的发行的对接平台。现今，企业和机构客户的金融需求已经不仅仅局限于股权和债权融资，还包括一系列的理财、投融资等金融需求。从国外投行的发展经验来看，投资银行业务的重点已经从IPO上市业务，逐步向上市后的综合资产配置方向转移，包括企业现金的管理、再融资的解决方案、战略规划、收购兼并、全球资产配置等。这些衍生的资产管理性质的服务，带来的收入已远远超出了IPO承销的收入，成为欧美大型投资银行业务的主要收入来源，也将是国内证券公司业务的转变方向。以资产管理业务的发展为推手，证券公司的全面业务整合将进一步强化，证券公司也将走上综合创新的发展道路。

第二节　2012年中国证券公司资产管理业务的发展情况

一、2012年证券公司资产管理理财产品发行市场的特征

2012年全国各证券公司新发行集合理财产品共216只。其中，股票型9只，混合型73只，债券型86只，货币型47只，其他型1只。尽管集合理财产品发行相比于2011年的109只，有快速增长，但2012年证券公司管理集合理财产品的规模仅从2011年的1 502.6亿元增加至2 052.1亿元。证券公司专项资产管理业务发展势头相对平淡。与此相对照，2012年证券公司开展定向理财业务的证券公司从2011年的48家发展为83家，管理定向理财产品的规模从2011年1 305.8亿元发展为2012年16 847.3亿元。

（一）集合理财产品新发行数量增加

2012年证券公司新发行集合理财产品从新发行的产品数量上看，为历年来最大。从增速上来看，相比于2011年增加98%（见图1－5）。

尽管2012年各证券公司新发行集合理财产品快速增长，但由于A股市场持续低迷，投资者对市场看法谨慎，投资认购理财产品的积极性不高，单只理财产品首次募集的平均规模始终处在较低的水平（见图1－6）。

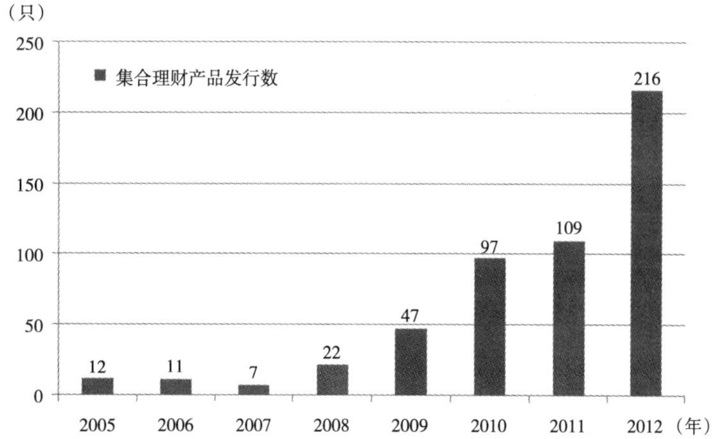

图1－5　2005～2012年证券公司集合理财产品新发行情况

资料来源：Wind资讯。

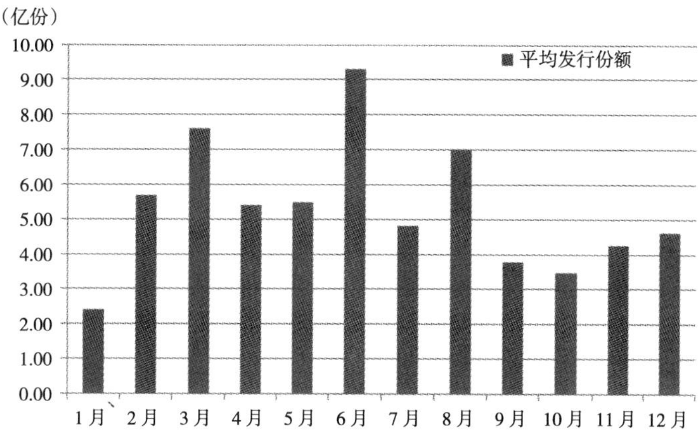

图1－6　2012年证券公司集合理财产品单只的平均发行规模

资料来源：Wind资讯。

（二）定向理财产品新发行规模快速增加

2012年证券公司定向理财产品的发行，无疑是2012年证券公司资产管理业务的“焦点”。无论是开展该业务的证券公司家数，还是证券公司管理的定向理财产品的规模，证券公司定向理财业务的发展给市场都留下了深刻的印象（见图1－7）。

2012年开展定向理财业务的证券公司从2011年的48家发展到83家，相比于2011年增加73%，表明2012年定向理财业务在证券公司得到了较大推广。

伴随着定向理财业务在证券公司推广，新发行定向理财产品的规模也迅速增长，定向理财产品的规模从2011年1 305.8亿元发展到2012年16 847.3亿元，相比于2011年增加了近12倍（见图1－8）。平均每家证券公司管理的定向理财计划的规模相比于2011年则增加了6倍之多（见图1－9）。

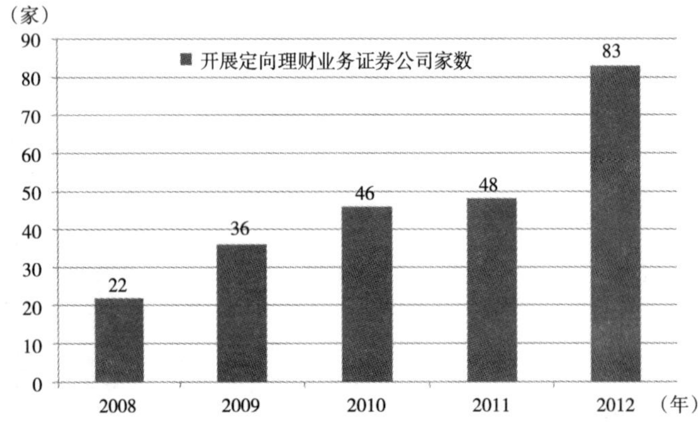

图 1－7　2008～2012 年开展定向理财业务的证券公司的情况

资料来源：中国证券业协会。

图 1－8　2008～2012 年证券公司开展定向理财业务的总规模

资料来源：中国证券业协会。

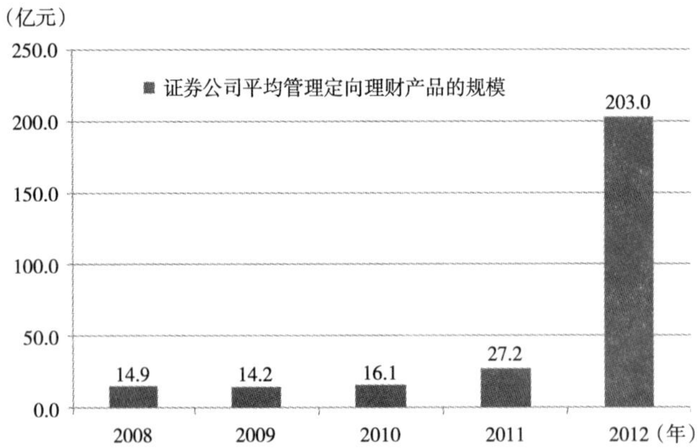

图 1－9　2008～2012 年证券公司平均管理定向理财产品的规模

资料来源：中国证券业协会。

（三）专项理财产品新发行规模相对稳定

相比于定向理财产品的发行，无论是发行专项理财产品的产品数、规模，还是专项理财产品的平均规模，2012 年证券公司专项理财产品的发行相对平淡（见图 1－10、图 1－11和图 1－12）。

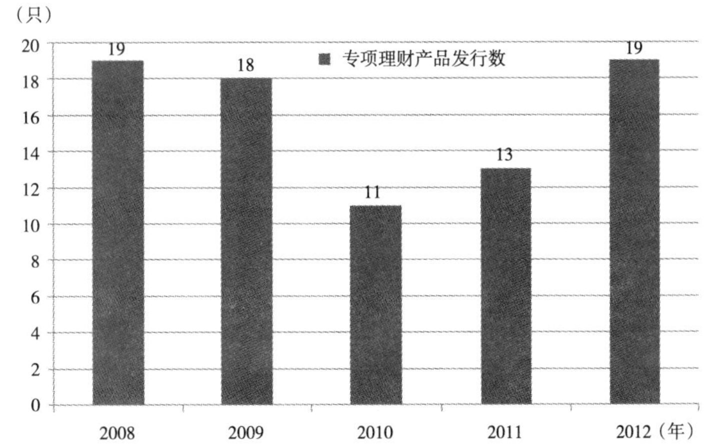

图 1－10　2008～2012 年证券公司专项理财产品新发行情况

资料来源：中国证券业协会。

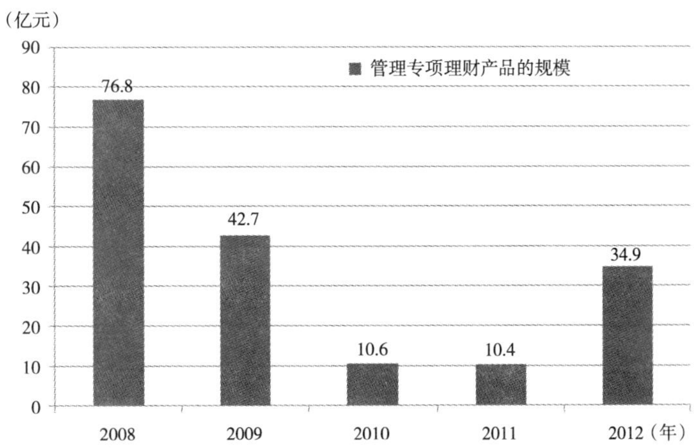

图 1－11　2008～2012 年证券公司开展专项理财业务的总规模

资料来源：中国证券业协会。

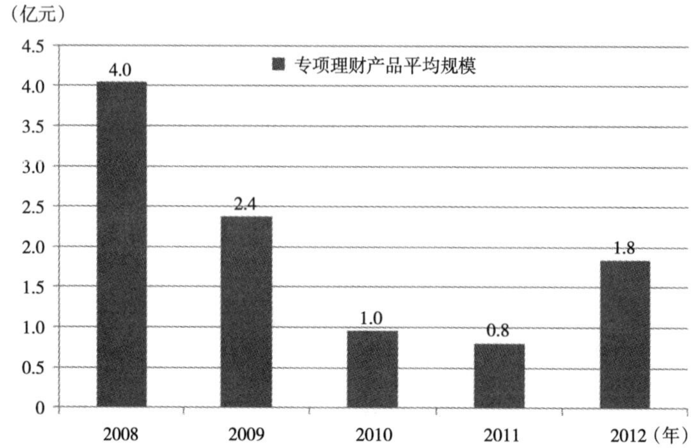

图1－12　2008～2012年证券公司平均管理专项理财产品的规模

资料来源：中国证券业协会。

二、2012年证券公司资产管理理财产品投资收益概况

（一）证券公司管理集合理财产品的规模及规模前10位的证券公司

截至2012年底，国内证券公司合计管理集合理财产品数量464只，资产份额为2 207.09亿份。按所管理的集合理财资产规模排序，管理集合理财产品前10家证券公司如表1－3所示。

表1－3　　截至2012年底管理集合理财产品规模前10家证券公司及规模

管理人	产品数量（只）	份额合计（亿份）	资产净值合计（亿元）
国泰君安资产管理公司	35	216.3	212.1
中信证券	27	158.5	147.8
东方证券资产管理公司	28	134.9	129.2
光大证券	27	129.7	125.8
华泰证券	21	124.5	117.0
广发证券	13	119.4	101.9
招商证券	11	100.8	95.4
第一创业证券	14	70.3	71.9
东海证券	11	61.4	44.2
齐鲁证券	8	51.5	48.6

资料来源：Wind资讯。

（二）2012年证券公司资产管理产品投资业绩

截至2012年底，已投资运营的各类型证券公司理财产品共464只。其中，实现正收益的有155只，占33.4%；有202只收益为0，占43.5%；其余的全亏损，占23.1%（见表1－4）。

表 1－4　　2012 年度投资收益前 10 家证券公司集合理财产品及收益

产品名称	2012 年度收益率（%）	投资类型
兴业玉麒麟 2 号	27.24	平衡混合型基金
中银国际中国红 1 号	19.56	平衡混合型基金
华泰紫金龙大中华	18.10	QDII 基金
兴业金麒麟 5 号	18.00	平衡混合型基金
中投汇盈核心优选	17.83	偏股混合型基金
兴业金麒麟 2 号	17.09	平衡混合型基金
浙商金惠 1 号	16.99	平衡混合型基金
浙商金惠引航	16.84	平衡混合型基金
创业创金价值成长 2 期	15.38	平衡混合型基金
兴业玉麒麟 1 号	15.22	平衡混合型基金

资料来源：Wind 资讯。

在 2012 年实现正收益的 154 只产品中，46.1% 为混合型，股票型只占 9.7%（见表 1－5、图 1－13）。

表 1－5　　2012 年实现正收益的 154 只产品的类型及百分比

正收益产品所属概念	所占百分比（%）
混合型产品	46.1
债券型产品	22.7
FOF 产品	15.6
股票型产品	9.7
货币市场型产品	4.5
QDII 产品	1.3

资料来源：根据 Wind 数据计算。

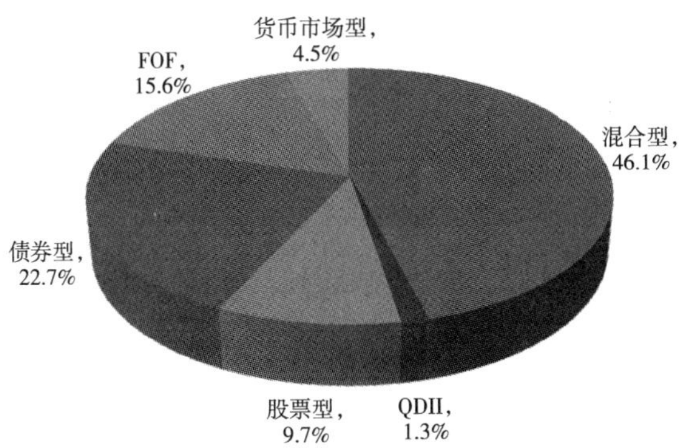

图 1－13　2012 年实现正收益的 154 只产品的类型及分布情况

资料来源：根据 Wind 数据计算绘制。

若按投资类型进行分类分析，混合型产品共211只，其中65只在2012年度实现了正收益，占比30.8%。收益率最大的是“兴业玉麒麟2号”，该产品在2012年度以收益率27.24%位列混合型产品第一位（见表1－6）。

表1－6　　2012年度混合型产品中收益率排名前10位的产品

产品名称	收益率（%）	规模（亿元）	成立日期	投资类型	管理公司
兴业玉麒麟2号	27.24	2.5134	2011年6月3日	平衡混合型	兴业证券
中银国际中国红1号	19.56	1.5366	2009年1月20日	平衡混合型	中银国际证券
兴业金麒麟5号	18.00	2.6241	2011年9月15日	平衡混合型	兴业证券
中投汇盈核心优选	17.83	3.3581	2008年9月1日	偏股混合型	中国中投证券
浙商金惠1号	16.99	1.1817	2010年7月1日	平衡混合型	浙商证券
浙商金惠引航	16.84	1.4607	2010年12月27日	平衡混合型	浙商证券
创业创金价值成长2期	15.38	2.7108	2011年12月15日	平衡混合型	第一创业证券
创业创金灵活成长1期	15.21	1.2877	2011年7月5日	平衡混合型	第一创业证券
东方红2号	15.18	4.8568	2006年7月5日	平衡混合型	东方证券资产管理
兴业金麒麟消费升级	14.39	2.0835	2011年12月7日	平衡混合型	兴业证券

资料来源：Wind资讯。

股票型产品共19只，其中有6只产品在2012年度取得了正收益。收益率最大的是“银河99指数”，2012年度收益率为12.5%（见表1－7）。

表1－7　　2012年度股票型产品中收益率排名前10位的产品

产品名称	收益率（%）	规模（亿元）	成立日期	投资类型	管理公司
银河99指数	12.50	2.7381	2010年12月21日	被动指数型	中国银河证券
国泰君安上证央企50	9.9	n.a	2010年7月15日	普通股票型	国泰君安证券
高华证券盛享1号	6.03	1.0658	2011年12月8日	普通股票型	北京高华证券
中信红利价值	4.96	2.3641	2011年8月25日	普通股票型	中信证券
国泰君安君享富利	3.53	1.4370	2010年10月27日	普通股票型	国泰君安证券
华泰紫金定增宝	1.58	3.2491	2012年4月25日	普通股票型	华泰证券
中金消费指数	0.74	1.9819	2010年12月29日	被动指数型	中金公司
国泰君安君享融通1号优先级	0.6	n.a	2012年11月29日	普通股票型	国泰君安证券
国泰君安君享重阳	0.3	n.a	2012年12月27日	普通股票型	国泰君安证券
东兴金选1号	0.17	0.8139	2011年4月1日	普通股票型	东兴证券

资料来源：Wind资讯。

债券型产品共108只，其中有34只在2012年度取得了正收益。收益率最大的是“光大阳光5号”，收益率为14.21%（见表1－8）。

表 1-8　　2012 年度债券型产品中收益率排名前 10 位的产品

产品名称	收益率（%）	规模（亿元）	成立日期	投资类型	管理公司
光大阳光 5 号	14.21	2.3684	2009 年 1 月 21 日	混合债券型二级基金	光大证券
安信理财 1 号	14.15	3.5687	2009 年 5 月 22 日	混合债券型一级基金	安信证券
光大阳光稳健添利	12.32	0.6026	2011 年 11 月 10 日	混合债券型一级基金	光大证券
兴业金麒麟 1 号	10.72	2.5097	2009 年 3 月 27 日	混合债券型一级基金	兴业证券
恒泰稳健回报	10.33	6.5265	2011 年 11 月 28 日	混合债券型二级基金	恒泰证券
申银万国宝鼎 5 期	8.34	2.1832	2011 年 12 月 26 日	混合债券型一级基金	申银万国证券
国泰君安君得惠债券	7.68	3.5988	2009 年 9 月 24 日	混合债券型一级基金	国泰君安证券
长江超越理财增强债券	7.40	5.7112	2008 年 12 月 18 日	混合债券型二级基金	长江证券
华安理财 1 号	7.20	3.0290	2010 年 6 月 23 日	混合债券型二级基金	华安证券
中信债券优化	7.14	7.3947	2009 年 1 月 6 日	混合债券型二级基金	中信证券

资料来源：Wind 资讯。

货币型产品共 40 只，成立较早的 6 只基金在 2012 年度均取得了正收益，大多数货币型产品均在 2012 年下半年及年底成立，其收益率为 0，只有少数货币型产品在 2012 年的收益率为负数（见表 1-9）。

表 1-9　　2012 年度货币型产品中收益率排名前 10 位的产品

产品名称	收益率（%）	规模（亿元）	成立日期	投资类型	管理公司
华泰紫金现金管家	5.95	1.7407	2009 年 8 月 25 日	货币市场型	华泰证券
齐鲁锦泉	4.60	3.8248	2011 年 9 月 28 日	货币市场型	齐鲁证券
中银国际中国红货币宝	4.54	30.9016	2010 年 5 月 24 日	货币市场型	中银国际证券
国泰君安君得利 1 号	4.53	49.0121	2005 年 10 月 11 日	货币市场型	国泰君安证券
国泰君安君得利 2 号	4.19	54.2849	2010 年 12 月 23 日	货币市场型	国泰君安证券
招商现金牛货币	4.16	21.1937	2006 年 1 月 16 日	货币市场型	招商证券
中银国际中国红黑龙江私富 1 号	0.00	0.4060	2012 年 12 月 28 日	货币市场型	中银国际证券
东方红现金管理	0.00	3.8770	2012 年 12 月 11 日	货币市场型	东方证券
联讯现金惠	0.00	2.1446	2012 年 12 月 26 日	货币市场型	联讯证券
东莞旗峰天添利	0.00	1.8389	2012 年 12 月 21 日	货币市场型	东莞证券

资料来源：Wind 资讯。

QDII 产品共 5 只，取得正收益的有 3 只，收益率最大的是“华泰紫金龙大中华”。1 只收益为零，仅 1 只产品收益为负。QDII 产品在 2012 年度总体表现良好（见表1-10）。

表 1－10　　2012 年度 QDII 型产品中收益率排名前 10 位的部分产品

产品名称	收益率（%）	规模（亿元）	成立日期	投资类型	管理公司
华泰紫金龙大中华	18.10	1.0966	2011 年 2 月 15 日	QDII	华泰证券
光大全球灵活配置	4.09	0.4529	2011 年 5 月 30 日	QDII	光大证券
中金大中华股票配置	0.83	1.0864	2008 年 2 月 28 日	QDII	中金公司
国信金汇宝人口红利	0.00	1.2397	2012 年 11 月 29 日	QDII	国信证券
国泰君安君富香江	－9.23	0.9968	2010 年 9 月 30 日	QDII	国泰君安

资料来源：Wind 资讯。

三、2012 年证券公司资产管理创新进程——以结构化产品为例

2012 年证券公司资产管理创新业务在产品创新募集发行的带动下，如火如荼地展开。

（一）2012 年我国证券公司资产管理结构化产品创新及现状

1. 更为灵活的内含期权结构化产品在市场中崭露头角。从目前已发行的产品来看，按产品类型分为收益划分型和收益互换型两大类。收益划分型产品中，按内含期权标的又可分为收益划分型结构化产品和新型收益划分型产品两类（见图 1－14）。

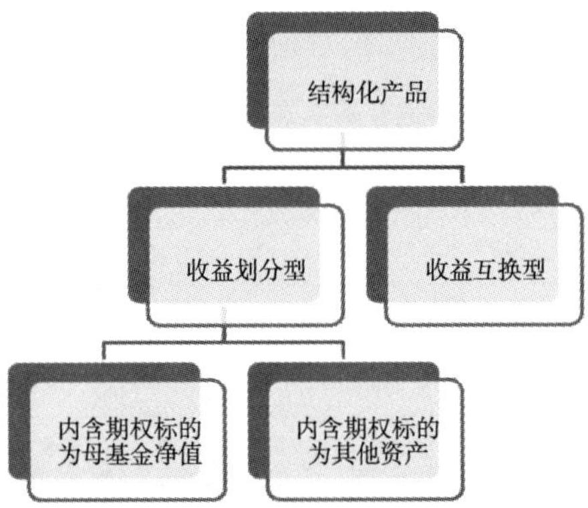

图 1－14　证券公司结构化产品类型划分

资料来源：申万研究所。

2. 内含期权标的结构化产品。第一类内含期权标的结构化产品是类似于分级基金采用结构分层模式的收益划分型产品，低风险类份额获取固定收益，高风险类份额获取剩余收益。通过分层形式实现内含期权，期权标的资产为母基金净值。例如齐鲁金债基 1 号分级型集合资产管理计划、招商汇金之重阳集合资产管理计划以及国泰君安君得稳 1 号。

第二类内含其他资产期权标的结构化产品设计中引入更为灵活的期权概念，内含期权跟踪标的为母基金净值以外的其他资产。收益结构中子份额采用多空对弈形式，相当于证券公司自行创设的场外衍生品工具。由于子类份额风险收益能够对冲，母份额仍为固定收益型产品。例如广发金管家多空杠杆集合资产管理计划、光大阳光挂钩 300 分级集合资产管理计划。

3. 收益互换型结构化产品。未来，随着证券公司通过场外衍生品开展收益互换业务的正式放开，还将出现第三类设计更为灵活的结构化产品。收益互换为更多衍生工具提供了产品载体，不但能够实现两类基础资产收益的互换，证券公司还可通过收益互换向客户提供由其创设的场外衍生品。收益互换形式下，客户向证券公司支付约定收益（作为期权费用），获得证券公司支付的条款收益（期权收益）。与传统的期权相比，其非线性的期权支付结构本质不变，唯一改变的是期权费将在互换合约到期时支付。

与内含期权的产品相比，收益互换的产品要素设计更为灵活，交易效率更高。证券公司可根据客户特定需求提供定制化的产品方案，包括基础标的、杠杆、策略等产品要素的风险收益与客户需求的匹配度更高。证券公司在不同产品间扮演交易对手方角色，对风险敞口进行统一管理，而客户亦无须等待其他对手方出现即可达成交易，交易效率显著提升。

该模式下证券公司作为互换对手方，产品本身存在风险敞口，需要证券公司进行严格的风险管理。该项业务将对证券公司风险控制和产品定价能力提出较高要求。国外投行所采取的全市场风险对冲模式是在不同产品甚至自营业务间率先进行风险敞口的对冲，能够有效节约投行自身对冲成本，提升风险保证金的运作效率，但同时也对机构整体风险控制能力提出更高要求。预计证券公司衍生品业务在国内推出之初，受限于产品数量，证券公司的对冲成本较高，因而产品的期权费用可能偏高。

（二）2012年证券公司资产管理结构化产品创新特征及趋势

1. 市场需求：机构客户和企业客户占需求主体。未来，收益划分型产品和收益互换型产品将成为国内证券公司结构化产品的主流品种。其中，前者主要面向零售客户，证券公司应着力于降低产品的参与门槛，引入和整合不同风险偏好客户需求。随着证券公司获得公募基金业务资格，传统型产品可能最终将归入公募的业务形式。后者主要针对机构客户和企业客户，证券公司须发挥资产管理、投行、固收、研究等部门的协同效应，积极储备梳理潜在客户投融资需求。例如对于市值管理需求的机构客户的跨式期权设计；对债券基金，在大类资产转换下让债券投资者分享股市上涨收益的股债收益互换产品。

对目前国内不同类别客户的需求进行梳理，预计机构客户和企业客户将成为收益互换型结构化产品的主要供给对象，按投融资需求可以细分为客户投资需求和客户融资需求。客户投资需求包括证券公司直投业务对夹层基金产品及资产管理收益互换产品的需求。客户融资需求包括企业应收账款等非流动资产证券化及收购类项目的过桥融资。

2. 基础标的：侧重于股票基础标的的产品开发。产品基础标的方面，结构化产品的基础标的资产涵盖股票、利率、信用品、大宗商品、外汇等。目前，商业银行特别是外资银行是国内提供结构化产品的主要机构，其客户群往往本身有汇率、利率和商品套保需求。然而，外资行结构性产品的对手方多为海外投行，无法对冲A股风险，其产品主要挂钩境外标的。

相对于其他标的，国内证券公司可侧重于发展以国内A股为主要基础标的的工具性和策略性结构化产品。（1）相对于境外标的，以A股为标的的结构化产品尚处于市场空缺阶段，市场潜力亟待开发。（2）证券公司已有的机构客户群中，资产管理类机构和企业客户皆为权益类结构化产品的潜在客户群，对于市值管理、投资组合风险对冲的需求可通过定制化的结构化产品得以实现。（3）证券公司对于权益类资产的投研和定价方面更具比较优势，还可将策略产品化，发展策略型产品。（4）经济弱复苏下市场大类资产转换预期加强，为股票型结构化产品的推出提供了良好的市场契机。

3. 产品设计：注重产品工具化和简单化，尝试主题策略产品化。参考海外衍生品业务的发展经验，2008年后在金融市场整体去杠杆的背景下，结构化产品向工具化和简单化回归。通过分析潜在客户需求，我们认为产品结构设计包含以下三条思路（见表1－11）：

表1－11　产品设计思路

设计思路	产品需求与理念	目标客户	产品结构
产品工具化	提供市场下跌风险的对冲工具（比股指期货更节约资本金）	基金	出售看跌期权、看跌敲出期权
	博弈市场波动性	市值管理需求的机构客户	看多波动性：跨式期权；看空波动性：反向跨式期权
保本型产品开发	大类资产转换下，债券投资者分享股市上涨收益	债券基金、银行	股债收益互换、股票看涨数值期权
	要求保本的同时，分享股票上涨收益		CPPI保本策略（固定收益＋期权）
策略产品化	主题/行业投资	个人、私募	选取生命周期较长、具备一定持续性的主题策略
	被动投资工具		设计可多种资产类别头寸的Delta One产品
	量化投资平台（产品）		将自有量化策略封装为产品，或基于客户的量化策略，为其提供量化交易平台

资料来源：申万研究。

（1）推动产品工具化，根据客户需求开发特定的功能性产品。可选产品结构包括：①代替股指期货的对冲工具——针对有市场风险对冲需求的基金客户，传统的股指期货对冲缺陷在于需要占用大量资金，证券公司可提供一个看跌期权产品。此时，客户仅需支付相对较少的期权费。另外，如果客户仅对部分下跌风险进行对冲（认为大幅下跌风险不大，可不进行对冲），证券公司可提供一个看跌敲出期权产品。②做空波动率的市值管理工具——针对有市值管理需求的企业客户，要求在目标日市值波动在一定范围内。证券公司可提供蝶式期权为客户锁定波动率上升的价格风险。

（2）注重（部分）保本型产品开发。银行、基金专户等资产管理类机构的客户群具有资金量大、风险偏好低的特征，一般要求产品能够保本或部分保本。对于该类需求，可选产品结构包括：①收益互换类产品——客户向证券公司支付浮动收益，获得固定收益；②采用CPPI保本策略的结构化产品——客户用安全垫部分购买期权，通过期权杠杆提升整体收益。

（3）尝试策略产品化。证券公司可以凭借投研能力和交易平台优势，为客户提供定制化的策略型产品。可选产品结构包括：①主题策略产品——选取生命周期较长、具备一定持续性的主题策略产品，发挥证券公司投研的主动投资优势；②被动投资工具——根据客户特定需求提供定制化的被动投资工具，设计多种资产类别头寸的Delta One产品，如行业ETF、大宗商品ETF；③量化交易产品——将自有量化策略封装为产品，或基于客户的量化策略，为其提供量化交易平台。

第二章 证券公司资产管理业务的比较分析

第一节　我国证券公司资产管理业务的特点

一、证券公司集合理财产品数量、规模分析及其特点

（一）证券公司集合理财产品成立概况

广发证券公司于 2005 年 3 月 28 日首次成立其集合理财产品——“广发理财 2 号”，揭开了我国证券公司集合理财业务快速发展的序幕。截止到 2012 年 12 月 31 日，已经有 75 家证券公司先后发行了 527 只集合理财产品。除去到期的 63 只，完成设立并处于存续期的集合理财产品共 464 只。

（二）每年新发行产品及特点

自 2005 年证券公司正式开始发行集合理财产品，集合理财产品数量急剧增加。从 2005 年证券公司资产管理发行 12 只集合理财产品，到 2012 年时证券公司资产管理发行集合理财产品 216 只，7 年间增长了 18 倍。尤其是从 2008 年开始，新产品发行速度大幅提升，同比 2007 年增长 214.29%。2009～2010 年也保持了 3 位数的高速增长，2009 年同比增长 113.64%，2010 年同比增长 106.38%。在经过 3 年的高速增长之后，大量同质化严重的产品充斥着整个市场，加上 2010～2012 年中国 A 股市场持续低迷，2011 年证券公司集合理财产品发行数量增速大幅下降，同比 2010 年仅增长 11.34%。2012 年在证券公司创新发展和监管层对证券公司资产管理业务政策“松绑”的背景下，相比于 2011 年，集合理财产品发行数量也仅增长了 99%，相对于定向理财产品发行规模数十倍的增长逊色许多。另外，我国证券公司集合理财产品发行速度与中国 A 股的市场涨跌总体上呈现出高度的正相关，即 A 股市场表现良好时，证券集合理财产品发行速度加快；当市场表现低迷时，集合理财产品发行速度也会趋缓。图 2－1

显示了 2005 ~2012 年证券公司发行集合理财产品发行数量增速与沪综指 2005 ~2012 年的涨跌幅。该图显示集合理财产品发行增速曲线与沪综指年度涨跌幅曲线走势总体上较为一致。仅在 2008 年，由于国际金融危机的爆发、世界乃至中国 A 股市场的暴跌，集合理财产品发行速度在 2008 年前 A 股市场良好走势预期下仍保持高速增长。随后，随着 A 股市场的持续调整，集合理财产品发行速度与市场涨跌的趋势重新回归到较为一致的波动走势。

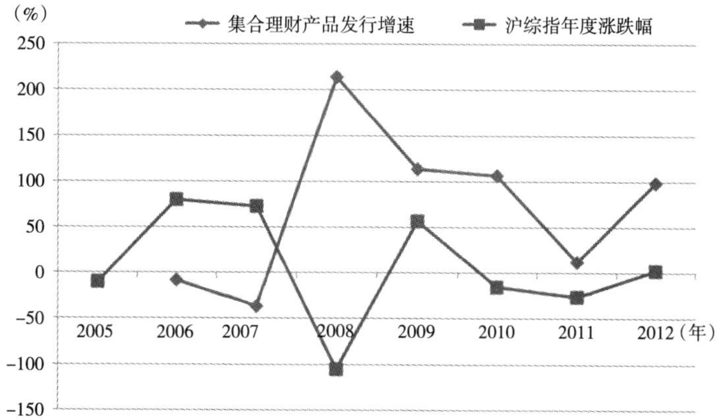

图 2 - 1　2005 ~2012 年证券公司发行集合理财产品与市场状况间的关系

资料来源：根据 Wind 数据计算绘制。

每年产品成立的规模与每只产品成立时的平均规模总体上呈现负相关走势，即每年证券公司集合理财产品的发行规模都在稳定增长，但单只集合理财产品的平均规模在逐级下降，尤其是近几年单只集合理产品的平均规模下降较快（见图 2 - 2）。

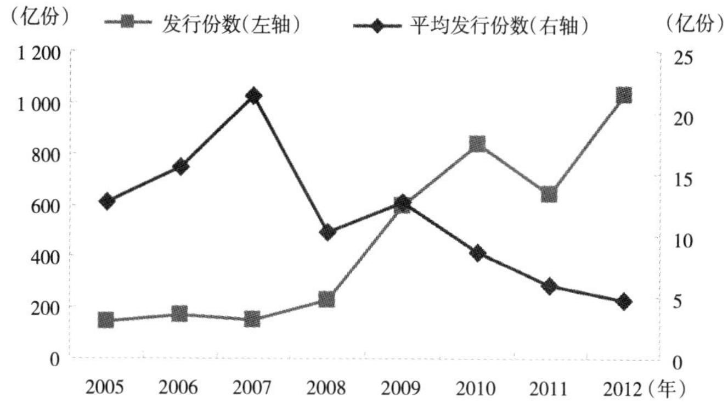

图 2 - 2　2005 ~2012 年证券公司发行集合理财产品与市场状况间的关系

资料来源：根据 Wind 数据计算绘制。

从产品成立的规模来看，证券公司集合理财产品的发行份额从 2005 年 139.52 亿份到 2012 年 1031.43 亿份，6 年间增长了约 7.4 倍。从 2009 年开始，各年证券公司集合理财产品发行总规模均在 600 亿份以上，相比 2008 年 226.55 亿份以及 2008 年之前不到200亿份的发行规模增长了2倍以上。但平均发行份额呈现出较为明显的下降趋势。平均发行份额从2007年的最高25.08亿份下降到2012年的4.78亿份，下降幅度约78%。出现这种总规模与平均规模背离的原因有：（1）相对于持续低迷的A股市场，近几年集合理财产品的发行偏多；（2）近几年来，尽管各大证券公司都在积极创新，但各公司集合理财产品同质化严重，导致竞争加剧，拉低了单只集合理财产品的发行规模。

（三）证券公司集合理财产品发行结构及特点

将2005~2012年发行的528只集合理财产品按照计划类型分类进行划分后发现，全部528只证券公司集合理财产品中59.2%为非限定性集合理财产品，40.8%为限定性集合理财产品（见图2-3）。在集合理财产品设立时之所以出现这样的情况，其主要原因在于限定性集合理财产品的约定更趋保守。根据限定性集合理财产品的投资范围规定，限定性集合理财的资产应当主要用于投资国债、国家重点建设债券、债券型证券投资基金、在证券交易所上市的企业债券以及其他信用高且流动性强的固定收益类金融产品；投资于股票和股票型证券投资基金的资产不得超过该计划资产净值的20%，并应当遵循分散投资风险的原则。这也在一定程度上反映出集合理财产品投资者的风险偏好。

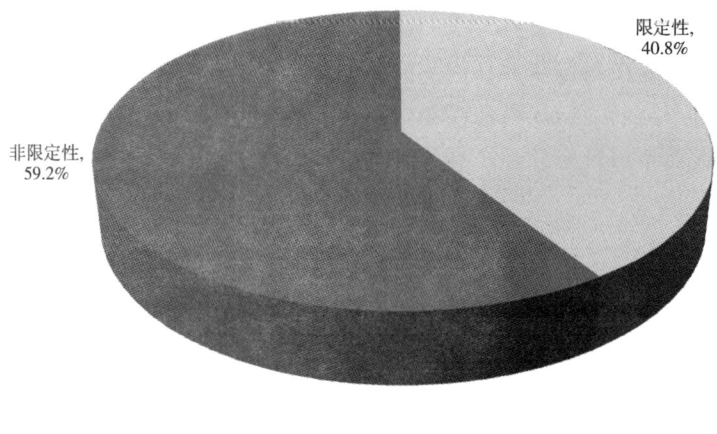

图2-3 2005~2012年证券公司发行集合理财产品计划类型构成

资料来源：根据Wind数据绘制。

将2005~2012年发行的528只集合理财产品按所属概念进行划分，截至2012年底超过50%的证券公司集合理财产品属于混合型（57.9%），混合型产品仍然占据半壁江山；债券型占25.5%，货币市场型占11.4%，股票型仅占4.2%，QDII和FOF共占1.1%（见图2-4）。从投资所属概念所反映出的各混合型、债券型、货币市场型、股票型占比靠后的排序，反映出在A股市场持续低迷的情况下，市场参与者回避风险获取稳定收益的心态。

从每年发行的新产品结构来看，混合型证券公司集合理财产品占比最多（见图

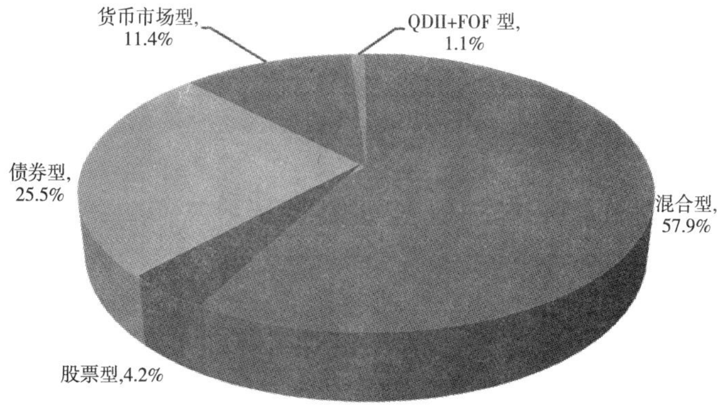

图 2－4　2005～2012 年证券公司发行集合理财产品投资类型构成

资料来源：根据 Wind 数据绘制。

2－5)。除了 2005 年、2008 年和 2012 年发行的集合理财产品混合型占比在 50% 以下之外，其余 5 年新发行混合型集合理财产品占当年新发行产品总数比重均在 50% 以上。最极端情况发生在 2007 年，全年发行的 7 只集合理财产品全部是混合型。混合型产品受到如此青睐的原因在于其产品设计的灵活性。混合型产品的优势主要在于仓位非常灵活。在震荡市中，如市场持续下挫，该类产品可以果断减仓至 0，并投资固定收益类产品，减少损失；而在行情走强时，该类产品的股票仓位也可以达到 95% 的上限，享受牛市的收益。由于该类型产品在耐力和爆发力上都有所兼顾，同时将追求绝对收益的特性发挥得淋漓尽致，因此最受投资者的青睐。由于 2012 年 A 股市场持续低迷，较好享受牛市收益的混合型产品发行的热度呈现出明显的降温趋势。

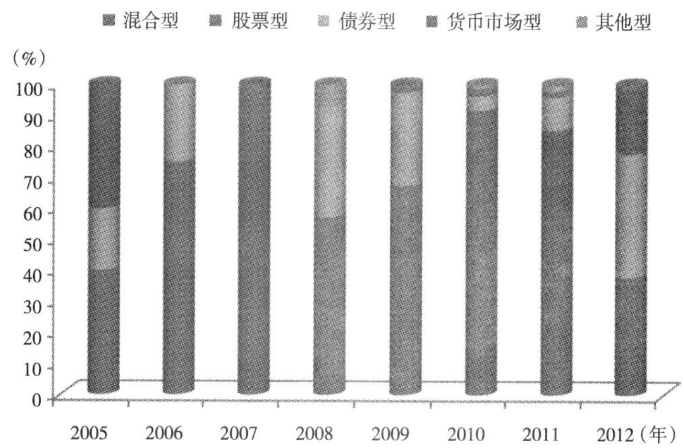

图 2－5　2005～2012 年证券公司发行集合理财产品投资类型构成变动

资料来源：根据 Wind 数据绘制。

与此同时，债券型集合理财产品占当年发行总产品的比重在 2008 年出现拐点。2008 年之前（剔除 2007 年），债券型集合理财产品发行比重呈现上升趋势。但 2010～2012

年，债券型证券公司集合理财产品呈现出明显的下降趋势。在2008年达到拐点之后，从2008年最高比重约27.2%下降至2011年9.26%。随着2012年中国经济调目标的实现，货币政策从紧回归正常，债券产品得到了市场的青睐，债券型产品发行速度加快。

2008年出现明显拐点，原因在于2008年上证指数全年跌幅达65.39%，出于避险情绪的考虑，除了债券型集合理财产品广受市场欢迎以外，货币市场型证券公司集合理财产品因低风险稳定收益也获得了市场的认可，其发行的速度加快。货币市场型证券公司集合理财产品的发行速度2011年前一直比较缓慢，货币市场型证券公司集合理财产品除了2005年占比达到约17%之外，其余年份占比均不足3%。2006年、2007年、2008年3年均未发行一只货币市场型证券公司集合理财产品。

二、收入分析及其特点

（一）近三年证券公司收入前20名情况及其特点

从2008年至今，排名前20位的证券公司受托客户资产管理业务净收入总和总体上呈现出增长态势，但趋势中具有较强的波动性。

由于2008年金融危机爆发，A股市场2008年大幅度下跌，致使2009年受托管理客户资产的收入相比于2008年有一定幅度的下降；随着市场恢复，2010年受托管理客户资产的收入转降为升，较2009年同比增长45.04%，净收入规模达203 630万元。2011年随着我国经济调控政策的加码，A股市场开始了逐级调整，受此影响，2011年相对于2010年受托客户资产管理业务净收入总和出现了14.3%的下滑（见图2－6）。

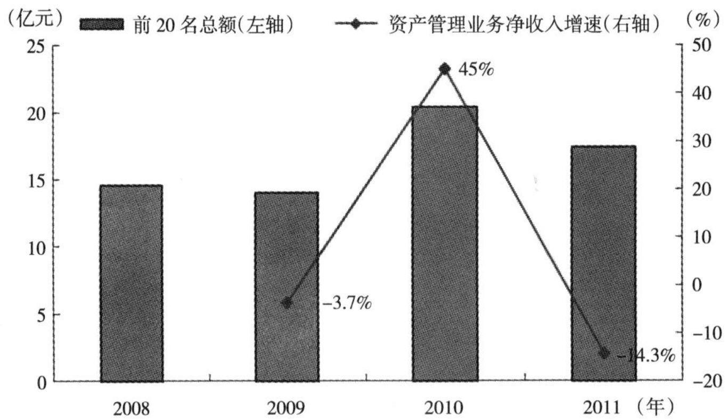

图2－6　2008～2011年排名前20位证券公司受托客户资产管理业务净收入总和及增速

资料来源：根据中国证券业协会数据绘制。

为了测度证券公司资产管理行业的集中度，分析证券公司资产管理行业的竞争状况，采用受托客户资产管理业务净收入的绝对差额和相对比指标来测度证券公司资产管理行业竞争状况，用证券公司受托客户资产管理业务净收入前3名、前5名、前10名收入占前20名比重趋势变化分析证券公司资产管理行业的集中度。

将证券公司受托客户资产管理业务净收入第1名与第20名对比，绝对差额虽在一些年份有所提升，但趋势并不明显。相对比（第1名/第20名）总体上呈现出下降趋势，从2008年的28.6倍下降到2010年的9.15倍，到2011年下降至6.2倍，说明证券公司资产管理业务行业内部竞争日益加剧（见图2－7）。

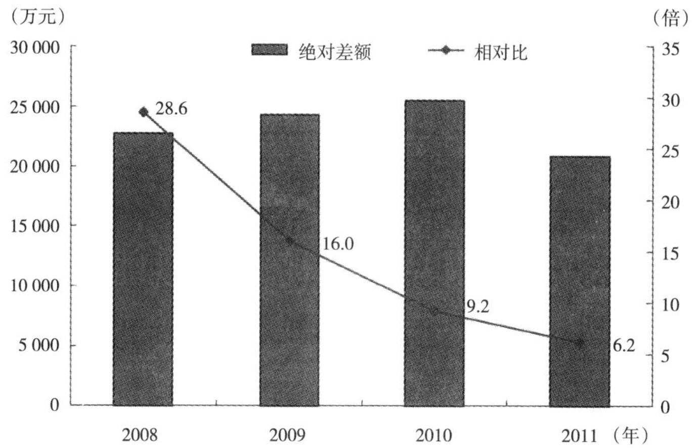

图2－7　2008～2011年排名第1位与第20位证券公司资产管理业务净收入对比

资料来源：根据中国证券业协会数据绘制。

从行业集中度来看，证券公司受托客户资产管理业务净收入前3名、前5名、前10名的证券公司，收入绝对数额在2009年出现一定程度下滑后，2010年恢复上涨，但2011年又出现了下滑。2008～2011年，证券公司受托客户资产管理业务净收入前3名、前5名、前10名收入占前20名比重总体上呈现出逐年下滑的态势：前3名收入占前20名收入比重从2008年的42.7%下滑到2011年的26.3%；前5名收入占前20名收入比重从2008年的64.5%下滑到2011年的42%；前10名收入占前20名收入比重从2008年的91.8%下滑到2011年的69.1%（见图2－8）。

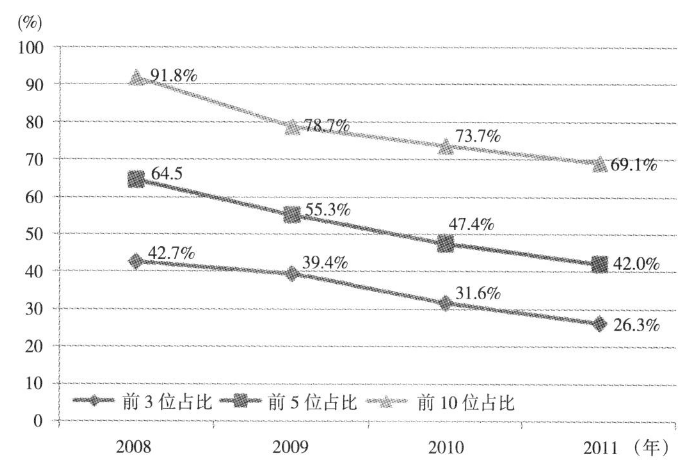

图2－8　前3名、前5名及前10名证券公司受托客户资产管理业务净收入占比

资料来源：根据中国证券业协会数据绘制。

证券公司受托客户资产管理业务净收入前3名、前5名、前10名收入占前20名比重逐年下滑，表明证券公司资产管理行业的集中度呈现出逐步分散的趋势，表明证券公司受托客户资产管理业务市场逐步走向竞争的态势。

表2－1显示了2009～2011年证券受托客户资产管理业务净收入排名情况，连续3年均排名前5位的证券公司只有中信证券1家，连续3年排名前10位的证券公司有7家，表明证券公司业绩管理水平的稳定性有待提高，受托客户资产管理业务净收入波动较大。

表2－1　证券公司受托客户资产管理业务净收入前20位排名　（单位：万元）

2011年			2010年			2009年		
位次	公司名称	收入	位次	公司名称	收入	位次	公司名称	收入
1	光大证券	24 797	1	东海证券	28 609	1	东方证券	25 888
2	中信证券	21 776	2	光大证券	18 797	2	华泰证券	14 853
3	国泰君安	18 895	3	中信证券	16 895	3	中信证券	14 609
4	华融证券	14 119	4	浙商证券	16 580	4	中金公司	11 606
5	东海证券	13 242	5	华融证券	15 626	5	光大证券	10 619
6	广发证券	11 207	6	国泰君安	12 839	6	国信证券	7 873
7	东方证券	9 667	7	华泰证券	12 828	7	长江证券	6 681
8	华泰证券	9 287	8	中金公司	11 119	8	东海证券	6 243
9	招商证券	8 702	9	广发证券	8 483	9	华融证券	6 140
10	中金公司	8 519	10	长江证券	8 387	10	广发证券	5 920
11	长江证券	8 126	11	国信证券	7 544	11	国泰君安	5 137
12	兴业证券	6 490	12	招商证券	7 166	12	招商证券	4 587
13	浙商证券	5 932	13	东北证券	6 021	13	银河证券	4 180
14	信达证券	5 621	14	东方证券	5 900	14	海通证券	3 505
15	申银万国	5 463	15	宏源证券	5 809	15	兴业证券	2 889
16	国信证券	5 446	16	兴业证券	5 593	16	中投证券	2 501
17	东北证券	4 654	17	东兴证券	4 567	17	国元证券	1 949
18	安信证券	4 194	18	安信证券	3 905	18	申银万国	1 945
19	东兴证券	3 975	19	申银万国	3 837	19	宏源证券	1 657
20	西南证券	3 975	20	银河证券	3 125	20	国都证券	1 614

资料来源：中国证券业协会。

（二）证券公司资产管理业务净收入占营业收入情况

图2－9显示了排名前20位证券公司资产管理净收入总和占其公司总收入比重。从证券公司资产管理业务净收入占其营业收入的比重来看，资产管理业务对公司的贡献目前还较小。以排名前20位的证券公司来看，2008～2011年，前20位证券公司的资产管理业务净收入的总和占其总收入比重不到3%，与高盛、摩根士丹利这些国际大证券公司资产管理收入占其收入的比重有不小的差距。这说明我国证券公司资产管理业务的发展还处于起步阶段，未来具有很大的发展空间。

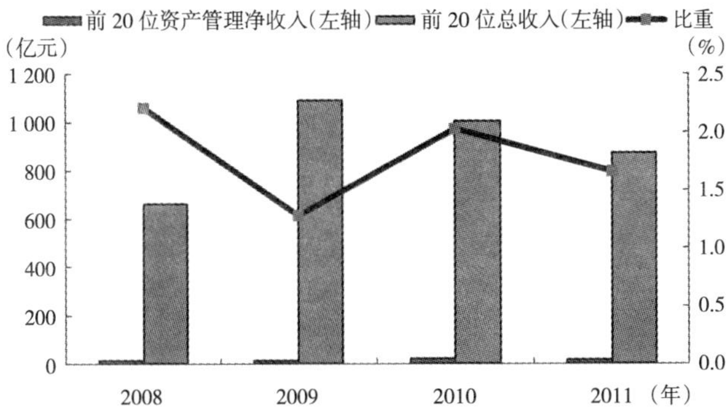

图 2-9　2008～2011 年排名前 20 位证券公司资产管理净收入总和占其公司总收入比重

资料来源：中国证券业协会。

从对排名前 20 位的公司细分来看，2011 年资产管理业务净收入占其总收入比重超过 10% 的证券公司共有 2 家，分别是华融证券 27.24%、东海证券 12.5%。其中，华融证券资产管理业务净收入占总收入比重较 2010 年提高了 8.79 个百分点。而 2010 年资产管理业务净收入占其总收入比重超过 10% 的另 2 家证券公司——东海证券（14.42%）和浙商证券（11.28%），在 2011 年其资产管理业务净收入占比则分别下降了 1.92% 和 5.71%（见表 2-2）。这也表明证券公司的资产管理业务发展仍不稳定。

表 2-2　　证券公司受托客户资产管理业务收入占总收入的比重

2011 年			2010 年			2009 年		
位次	公司名称	比重（%）	位次	公司名称	比重（%）	位次	公司名称	比重（%）
1	光大证券	4.50	1	东海证券	14.42	1	东方证券	6.88
2	中信证券	0.15	2	光大证券	4.24	2	华泰证券	2.43
3	国泰君安	3.13	3	中信证券	0.89	3	中信证券	1.46
4	华融证券	27.24	4	浙商证券	11.28	4	中金公司	2.91
5	东海证券	12.50	5	华融证券	18.95	5	光大证券	2.08
6	广发证券	2.03	6	国泰君安	1.72	6	国信证券	0.94
7	东方证券	4.19	7	华泰证券	2.41	7	长江证券	2.26
8	华泰证券	2.41	8	中金公司	2.80	8	东海证券	2.86
9	招商证券	1.83	9	广发证券	0.83	9	华融证券	8.40
10	中金公司	3.77	10	长江证券	2.83	10	广发证券	0.65
11	长江证券	5.04	11	国信证券	0.98	11	国泰君安	0.45
12	兴业证券	3.67	12	招商证券	1.20	12	招商证券	0.62
13	浙商证券	5.57	13	东北证券	3.73	13	银河证券	0.43
14	信达证券	5.14	14	东方证券	2.01	14	海通证券	0.40
15	申银万国	1.31	15	宏源证券	1.81	15	兴业证券	1.11
16	国信证券	0.93	16	兴业证券	2.61	16	中投证券	0.57
17	东北证券	6.46	17	东兴证券	3.55	17	国元证券	0.95
18	安信证券	1.46	18	安信证券	1.00	18	申银万国	0.26
19	东兴证券	3.65	19	申银万国	0.62	19	宏源证券	0.58
20	西南证券	3.84	20	银河证券	0.41	20	国都证券	1.73

资料来源：中国证券业协会。

第二节 证券公司、银行、信托、保险理财市场的比较

近年来，相比于银行、信托理财市场的快速发展，证券公司资产管理业务的发展仍呈缓慢增长的趋势。尽管2012年中国证券公司资产管理业务发展因制度变革与业务创新的兴起显现快速增长的态势，但与银行理财产品、信托、保险甚至基金相比，规模相对较低。

一、证券资产管理、银行、信托、基金、保险理财产品规模的比较

（一）证券公司资产管理业务规模小，结构单一

证券公司资产管理的规模近几年呈缓慢增长的趋势，但与信托、保险、基金、银行理财产品相比，规模相对较低，截至2012年上半年，证券公司资产管理行业总体规模只有4 800亿元。2012年以来由于资产管理业务的放开，行业总体规模增长迅速。截至2012年底，证券行业资产管理的规模达1.89万亿元。而截至2012年12月31日，信托产品6.32亿元[①]、保险理财产品6.85万亿元、基金2.8万亿元，我国理财产品的市场总规模有20万亿元（见图2－10）。

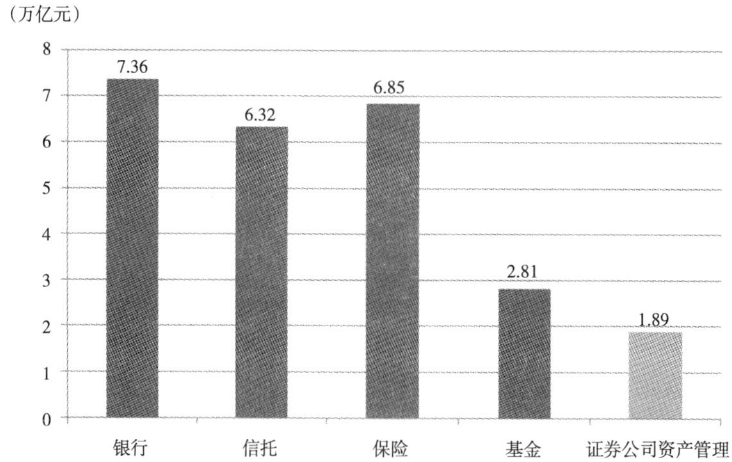

图2－10 2012年我国理财产品市场总规模

资料来源：中国证券业协会、Wind资讯。

从结构来看，资产管理规模的增长主要来自定向的增长。集合理财的规模为2 052.09亿元，占比10.84%；定向规模为16 847.28，占比88.98%；专户规模为34.93亿元，占比0.18%（见图2－11）。

① 信托产品规模统计截至2012年9月30日。

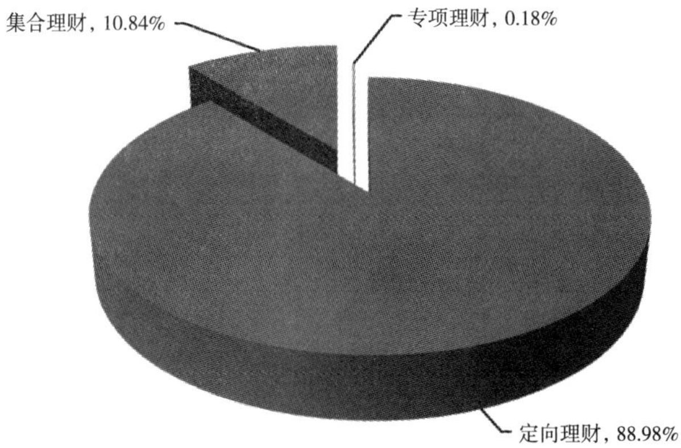

图 2－11　2012 年证券公司资产管理产品构成

资料来源：中国证券业协会。

（二）银行理财产品规模大，收益稳定

2004～2005 年是我国银行理财产品开发的探索阶段，这个时期产品主要以债券和货币市场类为主。2005 年中国银监会明确相关业务的制度规范，商业银行也加大对客户需求的挖掘和产品的研发、销售力度，银行理财市场开始蓬勃发展。截至 2011 年 12 月 19 日，我国商业银行产品发行规模近 16.49 万亿元（见图 2－12）。

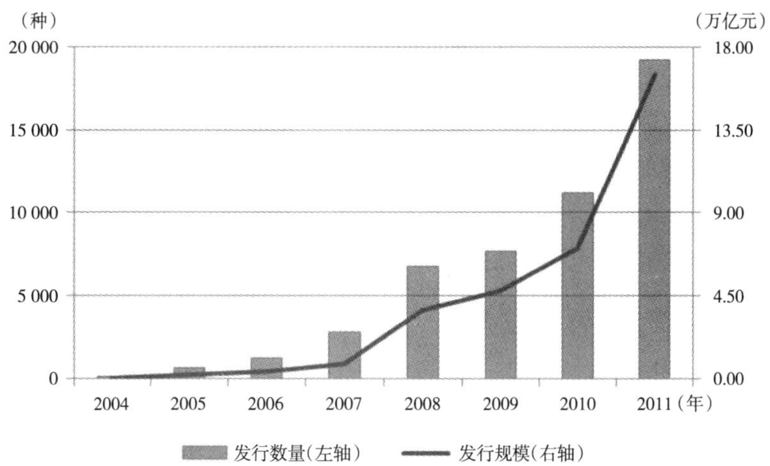

图 2－12　银行理财产品发行数量及规模增速

资料来源：普益财富，申万研究所。

在我国理财产品市场上，只有银行提供 1 个月内到期的理财产品。短期化的理财产品极大地提高了投资者闲散资金的使用效率，在保有灵活性和流动性的基础上，能够获得可观的投资收益（见表 2－3、图 2－13、图 2－14）。

表 2－3　　银行 7 天理财产品收益　　（单位：%）

统计月份	最高收益率	平均收益率	最低收益率
2011 年 7 月	6.80	4.30	2.50
2011 年 6 月	8.47	4.84	2.00
2011 年 5 月	5.20	3.57	2.10
2011 年 4 月	6.00	3.35	1.90
2011 年 3 月	7.00	3.78	1.69
2011 年 2 月	5.95	3.24	1.80
2011 年 1 月	7.02	3.25	1.80
2010 年 12 月	5.66	2.94	1.80
2010 年 11 月	3.23	2.03	1.50
2010 年 10 月	3.20	2.03	1.72
2010 年 9 月	3.20	2.23	1.61

资料来源：普益财富，申万研究所。

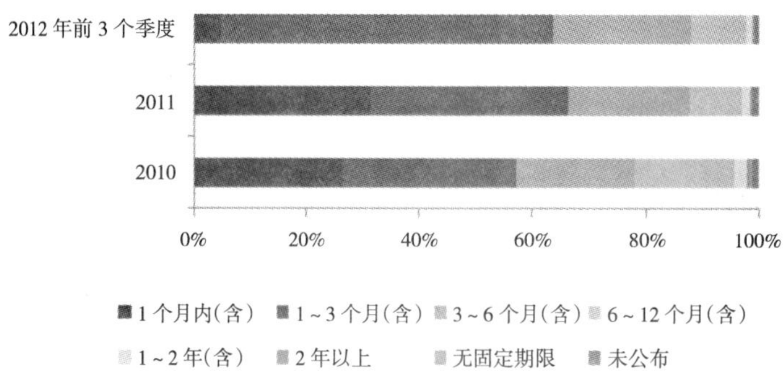

图 2－13　银行理财产品发行数量及规模增速

资料来源：普益财富，申万研究所。

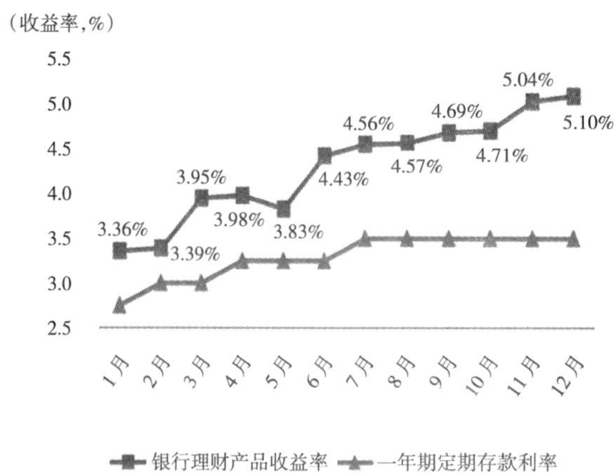

图 2－14　2011 年银行理财产品稳定且高于存款利息

资料来源：普益财富，申万研究所。

（三）宽松灵活的投资范围使信托产品优势明显

第一批信托产品自2002年底面世至今，经过10多年的发展，信托产品从无到有，从单一到丰富，无论在产品数量上还是产品类别上都比成立之初发生了巨大的变化，凸显了信托公司强大的金融创新能力。

截至2012年12月，信托资产总额高达6.32万亿元，是2010年初的2.7倍。信托资产迅速赶超基金公司，成为资产管理市场上的“黑马”（见图2-15）。

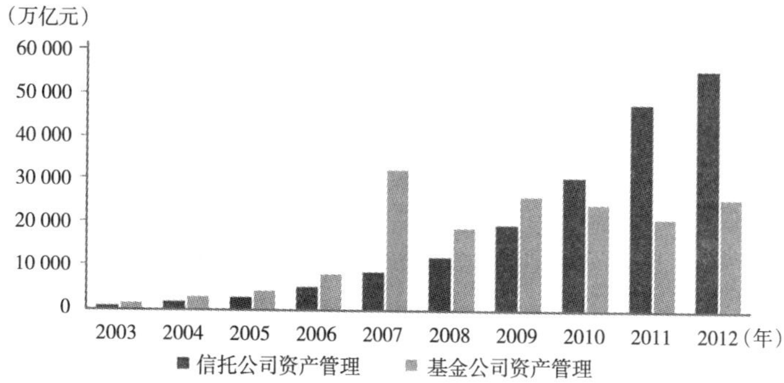

图2-15 信托资产管理规模迅速赶超基金公司

资料来源：Wind资讯，中国信托业协会，申万研究所。

信托资产主要投向一级市场，如基础产业、工业企业、房地产行业，债券、股票和证券投资基金不到10%（见图2-16）。

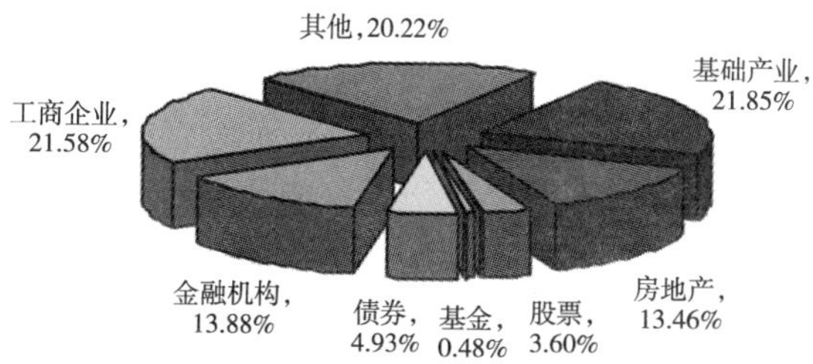

图2-16 信托资产投向情况

资料来源：Wind资讯，中国信托业协会，申万研究所。

信托产品具有稳定的高收益（见表2-4）。

表2-4 信托产品的收益

（单位：%）

年度 \ 收益	集合信托产品平均年化收益率	银信产品平均年化收益率
2007	0.07	
2008	0.09	3.63
2009	7.14	3.31
2010	8.04	3.76
2011	9.00	4.45

资料来源：用益信托。

（四）风险分散功能使保险产品具有排他性的竞争力

图2－17显示了2000～2012年我国保险产品资产规模及其增长速度。截至2012年12月，保险公司资产总计6.85万亿元，保险公司资金运用余额为6.33万亿元。保险公司已成为债券市场第二大投资者和资本市场重要的机构投资者。

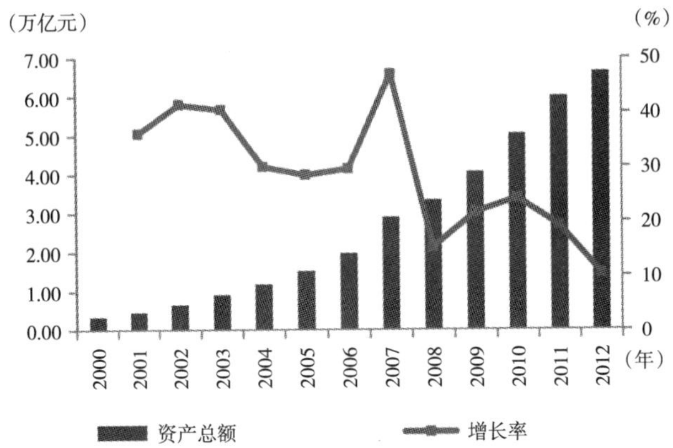

图2－17　2000～2012年保险产品规模及其增长速度

资料来源：国家统计局，申银万国证券整理。

传统的保险产品主要以“保障和风险管理”为核心功能，与其他“投资”性质的理财产品有显著不同。近年来，面临着信托等其他理财产品高收益率的竞争，为了吸引更多客户投保，寿险公司在传统产品的基础上也开发了投资属性更强的分红型保险、万能型保险、投资连结型保险理财产品（见图2－18）。

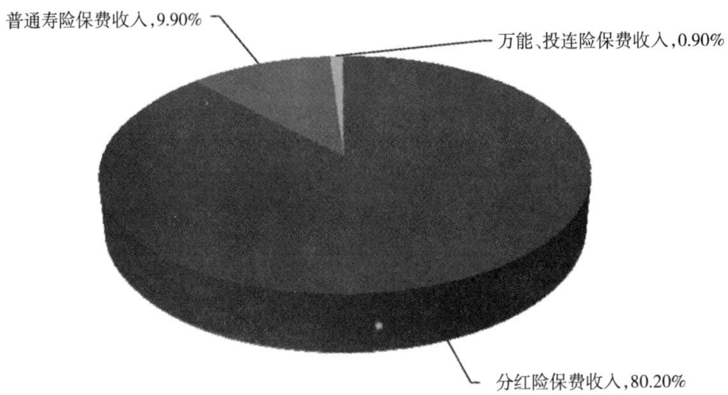

图2－18　2011年我国保险产品构成

资料来源：国家统计局，申银万国证券整理。

2012年以来，随着保险资金投资范围以及投资环境的持续优化，除了以往主要投资于银行存款、国债、证券投资基金及流通股股票外，未来随着保险投资范围的放开，还可投资境内理财产品、金融衍生品以及基础设施计划和不动产。

（五）低门槛使基金成为大众理财工具

基金是目前理财市场中发展时间最长的。从1997年开始试点，由于政策鼓励及指数上升的提振，基金行业经历了前期的高速发展和2007年的爆发式增长（年增速282%）。2007年后由于股指持续下行，业绩也大幅度下降。随着私募基金的快速发展，公募基金的规模呈现出不断下降的趋势。2011年末全部基金共管理的资产份额2.65万亿份，资产净值2.17万亿元。2012年行业有所回暖，截至2012年12月31日管理的资产份额上升至3.52万亿份，资产净值上升至2.87万亿元。我国基金公司管理的基金资产净值及增速如图2－19所示。

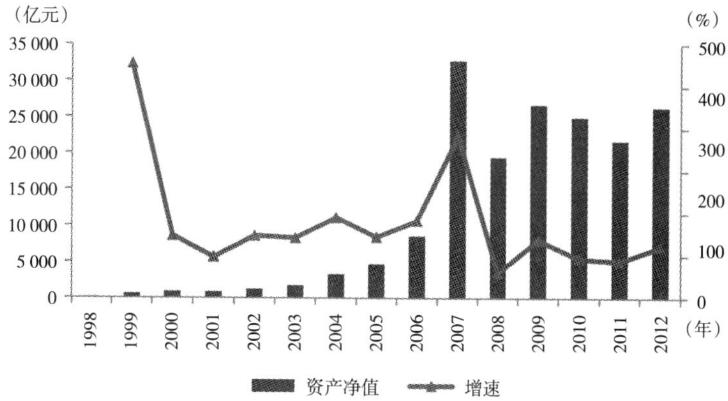

图2－19　我国基金市场发展概况

资料来源：申银万国证券整理。

公募基金理财产品最大优势在于其极低的投资门槛和较高的流动性。与信托、证券公司资产管理产品定位于高净值客户不同，公募基金主要定位于普通投资者（基金专户理财业务除外），投资门槛很低。公募基金的起始认购份额一般为一手，通常价格在1 000元以上即可。另外，受到行业监管政策的监督，公募基金都有非常透明的净值披露制度，便于投资者对资产回报率进行实时跟踪。从流动性上说，基金产品的流动性也相对较高。开放式基金可以随时申购赎回，符合一定条件的封闭式基金也可上市交易，较高的流动性为普通投资者资金周转提供了极大的便捷。加上基金购买渠道便捷，通过银行、基金公司、证券公司营业部都可以申购，因此成为大众广为接受的投资理财工具。

然而，由于投资范围限制，公募基金近年来也因投资业绩不理想，受托管理资产一直徘徊不前。公募基金只能投资于交易所上市的金额产品，包括股票、债券、票据等，根据资产配置比例的不同，可以分为股票型基金、混合型基金、债券型基金和货币基金，每种基金的风险依次降低。同时，基金产品的收益率与产品的投资风格有很大的关系，一般股票型基金由于投资股票比率较高，预期收益率较高，但投资收益受股市波动影响较大，风险较高；债券型基金受债市收益率影响，预期收益率相对更低，风险也较小；货币基金预期收益率最低，风险最小。

随着投资范围的放松，基金特定客户资产管理业务将与信托、证券公司资产管理进一步竞争高净值客户资产管理市场。值得注意的是，2012 年 11 月 1 日，中国证监会颁布了《证券投资基金管理公司管理办法》、《证券投资基金管理公司子公司管理暂行规定》和《基金管理公司特定客户资产管理业务试点办法》。根据该试点办法，基金管理公司可以设立子公司投资未通过证券交易所转让的股权、债权及其他财产权利，以及中国证监会认可的其他资产，并允许基金管理公司通过设立专项资产管理计划开展资产管理业务。专项资产管理明确定位高净值客户，单一客户专项资产管理门槛为 3 000 万元，为多个客户办理特定资产管理业务的，客户门槛为 100 万多个客户。定向资产管理群雄逐鹿的格局即将形成。

二、证券公司资产管理业务与其他理财市场运作制度比较

证券公司资产管理与信托、基金、银行理财和保险在产品类别、投资范围、资金投向、客户投资门槛等制度方面存在很大差异。具体差异见表 2－5。

表 2－5　证券公司、信托、基金、银行、保险理财投资运作制度比较

	银行理财产品	信托产品	保险产品	基金产品	证券公司资产管理产品
主要类别	结构化产品、信贷类产品、债券及货币市场产品、票据类、综合类	单一资金信托、集合资金信托、管理财产信托	传统寿险、分红险、万能险、投连险	股票型基金、混合型基金、债券型基金、货币型基金	集合理财产品、定向理财产品、专项理财产品
可投资产品范围	债券、货币市场、新股、信贷资产；不能投资在二级市场交易的股票、基金、未上市公司股权和上市公司非公开发行的股份	可用债权、物权、股权及其他可行方式运用信托资金，目前集中于基础产业、工商企业和房地产	银行存款、债券、基金、流通股股票、境内理财产品、金融衍生品、基础设施计划和不动产投资	上市交易的股票、债券、中国证监会规定的其他证券及其衍生品种	股票、债券、基金、央票、短期融资券、资产支持证券、股指期货等金融衍生品，可以参与融资融券业务
主要资金投向	债券、货币市场、信贷资产	基础产业（22%），工商企业（22%），金融机构（14%），房地产（14%），债券、股票、基金（9%）	银行存款（28%），金融债券（23%），企业债券（16%），国债（11%）、基金（7%）	上市股票、债券、货币市场产品	上市股票、债券、货币市场产品
历史收益率范围	信贷类产品：2.65%～6.1% 债券、货币市场类：4%～6.5% 综合类：3.3%～5.4%	集合信托：7%～10%；银信产品：3%～5%	3%～5%	货币市场基金：2%～3%；债券型基金：－5%～15%；混合基金：－40%～100%；股票型基金：－50%～130%	限定型：0～15%； FOF：－15%～10%； 股票型：10%～15%； 混合型：－20%～25%； 量化型：－10%～10%； 指数型：－3%～3%
投资门槛	风险一级、二级：5 万元；风险三级、四级：10 万元；风险五级：20 万元	100 万元以上	基本无门槛；具体由保单金额决定	基本无门槛，一般 1 000 元以上即可	大集合：5 万元（限定性）、10 万元（非限定性）； 小集合：100 万元

资料来源：申银万国证券整理。

第三章

2012年中国证券公司资产管理业务发展中面临的问题和2013年发展展望

第一节 2012年中国证券公司资产管理业务发展中面临的问题

我国证券公司的资产管理业务经过多年发展已取得了不小进步，但与资产管理业的其他机构类型相比，证券公司的资产管理业务发展仍有差距。2012年证券公司的资产管理业务发展势头良好，行业呈现出新迹象。但证券公司该业务发展过程中的一些新问题值得各方关注。

一、资产规模快速增长，资产管理产品发展不平衡

2012年10月19日，中国证监会正式发布修订后的《证券公司客户资产管理业务管理办法》、《证券公司集合资产管理业务实施细则》及《证券公司定向资产管理业务实施细则》（简称“一法两则”）。修改后的“一法两则”积极鼓励证券公司客户资产管理的理财产品创新活动，扩大证券公司资产管理投资范围，允许产品分级，拓宽销售渠道，减少相关限制。对定向和专项理财，允许投资者与证券公司自愿协商，合同预订投资范围；允许资产管理将其持有的股票作为融券标的证券借给证券金融公司。将现金管理产品的投资范围从银行存款放宽到各类风险较低、流动性较强的债券。

在此背景下，2012年证券公司资产管理业务发展迅速，但资产管理规模快速增长的同时，资产管理产品发展不平衡。主要表现为证券公司定向理财产品发行较快，资产管理集合理财产品、专项理财产品发展仍旧缓慢（见图3－1）。

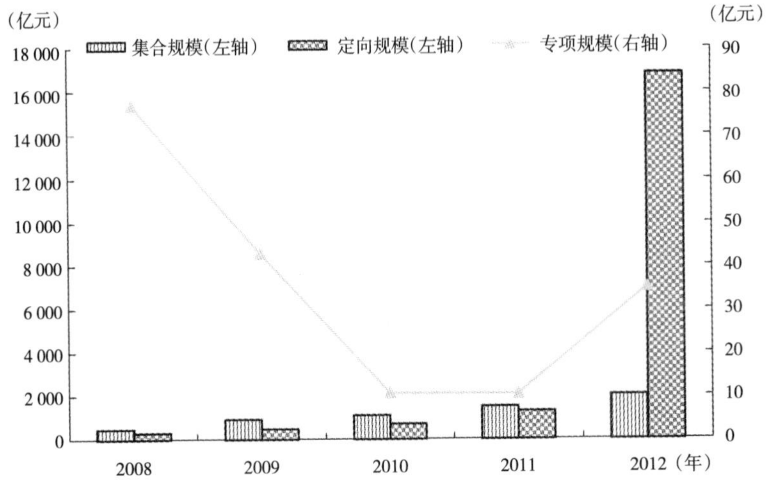

图 3－1　2008～2012 年证券公司资产管理各类业务发展状况

资料来源：国家统计局，申银万国证券整理。

二、风险管理有待进一步加强

根据 2012 年 10 月 19 日修订后的《证券公司集合资产管理业务实施细则》（以下简称《集合细则》），集合理财计划由审批制改为备案制，同时证券公司的集合理财计划投资范围大幅拓宽。投资范围增加了中期票据、保证收益及保本浮动商业银行理财计划、股指期货等衍生品、银行间市场交易的投资品种、金融监管部门批准或备案发行的金融产品以及境外金融产品等。

投资范围的拓宽使集合理财业务除市场风险外增加了信用风险、操作风险和合规风险。

第一，证券公司集合计划分级和衍生品投资增加了市场风险。杠杆操作性的增强放大集合理财计划的各类风险敞口规模。一方面，根据《集合细则》，证券公司集合理财计划可参与融资融券交易，从而集合理财投资中符合规定投资证券可以通过再融资放大杠杆；另一方面，股指期货等衍生品本身就具有高杠杆的特征。

第二，投资范围的放开增加了信用风险、操作风险和合规风险。此次资产管理新政对于小集合增加了信托、私募债、银行理财产品等监管层认可的其他金融产品。投资范围的放开使得证券公司资产管理的投向非常广泛和灵活，增加了信用风险、操作风险和合规风险。次级债、信托等高风险产品以及涉及更多利益主体的可投资产品将使其面临更高的系统性风险敞口。在宏观经济某一方面，如银行体系、房地产体系或地方政府债务体系等存在较大系统性泡沫的时候，任一种或几种风险将通过各类金融机构间的金融联系、各类金融产品和金融市场间的传导效应对集合理财产品造成系统性冲击。特别在目前国家监管机构对各类影子银行、资金池等新型金融风险监管不足、相关制度不完善的情况下，金融机构系统风险处于较高水平，进一步提高了集合理财业务的相关风险暴露水平。

第二节　中国证券公司资产管理业务2013年展望

我国证券资产管理行业发展前景广阔、空间巨大。从国际上看，资产管理是证券公司重要的盈利来源和社会职能。证券公司拥有强大的投资研究团队，在人力资源和技术资源上都具有先天的禀赋优势。为了促进证券公司资产管理业务的发展，2012年证券公司创新大会后，中国证监会收集了各方建议和意见，于2012年10月19日正式发布修订后的《证券公司客户资产管理业务管理办法》、《证券公司集合资产管理业务实施细则》及《证券公司定向资产管理业务实施细则》。以“放松管制、放宽限制”为主旨的新管理办法对证券公司资产管理的审批、投资范围、设计、交易转让等方面进行了“松绑”，对证券行业资产管理业务的监管限制放松，证券公司的资产管理业务必将迎来新的机遇。展望2013年，我国证券公司投研优势、协同优势下资产管理业务竞争力将逐步显现，因而理财市场上的竞争格局将发生重大变化。证券公司通过专项计划开展资产证券化业务将成为2013年证券公司资产管理业务推进的新平台。随着场外柜台交易开启，证券公司资产管理产品转让、流动性将得到加强，必将加快证券公司管理业务的发展，证券公司管理业务的收入占比将提高，这必将优化证券公司的收入结构。

一、2013年证券公司协同优势、投研优势使证券公司资产管理业务的竞争力逐渐显现

证券公司在开展资产管理业务时具有以下明显优势：

其一，协同优势。新规出台后，证券公司从一级市场到二级市场的业务链条清晰，能够实现项目的主管管理，包括项目开发、尽职调查、产品分销、风险管理等。通过证券公司各部门间的协作，提供客户一揽子投融资服务，能够根据客户需求进行个性化的服务合同设计，客户管理能力将会得到极大提升。

其二，强大的投研实力优势。信托公司目前的业务中超过50%的业务是和银行及私募基金合作的“纯通道”业务。这些业务中，开展项目审批和执行投资交易的专业能力都分别掌握在银行和私募基金手里，而对信托公司自身的投资研究实力要求很低。与信托公司相对照，证券公司经过二十多年的发展，无论从一级发行市场投行业务还是到二级市场经纪业务、投资业务的投研经验及能力的积累，投研队伍的成形都在不断发展和完善中。单从从业人员的数量上看，信托行业目前从业人员数量仅2万余人，其中行政人员占了较高比例。与此相对照，根据中国证券业协会的统计，证券行业注册从业人员数量已达24.09万人，其中分析师（研究员）超过2 400人，投资顾问超过2.3万人。另外，证券公司的研究实力及优势还体现在不仅可以直接服务于证券公司资产管理业务的投资决策，还可以促成其资产管理业务与私募基金、保险机构的合作，将经纪业务的客户转化到资产管理业务上来。

二、证券公司柜台交易开启证券公司资产管理产品流动性之门

2012 年 12 月 21 日中国证券业协会发布了《证券公司柜台交易业务规范》，宣告证券公司柜台市场启动。《证券公司柜台交易业务规范》所称柜台交易，是指证券公司与特定交易对手方在集中交易场所之外进行的交易或为投资者在集中交易场所之外进行交易提供服务的行为。证券公司柜台交易的产品包括经国家有关部门或其授权机构批准、备案或认可的在集中交易场所之外发行或销售的基础金融产品和金融衍生产品。

证券公司理财产品交易转让平台可以分为上海证券交易所平台和场外柜台交易两类。两类交易平台均为理财产品提供更多流通渠道，有助于提升理财产品的流动性。交易所平台和场外柜台允许集合计划份额在投资者之间有条件转让。集合计划存续期间，证券公司、代理推广机构的客户之间可以通过证券交易所或场外柜台等中国证监会认可的交易平台转让集合计划份额，允许理财产品相互转让，减少产品大量赎回的概率，保持集合理财计划份额和规模的稳定，为证券公司资产管理业务的创新提供基础。

证券公司柜台交易市场明确定位为证券公司发行、转让、交易私募产品的平台，柜台交易市场建设初期配合资产管理业务创新，以销售和转让证券公司理财产品、代销金融产品为主，交易产品种类多为证券公司自己创设、开发、管理的金融产品。在交易制度方面，柜台交易业务将以协议交易为主，同时尝试开展报价交易或做市商交易机制，具有更高的灵活度，可满足客户特殊的投融资需要。

三、证券公司资产证券化业务有望提速

2005 年中国人民银行和中国银监会联合发布《信贷资产证券化试点管理办法》，建设银行和国家开发银行开始进行信贷资产证券化的试点。目前，资产证券化业务的开展仍然处于初级阶段。我国现有的资产证券化产品主要包括银行信贷资产和工商企业资产证券化两类，SPV 载体分别为信托机构和证券公司专项资产管理计划。其中，证券公司在工商企业资产证券化业务中起着管理人的核心作用，在银行信贷资产证券化业务中起着承销人的销售作用。

从 2005 年 8 月中金公司发行第一笔基于 CDMA 网络租赁费收益权的专项资产管理计划起，目前通过专项计划发起的企业资产证券化业务已经超过了 10 笔。产品范围包括高速公路收费权、能源收益权、设备租赁资产、BT 项目、网络租赁权、大型企业的应收账款收益权、销售费用收益权等。2013 年 2 月 26 日，中国证监会公布了《证券公司资产证券化业务管理规定（征求意见稿）》，并向社会公开征求意见。此规定通过列举的方式列明可以证券化的基础资产具体形态，允许包括企业应收款、信贷资产、信托受益权、基础设施收益权等财产权利，商业票据、债券、股票等有价证券，商业物业等不动产财产等均可作为可证券化的基础资产，为实务操作提供了明确指引。业内人士表示，此规定使资产证券化的基础资产范围大幅拓展，将加速证券公司证券资产化业务的发展。

四、资产管理业务的发展促进证券公司收入结构变化

证券公司资产管理业务的发展将促进行业受托资产管理规模出现大幅增加，从而带动行业收入的增长和证券公司收入结构的变化。参照近几年来信托行业增长速度，假设管理费率基本保持不变，当受托管理资产规模达到1万亿元时，可以创造收入70亿元，从而带动行业收入增长5%（以2011年收入为基准）；受托资产管理规模达到2万亿元时，可以创造收入140亿元，带动行业收入增长10%（以2011年收入为基准）（见表3－1）。

表3－1　　证券行业资产管理业务收入预测

	2011年	短期（1～2年）	中期（3～5年）
受托管理资产规模（亿元）	2 800	10 000	20 000
管理费率（%）	0.75	0.7	0.7
资产管理业务收入（亿元）	21	70	140

资料来源：申银万国证券。

根据美林证券测算，全球高净值人群可投资资产规模39万亿美元，而全球投资银行的私人银行部管理的资产规模共计16.5万亿美元，约占高净值人群总资产的42.3%。根据贝恩和招商证券出具的《中国私人财富报告2011》估计，中国58.5万名高净值人群可投资资产规模已达15万亿元，假设其40%的可投资资产由证券公司的管理部门来管理，则其潜在的受托资产管理规模可达到6.3万亿元。根据全球私人银行资产管理费率0.4%～1.4%估算，以私人客户为服务对象的资产管理市场将为证券公司增收252亿～882亿元的收入（见表3－2）。

表3－2　　中国高净值人群资产管理市场潜力测算

中国高净值人群数量	58.5万名
高净值人群可投资资产规模	15万亿元
证券公司受托管理资产规模的比例	40%
证券公司受托管理资产规模	6.3万亿元
资产管理费率	0.4%～1.4%
资产管理业务收入测算	252亿～882亿元

资料来源：申银万国证券根据《中国私人财富报告2011》数据测算整理。

从长期来看（见图3－2），参照美国证券行业收入结构，未来5～10年证券行业的资产管理业务收入将快于承销、做市商等业务的发展，占行业收入比例不断提升，成为证券公司盈利的重要来源。

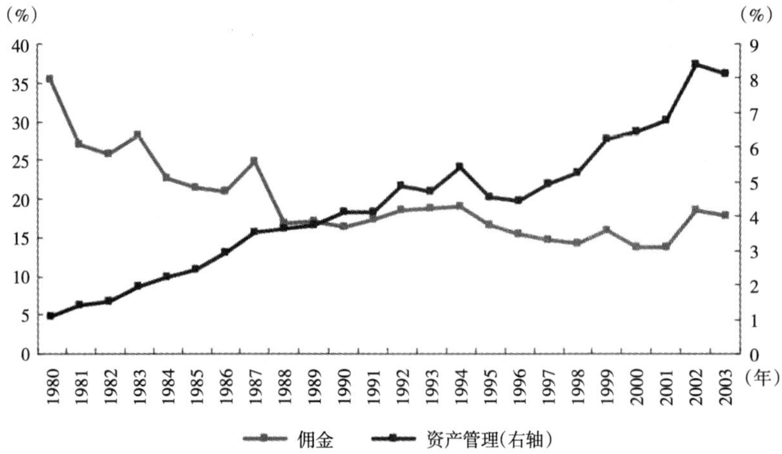

图 3－2　1980～2003 年美国证券行业资产管理业务收入占比持续上升

资料来源：申银万国证券。

分报告之四：
2012年中国证券投资咨询业务发展回顾与展望

第一章

中国证券投资咨询业务的发展动态

一、发布证券研究报告业务概览及发展动态

（一）发布证券研究报告业务的历史沿革

发布证券研究报告业务源自投资咨询服务。一般投资者可能受时间、精力、知识和能力的限制，无法及时和全面地了解与证券投资有关的信息并做出有效的分析，因而需要有人就此提供专业的投资咨询服务。为满足该项业务需求，证券公司及相关的证券金融机构便组织市场研究团队，通过对证券市场和上市公司有关信息的处理和分析，形成投资建议供投资者进行投资参考和使用，这就构成了证券投资咨询服务的主要内容。随着投资咨询业务的发展和专业分工，证券分析师的研究报告也就自然构成了发布证券研究报告业务的核心内容。

2000 年 7 月 5 日，中国证券业协会证券分析师专业委员会的成立，标志着中国证券业协会对证券分析师开始了严格意义上的规范化管理。2010 年 10 月 12 日，中国证监会正式颁布了《发布证券研究报告暂行规定》，该规定自 2011 年 1 月 1 日起实施。中国证券业协会于 2012 年 6 月 19 日发布《发布证券研究报告执业规范》和《证券分析师执业行为准则》，二者皆于 2012 年 9 月 1 日实施。

（二）发布证券研究报告业务的基本现状

根据中国证券业协会的调研数据，截至 2012 年底，中国从事发布证券研究报告业务的机构为 87 家，从业人数为 4 001 人，其中具有 5 年以上工作经验的人数为 1 088 人，具有博士及其以上学历的人数为 488 人。另外，据 Wind 资讯的数据，2012 年上半年，中国发布证券报告业务的收入（主要是基金分仓收入）为 20.7 亿元，而 2010 年和 2011 年，中国发布证券报告业务的收入分别为 64.7 亿元和 48.9 亿元。

（三）发布研究报告的数量保持较大幅度增长，研究产品体系及服务项目继续丰富和完善

2012 年不容乐观的证券市场形势和加剧的市场竞争环境，促使中国发布证券研究报告行业在研究产品体系及服务项目方面进行拓展和提升。根据中国证券业协会的调研数据，2012 年，设有研究部（所）的 87 家证券公司（调研样本总量为 94 家证券公司），总共发布研究报告数量为 157 545 篇，环比 2011 年增长 17.9%。在这些报告当中，深度报告为 16 874 篇，环比 2011 年增长 22.5%，其他报告为 140 671 篇，环比 2011 年增长 17.3%（见表 1－1）。

表 1－1　　证券研究报告的发布情况

研究所（部）的产品总数量			
年度	2011	2012	增长率（%）
总量（篇）	133 668	157 545	17.9
深度报告（篇）	13 777	16 874	22.5
其他报告（篇）	119 891	140 671	17.3

资料来源：中国证券业协会调研数据。

根据调研数据，对于证券公司发布研究报告行业，其研究产品体系及服务项目继续丰富和完善。从产品体系的拓展和完善上来讲，当前的研究内容和产品体系除了传统的宏观研究、策略研究、行业与公司研究、金融工程研究、综合研究、基金研究、债券及固定收益研究外，关于衍生品研究、特别覆盖研究、理财产品研究、大宗商品研究、汇率研究、数量与指数研究、财富研究、中小市值研究、主题研究、（金融）创新研究等日渐增多；从产品及服务的推广形式上来讲，主要包括宏观及策略会、专题会、路演推介、与外部合办报告会、视频讲座、联合调研、大型活动、高端论坛、电话会议、纸质印刷品、多媒体推广、新媒体互动、视频晨会、手机短信服务、一对一会议、专题培训、电话沟通、公司拜访、一对一调研、电子版邮件、书面印刷报告、专题研讨会、发送研究报告、上门一对一服务、安排政府部门拜访、分析师互动、销售经理交流、委托定制等。

（四）整个证券公司研究行业对研究品牌、服务机构客户及支持分支机构这些业务持续给予支持

根据中国证券业协会的调研数据，2012 年，设有研究部（所）的 87 家证券公司（调研样本总量为 94 家证券公司），有 61 家进行了品牌推广，有 59 家加强了对机构客户的研究推广和服务，有 76 家加强了对分支机构支持。上述数字基本与 2011 年持平，可见，整个证券公司发布研究报告行业继续给予研究品牌、服务机构客户及支持分支机构这些业务足够重视。

（五）证券公司发布研究报告业务呈明显分化趋势

部分证券公司显著加大对发布证券研究报告业务的投入，而另一部分证券公司对此

项业务投入有所减少。

从统计数据可以看出，部分证券公司继续做大做强，研究投入资金增幅很大。而另一部分证券公司的研究投入有缩减的趋势，两极分化初露端倪。根据中国证券业协会对94家证券公司的调研数据，82家证券公司研究所（部）均被设定为一级部门，4家目前未设立研究所（部）的证券公司表示没有设立研究所的计划，证券公司研究所（部）被设定为二级部门的5家。从经费投入上看，2012年，证券公司研究所（部）的研究经费27家增长，增幅平均值为73.6%，33家证券公司研究所（部）表示其年度研究经费增幅出现下降，降幅平均值为28%。

（六）证券公司研究业务的行业集中度总体上保持稳定

证券公司基金分仓收入的多少很大程度上反映了证券公司发布研究报告能力的强弱。受中国经济周期和股市下行的影响，中国证券业发布证券研究报告业务的基金分仓收入近3年呈小幅下降态势，但从行业集中度的角度看，最近3年整个发布证券研究报告业务的市场集中度始终保持稳定，前4大证券公司的市场占有率一直保持在20%附近。与此同时，基金分仓收入排名前5位的证券公司，最近3年也呈现出大证券公司逐步取得优势地位的特征，从排名来看，前几名变动不大[①]（见图1－1、表1－2、表1－3、表1－4、表1－5）。

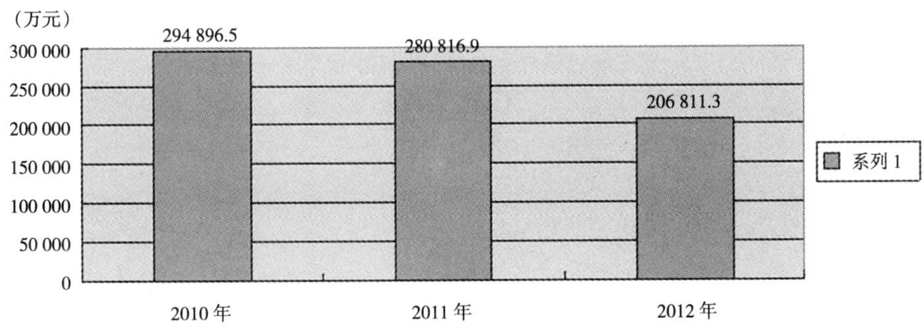

图1－1　基金分仓收入半年同比

表1－2　2012年中期分仓收入前5位证券公司　（单位：万元）

席位名称	总佣金
中信证券股份有限公司	11 960. 41
申银万国证券股份有限公司	11 817. 87
中国银河证券股份有限公司	9 982. 74
国泰君安证券股份有限公司	8 729. 89
东方证券股份有限公司	8 160. 29

资料来源：Wind资讯。

① 由于截稿时只有2012年的中期报告，因此只将近3年的基金分仓收入进行半年同比。

表 1－3　2011 年中期分仓收入前 5 位证券公司　（单位：万元）

席位名称	总佣金
中信证券股份有限公司	16 587.90
申银万国证券股份有限公司	15 955.11
国泰君安证券股份有限公司	12 572.10
招商证券股份有限公司	12 372.70
国信证券股份有限公司	12 357.00

资料来源：Wind 资讯。

表 1－4　2010 年中期分仓收入前 5 位证券公司　（单位：万元）

席位名称	总佣金
申银万国证券股份有限公司	19 212.59
中信证券股份有限公司	18 697.97
国泰君安证券股份有限公司	15 331.86
中国国际金融有限公司	14 584.88
招商证券股份有限公司	13 427.85

资料来源：Wind 资讯。

表 1－5　发布研究报告业务的行业集中度（分仓收入）　（单位：%）

2010 年	23.00
2011 年	20.40
2012 年	20.50

资料来源：Wind 资讯。

二、证券投资顾问业务概览及发展动态

（一）开展投资顾问业务的机构类型及制度规范

从机构方面来讲，当前中国证券市场上从事投资顾问业务的证券投资咨询机构主要分为两大类：独立运作的投资咨询公司和附属证券公司的投资顾问部、财富管理部或理财服务部等。证券投资顾问机构类型的设立均根据国务院证券管理委员会于 1997 年 12 月发布的《证券、期货投资咨询管理暂行办法》和 2005 年新修订的《中华人民共和国证券法》的相关内容实施。中国证监会为适应证券市场迅速发展和满足投资者对投资咨询服务的需求不断深化的趋势，于 2010 年 10 月 12 日发布《证券投资顾问业务暂行规定》，为该业务的健康发展提供了制度保障。

中国证监会于 2012 年 12 月 7 日发布《关于加强对利用“荐股软件”从事证券投资咨询业务监管的暂行规定》，自 2013 年 1 月 1 日起施行。该暂行规定的发布及实施，无疑有利于投资咨询业务的健康有序发展，减少证券投资咨询领域的违规违法行为。

（二）隶属于证券公司的投资顾问业务情况

2012 年，证券公司普遍增加了对投资顾问业务的重视程度，开设投顾业务的证券公司数量稳步增加，投资顾问从业人员持续高速增长，团队规模持续扩大，同时多数投资顾问部门进行了结构性调整，部门职权界定进一步明晰，组织形式趋向于以总部和分支机构二者合作为主，分工更加明确，整个行业从业人员的薪酬整体呈相对增长态势。

（三）独立的证券投资咨询公司的情况

中国证券业协会统计数据显示，截至 2012 年末，证券投资咨询公司的员工总数为 2 108人，其中，注册从业人员1 384人，190 人注册了分析师资格，982 人注册了投资顾问资格，212 人取得了一般证券业务资格。

（四）证券公司普遍增加对投资顾问业务的重视度，投资顾问团队规模在 2012 年度继续实现了较大的扩张

2012 年，投资顾问业务从绝对数量到相对比例都有较大幅度的增长。中国证券业协会调研数据显示，截至 2012 年 12 月 31 日，业内 96.6%（85 家/88 家）的证券公司已开展投资顾问业务，比 2011 年［90.1%（82 家/91 家）］增长 6.5 个百分点；2012 年有近 72.9%（62 家/85 家）的证券公司设立了从事及管理投资顾问业务的独立部门，比 2011 年（66.3%，55 家/83 家）增长近 6.6 个百分点。此外，有 85.45%（53 家/65 家）证券公司的独立部门设立了子部门或有明确的团队分工，子部门集中分布于财富管理部、投顾理财部和营销服务支持部等三大类（见表 1－6）。

表 1－6　　中国证券业协会调研证券公司投资顾问业务基本数据统计表

年度/占比	开展投资顾问业务的证券公司数/有效样本数	设立投资顾问独立部门的证券公司数/有效样本数	设立子部门或有明确团队分工的证券公司数/有效样本数
2011	82 家/91 家	55 家/83 家	—
占比	90.1%	66.3%	—
2012	85 家/88 家	62 家/85 家	53 家/65 家
占比	96.6%	72.9%	85.45%
2012 年同比 2011 年	增长 6.5 个百分点	增长 6.6 个百分点	—

在人员及组织方面，2012 年从事投资顾问业务的证券公司员工大幅增长，组织结构继续在进行优化和调整。据中国证券业协会调研问卷统计，业内从事投资顾问业务人员数量环比 2011 年增长了 28.7%。此外，2012 年度各个证券公司在投资顾问业务辅助系统的投入方面也有较为明显的增加。目前，有 78.4% 的证券公司正在建设或已完成开发专门用于支持投资顾问业务的系统。

（五）证券公司投资顾问业务出现探索性的结构调整

从统计数据分析，大部分的证券公司总部设有投资顾问业务岗位，所有的证券公司

的分支机构均有从事投资顾问业务的团队。2012年度是业内投资顾问从业人员稳步扩张的一年，证券公司总部与分支机构中从事投资顾问业务的团队规模平均扩大3成左右。但是，2012年分支机构设有投资顾问业务岗位的证券公司调研占比为88.0%，比2011年（100.0%）下降了12个百分点。总部和分支机构团队规模的双双扩张和分支机构设立投顾业务岗位占比的下降构成对比，从某种程度上说是反映了证券公司在探索投资顾问业务盈利模式的过程中进行了结构性的调整（见表1-7）。

表1-7　2012年证券公司投资顾问情况

总部设有投资顾问业务岗位的证券公司数量（家）	88
总部设有投资顾问业务岗位的证券公司调研占比（%）	95.7
总部投资顾问平均团队规模（人）	21
分支机构设有投资顾问业务岗位的证券公司数量（家）	81
分支机构设有投资顾问业务岗位的证券公司调研占比（%）	88.0
证券公司分支机构平均团队规模（人）	185

（六）投资咨询行业员工薪酬整体呈现积极增长

中国证券业协会统计数据显示，2012年的82份有效调研问卷中，有39家证券公司表示员工薪酬保持不变，27家出现了5%~188%不同幅度的增长，有16家证券公司出现了小幅度的下滑。

（七）独立运行的证券投资咨询公司业务多元化特征明显

据中国证券业协会统计数据，目前国内证券投资咨询公司的主要业务类型包括证券投资咨询、证券资讯服务、财务顾问、其他业务四类，证券投资咨询业务又可细分为证券投资顾问、证券软件销售、研究报告三种业务类型。此外，少数公司还可开展基金代销、基金评价等其他证券类业务。2012年1~9月，85家公司8.01亿元的营业收入中，投资顾问业务收入为1.35亿元，占比17%；财务顾问业务收入0.75亿元，占比9%；研究报告收入1.9亿元，占比24%；证券软件和信息服务类收入1.76亿元，占比22%；其他收入2.25亿元，占比28%（见图1-2）。

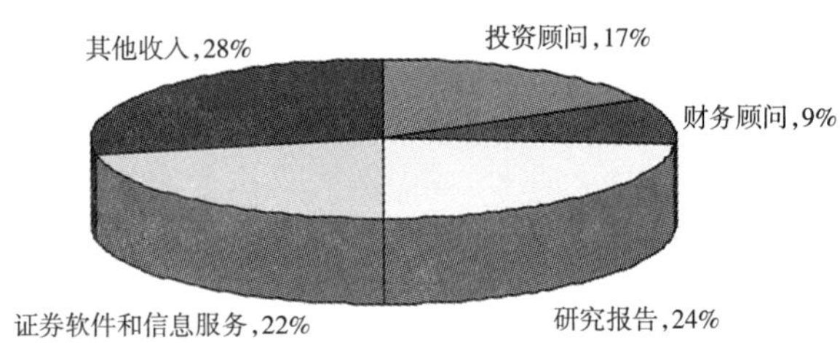

图1-2　证券投资咨询公司主营业务收入类别占比

（八）独立运行的证券投资咨询公司从业人员流动频繁，整体业绩明显下滑

根据中国证券业协会数据，2012 年 1 ~9 月，证券投资咨询公司注册从业人员离职总数高达 326 人，占注册总数的 23%，从业人员流动频繁。与此相对应，2012 年 1 ~9 月，85 家投资咨询公司的营业收入合计 8.01 亿元，较 2011 年同期的 10.89 亿元下降了 26.45%，平均每家营业收入为 940 万元。收入达到 2 000 万元以上的公司仅有 7 家，占比 8.2%；36 家公司的收入在 100 万元以下，占比 43%，其中有 15 家公司的收入为零，占比 17.6%；收入排名前 5 家公司的收入总和为 5.1 亿元，占全部公司收入总和的 64%，公司间收入的差距巨大（见表 1－8、图 1－3）。

表 1－8　　2012 年 1 ~9 月证券投资咨询公司收入情况

1 ~9 月收入	10 000 万元以上	2 000 万 ~ 10 000 万元	1 000 万 ~ 2 000 万元	100 万 ~ 1 000 万元	0 ~100 万元	0
公司数量	2 家	5 家	10 家	32 家	21 家	15 家

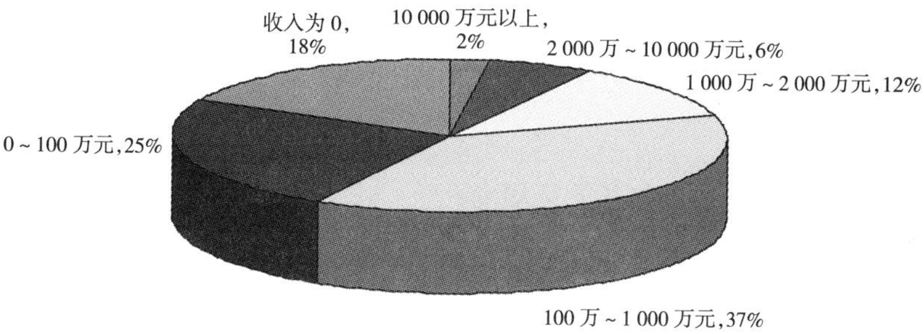

图 1－3　证券投资咨询公司 1 ~9 月收入分布情况

2012 年 1 ~9 月，共有 19 家公司盈利，净利润合计 4 945 万元，平均每家公司净利润为 260 万元，其中，11 家公司的净利润不足 100 万元，6 家公司净利润不足 10 万元，多数公司处于微利经营状态，证券投资咨询公司整体盈利能力严重弱化。

第二章 中国证券投资咨询业务面临的挑战和机遇

第一节　证券投资咨询业务发展面临的挑战

一、证券投资咨询业务面临的金融环境变化

（一）投资咨询业务发展的监管环境变化

2012年，中国证券业的监管环境呈现的最大特征就是创新。2012年5月份的创新大会，为行业未来的发展奠定了基调，证券公司五大业务转型方向也更为明确。2012年11月，包括扩大证券公司代销金融产品范围的证券行业十一条创新举措密集公布。2012年12月，《证券公司柜台交易业务规范》正式发布，海通证券、国泰君安证券、国信证券、申银万国证券、中信建投证券、广发证券、兴业证券7家证券公司开始启动柜台交易业务试点。按照“试点先行、逐步推开”的原则，支持这些公司在风险可测、可控、可承受的前提下，推出新产品、试点新业务、扩展业务空间、改善盈利模式、利用行业整合的机遇做优做大做强。这些措施有效地激发了行业主动创新的意识和热情。

投资咨询业务在整个中国证券业深入开展创新的大环境中，本身也处于变革和调整的阶段。在创新环境下，投资咨询业务的可操作空间将不断加大，产品及服务的内容将不断丰富和完善，但如何使合适的产品及服务，通过合适的渠道，在合适的时间，以合适的价格，提供给合适的销售对象，依然是投资咨询业在不断探索的当前阶段面临的重大挑战。

（二）投资咨询业务发展的市场环境变化

开展投资咨询业务，需要一定的市场条件，比如客户成熟度的提升、金融市场的纵深发展和日益成熟、国民财富的水平达到必要的阶段等。受中国经济持续高速增长、国民收入水平不断提升和中国证券市场不断走向成熟的大环境带动，中国市场开展投资咨

询业务的主要条件基本上已经具备，但从市场竞争格局的角度看，目前国内众多的投资咨询机构，几乎面临着白热化的竞争环境。根据中国证券业协会的统计，截至2012年12月31日，114家证券公司各主营业务收入分别为：代理买卖证券业务净收入504.07亿元、证券承销与保荐业务净收入177.44亿元、财务顾问业务净收入35.51亿元、投资咨询业务净收入11.46亿元、受托客户资产管理业务净收入26.76亿元、证券投资收益（含公允价值变动）290.17亿元、融资融券业务利息净收入52.60亿元，证券行业全年实现净利润329.30亿元，99家公司实现盈利，占证券公司总数的86.84%。显然，投资咨询业务在整个证券行业的净收入占比中处于最末位，100多家证券公司从事投资咨询业务，竞争11.46亿元的总利润；同时，还有独立投资咨询机构从事该项业务，市场竞争的激烈程度可想而知。

二、发布证券研究报告业务面临的挑战

（一）2012年QFII、RQFII的批准进度大幅加快，获批家数及投资额度也大幅增长，证券公司发布的研究报告能否满足这种日益增长的需求，成为行业的一大挑战

在开闸十年之后，QFII和RQFII开始步入大发展阶段。中国证监会披露的信息显示，2012年全年，中国证监会累计批准72家机构获得QFII资格，仅仅2012年12月份，中国证监会就新批准6家合格境外机构投资者（QFII），使QFII家数增加至207家，而截至12月31日，共有169家QFII机构累计获得374.43亿美元的投资额度。RQFII方面，在2011年底推出RQFII试点后，市场各方高度关注，相关试点机构积极申请投资额度，准备发行有关产品，原有额度即将用完，迫切需要增加额度。2012年11月，经国务院批准，中国证监会、中国人民银行及国家外汇管理局决定增加2 000亿元RQFII投资额度。加上此前两次试点的700亿元额度，RQFII总额度已经达到2 700亿元。

海外机构投资者大量进入中国市场，自然提升了对本土发布证券研究报告业务的需求，这种新增的需求对国内发布证券研究报告业务来讲，不仅仅是服务对象在数量上的简单扩张，更重要的是新的需求不断涌现并被有效解决的问题。面对来自海外机构投者的各种需求，证券公司发布的研究报告能否满足这种日益增长的需求，势必成为行业的一大挑战。

（二）中国证券业发布研究报告的机构规模依然偏小，研究人员数量缺口没有得到明显改观，且随着产品数量的不断增加，研究人员的劳动强度相应加大

国外成熟市场的证券公司研究活动，是建立在规模庞大的分析师研发团队基础之上的。以美林证券的全球研发中心为例，仅股票研究就在20个国家雇佣了500人以上的分析师，在总部则有700多人研究人员。而对比国内，根据中国证券业协会的调研数据，2012年国内证券研究机构人员规模超过100人的仅仅9家，最大的证券研究机构拥有285名员工，除这些研究机构的非分析师人员外，实际的研究团队规模就更小了。再加上许多研究机构从事的研究面很宽，宏观、策略、行业、公司、创新、金融工程、债券、权证、期货等都要覆盖，从而造成研究力量的不足。

根据中国证券业协会的调研数据，2012年，设有研究部（所）的87家证券公司

（调研样本总量为94家证券公司），员工总量为4 001人，环比2011年增长2%。从人员的流入和流出来看，2012年，从事发布证券研究报告的证券公司研究行业，新进员工数为899人，环比2011年下降16.5%，离职员工数为819人，环比2011年增长27%。从人员的知识及经验角度来看，2011年，从事发布证券研究报告的证券公司研究行业，博士学历及其以上员工数为438人，环比2011年下降7%，具有5年以上从业经验的员工数为1 088人，环比增长7%。通过上述数据可以看出，人员缺口大的问题并没有太大改观。另外，2011年平均1名员工完成34.1篇报告，2012年这个数字达到了39.4篇，增加了15%。可见，人员不足还会导致员工的劳动强度增大，对报告的质量也会造成一定负面影响（见表2－1）。

表2－1　从事发布证券研究报告业务的人员情况　（单位：人）

人员情况＼年度	2011	2012
员工总量	3 921	4 001
新进员工数	1 222	899
离职员工数	664	819
博士学历及其以上员工数	466	438
具有5年以上从业经验员工数	1 016	1 088

资料来源：中国证券业协会调研数据。

（三）研究报告的价值没有得到最大利用和发挥，证券公司的发布证券研究报告业务与其他主营业务的结合不足

中国从事发布证券研究报告业务的主体是证券公司研究机构。这些研究机构在业务内容上早已和国际接轨，许多综合性证券公司的业务涵盖了除证券经纪、证券承销、证券自营等三大传统业务外，还从事资产管理、融资融券、兼并收购、财务顾问、衍生品交易及证券公司直投等业务。通常，证券公司研究所（部）的研究报告，在对外发布的同时，也向内部的其他业务相关机构（单元）发布。表面上看，证券公司研究机构支持了公司其他业务经营部门，但实际上，发布证券研究报告业务不只是证券研究报告的生产和发布工作，研究报告作为一个产品，需要配套的服务才能实现价值最大化。为此，分析师还要担负向外部机构投资者比如基金、保险等进行研究报告的路演和其他研究服务工作，但对于同一公司的其他业务单元，由于缺乏有效的成本分摊及利益结算机制，再加上严格的信息隔离制度约束，基本上没有这些研究服务。

从成本分摊及利益结算机制方面来讲，尽管证券公司研究部（所）可以向公司其他业务部门提供投资研究服务，但在实践中，由于证券公司研究机构向本公司的其他业务部门提供收费性研究服务基本上难以提上日程，而严格的信息隔离制度又客观造成各主营业务部门之间通过减少业务交往而回避监管风险的行为，从而造成了研究成果和资源的非充分利用性和浪费性，使证券公司研究报告的价值没有得到最大利用和发挥。

（四）知识版权保护问题依然困扰着中国发布证券研究报告业务，行业竞争环境有待改善

证券公司及其他研究机构发布的证券研究报告蕴含了大量的人力、物力成本，是知识、智慧和劳动的结晶，具有独立的版权，理应受到我国知识产权法和著作权法等相关法律的保护。由于互联网和多媒体及新媒体传播技术的发达，研究报告发布机构的竞争冲动和我国的在该方面的执法力度较弱等因素，造成各研究机构专有的研究报告被四处发布和转载，进而使研究报告成了免费可得的“公共物品”，大多生产者都不会有积极性生产正外部效应较大的产品，因此，知识版权保护问题得不到解决会严重阻碍发布证券研究报告业务的发展。

（五）发布证券研究报告业务不仅面临同行业之间的激烈竞争，更面临着行业外的竞争压力

随着各类客户对投资咨询产品及服务的需求不断增大，不仅越来越多的证券公司开展了发布证券研究报告业务，甚至银行、基金、保险等其他行业也逐渐发展壮大了投资研究相关业务。尽管这些行业及相关机构并不直接从事发布证券研究报告业务，但它们关于投资研究的各项研究成果及服务，无形中会对发布证券研究报告业务产生一定的替代性，这潜在地会减少它们对外部尤其是证券公司发布证券研究报告业务的需求，同时内在地要求证券公司发布证券研究报告业务的质量进一步提高，否则就将失去市场。

如今证券公司不单单面对同行业之间的竞争，更面临着行业外竞争压力。如何发展自身优势特色，提高自身效率，在风云变幻的市场竞争中独树一帜是所有有发布证券研究报告业务的证券公司共同面对的挑战。

三、证券投资顾问业务面临的挑战

（一）附属证券公司的证券投资顾问业务的盈利模式与标准仍有待进一步探索，投资顾问业务仍需进一步界定

经过两年的探索，投资顾问盈利模式日趋向差别佣金和投顾服务费集中，投资顾问产品和服务的定价机制和业绩考评机制仍然存在界定不清的问题。此外，调研中证券公司普遍反映投资顾问的收费多元化问题亟待解决。在以佣金为主流的收费模式下，如何解决投资顾问提高交易量的目标和与客户利益错配的问题，将是投资顾问业务继续发展面临的挑战之一。

（二）证券投资顾问业务市场需进一步培育，投资者教育需继续加强

许多投资者的证券投资理念仍然停留在过去，对财富管理认识不足，加上对投资顾问的专业价值缺乏信任，付费意愿较低。另一方面，投资者教育板块缺乏有效的培训人才和培训机制，大多数证券公司都处在探索阶段，需要进一步的规范和引导。

（三）证券投资顾问业务团队作战能力与组织形式仍有待提高，面临人才瓶颈

投顾专业人才数量不足，高端人才尤为稀缺，与客户数量和专业化服务需求不匹配。投资顾问团队面临着业务基础薄弱、整体素质参差不齐、投资顾问与营销人员脱节等问题。同时，市场对于投资顾问团队的业务能力要求越来越高，而如何通过适当的激励机制、业务指引或培训辅导快速提升投资顾问团队的专业水平也是业内的普遍问题。投资顾问产品类型单一、覆盖面不足、缺乏完整的投顾产品线、产品推送机制不健全和推送效率较低等问题亟待解决。

随着投资顾问业务市场规模扩大和客户需求多元化趋势的出现，投资顾问产品类型单一、覆盖面不足、缺乏完整的投顾产品线、产品推送机制不健全和推送效率较低等问题逐渐浮出水面。投资顾问业务的快速发展，有赖于业内证券公司对投资顾问业务系统的研发投入和更完善的创新激励机制，以促进业务升级。

（四）同业竞争和行业竞争日趋激烈

当前，中国证券市场上从事投资顾问业务的证券投资咨询机构主要分为独立运作的投资咨询公司和附属证券公司的投资顾问部两大类，随着各自对投资顾问业务的重视和发展，二者将在业内就市场份额和产品创新展开越来越激烈的竞争。

外部方面，中国目前的金融市场中，银行、保险、信托等金融机构都不同程度开展了投资理财或财富管理业务，加之中国金融业混业经营蓄势待发，其他金融机构依托机构本身具有的资金实力和丰富经验，已经开始布局投资咨询业务，这将对证券投资咨询行业产生不可忽视的竞争压力。

（五）独立的投资咨询公司在持续经营和业务创新等方面都面临巨大挑战

证券投资咨询公司由于受到自身“先天不足”和外部“市场环境”等多方面因素的影响和制约，在持续经营和业务创新等方面都面临着巨大的挑战。总体来看，证券投资咨询公司的商业模式、服务能力、研发水平、队伍建设等相关核心竞争力的自身条件亟待提高，而市场环境、政策支持、诚信体系建设、行业形象、业务创新条件等影响公司持续发展的外部客观因素也需得到改善。

据中国证券业协会统计，2012年1~9月，85家处于正常经营状态的证券投资咨询公司整体亏损1.8亿元，平均每家公司亏损210万元。其中，66家亏损，占比77.6%，亏损总额2.3亿元；仅19家公司盈利，占比22.4%，盈利总额0.49亿元。证券投资咨询公司净资产分布情况见表2-2、图2-1。

表2-2　　证券投资咨询公司净资产金额分布情况

净资产	10 000万元以上	2 000万~10 000万元	1 000万~2 000万元	100万~1 000万元	0~100万元	净资产为负值
公司数量	5家	7家	9家	44家	12家	8家

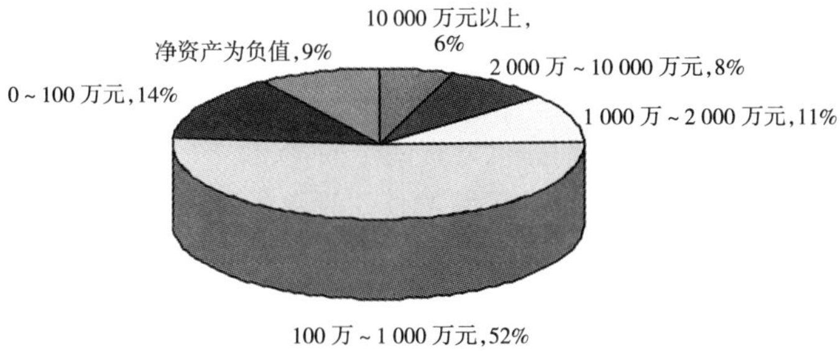

图 2－1　证券投资咨询公司净资产金额分布情况

第二节　证券投资咨询业务发展面临的机遇

一、证券投资咨询业务发展面临的政策及市场机遇

（一）“创新”背景下的投资咨询业务面临发展的大好机遇

在创新环境下，2012 年，中国证监会显著松绑证券公司资管业务，不断推动证券公司融资融券业务，鼓励证券公司开展柜台交易，并积极推动扩大证券公司代销金融产品的政策。这些有力的政策环境促使证券投资咨询业务的可操作空间不断加大、产品及服务的内容不断丰富和完善，证券投资咨询业务在监管层面得到了进一步的规范和政策放松。

（二）市场及投资者的成熟有利于投资咨询业务的拓展

经过全球金融危机和 2009 年下半年以来持续的“熊市”，中国资本市场日渐成熟，投资者也饱受教育，对证券投资的认识趋于理性，开始认识到专业投资机构及研究机构的价值和优势所在，打理财富这一业务的市场基础开始得到进一步夯实，投资咨询业务的收费基础开始奠定。

2012 年，中国证券市场的专业投资机构以 QFII、RQFII 最为引人注目，该类机构的数量和可投资额度均出现了爆发式增长，新基金公司的成立也得到了监管机构的放行，银行系基金公司再度扩容，私募基金公司也被进一步纳入深度监管的范畴。显然，这些新机构的扩容直接为投资咨询业务带给的新增的市场需求。同时，据 Wind 资讯的数据，基金份额已经从 2010 年的 24 228 亿份增加到 2012 年的 31 559 亿份，显示国内基金业本身也在不断进行扩张，其对应的研究业务需求自然也将随之增加。

二、发布证券研究报告业务面临的机遇

（一）发布证券研究报告业务面临专业投资机构队伍不断壮大的良好机遇

随着中国经济的迅速发展和国民财富的不断增加，中国金融市场的专业投资机构队伍不断发展壮大。作为发布证券研究报告业务的服务对象，各类专业投资机构的不断壮大和迅猛发展，潜在扩张了发布证券研究报告业务的市场空间。

相关数据显示，2012 年底，我国 QFII 家数迅速增加至 207 家，当年中国证监会就批准了 72 家，截至 12 月 31 日，共有 169 家 QFII 机构累计获得 374.43 亿美元的投资额度。无论是率先推出的债券类 RQFII，还是推出仅半年多的交易型开放式指数基金（ETF）类 RQFI，均取得了快速发展，截至 2012 年底，RQFII 总额度已经达到 2 700 亿元，RQFII 一年走完 QFII 五年的道路。截至 2012 年 12 月 31 日，根据中国证监会主代码口径，30 家基金公司管理了 67 只 QDII 基金，较 2011 年的 51 只增加 16 只。QDII 基金资产净值规模为632.43 亿元，在整个基金行业的占比为 2.21%，较 2011 年的 575.99 亿元增长 56.44 亿元。而国内的基金公司方面，截至 2012 年底，基金公司数量已达 70 家，管理的基金只数已达 1 222 只，资产净值合计达 2.89 万亿元（见图 2－2）。显然，随着 QFII、RQFII、QDII 的批准家数显著增加和国内机构投资者的不断壮大，发布证券研究报告业务的市场面临市场需求越来越大的良好机遇。

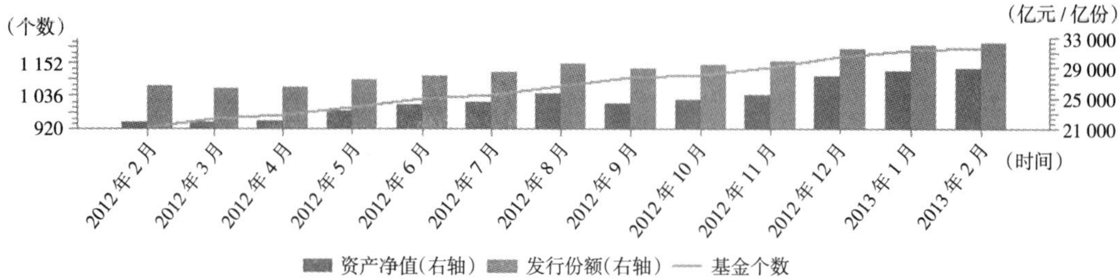

图 2－2　2012 年基金公司管理规模

资料来源：Wind 资讯。

（二）发布证券研究报告业务面临投资研究需求转变的良好机遇

越来越多的海外投资机构在迅速进入中国市场从事投资活动的同时，中国本土的投资机构也在迅速向海外市场进行投资，发布证券研究报告业务作为投资决策的基石，势必迎来更加多样化的需求。比如，QFII 需要的研究产品及服务，可能更多是基于它们所习惯的研究视角和研究方法、模式及标准所推出的产品及服务，而 QDII 因为要从事海外市场投资，可能需要更多的关于海外各主要市场的投资研究产品及服务，而作为 RQFII，他们主要从事债券投资，自然也需要更多的关于中国债券市场的相关研究产品及服务。除了针对不同投资主体的研究产品及服务外，中国的发布证券研究报告业务也面临着在多层次金融市场日渐形成的背景下，针对日益丰富和发达的中国金融市场，展开全方位、多层次的投资研究及服务的良好机遇。显然，发布证券报告业务的新需求，为专业化和特色化发展方向提供了良好土壤，也为发布证券研究

报告业务的转型提供了空间和领域。

三、证券投资顾问业务面临的机遇

（一）更规范化的市场环境拓展投资咨询行业创新发展空间

《证券投资顾问业务暂行规定》实施两年来，证券投资顾问业务朝着规范化、制度化的方向迈出了坚实而稳健的步伐。2012 年 12 月 28 日，第十一届全国人大常委会第三十次会议审议通过了修订后的《中华人民共和国证券投资基金法》，新基金法将于 2013 年 6 月 1 日正式实施。法律的修订完善，进一步为投资咨询业务的规范化、快速化发展夯实了制度基础，拓展了投资咨询行业继续创新发展的空间。

（二）证券公司转型和特色化经营为投资顾问业务发展提供新的机遇

2012 年 5 月 7 日到 8 日于北京召开的中国证券公司创新发展研讨会经纪业务分会场上，“投资顾问业务的发展”成为三个焦点之一，会议指出，“投资顾问的专业化和探索，是调整业务架构、提升专业能力推动经济业务由传统通道向财富管理转型的重要渠道。”

作为证券公司践行财富管理的切入点与实现方式，投资顾问业务的发展壮大使得传统客户服务的模式从以营业部为主体开始逐渐转变为以“人”、以投资顾问为主体，促进证券公司围绕财富管理的体系，分类管理、分类促进，充分发挥投资顾问的自身特长，引导投顾服务模式创新。可以说，证券公司向财富管理方向的转型发展和特色化经营的趋势为投资顾问的创新发展提供了前所未有的机遇。

（三）中国宏观经济、资本市场以及高净值人群的扩大为投资顾问业务提供潜在市场

中国经济持续稳定增长，中国资本市场迅速发展以及中国富人群体的扩增，为投资顾问业务的发展提供了良好的资本前提和客户市场潜力。仅从 2012 年数据来看，随着国内客户对投资顾问和财富管理的认识逐渐深入和成熟，无论是个人客户还是机构客户对投资顾问的需求从数量到质量都有了极大的增长。虽然 2012 年业内从事投资顾问业务的团队规模出现了近 30% 的迅速增长，但据中国证券业协会 2012 年的调研数据显示，在公司当下亟待解决的问题中，有半数以上都反映现有的投资顾问产品无法满足客户的需求。这说明投资顾问业务仍然面对着巨大而广阔的市场空间。

第三章 证券投资咨询业务发展展望

第一节 证券投资咨询业务的发展方向

一、证券投资咨询业务的多元化发展方向

（一）投资顾问业务向财富管理模式的接轨是投资顾问创新发展的趋势

财富管理是指以客户为中心，设计出一套全面的财务规划，通过向客户提供现金、信用、保险、投资组合等一系列的金融服务，将客户的资产、负债、流动性进行管理，以满足客户不同阶段的财务需求，帮助客户达到降低风险、实现财富保值、增值的目的。该模式最大的意义在于使证券公司收入从传统的佣金模式过渡到服务收费模式，解决当前证券公司过度依赖短期交易的佣金收入，形成“靠天吃饭”的经营模式，为证券公司长期稳定的收入来源提供解决方案。

中国证券业协会2012年的统计数据显示，已有超过九成的证券公司有系统的财富管理业务规划。虽然当前发展财富管理业务方面依然面临着诸如投资理财品种缺乏、分业经营政策限制、财富管理市场培育不够等障碍，但是，“投资顾问业务是财富管理的初级阶段，也会朝着财富管理方向大步迈进”正在业内形成共识。

（二）服务产品化和收费多元化是投资顾问业务发展的重要方向

目前，国内非专业机构客户的需求多元且复杂，加上行业的不断创新发展，要求投资顾问服务也要日益多元化、产品化，投资顾问不能过度依赖于单纯的差别佣金的模式，而应该积极寻求将投顾服务产品化，达到创造投顾价值的目的。例如，部分证券公司通过为客户量身订制理财规划和资产配置方案，取得客户认可后，为客户做金融产品配置，通过销售各类金融产品来获取应得的中间收入，同时，也可以直接将服务转化为产品进行收费。

（三）发布证券研究报告业务中的定制类专项化研究及服务有望进一步增多

随着QRII、RQFII不断进入中国市场，关于国内金融市场研究业务的新需求将不断增加，而大量的QDII产品的出现，也迫使国内发布证券研究报告的机构更多关注并加强研究海外市场。基于投资决策机构和投资研究机构之间不同的研究视角、视野、思维和习惯等，在多层次资本市场和立体化交易日渐盛行的格局下，发布证券研究报告业务中的定制类专项化研究及服务有望进一步增多。

二、证券投资咨询业务的专业化发展方向

（一）打造专业化的投资顾问，使其成为证券公司及投资咨询机构从事投资咨询业务的核心竞争力

不断研发和完善用于支持投资咨询业务的系统平台、继续培养专业的投资顾问和理财人员，形成包括客户体系、服务人员体系、服务技术体系、服务监督和风控流程体系、产品体系、投资者教育体系在内的综合业务体系建设，使专业投资顾问成为证券公司及投资咨询机构从事投资咨询业务的核心竞争力，将是未来投资咨询业务专业化发展的重要方向。

（二）加大力度进行专业化分工，强调自身特色的证券研究报告发布机构有望占得先机

中国从事发布证券研究报告业务的机构可以学习境外知名证券公司通过不断细化研究领域，从而实现研究业务的“精耕细作”。举几个境外证券公司的例子：第一，高盛公司以行业研究为主，在该领域享有盛誉，同时该公司的大宗商品研究也独步全球；第二，美林证券侧重于金融衍生工具的研究，以研究工具软件和及时的研究报告为客户提供增值服务。

作为国内发布证券研究报告机构的证券公司研究机构，与国外同行在规模上的差异和差距，在短期内估计难以改变，但从市场竞争的差异化角度看，国内证券公司可以借鉴境外领先证券公司在专业化分工和特色研究领域的成功做法，打造出研究定位清晰，强调特色的研究品牌和拳头产品及服务。我们相信，能够充分发挥自身优势，善于创新且形成特色的国内证券研究机构，终将能够在市场竞争中脱颖而出。

第二节 证券投资咨询业务的盈利模式

一、发布证券研究报告业务的盈利模式有待实现新的突破

对于中国证券公司发布研究报告业务的盈利模式，目前主要有三种收入方式：

（1）向基金等机构客户提供证券研究报告及服务，同时向租用证券公司交易席位的基金等机构客户收取一部分交易席位产生的佣金分仓收入；（2）向基金之外的保险、私募、其他证券投资咨询机构等机构投研主体销售证券研究报告，收取销售收入；（3）与证券公司签订协议，向证券公司的经纪客户（除基金外的客户）发送证券研究报告，由证券公司统一向证券投资咨询机构支付费用。2012年，由于证券市场整体表现不景气，中国证券公司发布研究报告业务的总体收入受市场竞争加剧和交易低迷局面的影响，呈现下滑态势。显然，尽管行业在发展和变化，但中国证券公司发布研究报告的盈利模式仍有待突破。

二、证券投资顾问业务的盈利模式有望初步构建

（一）差别佣金逐步成为附属证券公司的投资顾问业务主流盈利模式

根据中国证券业协会2012统计数据显示，业内从属于证券公司的投资顾问业务较为普适性的盈利模式从2011年的“三足鼎立”（差别佣金收费模式、投资顾问服务费用模式和服务产品定额收费）发展到了2012年的差别佣金盈利模式为主，差别佣金和投顾服务费用二者共有为辅，单纯的投顾服务费用盈利模式所剩无几的格局。说明在2011～2012年的一年时间里，各大证券公司经过对投顾盈利模式的探索，开始逐渐锁定差别佣金先行的盈利模式。从目前来看，差别佣金模式是最易操作和开展的收费模式，因为单纯的服务收费缺乏明晰的业绩界定标准，而提供投资顾问服务并向签约客户收取差别佣金的逻辑则是清晰可行的。这样将投资顾问推到客户的面前，直接与客户打交道，将进一步实现投资顾问业务向以“人”为核心的方向转型。

（二）服务收费多元化也是投资顾问盈利模式的发展方向

单一的差别佣金模式并不能实现投资咨询业务的长远迅速发展，收费多元化则势必成为未来的一种选择。比如：通过提供投资建议，让客户购买各种金融产品，通过后台收费的方式，进而间接实现投顾服务的收费。

第三节　证券投资咨询业务的业务体系建设

一、证券投资咨询业务的服务及产品体系需要进一步的市场化变革

（一）倡导“以客户需求为中心”的发布证券研究报告业务理念，整合发布证券研究报告的业务流程，促进发布证券研究报告机构的运行效率

“供给自动创造需求”的亚当·斯密时代理论，早已被现代的凯恩斯需求决定论所取代。发布证券研究报告业务作为投资咨询业务的重要一环，是资本市场与社会分工发展的产物，按照迈克尔·波特在《竞争战略》中提出的“价值链模型”来分析，证券分

析研究是投资咨询业务创造价值的基础和前提，毫无疑问，证券投资需要研究分析，而研究分析是为投资服务的。基于此，发布证券研究报告业务需要大力倡导“以客户需求为中心”的理念，切实挖掘和发挥出应用研究的内在价值。

在信息技术和智能科技发展的当今时代，发布证券研究报告机构理应尝试将能够标准化的研究流程与分析师创造价值的研究工作相分离，将前者实现流程化甚至直接向独立研究机构或供应商购买，而将后者根据客户偏好提供个性化和订制化服务，真正体现研究的价值创造，这一改进过程实际上也就构成了整合发布证券研究报告业务流程的核心内容。而为了促进发布证券研究报告机构的运行效率提升，除了整合业务流程外，中国现在的发布证券研究报告机构还需要从业务定位、模式选择、主攻方向、决策机制、研究成果转化等领域，大力进行探索和改革，以期实现发布证券研究报告业务的质变性突破。

（二）以IT技术作支撑，促进投资顾问产品和服务专业化、自动化

根据中国证券业协会调研数据，当前各大证券公司面临的具体业务挑战中，突出的一项即是投资顾问产品和客户需求的不匹配。虽然业内普遍增加了投资顾问业务的研发投入，2012年证券公司平均研发投入高达248.589万元，但仍然存在投资顾问产品针对性不强的局限。

展望未来，在完善客户分级分类制度的基础上，将投资顾问服务和产品按照标准化、规范化、流程化、IT化的要求，从而使得投顾业务线具有服务、产品推送、留痕、与客户沟通交流、统计考核等功能，促进办公自动化和专业化。例如，证券公司可以借助CRM系统等IT技术，建立和完善金融产品配置决策系统以资产配置带动金融产品销售的模式，使证券公司利益与客户利益相统一，提高客户黏性。

二、证券投资咨询业务从业人员队伍建设需要进一步投入和完善

（一）投资顾问业务以团队建设促进整体业务水平的提升

《证券投资顾问业务暂行规定》发布后，市场对于投资顾问的期许十分高，但由于该团队面临着建设时间短、人员结构不成熟、团队目标不清晰等问题，导致投资顾问业务起步之初，团队建设遇到不少难题。调研显示，虽然2011年和2012年两年间投资顾问从业人员实现了年均超过40%的规模增长，但是随着投资者结构调整的出现，机构投资者力量日益壮大，客户越来越成熟，结合当前市场证券创新频出，满足客户需求的难度随之增大。这就对投资顾问团队人员的匹配和投顾人员的专业知识、业务能力在内的素质提出了更高的要求。如何通过适当的激励机制、业务指引或培训辅导快速提升投资顾问团队的专业水平，从而促进投资顾问的整体业务水平和价值创造能力，依然是未来长时间内投资顾问团队建设需要加强的方向。

（二）发布证券研究报告业务须扩充队伍并调整结构

根据中国证券业协会的调研数据，2012年，从事发布证券研究报告的证券公司研究行业，总员工数环比2011年，仅仅增长2%，平均1名员工完成39.4篇研究报告，环

比2011年增加了15%。显然，发布证券研究报告业务的行业工作强度显著提升了。另外，调研数据也显示，2012年博士学历及其以上员工数为438人，环比2011年下降7%，具有5年以上从业经验的员工数为1 088人，环比增长7%，这也表明，尽管发布证券研究报告业务的从人员工作经验在增加，但高端研究型人才出现了一定程度的下降。通过上述数据可以看出，随着新的研究需求的涌现和传统业务需求的自然增长，如何加强人员配备、改善发布证券研究报告业务的人员知识结构，减轻从业人员的工作强度和压力，已成为投资研究队伍建设的当务之急。

分报告之五：2012年中国证券公司融资融券业务发展回顾与展望

第一章 中国证券公司融资融券市场综述

融资融券业务，是指证券公司向客户出借资金供其买入上市证券或者出借上市证券供其卖出，并收取担保物的经营活动。证券公司出借的资金或上市证券可以是自有的，也可以是向证券金融公司转融入的。融资融券交易，是指投资者向具有融资融券业务资格的证券公司提供担保物，借入资金买入证券（融资交易）或借入证券并卖出（融券交易）的行为。

2011年10月28日，融资融券业务由试点转为常规，融资融券业务工作全面开展。业务经过一年多的平稳运行，2012年8月30日转融通试点业务的开展（先行办理转融资业务），市场参与者不断增多，业务规模逐步扩大，在一定程度上放大了资金的使用效果和证券供求，增加了市场交易量，降低了流动性风险。同时，作为一项新业务为证券行业提供了新的收入来源，改善了证券公司的生存环境。

第一节 融资融券市场交易情况

一、市场总交易量情况

2012年，我国融资融券市场规模逐步扩大。根据统计数据，信用账户中融资交易金额为13 497.07亿元，较2011年的5 331.09亿元增长153.2%；信用账户中融券交易量为3 008.44亿股，较2011年的524.88亿股增长473.2%（见表1－1、图1－1）。

表 1－1　　融资融券交易情况

年度	累计融资融券交易额（亿元）	融资融券交易额月均增长率（%）	累计融资交易额（亿元）	累计融券交易额（亿元）
2011	5 855.96	7.33	5 331.09	524.88
2012	16 505.52	11.15	13 497.07	3 008.44

资料来源：中国证券金融股份有限公司。

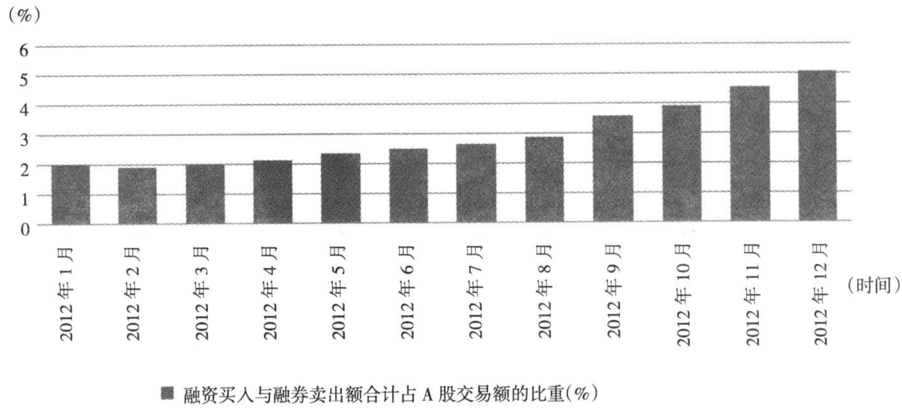

图 1－1　融资融券交易额占 A 股交易额比重变化情况

资料来源：中国证券金融股份有限公司。

二、市场余额情况

截至2012年底，2012年融资融券市场余额为895.16亿元，其中，融资余额为856.94亿元，融券余额为38.22亿元，相比2011年382.07亿元的融资融券余额增加了2.34倍（见图1－2、图1－3）。

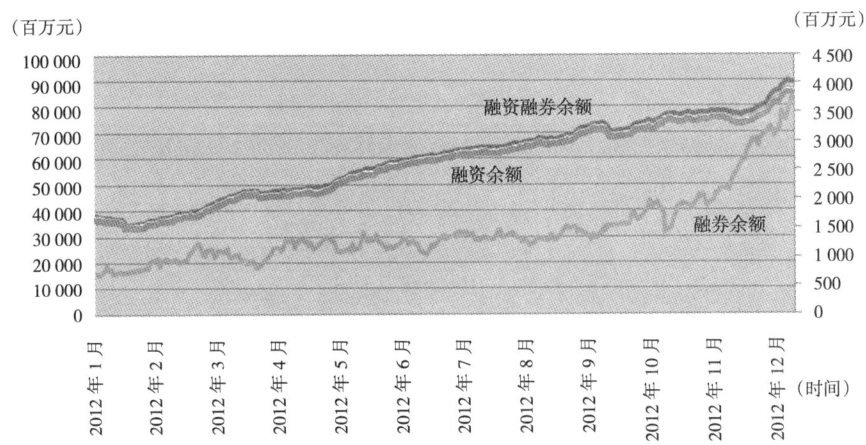

图 1－2　融资融券市场余额变化情况

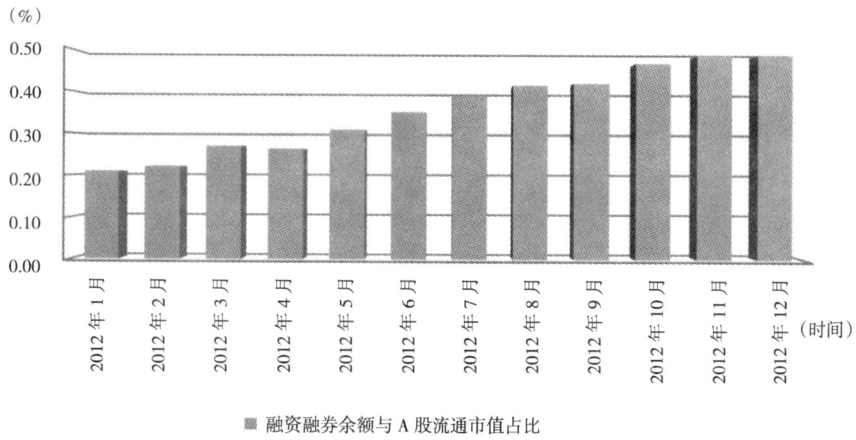

图1－3　融资融券市场余额占A股流通市值比重变化情况

三、ETF融资融券交易与余额情况

自2011年10月28日融资融券业务正式转为常规业务以来，标的证券扩容引入了7只ETF基金；随后，2012年6月，沪、深证券交易所分别引入300ETF作为标的证券（包括嘉实300ETF，华泰柏瑞沪深300ETF），10月恒生300ETF被列入标的证券范围。

根据中国证券金融股份有限公司统计数据显示，2012年以来，ETF累计融资买入金额达231.93亿元，累计融券卖出金额为359.10亿元；ETF融资余额为31.32亿元，融券余额为5.10亿元。同时，2012年信用证券账户内ETF累计交易额为1 145.92亿元，与2011年的12亿元相比，新增95.49倍。

第二节　融资融券市场开户及余额集中度情况

一、市场开户情况

从融资融券业务的参与者来看，参与融资融券业务的投资者数量快速增长。2012年底，信用账户总开户数为990 284户。其中，个人客户为986 891户，占总客户数的99.66%；机构客户为3 393户，比2011年的1 103户增长了207.62%。

2012年，信用账户开户数平均增长率为9.78%，其中，个人客户开户数月平均增长率为9.75%，机构客户开户数月平均增长率为10.73%。

截至2012年12月，参与融资融券业务客户量占A股市场参与者的比重为0.59%，与2011年的0.20%相比，所占比重增长了近3倍[①]（见图1－4、图1－5）。

① 资料来源：根据中国证券登记结算公司《统计月报》中信用账户和A股账户开户数计算得出。

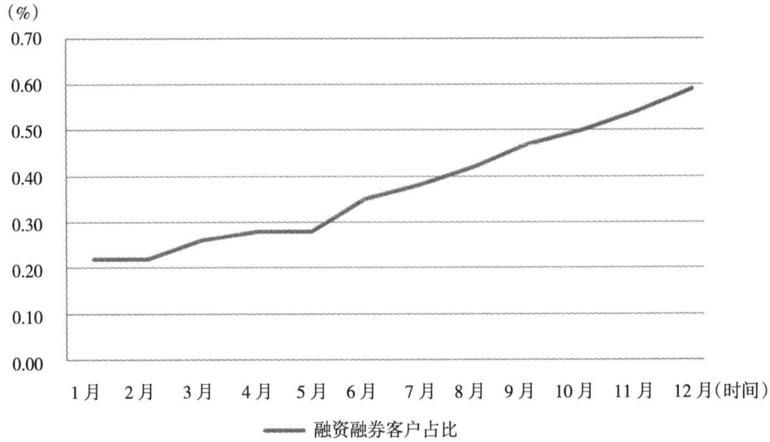

图1－4　2012年融资融券客户与A股客户数占比情况

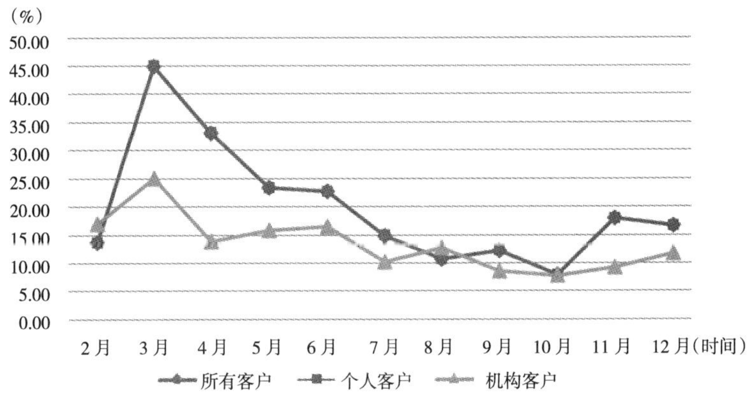

图1－5　2012年融资融券业务客户开户增长情况

二、余额集中度情况

融资余额证券公司分布集中度明显小于融券余额。融资余额前10名证券公司集中度为62%，融券余额证券公司集中度高达85%（见图1－6）。

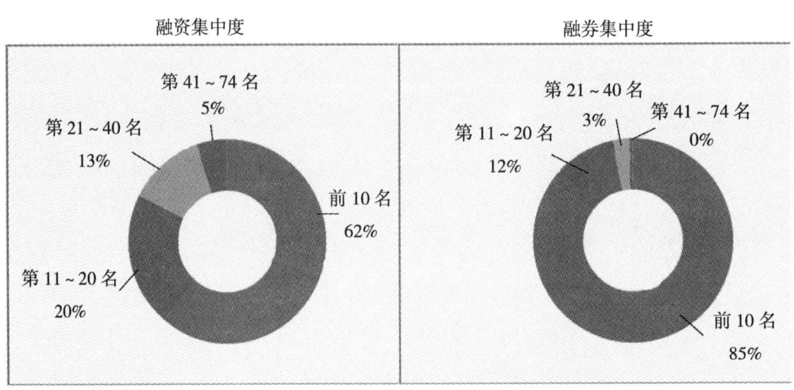

图1－6　2012年融资与融券余额集中度分布

资料来源：Wind数据。

三、风险管理情况

2012 年，全年融资融券市场被平仓客户数为 2 378 户，其中，2 350 户是由于融资融券合约逾期被所在开户证券公司平仓，28 户由于提交担保品不足而被所在开户证券公司平仓。

第三节　证券公司融资融券收入结构

根据中国证券金融股份有限公司统计数据，2012 年，74 家证券公司融资融券总收入 74. 27 亿元。其中，息费收入 53. 09 亿元，占融资融券总收入的 71%；佣金收入 16. 29 亿元，占融资融券总收入的 22%；其他收入 4. 9 亿元，占 7%（见图 1 –7）。

其中，前 10 家证券公司融资融券收入占全市场所有参与融资融券业务的证券公司总收入的 66. 57%。

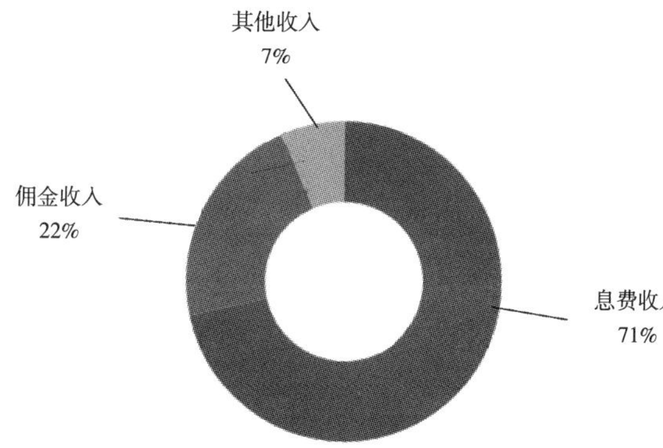

图 1 –7　证券公司融资融券收入结构情况

资料来源：中国证券金融股份有限公司。

附：

2012年中国证券公司融资融券业务发展情况大事记

一、交易所交易基金纳入融资融券标的证券

2012年5月18日，上海证券交易所发布通知，规定符合条件的交易所交易基金，可在上市交易5个交易日后作为融资融券标的证券。

2012年5月24日，深圳证券交易所也发布通知，规定符合条件的以跨市场指数或者跨境指数为跟踪目标的交易型开放式指数基金，可在上市交易5个交易日后作为融资融券标的证券。

依据上述规定，上海证券交易所在2012年6月4日将华泰柏瑞沪深300ETF（代码：510300）调入标的证券名单，深圳证券交易所在2012年6月4日和10月29日分别将嘉实沪深300交易型开放式指数证券投资基金（证券简称：300ETF，证券代码：159919）和恒生交易型开放式指数证券投资基金（证券简称：恒生ETF，证券代码：159920）调入融资融券标的证券名单。

二、转融通开闸

2012年8月27日，经中国证监会批准，中国证券金融公司、上海证券交易所、深圳证券交易所和中国证券登记结算公司分别发布了转融通业务规则和配套细则等文件，标志着转融通试点实质启动。其中，中国证券金融公司发布《中国证券金融股份有限公司转融通业务规则（试行）》、《中国证券金融股份有限公司转融通业务保证金管理实施细则》和《中国证券金融股份有限公司融资融券业务统计与监控规则（试行）》三项转融通业务试行细则；中国证券登记结算有限责任公司发布实施了《中国证券登记结算有限责任公司担保品管理业务实施细则（适用于转融通）》和《中国证券登记结算有限责任公司证券出借及转融通登记结算业务规则（试行）》两个细则，对转融通业务的登记结算运作进行规范；沪、深证券交易所分别发布并施行《转融通证券出借交易实施办法（试行）》，限定了证券出借人为机构投资者并实施定价交易。依据上述六个业务规则和实施细则，转融资将先于转融券推出，融资期限分7天、14天、28天三个档次，转融资最大单笔申报限3亿元且两市交易所暂不接受约定申报。转融券证券标的、期限、证券出借费用等具体转融券交易规定也相应出台。

2012年8月30日，转融资业务试点正式启动。海通、申银万国、华泰、国泰君安、银河、招商、广发、光大、中信、中信建投、国信11家证券公司获准成为首批借入人，11家证券公司首日进行了22笔转融资融入申报，共计成交55亿元，达到了转融通业务规定的单日可借额度的最高值。

2012 年 11 月 6 日，中国证券金融公司再次宣布转融资业务试点证券公司范围将进一步扩大，第二批包括安信证券、长城证券等 19 家转融资试点证券公司将开展业务。至此，转融资试点的证券公司增至 30 家。截至 2012 年 11 月 5 日，中国证券金融公司已累计向 11 家试点证券公司出借资金 249.82 亿元，转融资余额为 101 亿元。截至 2012 年 11 月 5 日，融资融券余额为 770.65 亿元，其中，融资余额为 751.39 亿元，同转融资业务推出之前相比增长了近 90 亿元。转融资业务对市场的积极推动作用已经初步显现。

三、第四批 48 家证券公司获批融资融券业务资格

2012 年 4 月 28 日，中国证监会公布了《证券公司融资融券业务审批》，明确了证券公司申请融资融券业务资格的程序和需提交的材料。2012 年 4 ~ 12 月，中国证监会陆续核准批复了第四批 48 家证券公司的融资融券业务资格。加上前面三批获准开展业务的 25 家试点证券公司，截至 2012 年底，已有 73 家证券公司获准启动融资融券业务。如果上述证券公司全部开展融资融券业务，两融业务覆盖的营业部比例将超过 80%。

四、证券公司资产管理被允许参与融资融券交易

2012 年 10 月 18 日，中国证监会公布了第 87 号令《证券公司客户资产管理业务管理办法》及配套实施细则，一方面放松管制、放宽限制；另一方面强化监管、防控风险。在扩大资产运用方式方面，允许证券公司集合资产管理计划和定向资产管理参与融资融券交易，扩大融资融券的市场覆盖面，健全融资融券市场机制；允许集合计划和定向资产管理将其持有的证券作为融券标的证券出借给证券金融公司；允许集合计划进行正回购；提高自有资金参与一个集合计划的比重，允许自有资金在集合计划存续期间有条件参与或退出集合计划。

第二章 国内外融资融券业务发展比较

证券信用交易是境外在证券市场普遍而成熟的一种交易制度。与境外成熟资本市场相比，融资融券业务在我国开展较晚，从授信模式、账户体系到交易模式、相关费率方面均有不同。

第一节 融资融券标的证券

根据境外信用交易经验，信用交易的一个重要风险点是融资融券标的证券出现问题。如果作为融资融券的证券出现了重大问题，证券公司及时实施强制平仓，也难保证券能够完全收回。因此，各国或地区都对用于融资融券的标的证券准入条件作了规定。但标的证券范围的宽窄与该国（地区）证券市场的发达程度、监管理念密切相关。

美国由于市场成熟，对可以作为信用交易的有价证券限制较少。根据T规则相关规定，可作为信用交易的有价证券必须是在美国证券交易所上市交易的证券，或者在场外柜台市场交易活跃的证券，或是证券交易委员会开列名单上的证券。具体包括：已在国家证券交易所上市的有价证券（权益证券和债券证券）；店头可融资股票（经美国联邦储备制度理事会认可的有价证券）；店头可融资债券以及根据《1940年投资公司法》注册的开放式或单位投资信托基金。

日本法规对融资融券的证券中所列限制较严格，其用于信用交易的股票，由交易所从上市股票中选出。充分考虑了证券的股本流通数、股权集中度、波动幅度、流动性等指标。

中国台湾地区对信用交易标的证券的规定更为严格。一般限于风险较小、流动性较好的普通股票和受益凭证。

综合境外市场信用交易标的证券选择条件以及我国市场情况，目前我国所制定的标的证券相对较为严格，选择标准充分考虑了我国当前证券市场所处阶段及监管理念，在参考了境外主要市场融资融券标的证券的选择思路后，主要基于上市时间、股权集中度、流动性、波动性等指标，增加了股权分置改革完成程度、是否面临退市等特殊指标。

2012 年 5 月，沪深证交所发布通知，将交易所交易基金纳入融资融券标的证券，并分别规定如下：2012 年 5 月 18 日，上海证券交易所发布通知，规定符合下列 3 个条件的交易所交易基金，可在上市交易 5 个交易日后作为融资融券标的证券：（1）日均资产规模不低于 100 亿元；（2）基金持有户数不少于 10 000 户；（3）跟踪指数的成分股不少于 30 只，且总市值不低于 5 000 亿元。

2012 年 5 月 24 日，深圳证券交易所也发布通知，规定符合下列两个条件的以跨市场指数或者跨境指数为跟踪目标的交易型开放式指数基金，可在上市交易 5 个交易日后作为融资融券标的证券：（1）日平均资产规模不低于 20 亿元人民币；（2）基金持有户数不少于 4 000 户。

依据上述规定，上海证券交易所在 2012 年 6 月 4 日将华泰柏瑞沪深 300ETF（代码：510300）调入标的证券名单，深圳证券交易所在 2012 年 6 月 4 日和 10 月 29 日分别将嘉实沪深 300 交易型开放式指数证券投资基金（证券简称：300ETF，证券代码：159919）和恒生交易型开放式指数证券投资基金（证券简称：恒生 ETF，证券代码：159920）调入融资融券标的证券名单。

第二节　国内外业务规模比较

融资融券业务开展初期，只有获得资格的证券公司才能向投资者提供融资融券业务，并且只能以自有资金和证券进行经营，其整个融资融券规模还不大。在成熟资本市场，融资融券交易占市场总交易比例高达 15% ~40%。但由于在业务开展初期，只有获得资格的证券公司才能向投资者提供融资融券业务，并且只能以自由资金和证券进行经营，所以目前整个融资融券的规模还不大。

但随着我国融资融券交易的发展，市场上需要更多的资金和证券，这将大大刺激对证券借贷的需求。境外主要市场的经验表明，在融资融券交易可以自由开展的证券市场，通常都有一个制度完善而且交易活跃的证券借贷（融券）体系，否则融资融券交易无法有效地进行。

一、融券（证券借贷）交易规模占比比较

图 2 -1 为 2007 年 12 月 ~2011 年 12 月国际市场证券借贷（融券）规模变化情况。

2011 年全球证券借贷市场可借出证券资产总额约为 120 亿美元，证券借贷规模约为 25 亿美元。

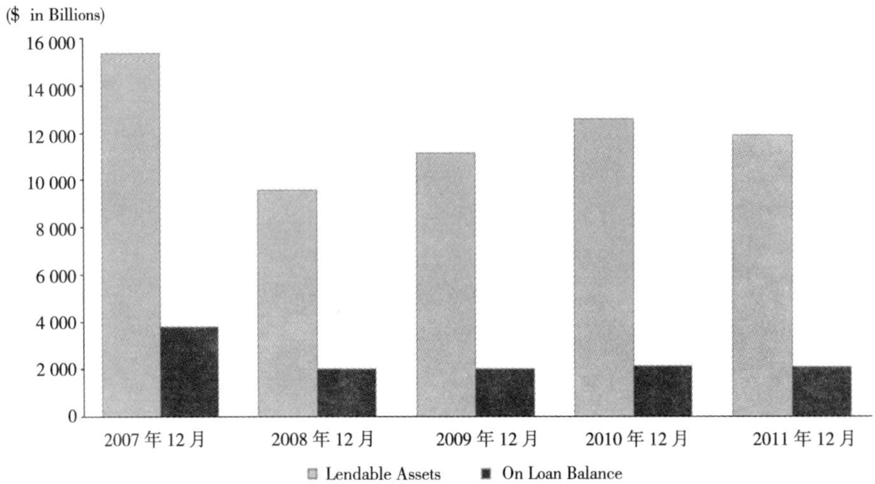

图 2－1　全球证券借贷市场规模

图 2－2、图 2－3 是亚洲证券借贷市场 2010～2011 年证券供给与需求变化情况。从图中可以看到：证券供给和借贷需求的总体规模均呈上升趋势，其中，中国台湾地区的证券借贷规模供给 2010 年 10 月出现跳跃式增长，证券借贷需求稍有延迟，2011 年 4 月出现跳跃式扩张。从另一个角度说明，台湾市场证券借贷需求受到供给扩大的刺激，规模效应逐步释放。

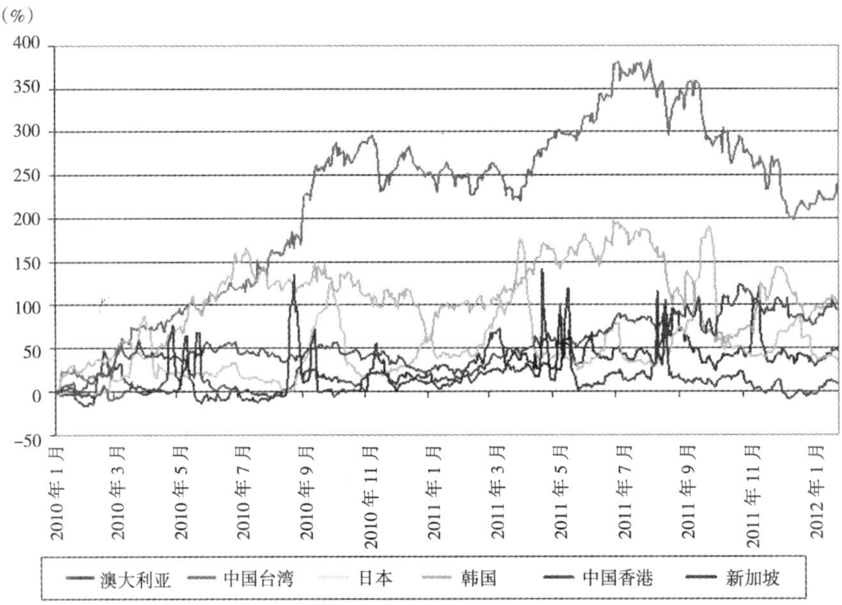

图 2－2　亚洲市场证券供给

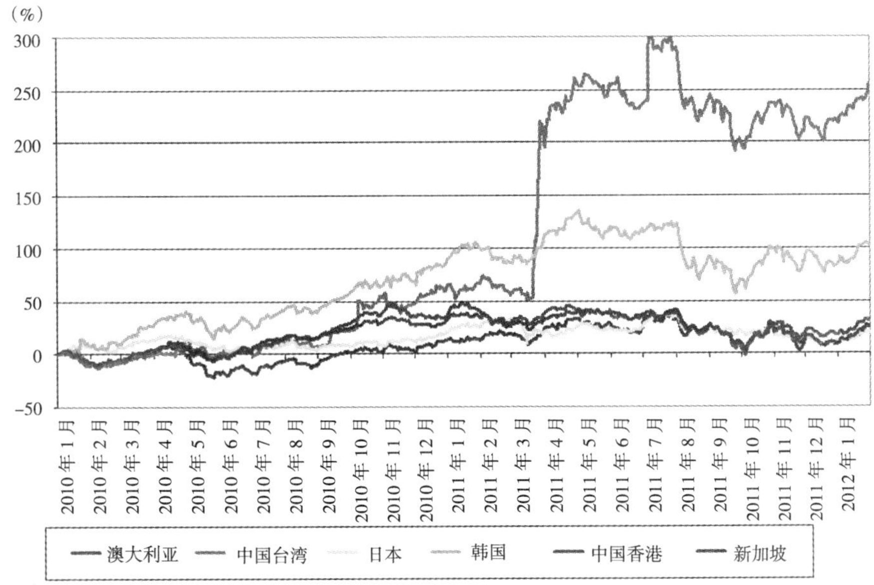

图 2-3　亚洲市场证券借贷需求

二、融券费用比较

全球股票市场的证券借贷费率根据不同券种、不同期限以及不同市场情况而不同。图2-4为全球股票市场融券费用。从该图可以看出，2011年上半年证券借贷利率为3%左右，2011年底回落到1%左右。全年平均证券借贷费率为0.92%。

由于融券业务是我国资本市场一项创新性业务，证券来源较少，可借券种和规模较少，融券费率为8.6%。

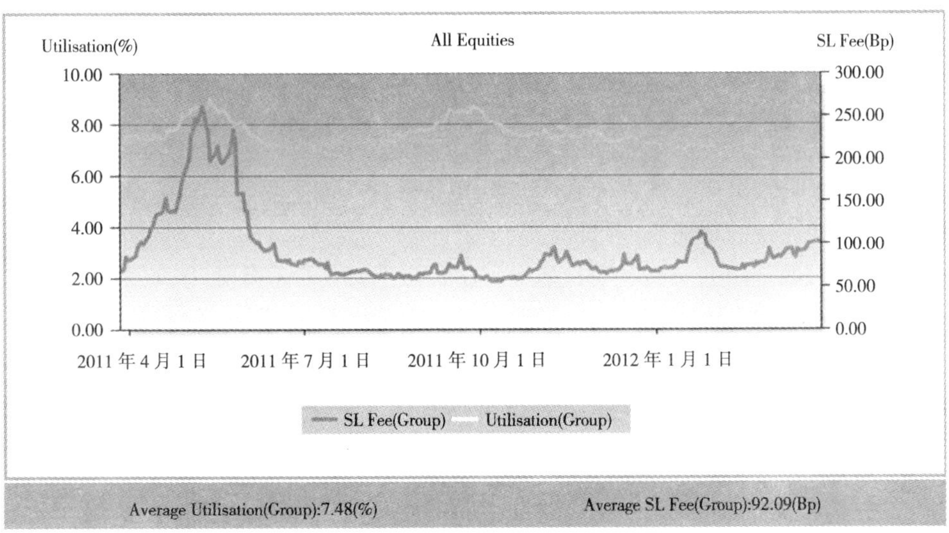

图 2-4　全球股票市场融券（证券借贷）费用

第三章 中国融资融券业务面临的问题及2013年发展展望

第一节 中国融资融券业务面临的问题

一、融资融券业务市场规模较小

虽然融资融券的市场规模逐渐增长，但相对于沪市日均千亿元的交易规模而言，融资融券的市场规模相对较小。根据统计数据显示，我国A股融资融券业务交易总量仅占市场交易总量的1.2%左右。从海外市场成功经验来看，以融资融券为代表的信用交易较为活跃，在市场交易总量中占比较大。以美国和日本为例，美国和日本的信用交易规模占证券交易金额的比重高达16%～20%左右。我国台湾地区融资融券交易的规模占其总交易量的比例更高，达到了30%以上。

二、融资融券业务发展不平衡

据市场统计数据，目前融资融券业务发展不平衡，主要表现在融券业务比重过小，融券交易规模仅为融资交易规模的4.46%，市场融券功能不足，未能充分体现融资融券价格发现和对冲风险的功能。

从成熟市场融资融券的实践经验来看，尽管融资交易会高于融券交易，但融券业务的占比仍会占据一席之地。例如，在日本和中国台湾证券市场中，融券交易一般会占融资和融券交易总额的20%左右。这一问题的出现主要是因为，一方面，可交易的融券标的数量较小，范围较窄，多集中于大盘蓝筹股，投资者几乎没有选择余地；另一方面，由于融券卖空对我国投资者来说属于新的投资方式，市场大部分投资者还未熟练掌握卖空投资。

三、融券券源缺乏有效的融通渠道

目前，证券公司均是以自有资金和自身持有的股票作为向客户融资和融券的来源。

一方面限制了业务开展规模，另一方面这使证券公司只会在以下情况下将股票作为融券标的：（1）融券券源为证券公司自身长期战略持有的证券。这类券种一般均为证券公司所持上市公司的法人股，持股成本极低，且很难在市场上变现。证券公司持有的这类券源的品种有限；（2）未来有相当大把握上涨的股票。证券公司选择可融券证券的依据往往导致两个结果：其一，在现有融资融券标的范围内，证券公司能够获得的成本较低的法人股品种非常少，这使得证券公司没有可融的股票；其二，对于证券公司可融的股票，投资者非常清楚可融券的股票是证券公司有较大把握看涨的股票，除非投资者有较大的把握或更有力的证据说服自己这些股票未来会跌，否则理性的投资者是不愿对这些股票融券卖出的。这使得投资者参与融券交易的可能性变得更低。证券公司将未来看涨的股票融给投资者，往往导致在投资者与证券公司之间的融券交易实质上是零和博弈。换言之，投资者与证券公司间并非合作式的共赢关系，而是简单的对赌关系，即投资者通过融券获得的收益（损失）恰恰是证券公司的损失（收益）。以上结果使得证券公司可融券的股票数量较少，也使得投资者不愿参与目前市场中的融券交易。另外，劣质股票尚未列入融资融券品种中，也是其中一个原因。目前融资融券品种仅为500只，对于一些劣质股票来说，反而没有做空手段，不利于市场合理定价，不利于市场理性投资。

四、投资者适当性管理流程有待进一步优化

本着试点先行、稳妥起步的原则，融资融券业务推出阶段，制度建设和风险控制审慎推进。建立了投资者适当性管理制度，证券公司在向客户融资、融券前，应当对客户进行征信调查，了解客户身份、财产与收入情况、证券投资经验和风险偏好，以书面和电子方式予以记载、保存，并通过对客户的征信情况，对客户参与融资融券规模进行授信，与客户签订“融资融券合同”后方能向客户提供融资、融券。同时，还规定客户从事证券交易不足半年、交易结算资金未纳入第三方存管、证券投资经验不足、缺乏风险承担能力或者有重大违约记录的客户，以及本公司的股东、关联人，证券公司不得向其融资、融券。交易所窗口意见进一步严格限制条件，要求投资者账户开户时间在18个月以上等。

严格的风险控制流程确保了业务的稳步开展，经过近三年的实际运行经验，相关的业务环节可进一步优化，降低投资者参与融资融券的各种隐性成本，提高客户开户效率。

五、投资者的认知程度有待进一步加强

我国证券市场已经有了二十多年的历史，投资者一直进行做多交易，通过寻找股票上涨的机会获得收益。这种单边市场的投资习惯使得投资者不能很快转换做空思维，对融券交易的推出还需要一个适应过程。相关研究表明，在已开立信用交易账户的投资者中，仅有大约50%的账户申请参与过融资融券交易，说明市场中投资者对信用交易的认知和接受程度还有待提高。

六、机构投资者参与度有待进一步提高

2012 年 10 月 18 日，中国证监会公布了修订后的《证券公司客户资产管理业务管理办法》及配套实施细则，允许证券公司集合资产管理计划和定向资产管理参与融资融券交易。截至 2012 年底，能参与融资融券业务的机构投资者主要包括一般机构、证券公司集合资产管理计划和定向资产管理计划，而证券公司自营、证券投资基金、基金公司专户理财产品、社保基金、企业年金、QFII、RQFII、保险、信托等特殊机构投资者均不能参与融资融券交易。

根据中国登记结算有限责任公司的统计数据显示，2012 年底我国 A 股市场中参与融资融券的机构客户仅为 3 393 户，占所有参与融资融券客户的比重仅为 0. 34%。而在欧美成熟市场，参与信用交易的机构客户占比均为 75% 以上。

第二节　中国融资融券业务 2013 年发展前景

一、证券公司参与程度进一步增加、市场规模逐步扩大

融资融券业务转常规后，中国证监会修订了相关行政许可规定，适度降低了证券公司的准入资格。随着中国证券业协会出台相应的申请程序以及系统测试工作的大范围开展，目前，已有 74 家证券公司拥有融资融券业务资格。据估计，这些符合条件的证券公司开展融资融券业务的营业部覆盖率不低于 80%。参与证券公司的增多，在很大程度上将扩大对业务的市场推介，市场规模将有显著增加。

二、投资者参与程度逐步增加

随着融资融券业务的持续稳步推进，市场对这项新业务的认知程度将逐步提高，参与融资融券的投资者逐步增加。同时，随着相关监管规定的逐步明确，基金专户、私募基金、证券公司资管、保险等机构投资者将逐步参与融资融券业务，一方面拓宽新的低风险收益；另一方面丰富市场对冲策略和风险管理措施。

三、市场化的转融通机制正在逐步完善

随着 2012 年 8 月 30 日转融通试点业务的推出，转融资业务先行，获准成为首批借入人的 11 家证券公司首日进行了 22 笔转融资融入申报，共计成交 55 亿元，达到了转融通业务规定的单日可借额度的最高值。这标志着我国市场化的转融通机制已经初步建立。截至 2012 年底，转融资业务已平稳运行 4 个月，转融券系统开发与多方测试也在按计划进行，转融券业务有望很快正式推出。

四、投资者适当性管理流程将进一步优化

随着融资融券业务的开展，在业务实际操作过程中，证券公司从事业务经验逐渐成熟，在对客户分级分类的判断和操作上有了较系统和科学的评价和操作体系，在此基础上，将进一步优化投资者适当性管理流程，从而提高投资者参与融资融券业务的效率，在风险可控的前提下降低投资者的参与成本。

五、投资者教育工作进一步加强

20多年的做多习惯使得投资者对融券卖空交易还需要一个适应过程。为此，业务参与各方会进一步加强投资者教育工作，使得投资者能正确认识“做多”与“做空”的运作机制。更进一步，证券公司要逐步加强客户适当性管理，有效控制客户参与融资融券业务的系统性风险。另外，机构客户逐步参与融资融券业务，不仅能够保证股票市场未来平稳、有序、健康的发展，更能为投资者提供双向的、切实的投资帮助。

分报告之六：
2012年中国证券公司投资业务发展回顾与展望

第一章

2012年中国证券公司投资业务的总体情况

证券公司投资业务是指证券公司使用资产负债表，在公开或私募市场进行证券的投资交易，以获取投资收益的业务。投资业务包括二级市场交易、直接投资等，证券品种涵盖股权、债权、衍生产品、基金、信托、证券化产品等。按照国内证券公司投资业务发展状况，可以划分为传统（自营）投资、直接投资及创新投资三大类。

第一节　2012年投资业务发展背景与发展环境

一、证券公司净资本积累带来投资业务发展需求

过去5年以来，我国证券公司随着国民经济和资本市场的发展而不断成长。截至2012年12月底，全国共有证券公司114家，净资本规模合计4 971亿元。净资本的积累带来了投资业务的发展需要（见图1-1）。

二、证券公司传统卖方业务下滑带来投资业务发展动力

近年来，由于市场成交量的下滑和证券公司佣金战的持续，经纪业务占证券公司收入的比重下降。随着二级市场的大幅调整，一级市场证券承销与保荐业务的收入也大幅下滑。2012年度，证券公司营业收入总计1 294.71亿元，较2011年的1 359.5亿元减少了64.79亿元，其中经纪业务代理买卖证券业务净收入下降了185亿元，投行业务证券承销与保荐及财务顾问业务净收入下降了28亿元。证券公司净资本的积累和传统业务的瓶颈共同带来了投资业务转型的压力。

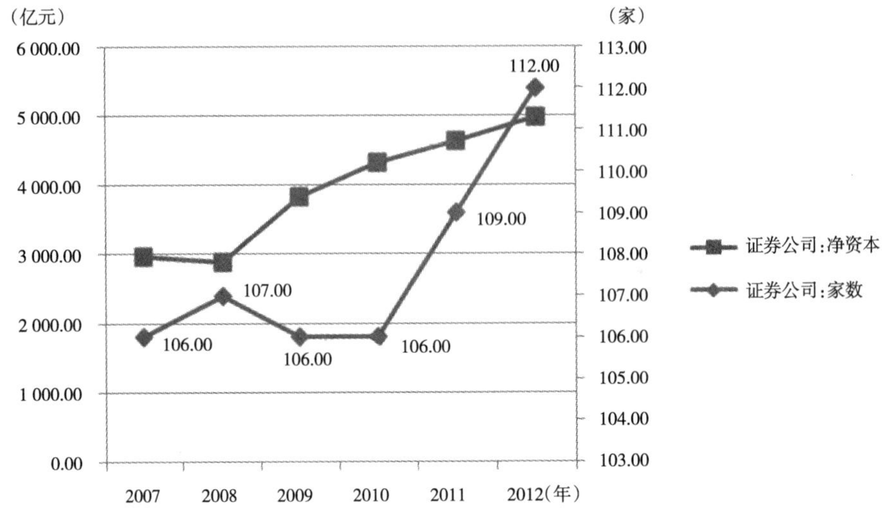

图1－1　证券公司净资本情况

资料来源：Wind资讯。

三、政策管制逐渐放松提供投资业务发展良好环境

近年来，监管部门在围绕提高资产运用和财务杠杆方面推出了诸多政策，为证券公司从“通道驱动”转型“资产驱动”创造了有利的长期制度环境，支持证券公司的长期净资产收益率（ROE）中枢逐步向上提升。证券公司投资业务相关政策管制的放松为该业务的发展提供了良好环境。

为了明确证券公司证券自营业务的投资范围及有关事项，中国证监会于2011年4月29日公布《关于证券公司证券自营业务投资范围及有关事项的规定》（以下简称《自营规定》）。《自营规定》自2011年6月1日实施以来，在拓宽证券公司投资渠道、有效控制证券公司证券自营业务及另类投资的风险等方面发挥了重要的作用。为进一步扩大证券公司证券自营业务的投资品种范围，明确证券公司投资金融衍生产品的监管政策，中国证监会于2012年10月31就修订《自营规定》向社会各界公开征求意见。此次修订《自营规定》主要作了两个方面的修改：

一是适应证券公司扩大证券自营业务投资品种范围的现实需要，修改了《自营规定》的附件《证券公司证券自营投资品种清单》，扩大了证券自营品种范围。修改后，证券自营品种增加一类，扩大两类。增加的是在全国中小企业股份转让系统挂牌转让的证券。扩大的两类：一是在境内银行间市场交易的证券，由部分扩大到全部；二是在金融机构柜台交易的证券，由仅限于由中国证监会批准或备案发行的，扩大到由金融监管部门或者其授权机构批准或者备案发行的，即将银行理财计划、集合资金信托计划等纳入自营投资范围。

二是适应证券公司投资金融衍生产品的现实需要，明确了证券公司投资金融衍生产品的监管政策。考虑到金融衍生产品交易比较复杂，风险较高，要求证券公司具备一定的投资决策和风险管理能力，除对冲风险的外，只允许具备证券自营业务资格的证券公司直接从事金融衍生产品交易。

中国证券业协会颁布的《证券公司直接投资业务规范》（以下简称《业务规范》）则在证券公司直接投资业务方面实现了证券公司直投行业一定程度的政策松绑。根据《业务规范》的规定，证券公司直投子公司可以设立不同类型的直投基金，且直投基金的设立由事先审批变为事后备案，设立多只直投基金之间不再设置时间间隔要求；证券公司直投行业可以进行适度的负债和担保，可以进行与股权投资有关的债权投资以及基金投资；专业基金中的基金（FOF）可以成为直投基金的投资人，且股份公司形式的直投基金的投资者人数可以达到200人。

第二节　2012年中国证券公司传统投资业务发展情况

一、中国证券公司传统投资业务发展现状

我国证券公司传统投资业务可划分为权益投资和固定收益投资两大类。2012年，证券投资业务成为上市证券公司2012年上半年各项业务中最大的亮点，多家证券公司自营业务实现大幅增长。2012年证券公司营业收入中，含公允价值变动的证券投资收益达290.17亿元，较2011年大幅增长，其中上半年债券投资盈利丰厚。

（一）权益类占净资本比例波动较大

根据上市证券公司的财务报告统计数据，各家证券公司的权益类/净资本比例波动较大（权益类中包含创新投资业务头寸）（见表1－1）。

表1－1　上市证券公司权益类/净资本比例　（单位：%）

证券公司＼年度	2008	2009	2010	2011	2012
	权益类/净资本	权益类/净资本	权益类/净资本	权益类/净资本	权益类/净资本
东北证券	13.67	58.09	34.11	17.21	9.93
东吴证券	4.19	31.78	15.42	18.06	—
方正证券	2.88	15.46	57.24	30.06	40.15
光大证券	16.83	7.49	18.25	52.86	94.39
广发证券	—	31.12	54.14	32.04	29.00
国金证券	6.06	10.97	2.67	5.75	2.11
国海证券	2.35	20.05	34.98	13.80	1.81
国元证券	0.83	7.85	13.09	12.61	10.69
海通证券	3.20	25.28	26.87	38.09	35.77
宏源证券	26.75	30.70	28.25	33.62	19.06
华泰证券	25.60	21.00	31.98	0.00	0.00
山西证券	0.01	27.04	9.17	7.75	5.78

续表

证券公司＼年度	2008	2009	2010	2011	2012
	权益类/净资本	权益类/净资本	权益类/净资本	权益类/净资本	权益类/净资本
太平洋证券	51.32	39.70	10.46	6.02	1.80
西部证券	6.42	17.20	39.11	14.43	10.40
西南证券	19.70	50.22	38.45	47.62	67.99
兴业证券	17.48	23.56	14.47	14.85	44.92
长江证券	12.67	30.29	25.60	10.84	16.09
招商证券	11.00	10.97	70.99	16.31	62.01
中信证券	8.10	40.39	61.86	56.86	73.61

资料来源：上市公司年报。

（二）债券投资比例2009年以来逐年上升

根据上市证券公司的财务报告统计数据，证券公司债券类/净资本比例在2012年上半年大幅提升，大部分超过了2008年的高点。由于债券投资可用运用杠杆，部分公司的债券投资规模高于净资本规模（见表1－2）。

表1－2　上市证券公司债券类/净资本比例　（单位：%）

证券公司＼年度	2008	2009	2010	2011	2012
	债券类/净资本	债券类/净资本	债券类/净资本	债券类/净资本	债券类/净资本
东北证券	0	43.92	23.71	24.02	59.00
东吴证券	27.03	17.34	29.55	26.36	—
方正证券	0	0	0.00	5.60	30.97
光大证券	1.45	36.28	35.96	46.17	79.92
广发证券	—	90.23	102.06	78.55	91.92
国金证券	72.35	20.03	14.92	57.50	51.44
国海证券	40.85	39.11	65.17	163.09	142.15
国元证券	39.46	5.56	24.88	27.43	35.86
海通证券	31.49	29.53	36.31	60.35	47.91
宏源证券	51.80	89.19	76.98	96.78	55.28
华泰证券	55.25	34.57	53.72	—	—
山西证券	0.00	0.00	2.08	23.23	54.07
太平洋证券	35.59	35.59	22.12	51.78	54.74
西部证券	41.87	29.15	26.23	29.12	16.97
西南证券	13.59	32.14	18.06	29.28	37.65
兴业证券	23.03	62.83	78.39	103.92	110.77
长江证券	106.95	82.84	84.88	107.84	95.52
招商证券	132.00	93.91	115.63	131.12	162.83
中信证券	86.87	91.56	55.06	52.74	66.58

资料来源：上市公司年报。

（三）传统业务对创新工具的运用处于起步阶段

证券公司传统投资与创新投资的结合从无到有，对创新工具的运用逐渐增多，如股指期货在传统股票自营业务的仓位管理过程中起到了积极的套保作用，并有利于市场价格的稳定。但是，受相关制度和国内证券公司传统条块结构所限，传统业务与创新业务的风险收益定价机制尚未理顺，我国传统业务对创新工具的运用仍在起步阶段。

二、中国证券公司传统投资业务发展特征

（一）证券公司传统投资收入受股指波动的影响较大

2008年金融危机以来，沪、深股指经历了大幅震荡，过去从事方向性投资的权益投资业务收益率也经历了大起大落。在对冲工具运用较少的情况下，权益类投资收益率受股指波动的影响较大。由于固定收益类的投资收益波动性较小，证券公司传统投资收入主要受权益类业务收入波动影响，进而与股指波动的相关性较高（见图1－2）。

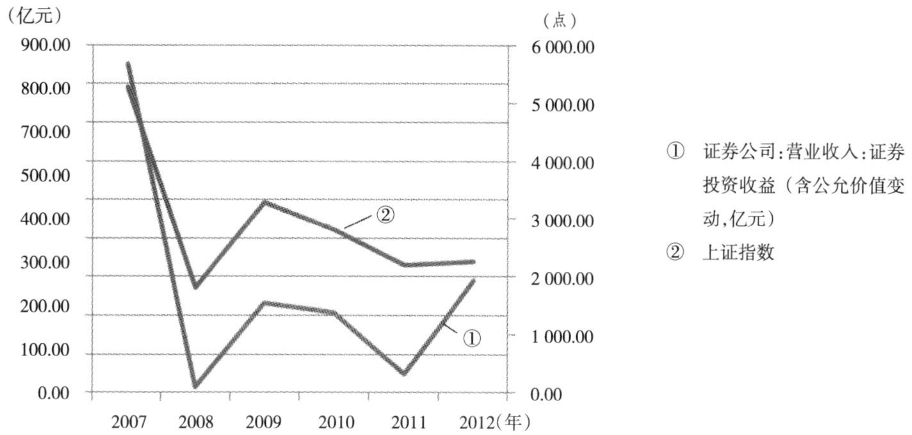

图1－2 证券公司投资收益受股指波动的影响较大

资料来源：中国证券业协会统计数据。

（二）传统投资业务资金配置模式不一

我国证券公司在传统投资中，资金配置模式并无统一标准。从2008年以来的统计数据中看到，权益类占净资本比例波动较大，而债券投资比例2009年以来逐年上升。

在证券公司层面，资金配置模式有以投资委员会为主导的自上而下的配置模式，也有以不同部门为主导的自下而上的配置模式；不同的模式在证券公司不同的发展阶段各有优劣。例如，在自下而上的模式下，可以调动和发挥各个部门的积极性和能动性，但忽视了大类资产配置的重要性，从而掣肘对战略性机遇的把握。

（三）权益投资风格多样，证券公司投资收益受股指影响较大

我国证券公司的权益类投资业务投资风格多样。由于资本金规模不同、公司性质和制度有别、投资人员资历差异等多种因素，我国证券公司的权益类投资风格多样。如自

营业务的组织结构上采取了集中投资、分账户投资等不同的管理模式，在权益投资的过程中也表现出交易型、长期价值型等不同的投资风格。

（四）债券投资发展较快

我国证券公司债券投资占净资本的比例2009年以来逐年上升。由于过去我国的债券不存在实质性违约风险，加上证券公司债券投资的品种选择审慎，固定收益投资在证券公司的投资业务中收益率相对稳定。随着证券公司净资本的积累和债券市场的大发展，证券公司的债券投资业务也普遍取得了较快的发展。

（五）传统投资与创新投资的结合初见成效

在证券公司投资的过程中，传统投资与创新投资的结合初见成效。传统业务对创新工具的运用逐渐增多，如权益投资中通过股指期货的运用实现仓位管理，改变了方向性业务只能通过买入卖出操作控制风险的方式。在传统股票自营业务的仓位管理过程中，证券公司通过使用股指期货对仓位进行管理，对持有投资组合的风险进行全部或部分对冲，并可根据市场的方向性判断使用股指期货调整投资组合的风险敞口暴露。2012年，证券公司在量化投资的理论与实践创新方面都进行了很多努力，大中型证券公司的量化投资业务开始为公司贡献更稳定的收益，夏普比率也显著提高。在证券公司进行债券投资过程中，运用了利率互换等工具及相应策略，增加了证券公司固定收益产品的可交易工具，提高了经风险调整的收益比率。

第三节　2012年中国证券公司直接投资业务发展情况

一、中国证券公司直接投资业务的监管和发展环境

证券公司直投业务试点自2007年启动以来，证券公司直投子公司开展直接投资业务的审批较为严格，需要事前行政审批、事后向中国证监会备案，审批流程较长。在监管层放松管制、加强监管思路的指引下，证券公司直接投资业务的监管在2012年实现了由行政监管到自律管理的转变。根据新的监管思路，中国证券业协会承接了对证券公司直接投资业务进行行业自律管理的职能，并于2012年11月2日发布了《证券公司直接投资业务规范》（以下简称《业务规范》）。

《业务规范》的颁布为证券公司直投行业的规范和长远发展奠定了坚实的基础。《业务规范》旨在引导直投子公司及其下属机构（含基金管理机构）、直投基金（以下合称"直投机构"）在业务范围、内部控制、治理结构、业务流程、资金募集等方面进行规范运作；在投资者适当性管理、内部控制、治理结构、信息披露等方面为证券公司直投行业制定了行为规范，并通过严格执行监督检查制度加强对证券公司直投行业的管理，有

助于证券公司直投行业保护投资者合法权益，防范企业投资风险、行业信用风险和非法集资风险，维护证券公司直投行业的整体信誉，促进证券公司直投行业的规范和长远发展。

（一）《业务规范》的颁布实现了证券公司直投行业的创新和突破

《业务规范》明确规定，证券公司直投子公司可以设立不同类型的直投基金，并将直投基金的事先审批变为事后备案，体现了业务产品和管理方式的创新；允许证券公司直投行业进行适度的负债和担保，允许进行与股权投资有关的债权投资以及基金投资，体现了业务方式和业务范围的创新；允许专业基金中的基金（FOF）成为直投基金的投资人以及扩大股份公司形式的直投基金的投资者人，这体现了组织结构的创新。

（二）《业务规范》的颁布增强了证券公司直投行业规范运作的操作性

《业务规范》在证券公司直投行业的投资运作制度、基金备案方式、内部控制措施、人员行为规范等方面作了有针对性的规定，强化和落实了证券公司直投行业已经执行的防范利益冲突、利益输送和内幕交易的措施以及行业从业人员行为规范的要求，有效提升了证券公司直投行业执行相关规范制度和要求的可操作性。

（三）《业务规范》的颁布为证券公司直投行业的进一步创新发展打开了窗口

当前，证券公司直投行业与社会上比较成熟的私募股权投资机构相比，在资金管理规模、项目开拓能力和执行能力、投资规模和投资方式、退出途径和方式等方面均存在不小的差距，亟待迎头赶上，不断创新和发展。《业务规范》借鉴国内外私募股权投资行业的先进经验和做法，采纳了股权投资市场上的良好业务实践范例，放松了部分制约证券公司直投行业快速发展的政策管控要求，为证券公司直投行业的进一步发展奠定了基础。

二、2012 年中国证券公司直投业务总体情况

（一）2012 年证券公司直投业务总体开展情况

根据中国证券业协会专项调查统计数据（样本总数为 48 家），截至 2012 年末，已经开展直投业务的证券公司达 48 家，注册资本金共计 355.3 亿元，按可比口径同比上涨 29.39%；管理产业基金 9 只，总规模达 109.3 亿元；管理直投基金 3 只，募集资金 83.9 亿元。48 家证券公司直投公司自开展直投业务以来累计已投资项目 487 个，对应投资金额 255.7 亿元；已上市项目 65 个，对应投资金额 19.1 亿元；已实现完全退出项目 55 个。证券公司直投公司员工队伍，从 2007 年末的 11 人发展到 2012 年末的 763 人。

从盈利能力来看，自开展直投业务以来，证券公司直投公司累计实现净利润 31.0 亿元，其中盈利能力最好的证券公司直投公司累计实现的净利润占合计净利润的 48%（见表 1－3）。

表 1－3　　48 家证券公司直投公司业务情况

			2011 年	2012 年	2007～2012 年累计
管埋资金情况	自有资金	规模（亿元）	256.1	337.2	
	管理产业基金	数量（只）	7	9	
		规模（亿元）	100.8	109.3	
	管理直投基金	数量（只）	1	3	
		规模（亿元）	50.0	83.9	
投资情况	本年度新增投资项目数量（个）		166	122	487
	对应投资金额（亿元）		78.8	81.9	255.7
项目上市情况	本年度新增上市项目数量（个）		21	24	65
	对应投资金额（亿元）		6.1	7.4	19.1
项目退出情况	本年度新增的全部退出项目数量（个）		6	44	55
	其中 IPO 方式退出数量（个）		2	19	22
	其中并购方式退出数量（个）		0	9	9
主要指标	注册资本（亿元）		274.6	355.3	
	净资产（亿元）		234.5	368.9	
	净利润（亿元）		9.8	16.1	31.0
员工情况（人）			563	763	

资料来源：2012 年中国证券业协会专项调查统计数据。

（二）2012 年证券公司的直投公司管理资金规模、投资、退出及盈利情况

2012 年证券公司的直投公司不仅实现净利润 63% 的同比增幅，而且管理的资金规模也实现大幅增长，并开始出现大量项目的集中退出。

据统计，资金管理规模方面，48 家证券公司的直投公司 2012 年总计管理资产规模达 530.4 亿元，同比增长 48%（其中，自有资金共计 337.2 亿元，同比增长 31%；管理产业基金规模共计 109.3 亿元，同比增长 8%；管理直投基金规模共计 83.9 亿元，同比增长 68%）。投资方面，48 家证券公司 2012 年总计新增投资项目 122 个，同比下降 27%，涉及投资金额 81.9 亿元，同比增长 4%。实现项目上市方面，48 家证券公司 2012 年总计实现新增上市项目 24 个，同比增长 14%；项目退出方面，48 家证券公司 2012 年总计新增完全退出项 44 个，同比增长 400%；实现盈利方面，48 家证券公司 2012 年总计实现净利润 16.1 亿元，同比增长 63%。

第四节　2012 年中国证券公司创新投资业务发展情况

一、创新投资业务的定义

我国证券市场发展时间短，交易所和银行间市场可交易证券产品较为简单且同质

化，仅有股票、可转债、国债、央票、公司债、企业债等产品。衍生产品的缺乏、交易方式单一使得证券公司自营投资业务长期以来局限于传统买卖股票、债券，从价差获利的方式。近几年，随着股指期货、利率互换等工具的出现，丰富了证券公司的可交易工具以及风险对冲能力。以中信证券公司为代表的一些证券公司作为业务试点，积极参与衍生产品的交易，不仅开拓了创新投资渠道，增加收入来源，同时为全行业推广新业务积累了经验。

2011 年 4 月 29 日，中国证监会公布《关于证券公司证券自营业务投资范围及有关事项的规定》（证监会公告［2011］13 号），对证券公司的投资业务有两方面的进步：一是允许证券公司设立全资子公司从事自营清单上所列品种之外的金融产品投资；二是允许证券公司以对冲风险为目的参与金融衍生产品的交易。这从法规上为证券公司参与股指期货、银行间市场利率互换等衍生产品交易提供了明确的规定。这项规定为证券公司从事创新投资业务提供了更广阔的发展空间。

所谓创新投资，是指除传统股票、债券自营买卖之外，结合创新交易方式，如卖空、套保等，或新的交易工具，如期货、期权、互换等进行的投资交易。从国际同行经验看，投资银行使用自有资金进行投资或交易，主要有两方面用途：一是纯粹使用自有资金进行自营投资，赚取价差或利差，如以自营为目的的股指期货套期保值交易等；二是使用自有资金辅助客户交易，即作为客户的对手方在场内或场外完成交易，如融资融券、约定购回、利率互换等，这类业务又被称为“资本中介”类业务。

二、证券公司创新投资发展状况

1992 年 12 月，上海证券交易所推出了第一个金融衍生品——国债期货，由于缺乏风险控制经验，爆发了“3·27”事件，最终国债期货于 1995 年被取消。之后长达 10 年的时间，我国证券公司从事的都是现货类的股票、债券交易业务。随着权证、股指期货、利率互换产品的出现，证券公司开始尝试进行衍生产品交易，并通过衍生产品发展出各种投资交易策略。虽然目前主要局限于套期保值，但与传统单向做多相比，证券公司的自营业务已发生显著变化。

证券公司在申请开展衍生产品交易前，需先明确相关的业务管理制度，业务人员、系统、风险管理等方面内容，并向中国证监会报备。

（一）权证

2005 年 8 月 22 日，宝钢权证登场标志着一个全新的证券品种的推出。股权分置改革引入的权证，一度让证券公司拓宽了投资范围，增加了收入来源。权证交易对于证券公司的重要意义在于证券公司参与权证的方式与传统股票债券自营不同，它并非通过判断价格的涨跌来获利，而是作为做市角色，在发行权证的同时，证券公司通过对基础资产的买卖进行风险对冲，在市场上起到发现价格、稳定价格的作用。这从本质上更符合证券公司的本源业务，为市场提供流动性，体现了证券公司的风险定价和风险管理能力。

由于国内投资者不成熟，对权证产品了解不够，以及权证首开先河的 T+0 日交易机制、不限于10%涨跌幅的规定，使权证一经推出就陷入疯狂炒作中。随着股权分置改革的结束，2011年8月最后一只权证——长虹CWB1完成交易，权证退出历史舞台。

（二）股指期货

2006年9月8日，中国金融期货交易所股份有限公司正式挂牌。经过多年筹备和模拟，沪深300指数期货合约于2010年4月16日被正式推出，在交易所挂牌交易。证券公司成为首批参与股指期货的金融机构，其自营业务可以参与股指期货，但初期只能以套期保值为目的。

为规范证券公司参与股指期货的交易行为，中国证监会于2010年4月21日公布《证券公司参与股指期货交易指引》（证监会公告［2010］14号），对证券公司参与资格、风险管理、净资本扣减比例等进行了详细规定。2010年5月13日，中国金融期货交易所发放了首批股指期货套期保值交易代码和额度，广发证券、中信证券及国泰君安3家证券公司率先拿到交易代码、各2 000手额度。

股指期货的推出为市场提供了有效风险管理工具，增加了证券公司的投资工具，扩展了其盈利范围，通过对股指期货的有效运用，也提高了证券市场的稳定性。

目前，证券公司参与股指期货的交易主要有两方面用途：仓位管理以及市场中性策略。

股票自营业务的仓位管理。证券公司使用股指期货对仓位进行管理，对持有投资组合的风险进行全部或部分对冲，主要根据市场的方向性判断、使用股指期货调整投资组合的风险敞口，属于积极的套期保值策略。

市场中性策略则属于消极的套期保值策略。它是通过数量化或基本面方法挑选股票，买入预期表现优异的一篮子股票，同时卖出股指期货对冲市场风险，使得整体组合不受市场涨跌影响或者影响较小，从而获取稳定的超额收益。

中国证券业协会的调查数据显示，目前共有42家证券公司获得股指期货交易额度，其中23家公司的额度在1 000手以上（以空头为统计标准），额度最大的公司为空头16 000手、多头12 000手；平均使用规模在1 000手以上的公司有7家。在额度使用上，绝大多数公司都是空头持仓，用于套期保值；而多头持仓比例很小，这与监管部门和交易所的限制有关。

（三）利率互换

2007年12月26日，中国证监会（证监会机构部部函［2007］610号）通过无异议回函的方式，批准中信证券、中金公司和中银国际3家证券公司在银行间市场开展利率互换业务，作为该业务的试点。利率互换增加了证券公司固定收益产品的可交易工具，进一步增加了投资组合的可选择性，有助于证券公司更好地管理利率风险，提升盈利能力。

然而，利率互换业务仍然是商业银行主导的市场，证券公司无论是资金、经验、人才储备方面，都远远落后于商业银行。与股指期货的参与度相比，证券公司开展利率互换的公司较少，规模也较小。《关于证券公司证券自营业务投资范围及有关事项的规定》（中国证监会公告［2011］13 号）出台后，证券行业提出，通过银行间市场利率互换交易对冲债券利率风险的需求大大增加。2012 年，中国证监会允许试点扩大到各类合格证券公司，实行交易备案制。多家证券公司积极申请参与开展利率互换业务。

据中国外汇交易中心数据统计，截至 2012 年 6 月，共有 16 家证券公司在中国银行间市场交易商协会备案。据中国证券业协会的调查数据显示，目前共有 9 家证券公司披露从事利率互换业务，其主要用途包括套期保值、对冲回购资金成本以及套利等。规模最大的公司有近 700 亿元人民币的名义本金持仓。

（四）约定购回

约定购回式证券交易，是指符合条件的客户以约定价格向其指定交易的证券公司卖出标的证券，并约定在未来某一日期客户按照另一约定价格从证券公司购回标的证券的交易行为。通过约定购回交易，机构客户可以其持有的股票作为抵押品，从证券公司融入资金，并支付给证券公司相应的融资利息业务。

约定购回业务是典型的资本中介型创新投资业务。

首先，证券公司与客户既是代理关系，也互为交易对手。客户进行每笔约定购回式证券交易前，须与证券公司书面签署本次交易的交易协议书及风险揭示书，对客户的权利与义务、证券公司的权利与义务、购回期限、交易证券数量、购回价格、风险事项等进行协商和确认。交易达成后，再由证券公司向交易所报备。

其次，约定购回交易是客户需求驱动的交易业务。约定购回交易主要是为了满足实体经营企业的短期融资需求，定位于希望长期持有证券的实体经营企业。其显著特点是买断式交易，交易速度快，资金划转迅速，客户准入门槛更低，资金用途更广。

最后，约定购回是典型的低风险业务。交易过程中，客户以其持有的股票作为抵押品，使得交易风险显著降低。

2011 年 10 月上海证券交易所正式推出股票约定购回式证券交易业务，中信证券、银河证券和海通证券为首批试点证券公司。至 2012 年底，获得约定购回资格的证券公司超过 40 家（见表 1－4）。

表 1－4　约定式购回业务开展情况表

2011 年初	多家证券公司向中国证监会上报约定购回方案
2011 年 10 月 20 日	中信、海通以及银河 3 家证券公司作为试点证券公司开始约定购回业务
2012 年 4 月 14 日	业务的准入门槛由机构向个人投资者放开
2012 年 5 月 31 日	国泰君安、招商、国信 3 家第二批试点证券公司正式上线
2012 年 9 月～10 月	第三批 17 家证券公司获准开始试点交易
2012 年 12 月	获得约定购回资格的证券公司超过 40 家

试点前期，监管部门对标的证券、约定购回期限、待购回证券的风险管理进行了严格的监管，如标的证券只能是上海证券交易所上市交易的股票、基金、债券等，具体监管条款见表 1－5。

表 1－5　　监管部门对约定式证券交易业务的管理办法

标的证券来源	上市交易的股票、基金、债券 非流通股、限售流通股和个人持有的解除限售存量股票等证券不得用于交易
交易时间	每个交易日的9：30～11：30、13：00～15：00
待购回期间证券处理	待购回期间，证券公司持有标的证券并存放于专用证券账户，但不得通过交易或非交易方式转让标的证券、办理标的证券质押
票款到账时间	初始交易：客户T日保证账户证券足额，T日清算后资金可计入客户账户，T+2日资金可取用 购回交易：客户T日保证账户资金足额，T+1日账户过户，相应权益计入客户账户，T+2日证券可卖
风险管理	以净资本为核心的交易规模监控和调整机制，风控指标包括总体规模、单一客户、单一证券和单笔交易的金额占净资本的比例等 盯市管理，监控标的证券的市场风险。交易履约保障比例低于约定数值的，证券公司可以按客户协议的约定要求该客户提前购回；或者与该客户达成新的约定购回式证券交易，并对该客户多笔交易的履约保障比例进行合并管理

从业务开展情况来看，约定购回尚处于业务引入期。至2012年底，融资余额约50亿元，相比而言，融资融券业务的融资余额已超过800亿元。一个重要的原因是由于业务开展时间不长，客户对该业务尚不熟悉。客户通常将证券公司单纯作为一个证券买卖的渠道，有融资需求时首先想到银行或者信托，而极少会想到证券公司。因此，在客户中进行普及和推广需要一些时间。

另外，交易所出于谨慎角度而实施的一些限制措施也是制约业务规模发展的原因。首先，标的证券受限严格，至2012年末只有上海证券交易所交易的证券可供交易，而在上海证券交易所上市的公司主要为大型公司，而中小上市公司无法参与这种交易；其次，对合格投资者要求过严，试点初期可参与该项目的客户仅为机构客户，且必须排除持股比例在5%以上的大股东和限售股持股股东，而“大小非”正是对股权变现融资有最强烈意愿的客户；最后，试点初期交易期限限定在182天以内，而大量中小企业有着1～2年的中短期融资需求，其中期融资需求无法得到满足。

未来，该项业务的限制将逐步放开，标的证券将覆盖到深圳证券交易所上市的股票、基金等，交易主体也将扩大至资产管理计划等，购回期限将会延长，客户资质限制也将放宽。这将使得该业务逐步活跃，预期2013年约定购回业务将获得较大规模的发展。

第二章

2013年中国证券公司投资业务的比较分析

第一节　中国证券公司投资业务的国际比较

一、境外投资银行的自营模式

一直以来，全球各大投资银行的自营业务都未进行单独披露或统计，这一方面是由于欧美市场的托管制度及场外交易特点，很难将以做市和代客为目的的资金交易与以自营为目的资金交易进行有效区分；另一方面则是自营交易的隐蔽性，投资银行不希望披露在这方面的风险敞口和盈利情况。同时，自营业务由于只是公司自有资金的投资行为，不涉及客户，也不需要所谓的“牌照”，在监管上也没有披露要求。

2010年7月21日，美国通过了《多德—弗兰克法案》（Dodd - Frank Act），这是“大萧条”以来最全面、最严厉的金融改革法案。该法案引入了所谓“沃尔克规则”（Volcker Rule），对银行控股公司的资本市场自营业务进行了严厉的限制，包括股票、定息债券、外汇与商品期货等衍生品交易，以及对冲基金和私募股权基金的投资。该规则将于2014年7月正式生效。

高盛集团的自营业务在行业中一直是处于领先位置，而且信贷危机后，高盛也是唯一一家在财务信息中单独披露自营业务的银行，因此我们以高盛为例子来分析境外投行的自营业务是如何开展的。

为满足监管需求，增加财务披露的透明度，2010年第4季度高盛集团首次根据资本金使用目的进行区分，分别单独披露，主要有两大类：一是公司以自营为目的的投资交易，取名为投资及借贷（Investing & Lending），范围包括股票、债券、贷款、私募股权、对冲基金、私募股权基金、房地产及其他投资；二是以客户为导向，为满足客户需求、以自有资金为客户执行交易（如做市等）。这两类都是资本负债表业务，即公司通过资产和负债的运用来获取收益。

第一类业务实际上是广义上的自营业务，其含义及范围远大于国内证券公司自营的概念，同时包括公开市场交易以及各种私募投资，相当于国内证券公司二级市场自营业务加上直投业务，但其范围及运作方式要远大于国内证券公司：公开市场交易通过各种交易工具和交易方式来对冲风险；私募投资则包括私募股权、债权、对冲基金、私募股权投资（PE）基金、房地产等投资（见图2-1）。

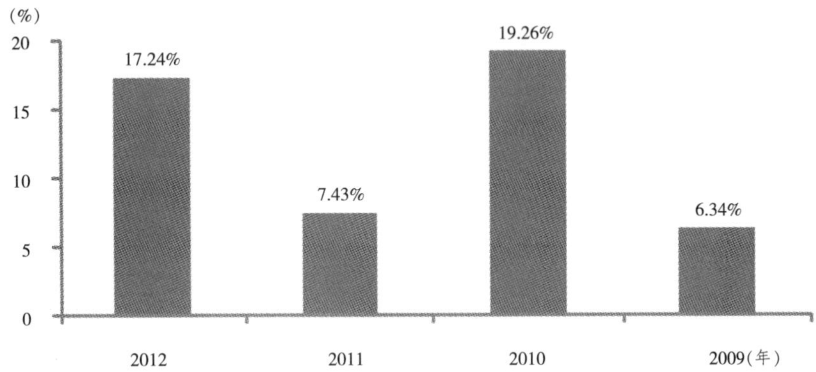

图2-1　2009~2012年高盛公司投资和借贷收入占总收入比重

资料来源：根据高盛集团公开披露的财务信息整理。

按照高盛集团已披露的信息，投资和借贷的收入占高盛集团总收入比重波动较大，近4年的收入大概占高盛整体收入的12%左右，其业务主要包括四部分：

一是股票部门的本金策略（Principal Strategies）业务开展多空策略交易，例如历史悠久的风险套利交易1940年起就在投资银行自营部门运行，一度给投行带来丰厚的收益。这种策略是指投资于涉及兼并或者收购中的双方公司。在换股并购中，风险套利者通常做多被收购公司的股票，同时做空收购公司的股票；在现金并购中，风险套利者寻求收购价格与目标公司价格之间的差异。

二是固定收益部门的全球宏观策略。这个策略对全球利率、外汇、商品等出现的套利机会进行交易，从而获取收益。这些交易策略都是低风险的，采用各种金融工具对风险敞口进行对冲，从而获得套利的收益。

从以上两类业务可以看到，国际投资银行公开市场的自营业务并非国内证券公司的传统买入股票、债券的自营，更多是寻找市场错误定价的机会并进行套利，获取超额收益。投资银行对于此类业务的风险头寸进行严格的限制，防止过多承担方向风险造成的损失。国内证券公司近几年开展的创新投资正与国际同行相一致，通过使用衍生产品（如股指期货、利率互换），对冲市场风险，获得收益。

三是高盛特殊状况集团（Special Situation Group），曾经是高盛利润最高的部门，它主要是寻找陷入困境的公司，然后参与各种公开或私募的投资机会从中获利。在21世纪初的中国金融改革期间，其亚洲团队就曾积极参与中国银行业不良资产的处置，并获得丰厚的利润。

四是高盛的私募股权/债权投资，即所谓的直接投资，以及投资于对冲基金、私募股权/债权基金、房地产基金等。

二、证券公司创新投资与国际投行自营业务比较

另类投资（Alternative Investments）并无一个严格定义，其主要目标是与传统投资相区别。在境外市场，另类投资一个普遍被市场接受的概念是与传统现金、股票、债券投资相区分的，主要包括私募股权投资、对冲基金、大宗商品、房地产投资等。

按照另类投资概念，对国内证券公司与国际投资银行的自营进行比较（见表2－1），可以看到，如不考虑战略性的长期股权投资，国际投资银行的自营业务就是自有资金的另类投资管理，包括公开市场交易及私募投资。

表2－1　国内证券公司与国际投资银行的比较

自营投资	国内证券公司	国际投资银行
公开市场——传统投资（共同基金）	绝大多数	较少或没有
公开市场——另类投资（对冲基金交易策略）	刚起步，仅有股指期货、利率互换	成熟，各种衍生产品、交易策略
私募市场——另类投资（私募投资）	主要私募股权投资	种类丰富，涵盖股权、债权、商品、房地产等

国际投资银行的公开市场自营，本质上就是银行内部的对冲基金，各种对冲基金类交易策略的采用，有效降低了自营风险敞口，提高单位风险的收益。表2－2是共同基金和对冲基金的比较。从收益和风险上看，对冲基金类的交易策略以绝对收益为目标，由于交易灵活，可卖空，主要收益来源是交易策略的有效性，通过主动风险管理使公司承受较低风险。共同基金则是以相对收益为目标，投资工具受限使得其更多依赖于市场的表现，承受较高的风险。

表2－2　共同基金和对冲基金的比较

	对冲基金	共同基金
投资目标	绝对收益	相对收益
收益主要来源	交易策略	市场表现
投资限制	灵活，可卖空	不可卖空
风险管理	主动风险管理	被动风险管理

国内证券公司的自营方式仍是传统的共同基金投资方式，其创新投资（对冲基金交易策略）才刚刚起步，策略单一，占比很小，这样的自营方式受市场影响很大，业绩波动也大，会给证券公司带来不利的影响。可以预见，随着市场的成熟、经验的积累、交易工具的丰富，未来证券公司的自营将更偏向于对冲基金类的交易方式，从而降低市场波动对自营业绩的影响。

在私募投资上，国际投资银行的范围及内容非常广泛。证券公司直接投资于2007年起开闸，之后迅速发展，但仍集中于私募股权投资领域，未来在私募债权、房地产等方向仍有较大空间。

与自营相对应的是资产管理业务，国际投资银行在资产管理业务上对传统投资和另类投资进行了一定的职能划分，如瑞士银行、花旗银行都有专门从事另类投资的资产管理部门。另类投资的特性决定了其规模不可能太大。在发达市场，传统投资仍然占资产管理业务的绝大多数，而另类投资在最近十几年得到了迅速发展，尤其是对冲基金以及私募股权基金。

以全球最大的资产管理公司贝莱德（Black Rock）为例，其旗下产品线最为齐全，按照固定收益、股票、现金及流动性管理、另类投资、多重资产、金融市场咨询等功能进行划分。其中固定收益、股票、现金及流动性管理是传统的共同基金业务，另类投资则涵盖了对冲基金、组合对冲基金、私募股权基金、组合私募股权基金、房地产等。截至2012年6月30日，贝莱德管理的资产规模超过3.6万亿美元，其中另类投资资产规模约1 000亿美元。

三、资本中介业务国际比较

第二类资产负债表业务是以客户为导向，为客户提供各种金融产品、交易工具和风险管理服务，从而满足客户需求的。证券公司扮演的角色是市场的组织者、流动性提供者、产品与服务的设计和销售者、交易对手方、风险管理者等多重角色，这是投行的本源业务，收入来源于提供增值服务获得的佣金或提供流动性而获得的交易价差收益。我们将其定义为“资本中介业务”，该业务在国际投资银行的收入占比最高。

资本中介业务和自营业务统称为资产负债表业务，相同的是均使用公司资金在市场进行各种证券交易，通过资产和负债的运用来赚取价差收益。不同的是自营业务无需面向客户，而资本中介业务以服务客户为目的，收入既有通过提供服务所收取的费用，也有通过资本金的运作所得到的资本利得。同时，投行对资本中介业务使用资金所承受的风险敞口限制严格，通过各种证券产品和工具对风险进行管理和对冲，投行自身基本不承担或承担很少的风险。在这种低风险的条件下，尽管资金收益率较低，但投行可以通过杠杆来放大交易规模，提高资金回报率。事实上，投资银行持有的资产绝大多数都是为资本中介业务服务，而自营业务所占比重很小（见表2-3）。

表2-3　　自营投资与资本中介业务的比较

	自营投资	资本中介业务
客户	无	客户为导向
风险敞口	较大	严格限制
杠杆使用	较小	较大
收益率	较高	较低

以2011年报表为例，高盛集团的资产使用分布是：90.42%的资产与资本中介业务挂钩，包括为机构客户服务以及为客户提供担保融资，自营业务投资仅占8.32%，投资

银行业务占0.18%，资产管理业务占1.08%。

资本中介业务的重要性在于投资银行通过自有资金的使用，将各种风险进行包装和定价，提供给不同风险承受能力的客户（投行自身也可承担部分风险），从中赚取风险价差。这才是投行作为金融中介最主要的功能和最本源的业务，有利于金融市场的发展。相比之下，自营业务只是投行自身承担风险获取收益。

根据交易方式和风险特征不同，可大致将资本中介业务分为三大类：

一是做市商业务，包括股票、交易型开放式指数基金（ETF）、股指期货、期权等权益类产品；利率、外汇、商品、信用等固定收益类产品；与金融机构和企业客户进行各类掉期互换等。这里的做市业务是广义上的概念，即由证券公司对各种产品或需求提供报价，包括为客户提供量身定制的产品，而非仅限于证券买卖。

二是各类融资产品，如资产证券化、结构性融资、股票质押式回购等。

三是融资融券服务，一般称作大宗经纪商（Prime Brokerage），为投资者交易提供资金或证券借贷，以及包括运营、清算、风险报告等全方位服务。

资本中介从本质上看属于经纪业务的范畴，是自营业务与经纪业务的结合。根据承担风险的不同，境外投资银行在经纪业务上可以分成两个角色：一是代理人（Agent），其帮助客户完成交易，可以提供交易通道或者代理客户交易，与国内的经纪业务类似。在这过程中投行并不承担风险。二是自主投资者（Principal），它直接成为客户的交易对手，为市场提供资金和流动性，或为客户提供融资融券。在这过程中，投行利用自身的资产负债表承担一定风险。

国内证券业中经纪、投行、自营、资管等业务区分得非常清晰，加上交易和托管制度的设计，使得经纪业务只是提供通道给投资者，即作为代理人通过收取佣金的方式获利，不需要使用证券公司的自有资金。因此，一直以来，国内证券公司在资本中介业务领域都是空白的，直到融资融券业务的推出。

随着监管部门鼓励创新业务的发展，政策也适当放开了，如自营规则的放松、柜台市场的试点，国内证券公司也在积极拓展此类业务，如股票约定式购回等。可以预见，未来此类业务将逐渐成为证券公司自有资金的主要用途，纯粹的自营业务规模将相对缩小。

第二节　中国证券公司直接投资业务与境内、境外私募股权投资（PE）行业的比较分析

一、证券公司的直接投资业务与境内私募股权投资行业的比较分析

中国证券公司的直接投资（简称“直投”）业务与国内一流私募股权投资机构相比，在资金管理规模、投资规模、项目来源、激励机制、增值服务、投后管理及退出等方

面，仍然存在较大差距。

（一）证券公司的直投公司资金管理规模尚小，但存在增长预期

1. 证券公司的直投公司资金来源仍以自有资金为主，整体资金管理规模在中国私募股权投资行业中占比较小。证券公司的直投公司资产管理规模主要包括三个部分：一是自有资金；二是管理产业基金；三是管理直投基金。根据中国证券业协会专项调查统计数据，2012 年末 48 家证券公司的直投公司共计管理资金规模 530.4 亿元，其中，自有资金占比 64%，以第三方融资为主要资金来源的产业基金和直投基金（可能包含少量自有资金投入）只占管理资金的总规模的 36%。

根据清科研究中心发布的数据，2012 年共有 369 只可投资于中国内地的私募股权投资基金完成募集，披露募集金额的 359 只基金共计募集 253.1 亿美元。也就是说，即使相对中国私募股权投资市场融资的不完全统计，2012 年全部证券公司的直投公司所管理资金的总规模，尚不足中国私募股权投资行业当年新增募资规模的 12%。

2. 证券公司的直投公司注册资本金受限于证券公司的净资本规模的限制刚刚得以放宽，解禁效果尚未体现。2012 年 11 月以前，由于《证券公司直接投资业务监管指引》明确规定证券公司“投资到直投子公司、直投基金、产业基金及基金管理机构的金额合计不超过公司净资本的 15%”，作为证券公司的直投公司主要资金来源的注册资本金，难以获得迅速增长。2012 年 11 月《证券公司直接投资业务规范》的发布，取消了证券公司投资于直投机构的资金合计不得超过证券公司净资本的 15% 的限制，为证券公司加大投资于直投机构打开了资金空间，但解禁效果尚未能在 2012 年内体现出来。

3. 证券公司的直投基金设立放开，资金管理规模有望大幅增长。《证券公司直接投资业务规范》明确规定证券公司直投子公司可以设立不同类型的直投基金，并将直投基金的事先审批变为事后备案，体现了业务产品和管理方式的创新，为各证券公司的直投公司设立直投基金，扩大第三方融资提供了便利，将能够大幅改善证券公司的直投公司管理资金规模小的局面。同时，大量新设立的证券公司的直投基金将在募资方面相互竞争，成为对各证券公司的直投公司融资能力的真正考验。

（二）证券公司的直接投资规模较小，模式多元化不足，项目开拓能力较弱

1. 证券公司的直投公司投资规模较小。证券公司的直投公司与国内私募股权投资机构相比，无论是投资案例数、投资总额，还是单个项目平均投资额都偏低。根据清科研究中心发布的数据，2012 年中国私募股权投资市场共发生完成投资交易 680 起，其中披露金额的 606 个项目共计投资 197.9 亿美元，单个项目平均投资额为 0.33 亿美元。根据中国证券业协会专项调查统计数据，2012 年 48 家证券公司的直投公司新增投资项目为 122 个，投资金额达 81.9 亿元人民币，单个项目平均投资额为 0.67 亿元人民币，与市场总体水平存在较大差距。

2. 证券公司的直接投资公司投资模式和策略多元化刚刚起步，对投行依赖度仍然偏高。各证券公司的直投公司早期投资的案例中，以上市前投资（Pre－IPO）模式为主，而且是“保荐＋直投”模式的项目，对母公司投行业务依赖度很高。相比之下，中国私

募股权投资基金的投资模式则丰富得多，包括前期、中期和后期的项目以及投资上市公司（PIPE）项目。据清科研究中心统计，2012 年中国私募股权投资机构投资策略呈多元化发展，投资案例中包括成长资本类投资项目 518 个，房地产投资项目 78 个，投资上市公司（PIPE）项目 69 个，过桥资本项目 7 个，并购项目 6 个，夹层资本项目 2 个。

在监管和不断扩大的资金规模带来的投资需求压力下，证券公司的直投公司需要不断创新投资模式和投资策略。2012 年，金石投资等证券公司的直投公司领先开展投资模式和策略多元化的尝试，设立直投基金和并购基金，并探索基金投资和直接投资相结合的混合投资策略。

3. 证券公司的直接投资公司的项目开拓能力和大项目执行能力仍在逐步建设中。2012 年中，随着直投基金的设立和管理资金规模的扩大，证券公司的直投公司开始逐步增强主动的项目开拓能力和大项目执行能力，以摆脱过往依赖投行获取多集中于中小板和创业板的上市前投资（Pre－IPO）项目的小规模跟投和财务投资机会的业务状态。金石投资等证券公司开始建设以行业研究为基础的项目开拓能力，并根据未来大规模的资金管理规划完善和建立大项目以及并购项目的执行能力。

（三）证券公司的直投公司团队激励约束机制尚待完善

国内私募股权投资已经形成相对成熟的团队激励约束机制，包括管理费和业绩奖励机制、基金收益分配方式、关键人条款、团队跟投体制以及基金整体核算机制等。

1. 管理费和业绩奖励机制确定了管理团队的收益来源，以基金投资的结果来衡量和激励管理团队，驱动团队追求实现基金投资获利。

2. 基金收益分配方式明确了管理团队核心成员的利益分配方法，确保对管理团队的最大的激励作用。

3. 关键人条款用于确保管理团队核心成员的能力素质、稳定性以及专属性，是投资人对管理团队的一种约束机制。

4. 团队跟投体制将投资机构和管理团队利益进行有效捆绑，实现员工与机构风险共担、利益共享，同时有助于维护团队稳定性、降低人员流动风险，可对管理团队进行激励和约束。

5. 基金整体核算机制也称先回本后分利的收益分配模式，指每项投资退出的资金优先返还给投资人，直至其收回全部出资及约定的优先回报率后，管理团队再参与剩余投资收益的分配。基金整体核算机制相对按单个项目逐笔分配的利益分配模式能够更好地保护投资人的利益。

各证券公司的直投公司与国内很多私募股权投资机构相比起步较晚，上述各主要的团队激励约束机制尚不完备，有待进一步建立和明确。

（四）证券公司的直投公司投后管理体系尚待建立

早期证券公司的直投公司以 Pre－IPO 投资为主的投资风格以及财务投资人的投资定位，使证券公司的直投公司为所投企业创造价值的能力不足。相比较而言，国内一流私募股权投资机构，已经形成了较为成熟的投资管理体系，培养了专业的投后管理团队，把投后管理和增值服务打造成了差异化竞争的特点之一。

证券公司的直投公司需建立直投公司与投资企业之间的信任、合作关系，扮演好“优质股东”的角色。在投资后为企业提供后续的咨询服务，包括优化产业结构及产业整合、提升内部控制管理水平、帮助企业逐步发展成为规范而优质的上市公司的全程增值服务。投后管理专业服务将为证券公司的直投公司在股权投资行业竞争中取得优势地位发挥重要作用。

二、中国证券公司的直投业务的国际比较

中国证券公司的直投业务与境外证券公司的直投业务相比，在融资、投资、投后管理、投资退出等方面均有较大差别。

（一）境外证券公司的直投募资规模大、历史长，国内证券公司的直投募资还处于初始阶段

境外证券公司的直投业务融资规模较大，并且有能力在全球范围募集资金。高盛集团直接投资部自1986年成立以来，已在全球范围内完成820亿美元的资金募集，高盛、摩根大通集团等已开始在中国市场进行人民币直投基金的募集。根据中国证券业协会专项调查统计数据，截至2012年末，48家证券公司的直投公司管理的产业基金和直投基金规模总计也只有193.2亿元人民币。

（二）境外与国内证券公司的直投公司的投资模式差别较大，源于市场与监管环境不同

对财务杠杆的使用不同。由于欧美等发达国家金融市场比较成熟，境外证券公司在开展直接投资业务时，往往借助杠杆以及多种金融工具，设计较为复杂的交易结构，使资本金的投资收益实现最大化。《证券公司直接投资业务规范》公布后，借助财务杠杆进行直接投资的限制刚刚得以解禁，国内证券公司的直投业务对财务杠杆的利用仍处于起步摸索阶段。

投资方式差别较大。国内证券公司的直投公司目前处于从Pre－IPO类型的直投项目为主向多元化投资模式和投资策略的转型摸索阶段，而境外证券公司在成熟市场上的直接投资已经多样化，在投资项目类型上更加偏重于多数股权的投资交易，在投资方式上不仅有普通股权投资，还利用了优先股、可转债、认股权证等多种多样的投资工具。

投资规模差距明显。国内证券公司的直投项目的单笔投资规模偏小，48家证券公司的直投公司在2012年中新增的122笔平均投资金额仅为0.67亿元人民币。境外证券公司则偏好大型投资交易，虽然目前暂无整体数据统计，但其单笔投资规模超过1亿美元的交易比比皆是。

（三）投资模式导致投后管理模式不同

在投后管理方面，国内证券公司的直投公司参与被投企业事务较少，通常的投后管理体现在被投企业的上市准备方面。境外证券公司的直投公司参与的大型交易，特别是控制权类型的投资，往往需要在投后管理方面投入大量精力。由于境外投融资市场上活

跃着众多专业服务机构，专业化分工程度很高，境外证券公司的直投公司在投后管理方面经常聘请律师、咨询公司、专项服务机构参与投后管理。

（四）国内证券公司的直投业务退出方式较为单一

国内证券公司的直投业务退出方式较为单一，常以A股公开上市作为主要退出途径，并且通常被要求上市后锁定1~3年。因此，绝大部分证券公司的直投在投资时将“上市可行性分析”作为投资评判的重要标准。境外证券公司直投的退出选择较多，包括公开上市（IPO），更多依靠产业资本并购、管理层收购、通过次级市场出售给其他财务投资人等方式。退出途径的差异归根结底源于境内外资本市场、金融市场的发展程度不同、监管环境不同。境外股权投资市场对于不同退出方式对应的投资风险已形成完整的评估体系，可以通过准确、量化的风险收益评估，在投资时或投资期间选择合适项目，确定投资方案，并时时调整退出方式。加之境外股权交易市场十分活跃，企业所有者因各种原因出售企业控股权极为常见，而中国该类案例较少，没有形成一个具有充分流动性的交易市场。

第三章 2013年中国证券公司投资业务发展前景展望

第一节 2012年中国证券公司传统投资业务发展中面临的问题和2013年前景展望

一、中国证券公司传统投资业务发展中面临的问题

（一）证券公司传统投资与创新业务的结合不足

证券公司权益类投资与创新业务的结合仍显不足，因此受股指波动的影响较大。股指期货和融资融券被推出后，除了一些量化投资策略之外，市场中性和股票多空等策略尚未大规模开展。

证券公司的固定收益投资对收益率曲线依赖性仍较强，投资收益主要来源于票面利息和久期错配。

（二）传统权益类投资业绩评价的标准难以形成

证券公司传统投资业务经历了综合治理发展阶段之后，目前已经实现了规范经营和适度发展。由于传统投资资金的性质与其他资产管理资金性质不同，在过去的发展过程中，很难形成自营业绩评价的行业标准。

投资业务的业绩评价决定了投资经理的绩效，由于行业评价标准缺失，在传统权益类投资中往往会出现风险收益划分模糊的情况，甚至出现风控过度或风控不足的现象，不利于传统权益类投资的健康、快速发展。

（三）人才结构面临升级压力

传统投资业务人员的经验主要集中于传统的股票、债券买卖，缺乏将创新工具运用于风险收益管理的实践。一方面，国内证券公司传统的条块结构划分，使传统投资人员

在大类资产配置上的能力不足；另一方面，传统权益类投资出现被边缘化的倾向，尚未实现传统投资业务在创新机遇下的二次腾飞。

二、中国证券公司传统投资业务发展前景展望

（一）资产配置更趋合理

中国证券公司经历了综合治理的大发展，目前正处于行业发展的重要历史时机。监管大环境的开放，多层次资本市场的建立，证券产品的不断丰富，为证券公司的传统投资业务转型和二次腾飞提供了机遇和挑战。我国证券公司的传统投资业务正在着力提高战略性资产配置能力，使公司资金优势得以充分发挥，回归证券公司管理风险的本源。

（二）投资渠道多元化

随着监管部门在围绕提高资产运用和财务杠杆方面诸多政策的推出，我国证券公司传统投资业务的投资渠道更加多元化。《自营规定》的附件《证券公司证券自营投资品种清单》，扩大了证券自营品种范围，如境内银行间市场交易的全部证券、银行理财计划、集合资金信托计划，以及金融衍生产品等。

（三）投资策略多样化

权益投资方面，随着股指期货套利、融资融券业务、转融通业务的推出和常规化，以及融券标的进一步放开，股指期货对冲和股票多空等策略将成为传统业务的有力补充，使传统业务的风险得到有效降低。

债券类投资方面，随着未来国债期货的推出，债券投资的利率风险将得到进一步对冲。

（四）销售驱动型自营业务面临机遇

随着我国证券公司传统投资业务的发展和投资渠道的放宽，销售驱动型的自营业务也迎来了发展机遇，如提供大宗交易的对手盘或者中介，提供配股的打包产品等，为市场提供流动性。未来三板市场的做市商等业务也是销售驱动型自营业务的发展方向之一。

第二节　2012年中国证券公司直接投资业务发展中面临的问题和2013年前景展望

一、中国证券公司直接投资业务发展中面临的问题

中国证券公司直投行业在优化证券公司资金配置、帮助未上市潜力企业改善资本结

构、协助被投资企业建立现代法人治理机制、推动优秀企业成功对接资本市场等方面取得了一些成绩，但同时也面临很多问题，需要加以探讨、分析并予以解决。

（一）中国股权投资市场竞争激烈，领先机构先发优势明显

中国股权投资市场竞争环境十分激烈，本土领先机构的先发优势十分突出，品牌影响力使其更容易取得潜在被投资企业的信任，在综合实力、客户网络、资金规模、团队建设、投资能力、风险控制等各方面都具备明显优势。境外知名投资管理机构也纷纷进入中国市场，并已开始募集设立人民币投资基金。凭借雄厚的资金实力、灵活的经营机制、成熟的投资团队以及多年积累的行业投资经验，境外的投资管理机构将迅速成为中国境内股权投资市场的重要竞争力量，并将对中国证券公司直投行业的生存空间构成强烈的挤压和挑战。在激烈的市场竞争环境下，部分投资能力不突出、经营管理不完善、公司治理不全面、业务流程不规范、投后管理不健全的证券公司的直投机构可能会面临淘汰危机。为此，中国证券公司的直投机构应当完善自身业务体系和风控体系，建立健全激励约束机制，积极开展同业交流与合作，认真学习先进投资管理经验，努力加强和充实自身应对竞争的能力。

（二）投资判断和行业经验有待提高，投后管理能力急需加强

从国际国内成功案例来看，能够为投资管理机构带来巨大声誉和良好回报的投资项目，无一不经历了前期深入的行业研究、良好的投资判断，以及后期持续有效的投后管理和增值服务。

中国证券公司的直投行业在投资策略、投资判断以及行业经验方面短板较多，如果仍过度依赖于一级市场和二级市场之间的套利机会，证券公司的直投机构将会不可避免地面临包括投资成本过高、二级市场长期整体估值水平回落等许多问题。中国证券公司的直投机构需要认真苦练内功，积攒经验，加强团队建设、行业研究，培养良好的投资心态；加深对投资细分行业的认知和判断，扎扎实实地从行业研究的角度出发分析投资市场和目标企业的发展方向，从宏观经济、经济周期乃至行业趋势的角度把握和主动发掘投资机会，从而培养出私募股权投资核心的投资甄别能力。

中国证券公司的直投行业在投后管理的理念和认知、投后管理团队的建立和培育、投后增值服务的贯彻和实施等方面都存在非常大的空白点。为此，证券公司的直投机构急需加强这方面的资源投入力度，提供目标企业所需要的整体增值服务，包括发展战略、公司治理、营销体系、品牌塑造、渠道建设、产业链梳理、资本融资、人力资源、财务管理等多方面的综合服务，从而真正能够推动被投企业内生有机成长，最终实现股东利益的最大化。

（三）风险控制体系有待完善，投资流程和制度还需加强

中国证券公司直投行业的投资业务不断扩大，其累计投资的企业数目不断增加，为证券公司的直投机构在风险控制方面提出了新的问题。从国际成熟机构的先进经验看，

其对于被投企业是通过电子化的数量系统、结合宏观经济和特定行业的发展变化进行实时跟踪，定期在内部发布有关被投企业的业绩预警，根据翔实的数据分析向被投企业提供建议，并在自身层面适度调整对于特定行业的资产配置比例，从而达到严格控制风险目的的。目前，中国证券公司的直投机构在内部风险控制体系建设方面刚刚起步，基础相当薄弱，需要从内部加强风控体系建设，积极学习国际同业的先进经验，打造出符合中国证券公司的直投行业迅速发展需求的风控体系。

证券公司的直投机构的各项内部投资流程和管理机制也存在着不同程度的内控机制不完善、投资质量控制不严格、投资流程规范不严谨、业务流程各环节缺乏监督等问题，导致其投资分析不够到位，投资执行过程中存在诸多疏漏等额外投资风险。各家证券公司的直投机构必须要从内部狠抓这方面的制度建设和实施落实。

（四）直投机构由于政策限制不能充分发挥证券公司研究和投行综合金融服务优势

当前，证券公司的直投机构与社会性独立投资机构相比没有任何优势，不能充分发挥证券公司研究和投行综合金融服务优势。这主要体现在：

第一，直投机构在资金募集、投资范围、日常运营方面受到了社会性独立投资机构未曾面临的诸多限制。目前，证券公司直投业务的监管集中体现为中国证券业协会颁布的《业务规范》的规定，其在资金募集、投资范围及日常运营方面的限制性要求是社会性独立投资机构未曾遭遇的。因此，相对于社会性独立投资机构而言，直投机构受到了更多的限制，经营管理方面的灵活性相差较多。

第二，防范利益输送、建立信息传播防火墙的监管要求使得直投机构不能充分发挥证券公司在综合金融服务方面的竞争优势。由于中国资本市场的套利性质没有根本改变，由此导致的严厉的防范利益输送、建立信息传播防火墙的监管要求使得直投机构无法充分利用证券公司在研究、投行等方面的资源和优势，也不能真正运用市场化手段参与上市公司兼并重组、夹层融资，推动上市公司真正对投资者负责。

（五）中国股权投资行业募资遇冷，直投基金募资进度缓慢

2012 年受全球宏观经济增长放缓、欧债危机继续恶化、国内经济增长低于预期、境内外资本市场持续疲软等因素的影响，中国私募股权投资募资市场遇冷。据清科研究中心统计，2012 年共有 369 只可投资于中国内地的私募股权投资基金完成募集，其中披露金额的 359 只基金共募集 253.12 亿美元，同比缩水 35%。

受到资本市场总体环境影响，虽然证券公司的直投公司设立直投基金从事前审批改为事后备案，但各证券公司的直投公司设立直投基金和募资的进度都不容乐观；监管机构将自然人排除在直投基金的合格投资人范围之外的限制依然存在，这无疑使得相对于境内外知名投资机构在知名度和投资经验、投资业绩方面相对不足，证券公司存量客户以自然人为主的直投机构募集设立直投基金增加了难度。根据中国证券业协会专项调查统计数据，截至 2012 年末完成交割或首次交割的仅 3 只基金，募集金额 83.9 亿元人民币，其中 2012 年内新增募资金额 33.9 亿元。

二、中国证券公司直接投资业务发展前景展望

（一）证券公司的直投行业的资产管理规模有望实现爆发式增长

首先，中国证监会取消了证券公司投资于直投机构的资金合计不得超过证券公司净资本15%的限制，为证券公司加大投资于直投机构打开了资金空间；其次，随着直投机构纷纷募集直投基金，为数不少的直投基金的目标规模以数十亿元计，直投机构管理的资金将会出现大幅增长；最后，随着证券公司的直投行业经营业绩的逐步释放，直投机构资产管理水平将为更多的社会资金所认可，保险资金、全国社保基金、大型投资集团等专业投资机构有望加大对直投基金的投资，形成直投基金源源不断的资金蓄水池。

（二）监管机构和行业协会加大对证券公司的直投行业发展的政策支持力度

2012年5月，中国证监会召开证券公司创新发展研讨会，确立了“解放思想，锐意进取，改革创新”的发展思路。在证券公司直接投资业务层面，中国证监会将全力支持证券公司的直投行业将资产管理业务做大做强，中国证券业协会也将会对证券公司的直投行业的发展提供有力的政策支持。

（三）证券公司的直投行业的运作方式可能会出现较大的变化

2012年12月28日颁布并将于2013年6月1日起实施的《中华人民共和国证券投资基金法》虽然未将目前的直投基金纳入其调整范围，但其政策导向作用可能会对证券公司的直投行业的运作方式产生较大的影响。届时新设立的直投基金有可能将会依据或者参照适用有关法律规定。

第三节　2012年中国证券公司创新投资业务发展中面临的问题和2013年前景展望

一、中国证券公司创新投资业务发展中面临的问题

从权证创设到股指期货推出、参与利率互换等，中国证券公司创新投资从无到有，取得了一定的成绩，但仍处于起步阶段。在这过程中，政策、制度以及证券公司自身因素制约了创新投资业务的发展。未来，随着监管政策的放开，将会有越来越多的证券公司加入到该领域。

（一）净资本监管体系的限制

按照《关于调整证券公司净资本计算标准的规定》（中国证监会公告［2008］29

号）以及《证券公司参与股指期货交易指引》（中国证监会公告［2010］14号）第七条第五款的规定，证券公司自营权益类证券及证券衍生品的合计额不超过净资本100%。其中，证券衍生品部分、股指期货按照买入卖出股指期货合约价值总额计算证券衍生品的规模；利率互换规模按照利率互换合约名义本金总额的5%计算。

对证券公司自营权益类证券规模的限制本意是限制证券公司承担过多风险。然而，以套期保值为目的卖出股指期货合约与现货持仓方向相反，本质是降低权益类自营的风险敞口，而按照上述规定，降低风险的行为反而被视为增加风险敞口，与交易的经济意义不符，使证券公司更可能触及风险控制指标中有关净资本的红线，非常不利于股指期货套期保值功能的充分发挥。

2012年11月16日，中国证监会出台《关于调整证券公司净资本计算标准的规定》（中国证监会公告［2012］37号），对证券衍生品的计算标准进行了调整，其中，股指期货投资规模以买入卖出股指期货合约价值总额的15%计算，利率互换投资规模以利率互换合约名义本金总额的3%计算。这在一定程度上缓解了母公司净资本使用的约束。

《关于证券公司证券自营业务投资范围及有关事项的规定》（中国证监会公告［2011］13号）允许证券公司通过设立子公司从事所列清单外的其他投资。然而，规定要求证券公司不能为该子公司提供担保或融资，因此，证券公司只能以资本金的形式注入子公司，这部分将被全额扣减净资本，将严重影响证券公司其他业务的发展。

（二）衍生品交易的限制

目前，证券公司可以使用的衍生产品仅有股指期货和利率互换，品种单一。监管部门从平抑市场投机气氛的角度考虑，对衍生产品的使用仅限于套期保值，这固然可以避免证券公司承担过大的风险，但也扼杀了证券公司做市业务，为市场提供流动性以及价格发现的重要职能。

股指期货是股票指数的衍生品，其价格取决于基础资产的价格，但由于市场参与者不同，尤其当期货市场投机气氛浓烈时，将使衍生品与基础资产的价格发生较大偏离，此时提供了较大的套利空间。如果允许证券公司从事做市业务，一旦股票指数及其衍生产品价格出现大幅偏离，证券公司可以快速进行股指期货买卖，从而使交易价格趋于合理，保证市场价格的合理性。另外，当期货交易市场流动性不足时，证券公司也可以进入提供流动性。这些都有利于市场价格的稳定，使期货市场能够健康发展。

（三）人才储备严重不足

创新投资业务的发展与衍生产品的运用密切相关。衍生产品属于复杂产品，其产品定价和设计都需要专业知识，对人才素质要求较高。过去证券公司从事自营业务人员的经验主要集中于传统的股票、债券买卖，缺乏衍生产品的交易经验。由于衍生产品推出缓慢，国内证券公司在衍生品的人才培养和资源投入方面普遍严重不足。过去几年在衍生产品业务进行投入和人员储备的大证券公司，在股指期货、利率互换推出后都从中获得了丰厚的收益。

期货、利率互换属于较为简单的衍生品，未来随着业务的扩展、新产品的推出及场外柜台市场的发展，都对证券公司专业的人才素质提出了很高的要求。

二、中国证券公司创新投资业务发展前景展望

展望未来，中国证券公司正处于行业创新发展的重要历史阶段。监管大环境的开放、多层次市场结构的建立、证券产品的不断丰富，将使证券公司的创新投资业务迎来新的发展契机，同时证券公司也面临着挑战。

（一）中国证券公司自营业务模式的转变

2012年11月16日，中国证监会新出台的《关于修改〈关于证券公司证券自营业务投资范围及有关事项的规定〉的决定》（证监会公告［2012］35号）第五条规定，具备证券自营业务资格的证券公司可以从事金融衍生产品交易。这就意味着证券公司可以从事交易所交易的各类衍生产品以及场外衍生品的交易，极大地扩展了证券公司自有资金的使用范围和使用方式。这个规定出台后，证券公司除股指期货外，可直接进入商品期货领域进行投资交易。目前，即将推出的衍生产品包括国债期货、交易所期权，这些产品一旦正式推出，证券公司可从事的创新投资范围将成倍增加，交易策略将更加丰富。使用场外衍生工具对于证券公司来说是一个全新的领域，但这也是国际投资银行使用起来最为灵活的交易工具。

可以预见，将有更多的证券公司积极从事创新投资业务，灵活使用各种产品来管理投资风险，从而将促进证券公司从传统自营到创新投资的转变。

（二）创新投资发展带来的挑战

创新投资发展对证券公司既是机遇，也是挑战。其复杂性对证券公司的风险管理和专业技能都提出了更高要求，这两方面是证券公司创新投资业务成败的关键。

净资本监管的松绑，使得证券公司自营持仓规模可以大幅增加，但规模的增加必然会带来风险的增加。衍生产品和衍生工具是把双刃剑，正当使用可以有效降低投资的风险，但若不慎，将给证券公司带来灾难。因此，衍生产品的复杂性、交易的多样性对证券公司的风险管理能力提出了更高的要求。证券公司需要建立与创新投资相匹配的风险管理机制，以有效防范和控制创新投资所需承受的风险。

创新投资对专业技能要求高，国内证券公司人才储备不足，这会制约业务的发展，也增加了投资风险。2008年金融危机后，国际投行业务萎缩，大量裁员，自营业务被剥离，这为国内证券公司寻找专业团队提供了契机。

（三）资本中介业务的发展前景

从传统证券公司的商业模式看，其收入主要来源于两部分：投行、经纪、资产管理等收费型业务和自营、直投等投资型业务。前者面向客户，不使用公司资产负债表，而后者使用公司资产负债表，与客户没有过多的联系。资本中介业务则是将客户需求与证券公司的资产负债表进行有机结合，在为客户提供多样化产品和风险管理的同时，也拓宽了证券公司的收入范围。

国内以融资融券为代表的资本中介业务刚刚起步，自营范围的松绑以及柜台交易市场的试点成为未来资本中介业务发展的动力。一方面，自营规则的松绑使得证券公司资产负债表使用大为拓宽，可使用的证券种类和交易方式更多了，通过设计、打包、交易等可为客户提供更复杂和多样化的产品；另一方面，柜台交易市场的试点推进使得证券公司不再需要通过交易所，可以直接面向客户，满足客户特定产品需求和风险管理需求。柜台交易市场的建设将有利于支持实体经济发展，有利于管理和对冲市场风险和信用风险。证券公司也可以依托柜台交易市场建设，积极探索并推进证券公司交易、托管结算、支付、融资和投资五大基础功能的再造和整合，提升核心竞争力。

由于资本中介型的业务大量使用资产负债表，它自然就成了公司财务杠杆在业务上的主要落脚点和使用者。财务杠杆的提升，主要从两个方面来实现：一是靠公司层面的举债；二是通过业务和产品的操作。资本中介型业务的各类产品是公司提高财务杠杆和资本运营效率最重要的实现和实施所在。

分报告之七：
2012年中国证券公司国际业务发展回顾与展望

第一章

2012年中国证券公司国际业务发展回顾

第一节 证券公司国际业务发展总体情况

随着我国证券业实施对外开放不断加大的同时，作为证券市场的主要参与主体，证券公司也在加快国际化发展的步伐。在2012年5月召开的证券公司创新发展研讨会上提出了《关于推进证券公司改革开放、创新发展的思路与措施（征求意见稿）》，2012年8月正式发布，明确指出支持跨境业务发展。该征求意见稿具体包括：支持我国证券公司及其境外子公司、境内合资证券公司为中国企业跨境发行上市、并购重组提供中介服务。支持证券公司为中外投资者跨境投资提供中介服务。研究制定境外公司到境内发行股票和人民币债券的有关办法，依法明确由境内证券公司从事保荐和承销业务。增加合格境外机构投资者（QFII）、人民币合格境外机构投资者（RQFII）和合格境内个人投资者（QDII）的额度，允许证券公司以适当的形式开展相关业务。在《关于建立更紧密经贸关系的安排》（CEPA）和《两岸经济合作架构协议》（ECFA）框架内，积极支持跨境业务在两岸三地的资本市场先行先试，为行业进一步开放积累经验。研究制定相关业务规则，形成有利于跨境业务平稳可持续发展的政策规则体系。

目前，我国证券公司的国际化发展主要集中在香港地区。中国香港作为毗邻内地的国际性金融中心，是中国内地企业迈向国际资本市场的重要门户，因此香港地区市场也是中资证券公司国际化战略的首选基地，包括中国国际金融有限公司、中信证券、国泰君安、海通证券等在内的21家内地证券公司在香港地区设立了分公司或子公司，银行系证券公司数量也达到6家。除香港地区外，中资证券公司的分支机构也扩展到了美国、新加坡、英国、德国、法国、日本等地。中国国际金融有限公司目前已在纽约、伦敦、新加坡设立分支机构，期望为越来越多的寻求与中国开展业务的国际客户提供服务，也为其中国客户群提供一个国际平台。

中资证券公司走向国际与中国企业的国际化道路相辅相成。1997年起，中资能源、电信、保险等行业龙头企业相继赴港上市；2005年以来，银行、煤炭、基建等大型国企的重组上市更是将H股发行推上顶峰。中资证券公司也从这一增长过程中发现了业务机会。1997年以来，中国香港市场发行规模20亿美元以上的中资企业（IPO）共有23单，其中仅两单没有中资证券公司参与。除此之外，中资证券公司的目光也逐渐开始投向非中资企业的国际业务。越来越多的国际公司意识到，中资证券公司比外资投行掌握了更多的中资背景客户资源和信息，选择中资证券公司将意味着接触中国资本的机会更多。

2012年，全球经济增速继续放缓，通货膨胀有所下行：美国经济保持温和复苏；欧元区经济仍处于衰退状态；新兴市场国家中除印度尼西亚和泰国经济增速比较稳定以外，其他国家经济增速持续下滑，传统上的“金砖国家”的表现也并不突出。在全球经济增速明显放缓的情况下，各国央行普遍实施了宽松的货币政策，全球股市震荡上行，美国股市创下2009年以来的新高，欧洲股市除西班牙外也有不俗表现，新兴市场股指表现差异较大，传统“金砖国家”表现滞后。总体来看，2012年的全球资本市场与2011年相比有所稳定，这一环境也有利于中国证券公司的国际化拓展。

2012年，我国证券公司的国际业务有很好的发展：

（1）在中国香港市场上，中资证券公司IPO业务的市场份额从2011年的12.5%大幅上升至44.8%，但是在融资业务和债券业务的市场份额则有所回落。

（2）在全球跨国收购与兼并业务中，中资证券公司虽然仍未进入前50名，但是总体排名有所上升，其中在与中国企业有关的跨国收购与兼并业务中，中资证券公司市场份额由2011年的6.9%上升至9.8%。

（3）中资证券公司的资产管理国际业务得到了快速发展，在原有QDII、RQFII和QFII投资顾问等业务的基础上，又在年底增加了QFII业务，使得证券公司资产管理国际业务产品线更为完善。

（4）在国际化网络建设上，各大证券公司均有所建树，通过合资、并购等方式进入国际市场，为未来几年的境外业务开发奠定了基础。

第二节　证券公司国际业务发展具体情况

一、投资银行业务

我国证券公司的国际投行业务主要仍集中在我国香港市场，据Dealogic统计，2012年除中国香港市场之外仅有第一证券公司参加了金丽集团的境外再融资，而除中国香港市场之外的海外债券业务几乎为零。因此，以下主要阐述2012年中国香港市场的业务发展情况。

（一）IPO业务

2012年中国香港市场IPO总融资额显著降低，总融资额仅为2011年的1/4。尽管如此，由于在中国香港新上市的公司主要是中资公司，中资证券公司的市场份额较2011年有较大上升。2012年，中国香港市场IPO融资额为80.2亿美元，排名前50位的承销商中有17家是中资证券公司，占市场份额的44.8%，其中排名最高的中国银行排名第2位，总融资额达5.77亿美元，占总市场份额的7.2%。2012年，中国香港市场IPO融资额为315亿美元，排名前50位的承销商中有11家中资证券公司，占总市场份额的12.5%，其中排名最高的中国国际金融有限公司排名第9位，总融资额达13.5亿美元，占总市场份额的4.27%（见表1－1）。

表1－1　　中国香港市场IPO排名

2012年

排名	公司名称（母公司）	融资额（百万美元）	数量（家）	市场份额（%）
2	中国银行股份有限公司	577.38	4	7.20
4	中国国际金融有限公司	473.95	4	5.91
7	中国农业银行股份有限公司	387.54	3	4.83
8	中国工商银行股份有限公司	369.86	3	4.61
9	海通证券股份有限公司	359.03	7	4.48
13	中国建设银行股份有限公司	310.29	5	3.87
15	国泰君安证券股份有限公司	216.19	10	2.70
16	安信证券股份有限公司	209.54	1	2.61
19	中信证券股份有限公司	196.84	3	2.45
20	中国交通银行股份有限公司	158.20	3	1.97
22	广发证券股份有限公司	91.97	1	1.15
23	第一上海证券有限公司	86.54	4	1.08
25	申银万国证券股份有限公司	67.38	1	0.84
29	中国光大证券国际有限公司	47.35	3	0.59
36	中国信达资产管理有限公司	21.04	4	0.26
41	中国招商证券股份有限公司	17.38	1	0.22
48	平安证券股份有限公司	2.13	1	0.03

2011年

排名	公司名称（母公司）	融资额（百万美元）	数量（家）	市场份额（%）
9	中国国际金融有限公司	1 346.94	7	4.27
17	中信证券股份有限公司	575.67	2	1.83
18	中国招商证券股份有限公司	549.17	9	1.74
19	中国建设银行股份有限公司	483.86	6	1.53
20	中国交通银行股份有限公司	410.75	8	1.30
25	中国工商银行股份有限公司	219.37	4	0.70
27	国泰君安证券股份有限公司	159.47	6	0.51
30	中国光大证券国际有限公司	91.45	4	0.29
39	申银万国股份有限公司	38.95	3	0.12
40	中国农业银行股份有限公司	38.76	1	0.12
41	海通证券股份有限公司	35.66	2	0.11

资料来源：Dealogic。

（二）再融资业务

2012 年中国香港市场再融资总额较 2011 年大幅上升 101.3%，中资证券公司市场份额由 2011 年的 18.9% 降至 7.8%。2012 年，香港市场再融资额为 501.2 亿美元，排名前 50 名的证券公司中有 12 家中资证券公司，占总市场份额的 7.8%，其中排名最高的中信证券排名第 11 位，总融资额达 12.6 亿美元，占总市场份额的 2.51%。2012 年，中国香港市场再融资额为 249 亿美元，排名前 50 位的证券公司中有 11 家中资证券公司，占总市场份额的 18.9%，其中排名最高的中国国际金融有限公司排名第 4 位，总融资额达 11.5 亿美元，占总市场份额的 4.61%（见表 1－2）。

表 1－2　中国香港市场再融资排名

2012 年

排名	公司名称（母公司）	融资额（百万美元）	数量（家）	市场份额（%）
11	中信证券股份有限公司	1 257.33	5	2.51
12	海通证券股份有限公司	1 004.82	5	2.00
14	中国工商银行股份有限公司	779.47	4	1.56
17	中国国际金融有限公司	419.00	3	0.84
21	中国交通银行股份有限公司	174.44	2	0.35
24	中国招商证券股份有限公司	100.43	1	0.20
27	中国农业银行股份有限公司	68.53	1	0.14
33	中国建设银行股份有限公司	34.65	4	0.07
35	国泰君安证券股份有限公司	24.13	1	0.05
41	申银万国证券股份有限公司	15.74	1	0.03
43	平安证券股份有限公司	15.26	2	0.03
49	中国信达资产管理有限公司	10.55	2	0.02

2011 年

排名	公司名称（母公司）	融资额（百万美元）	数量（家）	市场份额（%）
4	中国国际金融有限公司	1 148.63	7	4.61
6	国泰君安证券股份有限公司	890.79	9	3.58
10	中信证券股份有限公司	570.31	2	2.29
26	粤海证券有限公司	96.46	1	0.39
29	申银万国股份有限公司	72.73	3	0.29
38	国元证券股份有限公司	40.19	2	0.16

资料来源：Dealogic。

（三）债券业务

2012 年中国香港市场债券融资总额较 2011 年大幅增加了 134%，但是中资证券公司债券业务的份额却有所回落，这主要是因为 2012 年香港地区人民币债券的发行大幅下降了60.6%。2012年，债券融资额为328亿美元，排名前50名的承销商中只有3家中资证券公司，总融资额为8.9亿美元，占总市场份额的2.72%。2012年，中国香港市场债券融资额为140亿美元，排名前50位的承销商中有8家中资证券公司，总承销额为19.74亿美元，占总市场份额的14.08%（见表1-3）。

表1-3　中国香港市场债券融资排名

2012年

排名	公司名称（母公司）	融资额（百万美元）	数量（家）	市场份额（%）
12	中国银行股份有限公司	684.85	5	2.09
23	中国建设银行股份有限公司	165.55	2	0.50
32	中国农业银行股份有限公司	42.83	1	0.13

2011年

排名	公司名称（母公司）	融资额（百万美元）	数量（家）	市场份额（%）
4	中国银行股份有限公司	1 402.16	7	10
12	中国工商银行股份有限公司	240.77	5	1.72
14	中信证券股份有限公司	154.03	1	1.1
24	中国招商银行股份有限公司	56.99	2	0.41
32	中国国际金融有限公司	30.85	1	0.22
33	中国国家开发银行股份有限公司	29.75	1	0.21
33	中国交通银行股份有限公司	29.75	1	0.21
33	中国农业银行股份有限公司	29.75	1	0.21

资料来源：Dealogic。

（四）兼并与收购业务

2012年，全球跨国收购与兼并排名前50位中依旧缺少中资证券公司的身影，但是中资证券公司的总体排名有所上升。2012年中资证券公司在全球跨国收购与兼并排名最高的是工银国际，排在全球第52位，共完成了4笔跨国收购与兼并交易，交易金额为47.9亿美元，占全球市场份额的0.68%。2011年，全球跨国收购与兼并中，排名最高的中金公司排在全球第62位，2011年中金公司参与6个跨国兼并与收购交易，总金额为39.8亿美元，占全球市场份额的0.40%。

2012年在与中国企业有关的（收购方或者被收购方为中国企业时）跨国收购与兼并业务中，中资证券公司的承销额和市场份额均有所上升。2012年，在与中国企业有关的跨国收购与兼并业务排名前50位的公司中，共有工银国际、中国国际金融有限公司、广东证券3家中资证券公司，一共完成11笔跨国收购与兼并交易，交易金额达69.1亿美元，占总市场份额的9.8%。2011年，在与中国企业有关的跨国收购与兼并业务排名前50位的公司中，有中国国际金融有限公司、建银国际、国信证券3家证券公司，共完成8笔跨国收购与兼并交易，占总市场份额的6.9%（见表1-4）。

表1－4　与中国企业有关的跨国收购与兼并排名

2012年

排名	公司名称（母公司）	融资额（百万美元）	数量（家）	市场份额（%）
12	中国工商银行股份有限公司	4 792.01	4	6.81
31	中国国际金融有限公司	1 371.63	2	1.95
42	粤海证券有限公司	741.80	5	1.05

2011年

排名	公司名称（母公司）	融资额（百万美元）	数量（家）	市场份额（%）
13	中国国际金融有限公司	3 981.15	6	4.52
27	中国建设银行股份有限公司	1 556.90	3	1.77
42	国信证券股份有限公司	562.04	2	0.64

资料来源：Dealogic。

二、资产管理业务

2012年，证券公司资产管理的国际业务得到了快速发展，在原有QDII、RQFII和QFII投资顾问等业务的基础上，又在年底增加了QFII业务，使得中资证券公司资产管理国际业务产品线更为完善，获利手段更加多样。截至2012年底，中资证券公司资产管理的国际业务主要包括以下几方面：

（一）QDII业务

《合格境内机构投资者（QDII）境外证券投资管理试行办法》在2007年中出台，允许具备相关条件的证券公司可以通过设立集合计划等方式募集资金，运用所募集的资金投资于境外证券市场。截至2012年底，已有13家证券公司获得QDII资格，12家证券公司获得共53亿美元的QDII额度，已发行集合产品6只，合计份额8.21亿美元。其中2012年当年发行QDII集合产品1只，共募集资金1.22亿美元（见表1－5、表1－6）。

表1－5　证券公司获得QDII投资额度一览

（截至2012年12月31日）

机构名称	投资额度获批时间	获批额度（亿美元）
中国国际金融有限公司	2007年11月16日	10
招商证券股份有限公司	2008年5月4日	2
华泰证券股份有限公司	2010年4月14日	2
上海国泰君安证券资产管理有限公司	2010年11月26日	2
光大证券股份有限公司	2010年7月28日	2
上海东方证券资产管理有限公司	2010年11月26日	2
国信证券股份有限公司	2011年5月5日	7
广发证券股份有限公司	2012年4月10日	7
中信证券股份有限公司	2012年7月17日	8
安信证券股份有限公司	2012年8月16日	5
申银万国证券股份有限公司	2012年9月19日	1
中银国际证券有限责任公司	2012年9月19日	5

资料来源：国家外汇管理局。

表 1－6　　2012 年证券公司资产管理发行 QDII 产品情况

产品简称	管理人	成立日期	成立规模（亿份）	投资范围
国信金汇宝人口红利	国信证券	2012 年 11 月 29 日	1.22	本集合计划主要投资于在海外证券市场交易的注册地，主营收入或利润来自大中华、印度和印度尼西亚三个地区或国家的股票、债券、基金和其他金融产品，享受人口红利带来的经济增长、消费增长的收益，为国内委托人寻求出色的投资回报与长期稳健的资产增值。 （1）股票等权益类证券：0～95%。 （2）固定收益类金融产品、现金或货币市场工具：5%～100%，其中保留的现金的比例不低于5%。 （3）投资股指期货和外汇衍生品的比例不高于20%。

资料来源：Wind 资讯。

（二）QDII 定向资产管理业务

2010 年中国证监会制定并发布了《〈合格境内机构投资者境外证券投资管理试行办法〉第四十六条证券公司开展境外证券投资定向资产管理业务的适用意见——证券期货法律适用意见第 6 号》，允许符合条件的证券公司在取得 QDII 资格和外汇额度后，在外汇额度范围内，为境内客户提供定向资产管理服务，投资海外证券市场。

证券公司境外证券投资定向资产管理业务，是指证券公司接受单一客户委托，与客户签订定向资产管理合同，根据合同约定的方式、条件和要求，通过客户的账户管理客户委托资产，进行境外证券投资管理的活动。

在外汇额度范围内，为境内客户提供定向资产管理服务，投资海外证券市场，符合现行法规和政策，有利于证券公司发挥自身优势发展跨境业务，更好地满足客户投资需求，也有利于证券公司积累跨境业务经验，拓宽盈利渠道。

（三）RQFII 业务

2011 年 12 月底，中国证监会、中国人民银行、国家外汇管理局等分别就 RQFII 试点机构、额度、产品发行等发布公告，这意味着证券公司 RQFII 业务试点已进入实务操作阶段，境外人民币即将进入国内证券市场。试点初期，12 家证券公司与 9 家基金公司共获得了 200 亿元人民币额度，投资于股票类品种不得超过募集规模的 20%。2012 年 RQFII 进入实施阶段，为支持中国香港国际金融中心地位，促进香港地区离岸人民币市场发展，满足境外投资者对境内市场的投资需求，RQFII 经过两次扩容，投资额度由 200 亿元人民币大幅扩大到 2 700 亿元人民币。随着中国资本市场的进一步打开，此类跨境业务将在证券公司资产管理的业务板块中扮演越来越重要的角色（见表 1－7）。

表1-7　证券公司获得RQFII投资额度一览

（截至2012年12月31日）

机构名称	投资额度获批时间	获批额度（亿元人民币）
申银万国（香港）有限公司	2011年12月30日	9
安信国际金融控股有限公司	2011年12月30日	9
中国国际金融（香港）有限公司	2012年1月2日	9
国信证券（香港）金融控股有限公司	2012年1月2日	9
光大证券金融控股有限公司	2012年1月2日	9
华泰金融控股（香港）有限公司	2012年1月2日	5
国泰君安金融控股有限公司	2012年1月2日	9
海通国际控股有限公司	2012年1月2日	9
广发控股（香港）有限公司	2012年1月2日	9
招商证券国际有限公司	2012年1月2日	9
中信证券国际有限公司	2012年1月2日	9
国元证券（香港）有限公司	2012年1月2日	5

资料来源：国家外汇管理局。

（四）QFII投资顾问业务

证券公司可以利用其对本土资本市场的深入了解向合格的境外投资者（QFII）提供投资咨询服务，这种合作模式利用了国内外机构各自的优势，最大化实现资产价值。

（五）QFII业务

QFII业务自2003年批准以来，首批获得该资质的多为外资金融机构，如瑞银、野村、花旗、高盛、汇丰等，海通香港为第一家获批QFII的在港中资证券公司。2012年，中国证监会共批复合格境外机构投资者72家，创下自2003年我国开始引入QFII以来，新批QFII家数十年之最。2012年12月，监管部门新批复6家QFII，分别为中信证券国际投资管理（香港）有限公司、太平洋投资策略有限公司、易方达资产管理（香港）有限公司、高瓴资本管理有限公司、永丰证券投资信托股份有限公司和华夏基金（香港）有限公司。至此，自引入QFII制度以来，中国证监会已经累计批复207家境外合格机构投资者。其中，中资证券公司QFII有中信证券国际投资管理（香港）有限公司、海通香港有限公司。据统计，2012年发放QFII额度160亿美元，相当于此前6年发放额度总和。2012年新获批8家QFII机构共计14亿美元额度，QFII的总额度达到374.4亿美元。

三、经纪业务

目前，中资证券公司的国际化经纪业务的发展集中在中国香港市场。2012年中国香港市场恒生指数上涨23%，市场的上涨使得投资者信心大增，对证券公司的佣金收入也有一定程度的提升。

据香港交易所统计，截至2012年12月31日，中国香港目前共有551名市场参与者（提供证券交易服务的机构）。香港交易所每年根据市场占有率将这些交易参与者划分为三组：交易额居前14位为A组证券公司；第15～65位为B组证券公司；65位以后的参与者归为C组证券公司。2012年，A类证券公司交易额占比为57.98%，B类证券公司交易额占比为31.94%，C类证券公司交易额占比为10.07%。目前在中国香港的中资证券公司，除中银国际位列A组外，其余大部分中资证券公司都位列B组，成为中型证券公司，C组则主要是中国香港本地的小型证券公司①。

四、直接投资业务

从整个中国证券业来看，多数证券公司的PE业务当前重点还是在国内市场。虽然不少证券公司开始进行海外并购业务，但是实质开展业务的机构有限。一方面，国内的PE市场虽然竞争激烈，但是还有不少的投资机会等着证券公司的PE去获取，无暇顾及海外市场；另一方面，在短期之内，主要的并购交易市场还是在欧洲和美国，这就考验一个投资机构综合的研究能力以及全球的网络状况，这些需要中国的广大证券公司逐步建立、加强。

目前市场上主要的一单证券公司直投参与的海外并购是中信证券旗下的产业基金完成的。2012年1月20日，三一重工控股子公司三一德国有限公司联合中信产业投资基金（香港）顾问公司，斥资3.6亿欧元收购德国工程机械企业普茨迈斯特（Putzmeister）的100%股权。其中，三一重工子公司三一德国出资3.24亿欧元，占股90%；中信产业基金出资3 600万欧元，占股10%。该项收购于2012年4月17日正式完成股权交割。随着大量优秀企业在本土市场的壮大和上市，它们都有着迫切走出国门的需求。另外，在欧债危机的持续影响下，众多欧洲企业陷入经营困境、成长乏力或股东存在强烈出售意愿，由国内强势企业主导，联合PE基金，加之证券公司陆续获批设立并购基金，未来针对具备成熟品牌与技术的欧洲企业的出境并购交易机会可能会出现。

五、中国证券公司的国际网络建设继续拓展

2012年，受到国内业务缩水的影响，中国证券公司国际网络建设的步伐有所放缓。尽管如此，大部分中国证券公司仍在谨慎地尝试开拓国际业务，通过合资、并购等方式逐渐进入国际市场。中国证券公司的国际化仍将是大势所趋（见表1－8）。

表1－8　　2012年中国证券公司国际网络拓展摘要

机构名称	国家/地区	时间	事件
中信证券	法国	2012年11月	中信证券同意公司全资子公司中信证券国际有限公司以9.41亿美元的价格收购里昂证券80.1%的股权。自此，中信证券拥有了里昂证券100%股权
		2012年7月	中信证券公告称，其全资子公司中信国际将以12.52亿美元收购里昂证券100%的股权。其中19.9%的股权以3.1亿美元已经完成交割，剩余80.1%的股权授予对手方售股选择权，在完成后续交易相关的内部及外部审批程序的基础上，以9.4亿美元的对价收购

① http://www.cs.com.cn/gg/07/201103/t20110330_2828419.html.

续表 1

机构名称	国家/地区	时间	事件
银河证券	中国香港	2012 年 10 月	银河证券 IPO 获得国务院特批，计划 A + H 股上市
广发证券	中国香港	2012 年 6 月	在广东产业资本融通创新论坛上，广发证券总裁林治海表示，广发证券依托于中国香港的平台——广发香港控股，将在全国证券公司当中率先通过合资并购的方式来做强做大国际化平台。据悉，广发证券各业务线已经与广发香港实行整体化的业务经营目标和矩阵式管理，并积极筹划与国际知名投行通过合资、收购等方式，在中国香港和内地成立具有国际业务能力和客户网络的合作平台或合资公司。同时，广发期货的国际并购计划也在积极推进当中
招商证券	中国香港	2012 年 4 月	招商证券新任总裁兼首席执行官王岩在接受媒体专访时表示，招商证券未来的总体思路是一手抓创新，一手抓国际化，让中国香港成为内地业务创新的“试验田”。招商证券（香港）的发展战略首先是利用一级市场业务带动二级市场业务的发展，未来再以二级市场的渠道和客户资源支持一级市场业务发展，最终目标是建设成为国际化的全功能投资银行
中银国际	美国	2012 年 11 月	中银国际获准在美国开展期货经纪业务
	欧洲	2012 年 11 月	中银国际宣布，公司获得欧洲洲际交易所的清算会员资格
	英国	2012 年 4 月	● 中银国际旗下全球商品（英国）公司获得伦敦金属交易所（LME）清算会员资格，成为第一家在该交易所直接提供交易及清算服务的中资机构。据全球商品（英国）公司的 CEO Arthur Fan 介绍称，公司的金属经纪团队将在伦敦雇用 8 名员工 ●截至上半年，中银国际已经获得伦敦金属交易所（LME）、芝加哥商品交易所（CME）、芝加哥期货交易所（CBOT）、纽约金属交易所（COMEX）及纽约商品交易所（NYMEX）的清算会员资格
	新加坡	2012 年 6 月	中国银行旗下全资子公司中银国际已在新加坡设立了一个由三人组成的交易小组，将主要进行燃料油和一些轻质馏分油的交易。此前，中银国际已在中国香港设有原油交易部
国泰君安	中国香港	2012 年 6 月	国泰君安国际行政总裁阎峰表示，公司 2012 年上半年做成 10 单 IPO 业务，是以往同期的最好表现，目前投行部门下成立环球债券部，增聘十几个人以增加下半年营业收入。国泰君安的国际定位是协助客户进行全方位国际化投资，因此目前该行的网上交易平台，除提供港股、B 股买卖服务外，也可以投资美国、英国及日本等 9 个交易所的上市产品
海通证券	全球	2012 年 11 月	海通证券董事长王开国于中国上市公司海外高峰论坛上表示，海通证券要逐步发展境外业务，将中国香港经验再复制至其他新兴市场上
		2012 年 3 月	海通证券总裁李明山表示，公司海外收购目标已经设定为：在当地市场有一定知名度；目标业务能够与现有业务形成互补和协同作用；能够对目标行使控制权；目标可增强现有客户基础、分销网络和专门人才
	中国香港	2012 年 10 月	海通国际成为首个取得“RQFLP”资格的证券公司，可通过“RQFLP”机制在上海投资各种私募股权项目，初步规模为 10 亿元人民币

续表 2

机构名称	国家/地区	时间	事件
海通证券	中国香港	2012 年 8 月	海通国际副主席及行政总裁林涌表示，公司投行部已从英国嘉诚证券（Cazenove）挖来一个中国团队，此外，海通资产管理的固定收益及量化交易团队从德银、瑞银、高盛等大行寻觅有内地背景及华尔街工作经验的人才
		2012 年 9 月	海通国际集团副主席及行政总裁林涌表示，2012 年上半年，海通国际已新成立了固定收益业务板块，负责拓展债务资本市场、企业私募债融资及投资等业务。2012 年下半年，该公司将组建新的产业基金团队。林涌还表示，海通国际下一步的发展目标是全能的中资投行，目前在业务结构上已开始向此方向转型
		2012 年 9 月	海通国际全资附属公司海通资产管理（香港）与以卢森堡及丹麦为基地的国际资产管理公司 Sparinvest Holdings 宣布已签订框架协议，同意携手在欧洲、中国香港、中国澳门及中国内地推出产品
		2012 年 4 月	海通证券 H 股正式挂牌上市，集资金额达 125 亿港元
中投证券	中国香港	2012 年 3 月	中投证券（香港）金融控股有限公司在中国香港宣布成立。公司注册资金为 1 亿港元，旨在通过设立、参股、收购其他相关机构等经营模式，逐步在中国香港乃至全球开展证券期货经纪、资产管理、企业融资等证券及其他非证券业务
兴业证券	中国香港	2012 年 5 月	兴业证券的全资子公司兴证（香港）金融控股有限公司于 5 月 15 日在中国香港举行正式挂牌仪式。随后兴证（香港）金融控股在港招聘研究部人员，向内地客户推荐港股
	中国台湾	2012 年 5 月	KGI 凯基证券与兴业证券于 5 月下旬正式签订合作备忘录（MOU），双方在投资银行业务方面开展合作
西南证券	中国香港	2012 年 12 月	公司董事会决定在中国香港设立子公司——西证国际投资有限责任公司，从事股权、项目等投资业务，注册资本为 2 000 万港元
太平洋证券	老挝	2012 年 7 月	董事会通过决议，拟在老挝设立合资证券公司，开展各项证券业务。如此次合资成功，太平洋证券将成为老挝第一家合资证券公司
华泰证券	中国香港	2012 年 2 月	华泰证券公告称，决定对全资子公司华泰金融控股（香港）有限公司增资 10 亿港元
华兴资本	中国香港	2012 年 6 月	华兴资本表示，其旗下的全资子公司华兴证券已在中国香港正式运营，全面开展证券承销、证券经纪、证券市场研究、跨国并购等机构证券业务，成为中国内地首家“出海”的民营投资银行

第二章 2012 年中国证券公司国际业务发展中面临的问题与 2013 年前景展望

从国际业务的具体开展情况看，我国证券公司国际业务发展仍处于初级阶段，部分业务仍处于探索阶段，还存在着一些问题和挑战。同时，在中国经济快速发展的情况下，我国证券公司国际化也面临着巨大的发展机遇，国际化业务将从广度和深度上进一步推进。

第一节 2012 年中国证券公司国际业务发展中面临的问题

一、在国际化发展初期，业务结构发展严重不均衡

（一）境外业务主要集中在中国香港市场，其他市场较少

中国证券公司境外业务的特点之一就是主要集中在中国香港市场，其他市场仍有待开发。业务开展集中于中国香港有许多原因，包括地缘、政策等原因。然而，作为真正国际化的证券公司，应有能力在全球各大金融市场开展业务。从高盛集团的情况来看，2011 年其美国本土、欧洲中东和亚太区的营业收入比例分别为 60.0%、24.6% 和 13.4%，区域分布相对均衡，从而能够利用不同市场的差异，分散经营风险。由于中国证券公司国际化开展时间较短，品牌知名度仍有待提高，未来国际化业务的区域拓展上仍有许多瓶颈需要突破。

（二）主要的客户群体是中国公司，缺少跨国公司

目前，中国证券公司的主要客户群体是中国公司或其主要业务在华的公司，只有少数的跨国公司。这主要是因为跨国公司一般都有长期合作的国际证券公司，中国证券公司的品牌效应尚未建立，其与跨国公司之间的业务较难开展。

（三）产品单一

中国证券公司投行国际业务在国际市场经营的主要产品仍然是传统的 IPO、再融资、兼并收购、债券等。即便在传统业务的债券融资中，中国证券公司也仍然远远落后于其他国际同行。中国香港市场美元债券等国际债券的发行中均少见中国证券公司，中国证券公司只在人民币债券市场中参与较多。2012 年，排名前 50 位的债券承销商中只有 3 家证券公司，全部都是银行系的，主要承销的就是人民币债券。

二、市场份额有所上升，但仍面临国际投行激烈的综合竞争压力

目前，中国证券公司国际化经营的区域集中于以中国香港为主要基地的亚太地区，这些区域同时也是国际大型投行关注的主要地区，特别是近年来伴随着中国资本市场的快速发展，外资证券公司对亚洲业务日益重视。亚洲新兴资本市场正在成为高盛、摩根士丹利等国际证券业巨头重点的关注对象。在 2012 年，中国证券公司的业务份额与 2011 年相比有所上升。以中国证券公司国际化业务相对较好的投行业务为例，2012 年，中国香港市场 IPO 融资额为 80.2 亿美元，排名前 50 位的承销商中有 17 家中资证券公司，市场份额为 44.8%，其中排名最高的中国银行排名第 2 位，总融资额为 5.77 亿美元，占总市场份额的 7.2%。2012 年，中国香港市场 IPO 融资额为 315 亿美元，排在前 50 名的承销商中有 11 家中资证券公司，市场份额为 12.5%，其中排名最高的中国国际金融有限公司排名第 9 位，总融资额为 13.5 亿美元，占总市场份额的 4.27%。在再融资业务方面，2012 年中国香港市场中资证券公司市场份额由 2011 年的 18.9% 大幅降至 7.8%。

外资证券公司在与中资证券公司的竞争中表现出了强大的资本、技术、综合经营与人才等竞争优势。在经营策略上，它们正在逐渐进行本地化并与中国企业开始建立了长久合作关系，未来国际市场业务竞争将会更加激烈。海外证券业务需要强大的综合研究能力和丰富的海外网络，在一个窗口就可以为客户提供全方位的服务，在这方面，中国证券公司与国际大型投行相比还有很大的距离。

三、受国内经济和政策制约较大

第一，中国证券公司的大部分客户都是中国公司，受中国经济和政策的影响较大，对中国经济和政策的依赖性较强，中国的经济或者政策一旦出现较大的变化，就会对证券公司的国际业务产生重大影响。第二，与国际发达市场相比，我国证券市场的法律框架、监管制度还有一定差距，这使我国证券公司在开展国际化经营战略时会受到一些限制；有些证券公司采取绕过政策壁垒的形式在海外注册合资公司，或者通过大股东采取

境外收购的形式，增大了政策和经营风险。第三，我国在相当长的时间内人民币还不能完全实现自由兑换，境外国际证券投资还将受到严格的政策监管，境内境外业务不能实现联动优势。第四，由于新兴市场国家证券公司的实力一般无法与发达国家的证券公司相抗衡，新兴市场国家证券公司在国际化经营的过程中，需要政府的政策支持，但我国在这方面还没有明确的政策目标。从总体上看，政府对证券公司的国际化是持积极态度的。政府之所以鼓励本国证券公司走出国门，实际上是符合国家如何利用和整合国际金融资源的战略目标的。

四、专业经验和技术差距较大

国际大型投行运作时间较长，有些具有上百年的运作经验，它们均具有比较成熟的国际化发展战略，各项业务均具有非常规范的操作流程，在具体业务的细化和深化上积累了大量经验。虽然2008年的金融危机暴露了国际投行在金融衍生产品创新方面的一些问题，但仍有许多地方值得中国证券公司去学习。

五、国际化人才短缺的制约

相对于其他行业来说，中国证券行业从业人员的素质和能力还是比较高的，但由于中国证券业发展时间较短，仍然没有建立起完整、良好的证券人才教育系统，导致整体证券从业人员的素质良莠不齐。同时，中国证券公司在品牌吸引力等方面仍无法与国际同行相媲美，难以吸引优秀人才加盟。目前，中国证券公司在国际化经营方面面临的人才冲击主要表现在两个方面：一是中国证券公司现有的人才质量在业务水平、技术能力甚至外语水平等方面存在一定差距；二是由于薪酬和激励机制方面的优势，外资大型投行以高薪争夺中国证券公司的人才，高级人才的流失较为严重。我国证券公司在国际化的发展过程中必然受到人才短缺的制约，缺乏熟悉国际资本市场运作规则的专业性人才。当然，也应该看到，随着有更多的具有海外工作经验的人才回归，以及我国证券公司加大在人才培养方面的努力，这种不利情况正在改善当中。

六、面临跨境风险控制能力的挑战

证券公司的风险来源于金融机构的内在脆弱性以及金融市场的波动性，在进行跨境的国际化经营时，其风险可能进一步被放大。从宏观层面上看，主要有国内外体制差异造成的风险、国别风险、外汇风险、利率风险、法律风险和市场风险等；从证券公司国际化经营业务来看，主要有管理营运风险、信用风险以及竞争风险等。由于金融市场本身的复杂性，这些系统性风险和非系统性风险相互影响，更容易造成金融市场的波动性和传染性。因此，在全球金融一体化和自由化的情况下，这些风险对中国证券公司的国际化经营形成了巨大的挑战。中国证券公司国际化业务的开展将会带来比国内市场风险更复杂的国际风险，并可能影响国内业务及公司整体的发展。从国际投资银行国际化的教训看，国际同行已形成一套非常繁杂的公司内部、政府监管机构、国际监管组织、社会监督体系等多层次协调的风险管理网络，但即使如此，百富勤、巴林等投资银行失败的案例说明风险管理机制是一个长期挑战。

近年来，中国证券公司在协助企业海外并购方面取得进展，在海外直接投资方面也取得了初步进展，但同时面临着重重阻力，风险控制能力受到巨大考验。以跨国兼并收购为例，目前中国企业海外收购尤其是资源类收购屡受挫折的主要原因是：海外政治阻力大，企业自身和中介机构缺乏海外并购经验，项目执行缺乏有效的尽职调查及风险控制机制，收购后缺乏良好的整合机制。据 Dealogic 统计，2005 年以来，在 3 亿美元以上的中国企业海外并购失败案例当中，未获得境外监管部门批准这一原因就占到了 60%；其余是各种商业及市场因素导致的失败，比如无法满足交易先决条件、市场环境变化、谈判破裂和竞价失败等。

第二节　中国证券公司国际化经营的机遇与 2013 年前景展望

一、中国证券公司国际化经营的必然性

中国正在成为在全球举足轻重的经济力量，中国经济正在日益融入全球经济的大环境，而中国企业也正在向国际化的目标发展。这些因素决定了中国证券公司国际化经营的必然性，也将给中国证券公司投行国际业务的成长带来机会。然而，中国证券公司国际化仍面临种种挑战和问题，这就要求中资投行必须进一步提升网络覆盖能力、产品创新能力和服务水平，进一步巩固和发展中国香港市场，着眼于新加坡、伦敦、纽约等更多金融市场的开发，在运营机制、人才素质等方面与国际投行看齐，迅速融入国际竞争中，通过网络国际化、人才国际化、运营国际化，把握机遇，迎接挑战，以支持中国企业的国际化发展，并发展成为国际化的证券公司。

二、国际化经营的发展路径

（一）立足国内，面向全球，循序渐进

中国证券公司的国际化经营首先要立足国内市场，夯实基础，为走出国门做好充分的准备。如果没有一个发育成熟的国内市场，那么证券公司就无法做大做强，无法积累足够的资本和经验，走出国门就成了一句空话。当然，要培养出一个成熟、多层次的国内市场，以及与之相关的一批证券公司和机构投资者，需要包括监管机构在内的各方面的共同努力。

面向全球指的是要从一开始就具备国际视野。由于中国经济和全球经济的融合程度非常高，有关全球经济和国际金融市场的重大事件，都会或多或少对我国的经济和资本市场产生影响。因此，对于那些即使暂时没有计划将业务拓展到海外的证券公司来说，也应该关注国际金融市场的变化与发展。

在业务国际化的过程中，应按照循序渐进的原则来发展。在产品业务方面，中国证

券公司可以先从传统的投行业务开始，再逐步增加证券买卖销售、资产管理、直接投资等业务。由于我国各证券公司有其自身的发展特点和业务优势，海外业务也可以从证券代理买卖、资产管理或直接投资等其他业务开始延伸。这与各家证券公司的海外扩张战略有关。

1. 投资银行业务。若从传统的投行业务开始，那么其中的并购业务、财务顾问咨询业务都是可行的方向。目前，虽然中国企业海外收购成功率较低，其主要原因是海外政治阻力大、企业自身和中介机构缺乏海外并购经验、项目执行缺乏有效的尽职调查及风险控制机制、收购后缺乏良好的整合机制等，但是在国际化道路上走在前列的证券公司可通过与有海外并购经验的国际投行合作、学习的方式逐步实现海外并购。

2. 资产管理业务。目前 QDII 资产管理业务进展不够迅速，缺乏市场热情，这与法律法规有待进一步完善、明确等因素有关。我们期待客户资产管理新规出台之后，QDII 相关规定能紧随其后加以修订和更新，进一步放松管制将有利于证券公司 QDII 产品的发行和销售。

RQFII 额度已在近期大幅增加，中国的台湾 RQFII 即将启动，台湾地区将成为未来国际业务的另一个重要市场。从中国台湾市场延伸开来，新加坡以及其他多个东南亚国家也有望在不久的将来成为新的市场。跨境人民币业务的巨大发展潜力需要监管部门扩大试点机构范围，取消股债的资产配置限制，允许试点机构自主决定产品类型，增加中小企业私募债等投资产品，同时简化申请文件要求等一系列政策的支持。我们期待监管规定的投资范围能够进一步放宽，有关资格的审批流程能进一步简化和缩短，监管能进一步放松。这样将有利于 QFII 和 RQFII 额度的充分利用。

3. 证券经纪业务。QFII 制度实施 10 年以来，受到了海外机构投资者的热烈响应，也为证券公司的经纪业务开启了一个新的盈利增长点。

在区域布局方面，中国证券公司可以首先在中国香港、新加坡这样离大陆较近的区域性金融中心开始拓展业务。在取得了一定的经验之后，可将业务拓展到诸如纽约、伦敦、东京和法兰克福等发达市场的主要金融中心，并按照先点后面、先主后次的顺序增加营业网点。之后，待海外业务有了一定规模之后，再考虑向包括中东、东欧、南美和非洲这样的新兴市场扩展。在向海外扩张中，国际知名投行往往注重发挥自身在本土的优势，并结合当地特色走出各自的国际化发展道路。目前，我国证券公司大都通过与境外证券公司合资、收购等方式起步，这样的扩张需要强大的资本金支持。我们还需要关注一些在资本金不够充足的情况下拓展境外业务，并进行国际化战略布局的方式。这对我国证券公司的海外盈利模式创新是一个极大的挑战。除此之外，我们需要相关部门为证券公司的境外布局和海外扩张提供有力的政策支持。

与国际同行相比，中国证券公司在人才吸引力方面的能力相对较弱。针对这个问题，一方面，我们需要培养自己的人才队伍；另一方面，可以引进高水平的国际化人才。这就要从国家、地区及证券公司形成一系列配套的、极具吸引力的人才引进措施，不仅指薪酬和待遇等硬条件，还要从制度、环境等一系列软条件等方面加以完善。

（二）他山之石，可以攻玉

发达国家投资银行业务的国际化进程无疑对于我国证券公司国际化进程有重要的参

考意义。在 20 世纪 70 年代末，随着全球一体化程度的加深，国际资本跨国转移日益频繁，规模持续增长，各主要发达国家不得不相继放松监管，金融自由化在全球主要发达市场兴起已成为不可逆转的趋势。全球资本市场的开发，直接促进了投资银行业务国际化的进程。

从 20 世纪 70 年代末起，各国相继拆除了金融壁垒，使投资银行的全球化成为可能。1979 年，英国由于经常账户的持续顺差而取消了外汇管制。1980 年，日本修订了《外汇管制法》，为金融机构进入日本市场打开了方便之门。同时，日本又批准了外国投资银行在日本设立分支机构并开展业务。1981 年，联邦德国取消了对非本国居民购买本国债券的限制。1984 年，美国在继 1975 年向海外投资银行开放纽约证券交易所席位之后，废除了对非本国居民投资本国政府或公司征收利息预提税的规定，大幅增强了美国金融市场对海外投资者的吸引力。1986 年，英国推出了对国际金融市场影响深远的《大爆炸法案》改革措施，扭转了伦敦金融市场以往僵化、落后的运行制度和经营作风，从根本上促进了英国金融市场的国际化。英国的这项举措为世界各国金融监管机构纷纷效仿，开放本国金融市场，使得金融国际化成为一股不可抗拒的历史潮流，也方便了发达国家的大型投资银行开拓国际市场。

在金融市场的全球化的过程中，非常值得一提的是 1997 年 12 月世界贸易组织经过长期谈判达成的《全球金融贸易服务协议》。这项协议的内容包括：外国可在中国设立金融服务公司并按竞争原则运行；外国公司享受同国内公司同等的进入市场的权利；取消了跨边界服务限制；允许外国资本在投资项目中所占比例超过 50%。这项协议在 1999 年最终被签署生效。此协议涉及全球 95% 的金融服务领域，世界贸易组织的 102 个成员国作出了在金融服务部门开发市场的承诺。这项协议以前所未有的速度推进了全球金融市场的开放进程，为投资银行大规模拓展国际业务创造了条件。

放松监管、经济自由化、经济全球化和金融市场一体化是发达国家大型投资银行得以将业务拓展到全球范围的重要先决条件。根据高盛、摩根士丹利、美林证券、雷曼兄弟、德意志银行、巴克莱银行和野村证券等国际著名投行的业务国际化的经验来看，它们进行海外扩张时所选择的组织形式一般经历了以下的过程：先是在将要开拓的市场实行代理制、设立办事处，然后设立合资公司或者独资公司，直接收购投资国的知名公司，最后建立起全球协调管理系统。这些国际投行在扩张区域方面也呈现出一定的特点，即 20 世纪 60 年代先从欧美传统的金融中心开始（纽约、芝加哥、伦敦、法兰克福、阿姆斯特丹），70 年代进入日本东京等新兴金融中心，80 年代拓展到中国香港、新加坡等亚太新锐市场，90 年代开始逐步进入中国、印度和拉丁美洲等潜力市场。国际知名投行大致遵循这一路径的同时，都注重发挥自身在本土的优势，结合当地特色走出了各自的国际化道路。

外国知名投行的发展为我国证券公司业务国际化提供了非常好的借鉴经验，即组织形式可以先从设立代表处开始，然后择机成立分公司、子公司或区域总部，再随着业务的扩大成立国际证券控股集团。在地区的选择上，则从文化相近的市场开始，逐渐发展到在全球主要的金融中心设立分支机构，形成国际性的业务网络。在国际业务开拓方面，应根据自身的优势和经营风格制定重点发展、特色经营的战略，并根据各项业务的进入成本和投资回报，相应调整不同业务领域的投入。在走出去的过程中，我们证券公司要注重风险控制，注重国际业务的盈利能力培养而不盲目扩张，并注重本地化战略和文化的融合。

三、中国证券公司国际化经营的发展机遇

（一）中国企业的国际化运营和对外投资的步伐加快

从宏观上看，中国已经初步具备了开展对外投资的条件，经济和贸易实力不断提高，已达到日本开始对外投资时的水平。2010年我国经济总量排名超过日本排在世界第2位。目前，中国的国内生产总值（GDP）、出口总量占全球的比重大概均在10%左右，而1976年日本占全球GDP比重为9%，出口占全球比重为7%。那时，日本已开始进行对外投资。可以预期，中国对外投资已经进入了一个新的发展阶段。自2002年建立《对外直接投资统计制度》至今，中国外商直接投资的复合年均增长率接近50%。尽管如此，中国对外直接投资仍然处于初级阶段。中国对外直接投资占国际直接投资总额的比重仅为5%左右，与中国世界第二大经济体和第一大外汇储备国的地位极不相称。

尽管受到2008年金融危机的影响，中国仍然是全世界发展最快的经济体之一。随着中国经济和企业国际化的发展，国际化需求将进一步凸显，从而带来海外上市、并购以及其他业务机会。美国企业的全球投资、国际化运营将美国投行、金融机构带向了世界各地的金融市场。同样，随着中国企业的国际化运营程度的深入，中国证券公司将迎来走向世界、进一步全球化的机遇。

（二）中国证券公司与国际公司合作机会增加

随着中国证券公司海外发行、跨国并购经验的积累，会有更多的国际公司与中国证券公司合作。与国际行业巨头相比，中国证券公司在境外发行、跨国并购方面的经验稍显单薄，其品牌竞争力也弱于高盛、摩根士丹利等百年老店。然而，随着中国证券公司更多地参与海外发行、跨国并购，中国证券公司的业务水准将得到越来越多的公司的认可，这更利于促成国际公司与中国证券公司的合作。此外，希望在中国开展业务、发展的公司会乐于寻求与中国证券公司的合作。中国拥有全世界最具潜力的消费市场，并为全球投资者提供最为优厚的投资回报率。近来已经有越来越多的国际公司开始进入中国，在中国开展业务，发展中国市场。对于中国市场最为了解的中国证券公司将是这些公司的最佳合作伙伴。同时，中国的证券公司在拓展海外业务时，也越来越多地选择了海外的合作伙伴，或者干脆收购投资国的知名公司，例如中信证券国际有限公司在2012年以9.4亿美元的价格收购里昂证券80.1%的股权。

（三）人民币国际化促使国内企业从海外上市到回归A股市场

从长远来看，人民币实现国际化是大势所趋。在未来10年内，人民币国际化进程将取得长足的进展，人民币很有希望成为区域性甚至全球性的主要结算货币。人民币国际化给中国经济特别是中国资本市场带来的主要机遇是支持国内企业从海外上市到回归A股市场。随着人民币国际化的实现，国外资本将会大量进入国内资本市场，

原先在海外上市的公司能够在国内资本市场中找到足够的投资者。在美国上市成本相对较高的情况下，原先在海外上市的公司转向国内融资不失为一种很好的选择。在有着良好上市公司资源的前提下，人民币的国际化能够大大提高国内资本市场上的需求，促使需求与供给相匹配，最终承载起绩优企业回归国内资本市场责任。从日本经验来看，1980～1989 年，日本股市年均涨幅达 16%，远超过同期其他主要国家，同期日本股市市值大幅增长了 7 倍，占全球股票市值的比重上升至 30%，使东京一举成为世界主要国际金融中心之一。这一时期恰恰是日元加速实现国际化的历史时期。可以说，通过人民币的国际化实现国内企业由海外上市到回归 A 股市场是中国资本市场改革的核心内容。

（四）适应居民财富全球配置资源的兴起，实现资产管理业务的国际化经营

伴随着中国 GDP 持续高速增长，国内人均可支配收入上升，高净值客户群体人数陡增，其资产管理需求日盛，特别是对跨区域配置资产提出了新的要求。据福布斯财富调研数据库统计，高净值客户偏爱多种投资工具，其中，40.8% 的高净值客户选择了 3 种以上的投资工具。资产规模会对高净值客户的资产配置产生结构性影响，伴随着资产规模的增大，另类投资的占比也显著上升。其中，PE 投资的高收益性最受高净值客户青睐，同时，商品期货、贵金属、信托产品、艺术品收藏和跨境离岸资产投资等更有特点的投资方式也逐渐被高净值客户所认可。

国内已有部分证券公司开始在财富管理业务上发力，但距离国际顶级投行高盛集团资产管理的“一站式”的资产配置与综合解决方案仍有较大差距。国内证券公司资产管理应借鉴集团资产管理的成功模式，及时抓住资产管理的市场机遇，通过兼并收购实现全球化发展。国内部分证券公司已经开始通过设立海外子公司的方式拓展海外业务，随着 QDII、RQFII 等跨境业务的逐步推进，对海外市场的了解进一步加深，有条件的证券公司的资产管理机构可以收购海外有影响力的资产管理机构，逐步构建全球化的资产配置平台。

四、中国香港国际金融市场的发展推动中国证券公司国际化经营

（一）中国证券公司走向国际与中国企业的国际化道路相辅相成

香港地区作为毗邻我国内地的国际性金融中心，是中国内地企业迈向国际资本市场的重要门户。1993 年 6 月，中港双方签订《证券市场监管合作备忘录》，使内地企业在港直接上市成为可能。1993 年 7 月 15 日，青岛啤酒作为第一家在中国香港上市的中国企业（指注册地在内地）登陆香港交易所，正式拉开了 H 股在中国香港上市的序幕，也为当时尚处于萌芽期的中国证券公司走向国际市场打开了一扇大门。

从 1997 年起，中资大型国有企业重组赴港上市成为主流，同时带动了中资证券公司逐渐参与到中国企业的海外发行中。1997 年 10 月 23 日，中国移动于中国香港挂牌上市，以 42 亿美元的发行规模成为当时中国香港市场最大的中资公司发行项目，其主承销商除高盛外，首次出现了中金公司的名字。其后，中国石油、中国联通、中国石化、中国铝业、中国电信等大型国有企业 IPO 项目中也屡屡出现中金公司的身

影。除此之外，海通证券、国泰君安、工行、农行也通过小规模H股发行进军中国香港市场。

随着中资能源、电信、保险等行业龙头企业相继赴港上市，港股上市公司的整体质量得到显著提升。2005年以来，银行、煤炭、基建等大型国有企业的重组上市更是将H股发行推上顶峰，赴中国香港上市的中国公司家数及市值规模显著扩大，中国香港市场的发行记录屡屡被刷新。2001～2012年之间，H股指数总市值由110亿美元增长至5 691亿美元，占中国香港股市总市值的比例亦由2%扩大至近20%。H股公司不仅从市值及流动性等角度为中国香港市场贡献了重要份额，其行业上的多元性也大大改善了中国香港本地公司以金融地产为主的结构，丰富了投资选择（见图2－1）。

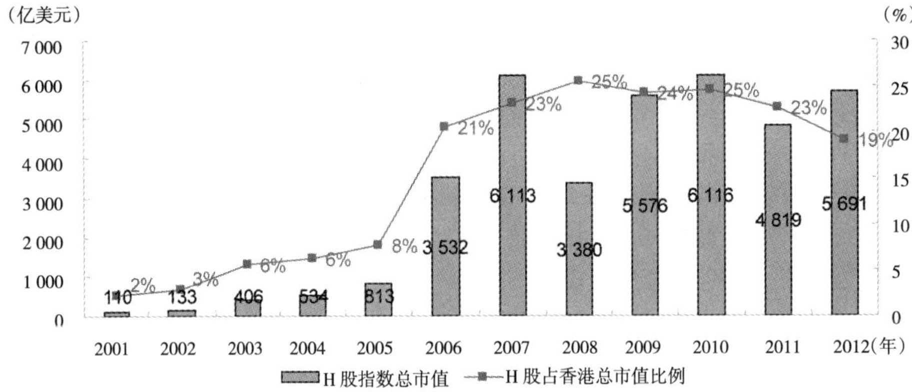

图2－1　H股总市值及占比变化

资料来源：Bloomberg，截至2012年12月31日。

中资证券公司也从这一增长过程中发现了业务机会：2001～2012年，中国香港市场的555单中资公司IPO发行中，共有228单由中资证券公司担任主承销商或联席主承销商，占比达41%。迄今为止，累计共有13家中资证券公司参与中资公司在中国香港地区的IPO发行，中国证券公司在中国香港一级市场的发展突飞猛进（见图2－2）。

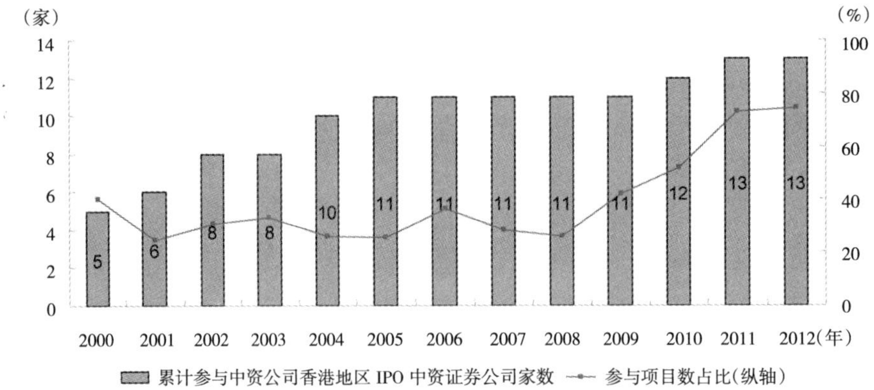

图2－2　中国证券公司参与中资公司香港IPO家数及比例变化

资料来源：Wind资讯，Dealogic，截至2012年12月31日。

目前，中国香港已成为中资证券公司国际化战略的首选基地。包括中金公司、中信证券、国泰君安、海通证券等在内的21家内地证券公司在中国香港设立了分公司或子公司，银行系证券公司数量也达6家（见表2－1）。

表2－1　已设立的中资香港证券公司

序号	公司名称	经纪牌照	企业融资牌照	母公司性质
1	农银国际融资有限公司	Y	Y	银行
2	中银国际控股有限公司	Y	Y	银行
3	交银国际控股有限公司	Y	Y	银行
4	建银国际（控股）有限公司	Y	Y	银行
5	招银国际金融有限公司	Y	Y	银行
6	工银国际控股有限公司	Y	Y	银行
7	中国光大证券国际有限公司	Y	Y	证券
8	中国银河国际金融控股有限公司	Y	Y	证券
9	中国国际金融（香港）有限公司	Y	Y	证券
10	招商证券（香港）有限公司	Y	Y	证券
11	中信证券国际有限公司	Y	Y	证券
12	安信国际金融控股有限公司	Y	Y	证券
13	广发控股（香港）有限公司	Y	Y	证券
14	粤海证券有限公司	Y	Y	证券
15	国信证券（香港）金融控股有限公司	Y	Y	证券
16	国泰君安国际控股有限公司	Y	Y	证券
17	海通国际控股有限公司	Y	Y	证券
18	申银万国（香港）集团有限公司	Y	Y	证券
19	长江证券控股（香港）有限公司	Y	Y	证券
20	中国国都（香港）金融控股有限公司	Y		证券
21	中投证券（香港）金融控股有限公司	Y		证券
22	国元证券（香港）有限公司	Y		证券
23	华泰金融控股（香港）有限公司	Y		证券
24	东方金融控股（香港）有限公司	Y		证券
25	越秀证券有限公司	Y		证券
26	财通国际证券有限公司	Y		证券
27	兴证（香港）金融控股有限公司	Y		证券
28	中国平安证券（香港）有限公司	Y		保险
29	太平证券（香港）有限公司	Y		保险
30	东航国际金融有限公司	Y		综合机构
31	信达国际控股有限公司	Y	Y	资产管理公司

资料来源：SFC、香港中资证券业协会，截至2013年1月4日。

（二）中资证券公司在中国香港市场发挥了重要作用

第一，中资证券公司参与了全部主要中资企业的在香港地区的发行。1993年以来，中国香港市场发行了规模在20亿美元以上的中资企业IPO项目共有23单，其中仅两单没有中资证券公司参与（见表2－2）。

表 2－2　　1993 年以来在香港地区发行的规模在 20 亿美元以上的中资企业

序号	发行人	定价日	发行规模（亿美元）	中资主承销商
1	工商银行	2006 年 10 月 20 日	160.6	中金公司 工银东亚
2	农业银行	2010 年 7 月 6 日	120.0	中金公司 农银国际
3	中国银行	2006 年 5 月 24 日	111.9	中银国际
4	建设银行	2005 年 10 月 20 日	92.3	中金公司
5	中国联通	2000 年 6 月 16 日	56.5	中金公司
6	中国电信	1997 年 10 月 16 日	42.3	中金公司
7	中信银行	2007 年 4 月 20 日	41.9	中金公司 中信证券
8	民生银行	2009 年 11 月 18 日	40.3	中金公司 中银国际 海通证券
9	中国太保	2009 年 12 月 16 日	35.8	中金公司
10	中国人保集团	2012 年 11 月 30 日	35.6	中金公司 农银国际 建银国际 安信证券 中银国际 工银国际 海通证券
11	中国人寿	2003 年 12 月 12 日	34.8	中金公司
12	中国石化	2000 年 10 月 12 日	34.6	中金公司
13	中国神华	2005 年 6 月 8 日	32.7	中金公司
14	中国石油	2000 年 3 月 30 日	28.9	中金公司
15	中国中铁	2007 年 11 月 30 日	28.4	中银国际
16	招商银行	2006 年 9 月 18 日	26.7	中金公司
17	中银香港	2002 年 7 月 20 日	26.6	中银国际
18	龙源电力	2009 年 12 月 4 日	25.9	—
19	中国铁建	2008 年 3 月 6 日	25.9	中信证券
20	中国交通建设	2006 年 12 月 11 日	23.8	中银国际
21	中国中冶	2009 年 9 月 17 日	23.5	中金公司 中信证券
22	交通银行	2005 年 6 月 20 日	21.6	—
23	上海医药	2011 年 5 月 16 日	20.6	中金公司

资料来源：Dealogic，截至 2012 年 12 月 31 日。

第二，中国证券公司在推动香港地区与内地市场联结的进程中发挥了重要作用。2006 年 10 月 27 日，工商银行 A、H 股同日挂牌，成为历史上首家 A＋H 同步上市的公司；而其 220 亿美元的总发行规模亦成为 A 股及 H 股之最。其中，中金公司作为全球协调人牵头设计了境内外同步发行的方案，并成功协调了 A/H 两地的报批、路演、推介、定价和配售。

2006 年至今，共计 9 家中资公司采用了 A + H 同步发行或 A、H 嵌套式发行登陆中国香港市场，中资证券公司参与了全部项目，并在实践中不断根据发行人的不同特点及要求对发行方式进行创新。其中，中金公司牵头协调了 7 家两地同步发行。跨境中资证券公司熟悉内地和香港地区的法规，亦拥有两地广大的客户群，在推动香港地区与内地市场联结的进程中发挥了重要作用（见表 2 - 3）。

表 2 - 3　A + H 发行项目统计

序号	发行人	发行方式	发行年份	H 股发行中资证券公司
1	工商银行	A + H 同日定价，同日上市，价格一致	2006	中金公司、工银东亚
2	中国银行	先 H 后 A 紧凑型	2006	中银国际
3	中信银行	A + H 同日定价，同日上市，价格一致	2007	中金公司、中信证券
4	中国中铁	先 A 后 H 紧凑型，H 股价格高于 A 股	2007	中银国际
5	中国南车	先 A 后 H 紧凑型，H 股价格高于 A 股	2008	中金公司
6	中国铁建	先 A 后 H 紧凑型，H 股价格高于 A 股	2008	中信证券
7	中国中冶	先 A 后 H 紧凑型，H 股价格高于 A 股	2009	中金公司、中信证券
8	农业银行	A + H 同日定价，不同日上市，H 股价格高于 A 股	2010	中金公司、农银国际
9	新华人寿	A + H 同日定价，不同日上市，价格一致	2011	中金公司、招商证券

资料来源：Dealogic 公司公告，截至 2012 年 12 月 31 日。

第三，除中资企业外，中资证券公司也已逐步参与到非中资企业的中国香港上市项目中。自 1997 年 9 月海通证券承销中国香港本土公司华富国际上市项目以来，中资证券公司多次作为主承销商出现在规模较小的非中资 IPO 项目中。2010 年以来，随着中资投资者资金实力的逐步累积，以及中资证券公司境内境外资本平台的进一步发展，非中资香港地区的 IPO 项目开始注重中资证券公司对中资背景投资者的覆盖能力。2010 ~ 2012 年，共有 70 家非中资公司在中国香港上市，包括中金公司、中信证券、海通证券、国泰君安、申银万国等在内的 14 家中资证券公司参与了其中 34 个 IPO 项目，参与比例近 50%，承销金额占比亦达到 10%。2012 年，申银万国在首家日本企业（Dynam Japan Holdings Co.，Ltd.）的香港地区的 IPO 项目中担任保荐人和主承销商，扩大了中资证券公司在当地的影响力。越来越多的国际机构已经意识到，中资证券公司比外资投行掌握更多的中资背景的客户资源和信息，因而选择中资证券公司意味着有更多接触中国资本的机会。

第四，中国证券公司参与海外项目。更多中资企业将目光投向了更为广阔的国际市场，逐步建立欧、美和新兴市场等海外分支机构，以拓展境外业务平台和客户。相应的，这些企业在发行地的选择上也更加多元化，除中国香港外，美国、新加坡、英国、德国、法国、日本等也成为很多企业的选择。从 1992 年至今，共有 503 家中资企业在海外发行，6 家发行的主承销商中出现中资证券公司的身影。其中，除工行及建行的新加坡分行在新交所承销的 3 家 IPO 项目外，中金公司已作为主承销商参与过泰合诚医疗组交所 IPO 项目、中宇卫浴法兰克福交易所 IPO 项目及嘉茂中国信托新交所 IPO 项目，成为首家真正迈入国际市场的中资证券公司。为了近距离接触国际投资者与资本市场，中金公司目前已在纽约、伦敦、新加坡设立了分支机构，期望为越来越多的寻求与中国公司开展业务的国际客户提供服务，也为其中国客户群提供一个国际平台。

中资证券公司的目光也已投向非中资企业的海外融资业务。2010 年，中金公司作为主承销商参与了亚洲最大的现代物流设施提供商普洛斯（General Global Properties）的新交所 IPO 项目，迈出了中资证券公司国际化实质性的一步。

未来，中国香港国际金融中心的进一步发展将为中国证券公司国际化经营提供更大的舞台。目前，虽然上海国际金融中心的建设步伐正在加快进行，但中国香港作为东亚地区最重要的金融中心和国际资金集散地的地位仍然不可动摇，其高度自由化的市场体系和健全的法律监管系统都是内地金融中心不可比的。未来中国香港与上海可以采取“错位发展”战略，即上海应该大力加强基础制度建设，尽快提高市场开放程度，而中国香港可以借助人民币国际化的步伐开发人民币计价的金融产品，并利用中国内地投资多元化趋势，进一步发展资产管理业务。可以预期，中国香港国际金融中心在亚太地区的地位将越来越重要，从而为中国证券公司在香港地区全面开展国际业务创造有利的市场平台。

五、人民币国际化提速

推动资本项目开放和人民币国际化，是中国人民银行未来的工作的重心之一。近期，深圳前海启动的跨境人民币贷款，是人民币国际化和开放资本项目迈出的重要一步。人民币仍不是可自由兑换的货币，国内对资本账户的管制，是人民币成为国际货币的主要障碍。目前，境外人士只能够通过 QFII、RQFII 间接投资 A 股和债券市场，而国内居民则只能通过 QDII 间接投资境外资本市场。而 RQFII 机制，是境外人民币回流国内市场的一个途径。

在人民币国际化的大背景下，借助国家“十二五”规划对于中国香港作为离岸人民币中心的定位，中国香港国际金融中心的地位仍将稳步提升，而中国证券公司也将迎来重大的发展机遇。伴随人民币国际化进程，目前中国香港的人民币产品种类已经初具规模。截至 2012 年 12 月 31 日，中国香港的人民币存款总额已经超过 5 710 亿元。不断增长的市场需求和逐步放宽的政策，将推动人民币产品境内外市场的联动发展，促进证券公司跨境业务的金融创新，这将成为证券公司的业务增长点和发展潜力所在。

在中资银行和证券公司的带动下，中国香港市场出现了一系列的金融创新产品。目前的人民币产品主要包括：人民币存款（含普通存款、结构性存款、人民币大额存单），财政部和中外资银行、中外资企业和机构在香港发行的人民币债券（又称“点心债”），人民币计价的股票，人民币房地产信托，人民币基金，离岸人民币现货交易或远期交易（包括非交割和离岸交割），人民币对外直接投资（FDI），人民币 QFII、RQFII 及人民币保单。

随着人民币国际结算的推广及中国香港离岸人民币市场的发展，人民币的交易功能、储备功能和资产管理功能已大大增强，国际认可度已稳步提升。在中国香港之外，伦敦可能逐步成为第二个人民币离岸金融中心。另外，巴黎欧洲金融市场协会表示，法国正在成为非常活跃的人民币离岸市场，几乎一成的中法交易是用人民币结算，相信未来仍会增长。目前，巴黎人民币存款上升至 100 亿元，法国已成为欧洲第二大人民币存款市场。如果伦敦、巴黎甚至其他国家在中长期内发展人民币离岸市场，那么随着中资证券公司经验不断累积，及全球人民币资金需求的愈来愈广泛，中国证券公司的业务触角将可以延伸至欧洲、北美、中东以至全球。面对难得的发展机遇，中国证券公司应努力把握机会，积累实力，发展壮大。

六、总结

国际大型投行的发展历史表明，国际化经营可以使其获得并增加新的优势，获取原来在国内所无法得到的有利的经营条件，从而增加其相对国内公司原有的竞争优势。只要国外确实存在可以利用的而且在国内暂时没有的有利条件，通过国际化经营去谋求这种优势的增加是不可避免的。

从证券公司国际化的发展历史以及面临的机遇看，我国证券公司国际化经营将进一步加快。中国证券公司通过设立境外机构，积极开展海外市场业务，拓展新的业务资源和空间，促使收入来源多样化，从而减弱单一市场的系统性风险给公司业绩带来的不利影响。这也是积极应对国外大型投资银行进军国内市场所带来的激烈竞争的重要举措。

虽然我国证券公司国际化经营之路在未来的一段时间内仍将处于初级阶段，但其国际化经营将从广度和深度两方面继续发展。

第一，从参与机构看，越来越多的中国证券公司认识到国际化经营的好处，将开始走国际化经营之路。目前，在我国 100 多家证券公司中，只有 20 家左右真正“走出去”从事国际化经营，在中国证券公司国际化面临着巨大机遇的情况下，将有更多证券公司实施“走出去”战略。

第二，来自国际证券业务的收入占其总收入的比重将稳步提高。目前，我国证券公司国际收入占比非常低，从走在国际化前列的中信证券的年报看，2010 年其境外净收入占比只有 3% 左右，未来上升空间很大。

第三，虽然近期内香港地区仍是我国证券公司国际化经营的集中地，但其国际业务的地域分布将从以中国香港为中心逐步向国际发达市场和新兴市场扩展，更多的中资证券公司将目光投向了更为广阔的国际市场，逐步建立欧、美和新兴市场等海外分支机构，以拓展境外业务平台和客户。少数规模大、品牌好的公司有可能建立起全球网络，与国际大型投行一争高下。

第四，各项国际业务将向更加均衡的方向发展。在中国企业对外投资加快、国内资本市场更加国际化的条件下，国际投行业务仍然占据重要地位并得到进一步发展，兼并收购业务有望取得新进展。在人民币国际化的背景下，中国香港资本市场特别是债券市场将进一步发展，从而带动中国证券公司固定收益业务上扬。在中国居民富裕程度不断提高、政策不断宽松的情况下，跨境资产管理业务也将得到较快发展。

总之，我国证券公司的国际化是一个渐进的、不断深化发展的过程。在这个过程中，我国证券公司的国际化经营能力将不断提高，国际化人才素质将得到提升，制度建设将不断完善。在与国际大型投行的竞争中我国证券公司将加快成长。

专题报告

专题报告之一：2012年证券行业创新发展综述

第一章

2012 年证券行业创新发展大事记

2002 年，党的十六大从我国经济社会发展全局出发，提出积极推进资本市场改革开放和稳定发展。在过去的 10 年间，在监管机构的积极推动下，在市场参与各方的共同努力下，资本市场发展成果显著，为证券业创新改革奠定了坚实基础：完成行业综合治理整顿，行业发展合规、稳健、健康；完成股权分治改革，消除影响中国股市发展的制度性障碍；上市公司、投资者（特别是机构投资者）数量和质量大幅提升，结构日趋合理；A 股市场市盈率基本和国际接轨，平均市盈率从 2001 年的 57 倍下降到 2012 年的 12 倍。证券行业进入有史以来运作最规范、财务最稳健、基础最厚实的时期，为证券行业创新发展奠定了坚实基础。

2004 年 8 月，中国证监会第一次发文明确了证券公司开展业务与产品创新的机制、路径和支持证券公司创新的政策措施，探索推出了直接投资、融资融券等新业务。此后，以中国证券业协会、证券交易所等自律组织为平台，采取专业评价等手段，报价回购、约定购回、现金管理等新业务、新产品陆续推出。2011 年，中国证监会出台了《证券公司业务（产品）创新指引》，支持证券公司的创新活动，要求在产品与业务创新上遵循市场有需求、公司有能力、法律无障碍、风险可控制、监管有措施、客户权益有保障、发生事故能妥善处理的原则，先试点，后推开，成熟一个推出一个，为进一步推动行业创新积累了一定的经验，为行业创新营造良好的政策环境。在此基础上，2012 年证券行业创新步入新阶段。

一、创新发展研讨会吹响行业创新发展“集结号”，为各证券公司明确了创新发展方向

2012 年 5 月 7 ~8 日，由中国证券业协会与上海证券交易所、深圳证券交易所、中国证券登记结算公司、中国证券投资者保护基金公司共同举办的证券公司创新发展研讨会，围绕《关于推进证券公司改革开放、创新发展的思路与措施（征求意见稿）》及其

配套措施等，就创新、经纪业务转型、资产管理发展、投行发展和国际合作进行讨论，对行业现状进行深入分析，提出证券公司改革开放、创新发展基本目标和 11 项主要创新举措。

会议指出，当前金融创新迎来最好历史时期，不能创新是中国经济和金融的最大风险，创新应当是证券公司永恒的课题，不同阶段应当各有侧重，但必须紧紧围绕实体经济需要。行业创新过程中要吸收经验教训，坚持正确方向和目标。监管机构应当顺应创新发展新形势，有针对性地推进监管改革创新。会议要求证券公司勇敢地承担起创新责任。

大会不仅确定以创新为纲，更在监管态度、创新方向、保障措施等方面予以明确，成为证券创新发展史上重要里程碑会议。政策监管态势的转变将极大激发证券公司自身创新动能，吹响整个行业以创新促发展的集结号。

二、威海会议进一步深化证券公司行业创新发展的基础功能建设

为贯彻落实创新大会的精神，2012 年 9 月 27 日，中国证券业协会创新发展战略专业委员会在山东威海组织召开证券公司五大基础功能发展专题研讨会。中国证监会机构部、中国证券登记结算公司、中国证券投资者保护基金公司、山东证监局相关负责人，以及来自 22 家证券公司的 90 余名代表参加会议。会议围绕加强和发展我国证券公司交易、托管结算、支付及融资和投资等基础功能进行研讨。会议指出，证券公司必须再造其交易、托管结算、支付、融资和投资等基础功能，满足投融资双方需求，提升核心竞争力，改变当前证券行业同质化经营、“靠天吃饭”的局面，实现中国证券业的可持续发展。

威海会议为行业创新指明了方向，并就风险管理水平和公司治理提出了更高要求。

三、法律规范的颁布、修改从制度上为行业创新提供保证

2012 年，为切实推动证券公司行业创新发展，监管机构和行业自律组织颁布、修改系列法律规范，内容涉及柜台交易、资产管理、自营投资、投行、经纪业务、风险管理、公司治理等多方面，为证券公司创新夯实了制度基础（见表 1－1）。

表 1－1　　2012 年颁布、修改的法律规范一览表

序号	文件名	内　　容
1	《证券公司柜台交易业务规范》（中证协发［2012］244 号）	对柜台交易的金融产品种类、业务资质、风险控制合规要求及申报材料等进行了规定
2	《关于证券公司类会员参与非金融企业债务融资工具主承销业务市场评价结果的公告》（中国银行间市场交易商协会公告［2012］19 号）	对非金融企业债务融资工具主承销类会员资格、人员、机构设置、操作流程、风险管理和内部控制制度进行了规定。要求证券公司类会员开展该业务应具备中国证监会监管分类结果 AA 级以上级别
3	《关于调整证券公司净资本计算标准的规定》（证监会公告［2012］37 号）	调整净资本计算标准

续表1

序号	文件名	内　容
4	《关于修改〈关于证券公司风险资本准备计算标准的规定〉的决定》（证监会公告［2012］36号）	降低风险准备
5	《关于修改〈关于证券公司证券自营业务投资范围及有关事项的规定〉的决定》（证监会公告［2012］35号）	修改后证券自营品种增加一类，扩大两类。自营品种增加在全国中小企业股份转让系统挂牌转让的证券。扩大两类：一是在境内银行间市场交易的证券由部分扩大到全部；二是在金融机构柜台交易的证券由仅限于由中国证监会批准或备案发行的，扩大到由金融监管部门或者其授权机构批准或者备案发行的，即将银行理财计划、集合资金信托计划等纳入自营投资范围
6	《证券公司代销金融产品管理规定》（证监会公告［2012］34号）	明确代销金融产品范围，要求代销金融产品应当是在境内发行的，并经国家有关部门或者其授权机构批准或者备案的各类金融产品，即符合相关要求的证券公司理财产品、证券投资基金、商业银行理财产品、信托公司信托计划、保险产品等，证券公司均可代销
7	《证券公司客户资产管理业务规范》（中证协发［2012］206号）	根据中国证监会发布的证券公司资产管理业务的"一法两则"，对证券公司客户资产管理业务的备案、投资者适当性、估值、投资主办人、自律管理等方面进行了规定。《证券公司客户资产管理业务规范》的出台标志着证券公司客户资产管理业务自律管理工作迈上一个新的台阶
8	《证券公司客户资产管理业务管理办法》（证监会令［第87号］）	《证券公司客户资产管理业务管理办法》及配套实施细则的发布是证券公司资产管理业务管制放松的标志，明确了：（1）取消集合计划行政审批，改为中国证券业协会备案管理；（2）适度扩大资产管理的投资范围和资产运用方式；（3）取消小集合和定向资产管理双10%的限制；（4）允许证券公司集合资产管理计划和定向资产管理参与融资融券交易
9	《证券公司定向资产管理业务实施细则》（证监会公告［2012］30号）	作为《证券公司客户资产管理业务管理办法》的配套实施细则，明确了：（1）取消集合计划行政审批，改为中国证券业协会备案管理；（2）适度扩大资产管理的投资范围和资产运用方式；（3）调整资产管理的相关投资限制；（4）允许集合计划份额分级和有条件转让
10	《证券公司集合资产管理业务实施细则》（证监会公告［2012］29号）	
11	《关于修改〈外资参股证券公司设立规则〉的决定》（证监会令［第86号］）	将中外合资证券公司中境外股东的持股比例上限由原来的1/3提高至49%；证券公司子公司申请扩大业务范围的经营年限由5年缩短至2年
12	《关于修改〈证券公司设立子公司试行规定〉的决定》（证监会公告［2012］27号）	第七条"经中国证监会批准，符合下列审慎性要求的子公司，可以申请扩大业务范围"中"持续经营五年以上"的要求修改为"持续经营两年以上"；放宽第十六条"本规定施行之前，证券公司已经通过设立、受让、认购股权等方式控股其他证券公司的，应当在本规定施行之日起两年内达到第三条、第四条和第九条规定的要求"，将时限扩充为5年

续表2

序号	文件名	内　　容
13	《证券公司开展保险机构特殊机构客户业务报告事项的说明》（中国保监会2012年发布）	明确证券公司开展保险机构特殊机构客户业务，须向中国保监会提交资格条件报告，报告中应包含上年末净资本在30亿元以上的证明材料、最近一期证券监管机构监管评价结果在AA级（含）以上的材料、客户资产安全管理制度、集中交易系统说明、客户信息保密机制说明，以及接受中国保监会有关检查的承诺等
14	《关于规范证券公司参与区域性股权交易市场的指导意见（试行）》（证监会公告［2012］20号）	明确证券公司有两种方式参与区域性市场：一是仅作为区域性市场会员开展相关业务；二是作为区域性市场的股东参与市场管理并开展相关业务
15	《关于实施〈合格境外机构投资者境内证券投资管理办法〉有关问题的规定》（证监会公告［2012］17号）	修订内容主要包括：（1）降低QFII资格要求，其中资产管理机构、保险公司、其他机构投资者（养老金、主权基金等）的经营时间由5年降为2年，证券资产规模由50亿美元降为5亿美元；（2）允许QFII为自有资金或管理的客户资金分别开立证券账户，QFII可以选择多个交易证券公司；（3）扩大投资范围，允许QFII进入银行间债券市场；（4）将所有境外投资者的持股限制由20%提高到30%
16	《上海证券交易所中小企业私募债券业务指引（试行）》（上海证券交易所2012年发布）	明确除符合《上海证券交易所中小企业私募债券业务试点办法》规定的条件外，发行主体、发行期限以及还本付息资金安排的要求
17	《上海证券交易所中小企业私募债券业务试点办法》（上证债字［2012］176号）	明确了私募债发行主体资格、发行对象要求、发行流程及规范、发行利率、受托管理人要求、增信措施等
18	《证券公司开展中小企业私募债券承销业务试点办法》（中证协发［2012］120号）	明确了证券公司开展中小企业私募债业务的试点方案备案、尽职调查、债券承销、风控合规管理及自律管理的要求
19	《深交所中小企业私募债券试点办法》（深证上［2012］130号）	明确规定中小企业私募债备案与发行、产品设计与投资者保护、转让、信息披露，以及自律监管和处分等方面的要求
20	《中小企业私募债券试点业务指南》（深圳证券交易所2012年发布）	细化深交所中小企业私募债券试点方案，明确规定证券公司开展中小企业私募债相关募集备案材料的内容和格式要求；明确了备案、转让服务及信息披露申请的渠道和程序
21	《关于修改〈证券发行与承销管理办法〉的决定》（证监会令［第78号］）	修改后的决定定价弹性更大，自律要求更高，主要修改了发行价格定价方式、询价对象要求、预估发行价格、参与网下询价的机构账户运作规范、信息披露等方面的内容
22	《关于修改〈关于证券公司风险资本准备计算标准的规定〉的决定》（证监会公告［2012］7号）	中国证监会下调证券公司各项业务风险资本准备

资料来源：兴业证券整理。

四、通过专业评价推动行业创新发展

作为行业自律组织，中国证券业协会通过专业评价推动行业创新发展。2012 年，中国证券业协会组织完成 35 项自主创新事项的论证评价，推动了证券公司在包括操作风险控制、柜台服务一体化建设、客户适当性管理、IT 运营维护等方面的创新；配合融资融券试点转常规业务，组织开展了 55 家公司融资融券业务实施方案专业评价工作，55 家公司通过并开展业务；组织对 65 家证券公司中小企业私募债承销资格进行了评审，64 家获准开展该项业务；根据中国证监会委托，对中信证券并购基金业务、招商证券 MOM 创新事项等 8 家公司权益类收益互换业务、新时代证券信贷资产证券化业务、银河证券等 6 家公司资产管理业务托管服务方案、银河证券分级基金 A 质押式报价回购业务进行专业评价。这些评价对支持、引导行业创新发展发挥了积极作用。

第二章

2012年证券行业创新发展概况

第一节　2012年证券行业开展创新业务总体情况

为更好地回顾和总结2012年证券行业创新业务和产品的发展情况，中国证券业协会向全行业证券公司发放了关于创新业务开展情况调查问卷，共收回有效问卷96份。根据调查问卷，证券行业创新情况汇总见表2－1。

表2－1　2012年证券行业创新业务开展情况

业务类型	创新项目	开展业务家数（家）	规模（万元）	收入（万元）	备　注
经纪业务类	融资融券	74	8 939 900	520 829	规模指2012年末融资融券余额，2012年融资融券交易总额28 199 800万元
	转融通	30	925 100		规模指2012年末转融资余额
	报价回购	30	4 477 447	30 478	规模指2012年证券公司参与报价回购总额度
	股票约定式购回	44	528 122	2 863	规模指2012年全年交易金额
	保险机构代理买卖证券业务资格	9	—	—	—
资产管理类	现金管理产品	46	2 783 143	3 336	规模指2012年底现金管理类规模
	QDII	10	440 000	1 850	规模是指2012年QFII获批总额度
	RQFII	12	1 000 000	1 230	规模是指2012年RQFII获批总额度
	并购基金	1	—	—	—
	资产证券化	14	—	—	—
	专项计划产品	16	408 740	—	规模是指2012年末专项计划产品规模

续表

业务类型	创新项目	开展业务家数（家）	规模（万元）	收入（万元）	备　注
投行类	私募债	61	908 300	25 293	规模指 2012 年末私募债募集资金总额
	新三板	50	2 958 600	15 514	规模是指 2012 年末新三板挂牌企业的总市值
	非金融企业债主承销	12	7 504 500	136 047	规模是指 2012 年末非金融企业债主承销规模
投资类	另类投资子公司	19	1 245 100	44 276	规模指注册资本
	直投子公司	45	3 853 660	198 223	规模指 2012 年末直投公司及管理直投基金总规模
其他创新	场外交易（OTC）市场建设	7	—	332	—
	托管功能创新	2	2	—	—
	支付功能创新	4	—	—	—
	估值功能创新	3	359	—	—
合计			35 986 073	980 271	—

资料来源：兴业证券整理。

从整体情况看，证券公司创新业务成为行业发展推动力。2012 年，114 家证券公司全年实现营业收入 1 294.71 亿元，全年实现净利润 329.30 亿元。行业创新规模已接近 3 600亿元，创新业务收入 98.03 亿元，占行业总收入的 7.57%。

在众多的创新业务中，融资融券（包括转融通）、报价回购、另类投资、直投、新三板为代表的场外市场、中小企业私募债承销业务等是2012 年证券公司主要的创新收入和盈利来源。

第二节　2012 年证券公司各业务线及私募市场创新情况

一、2012 年证券公司各业务线创新

（一）经纪业务类

1. 融资融券业务。2012 年是融资融券交易进入资本市场后的第三年。据 Wind 资讯

统计显示，截至2012年末，74家证券公司参与该项业务，融资融券余额达893.99亿元，较2011年增加133.99%，市场规模实现快速增长。其中，融资余额由2011年底的375.48亿元增长至860.32亿元，增幅129.13%；融券余额由6.59亿元增长至33.67亿元，增幅410.93%。

尽管2012年融资融券业务增速明显，但市场融资融券余额占A股市场流通市值比重仍不足0.5%，交易额占A股交易额的比重不足4%。与发达市场相比，美国和日本的证券信用贷款规模一般接近于证券市值的2%，信用交易规模占证券交易金额的比重却高达16%～20%左右。可以看出，中国融资融券仍然具有广阔的发展空间。

随着更多的证券公司进入融资融券市场、成为交易标的的股票数量增多、转融资和转融券分别顺利发展和推出，我国证券市场的融资融券业务还将保持快速增长，市场余额占A股市场流通市值的比重将进一步提升。

2. 转融通。中国证券金融股份有限公司于2012年8月30日起正式启动转融资业务试点，标志着转融通业务的开启，融资融券业务进入发展的第二阶段。

为补充资本金，中国证券金融公司已顺利完成第一次增资扩股，公司注册资本金从75亿元增至120亿元，新增资本金将全部用于转融通业务。截至2012年12月31日，转融资余额已达92.51亿元。

转融通首批试点共11家证券公司，第二批19家证券公司于2012年底获得试点资格，目前共有30家证券公司进行试点。

3. 债券质押式报价回购。债券质押式报价回购业务是证券公司以自有债券做质押，根据不同回购业务品种进行报价（年化收益率），向客户融入资金，于回购到期日向客户返还资金并支付报价收益。报价回购一方面使客户闲置保证金既能获取较高收益，又能及时用于证券投资；另一方面，减缓了行情调整时证券公司客户保证金的流失，同时证券公司也能获得剩余投资收益，丰富了业务增长点。

2012年，超过30家证券公司获取债券质押式报价回购业务资格（见表2－2）。

表2－2　部分证券公司报价回购业务一览

序号	证券公司名称	试点批准日期	报价回购产品名称
1	国信证券	2009年5月	金天利
2	长江证券	2011年11月	稳得利
3	广发证券	2011年11月	金快钱
4	平安证券	2011年11月	天添利
5	光大证券	2011年11月	金阳光报价回购
6	中信证券	2011年11月	天天利财
7	海通证券	2011年11月	海通虹利
8	国泰君安证券	2011年11月	天汇宝
9	银河证券	2011年11月	天天利

续表

序号	证券公司名称	试点批准日期	报价回购产品名称
10	方正证券	2012 年 4 月	泉友利
11	兴业证券	2012 年 4 月	优得利
12	东吴证券	2012 年 5 月	牛添利
13	华泰证券	2012 年 7 月	天天盈
14	国元证券	2012 年 7 月	元添利
15	东北证券	2012 年 7 月	报价回购

资料来源：兴业证券整理。

4. 股票约定式购回交易。2011 年 10 月，上海证券交易所正式推出股票约定式购回交易业务，银河、中信和海通证券获得首批试点资格。

试行半年后，根据业务需求和发展情况，2012 年 4 月 14 日，上海证券交易所放宽了投资者准入门槛，已由机构向个人投资者全面放开。

2012 年 5 月，约定购回业务试点放宽。国泰君安证券、国信证券和招商证券 3 家第 2 批试点证券公司约定购回式证券交易业务正式上线。

2012 年 8 月，约定购回业务资产规模门槛下降，投资者参与约定购回式证券交易的资产规模门槛由 500 万元降至 250 万元。

2012 年 9 ~ 10 月，试点业务范围进一步放宽。国元、光大、兴业、华泰、长江、广发、东吴、宏源、西南 9 家证券公司陆续获得业务试点资格。

2012 年 12 月，上交所公布修订了约定购回式证券交易相关业务规则，修订主要内容包括：一是将购回期限延长至 1 年；二是拓宽投资者准入门槛，允许持股 5% 以上的上市公司股东及“董、监、高”参与；三是允许客户离柜办理业务。约定购回式交易业务进入常规化运作。

（二）投行类

1. 中小企业私募债承销。2012 年 5 月 23 日，沪、深证券交易所发布《中小企业私募债券业务试点办法》、中国证券业协会发布《证券公司开展中小企业私募债券承销业务试点办法》，正式启动中小企业私募债业务试点。截至 2012 年 12 月 31 日，76 家企业通过发行中小企业私募债共募集资金 94 亿元。

中小企业私募债试点，采取私募方式发行和非公开方式转让，强调参与主体“归位尽责”，发挥市场化风险约束机制的作用。中小企业私募债发行采取备案制，监管部门不再做实质判断，不对价值判断进行背书，投资者必须依据“买者自负”的原则，独立判断投资风险。同时，为防止投资风险扩散到不具备风险识别和承担能力的投资者，中小企业私募债严格限定合格投资者资格，限定发行和转让范围。

中小企业私募债业务试点自 2012 年 5 月份推出以来，市场反应积极，拓宽了我国中小微型企业的融资渠道，是提升我国资本市场服务实体经济能力的有益尝试。

2. 新三板。经国务院批准，2012 年 8 月 3 日，扩大非上市股份公司股份转让试点，首批扩大试点除北京中关村科技园区外，新增上海张江高新技术产业开发区、武汉东湖新技术产业开发区、天津滨海高新区。新三板首批扩容标志着我国场外市场建设进入新的阶段，标志着我国多层次资本市场架构基本成型。2012年，有50家证券公司获得新三板主办证券公司资格（见表2－3）。

表2－3　部分获得新三板主办资格证券公司及其主办公司数量情况　（单位：家）

序号	证券公司	主办的新三板公司数量
1	申银万国证券股份有限公司	28
2	国泰君安证券股份有限公司	5
3	国信证券股份有限公司	11
4	长江证券股份有限公司	2
5	中国银河证券股份有限公司	1
6	渤海证券股份有限公司	1
7	海通证券股份有限公司	1
8	广发证券股份有限公司	8
9	光大证券股份有限公司	1
10	东海证券有限责任公司	2
11	平安证券有限责任公司	1
12	中国中投证券有限责任公司	1
13	上海证券有限责任公司	6
14	齐鲁证券有限公司	7
15	南京证券有限责任公司	8
16	西部证券股份有限公司	10
17	招商证券股份有限公司	1
18	东北证券股份有限公司	2
19	国海证券股份有限公司	2
20	宏源证券股份有限公司	3
21	东吴证券股份有限公司	2
22	中信建投证券股份有限公司	3
23	山西证券股份有限公司	4
24	中原证券股份有限公司	5
25	金元证券股份有限公司	2
26	中信证券股份有限公司	1
27	华泰证券股份有限公司	2
28	民生证券有限责任公司	1
29	长城证券有限责任公司	1
30	东方证券股份有限公司	2
31	信达证券股份有限公司	1
32	安信证券股份有限公司	1
33	国都证券有限责任公司	1
34	财通证券有限责任公司	1
35	兴业证券股份有限公司	2

资料来源：代办股份转让信息披露平台。

3. 非金融企业债务主承销（银行间市场）。银行间债市非金融企业债务融资工具目前主要品种有短期融资券（CP）、中期票据（MTN）和集合票据等。近年来，非金融企业债务融资工具市场飞速发展，截至2012年10月底，非金融企业债务融资工具余额已达4万亿元，累计发行量已达7.8万亿元。自2005年以来，非金融企业债务融资工具主承销商一直只有人民银行许可的24家会员，其中包括22家银行，证券公司则只有中金公司和中信证券两家。

中国银行间市场交易商协会2012年11月5日发布公告，启动证券公司类会员参与非金融企业债务融资工具主承销业务市场评价工作，这意味着证券公司进入非金融企业债务融资工具主承销商的通道被打开。

公告要求，证券公司类会员参与非金融企业债务融资工具主承销业务市场评价适用《中国银行间市场交易商协会证券公司类会员参与非金融企业债务融资工具主承销业务市场评价标准》；参与非金融企业债务融资工具主承销业务市场评价的证券公司类会员应具备中国证监会最近一次证券公司监管分类结果AA级以上级别；参与非金融企业债务融资工具主承销业务市场评价的证券公司类会员应具备公司信用类债券承销业务经验。

中国银行间市场交易商协会于2012年11月28日公布证券公司参与非金融企业债务融资主承销业务市场评价结果，提交申请的13家证券公司中，有10家拿到“准入证”。获得资格的这10家证券公司是：国泰君安、招商证券、光大证券、中信建投、广发证券、东方证券、海通证券、华泰证券、银河证券、国信证券。

（三）资产管理类

证券公司的资产管理业务早已起步，但多年来，由于政策与市场的限制，发展较慢。2012年10月19日，中国证监会正式发布修订后的《证券公司客户资产管理业务管理办法》、《证券公司集合资产管理业务实施细则》及《证券公司定向资产管理业务实施细则》，自公布之日起实施。同日，中国证券业协会发布《证券公司客户资产管理业务规范》。

证券公司资产管理新政将审批制改为备案制，扩大了资产管理的投资范围和资产运用方式，取消了限额特定资产管理计划和定向资产管理双10%的限制，豁免指数化集合计划的双10%及3%关联交易投资限制；允许对集合计划份额根据风险收益特征进行分级；适当允许集合计划份额在投资者之间有条件转让；取消“集合计划资产中的证券，不得用于回购”的限制等。

资产管理新政实施后，证券公司纷纷在资产管理领域大显身手，寻求创新：

1. 现金理财产品。继信达证券2011年底推出“现金宝”理财计划后，2012年多家证券公司迅速跟进，国泰君安、中信、华泰、银河相继推出多只客户保证金现金管理型证券公司集合理财产品。

客户保证金现金管理产品在不影响投资者正常证券交易的前提下，通过一次签约，系统在每天休市后自动将客户账户上的资金转入集合理财计划，在开市前将资金转入保证金账户。此外，投资者还可以设置资金保留额度，对资金账户保留一定金额的资金不参与产品申购。

2012年9月，深交所会同中登公司联合制定并发布了《证券公司现金管理产品方案规范指南》，现金管理产品转为常规管理。经统计，2012年共有46家证券公司为客户开展了现金管理业务。

2. 资产证券化产品。对于证券公司来说，作为资本市场中重要的参与者和组织者，在资产证券化产品设计、发行及上市交易的整个过程中，证券公司可以作为产品设计人、承销商、交易商、做市商、财务顾问、投资咨询机构、机构投资者参与资金运作，面临极大的创新机会。

中信证券设立并管理的企业资产证券化业务——欢乐谷主题公园入园凭证专项资产管理计划，2012年12月19日在深交所综合协议交易平台发行。这是2009年证券公司资产证券化业务重启以来，首次有上市公司通过该渠道获得融资。

该计划的核心在于将北京、上海、深圳三座欢乐谷主题公园未来5年的入园凭证打包作为基础资产，将其产生的现金流用于向投资者支付收益。计划发行后，上述3家公园的门票收入收款账户将被作为监管账户，相关监管银行将把现金流汇入专项计划账户，由中信证券按照约定的分配顺序向投资者分配。

资产证券化在发达地区作为成熟产品，2009年在美国的发行规模已达2.1万亿美元，而国内的资产证券化尚处于起步初期，未来拥有较大发展空间。

（四）投资类

1. 另类投资子公司。2011年5月6日，中国证监会发布《关于证券公司设立自营业务投资范围及其有关事项的规定》，明确指出：证券公司自营业务除了投资境内交易所上市的证券、境内银行间市场交易的部分证券和经中国证监会批准或者备案发行并在境内金融机构柜台交易的证券之外，还可以以设立子公司的方式投资上述品种以外的金融产品。

另类投资业务一般覆盖境内、境外市场，可以灵活运用多种交易工具，主要分成组合基金管理业务和多策略管理，包括境内外系统化交易策略和基本套利策略。

经统计，2012年业内有近20家证券公司成立另类投资子公司，开展相关业务（见表2-4）。

表2-4　部分证券公司已成立另类投资子公司

序号	证券公司	另类投资子公司	投资额度	成立时间
1	海通证券	海通创新投资交易有限公司	30亿元	2012年6月
2	中信证券	中信证券金融产品投资有限公司	30亿元	2011年7月
3	西南证券	西证金融产品投资公司	10亿元	2011年9月
4	广发证券	广发乾和投资有限公司	20亿元	2011年9月
5	宏源证券	宏源证券金融产品投资有限公司	3亿元	2012年2月
6	东吴证券	东吴创新资本管理有限责任公司	3亿元	2012年6月
7	光大证券	光大富尊投资有限公司	8亿元	2012年10月
8	国元证券	国元创新投资有限公司	15亿元	2012年11月

资料来源：兴业证券整理。

2. 直投子公司。2011 年 7 月，中国证监会出台《证券公司直接投资业务指引》，证券公司直接投资（直投）正式由试点转为常规化。截至 2012 年底，共有约 45 家证券公司已注册成立直投子公司。

从投资业绩看，中信、国信、广发 3 家证券公司直投业务位居三甲并遥遥领先，已投项目成功退出（或上市）数量多于 10 家，并拥有数十个储备项目（见表 2－5）。

表 2－5　证券公司直投子公司概况

序号	证券公司	投资机构简称	成立时间	管理资金规模（亿元）
1	中信证券	金石投资	2007 年 10 月	52
2	中金公司	中金佳成	2007 年 10 月	1.1
3	华泰证券	华泰紫金	2008 年 1 月	5
4	海通证券	海通开元	2008 年 5 月	40
5	国信证券	国信弘盛	2008 年 8 月	10
6	平安证券	平安财智	2008 年 9 月	6
7	光大证券	光大资本	2008 年 11 月	20
8	广发证券	广发信德	2008 年 12 月	20
9	申银万国证券	申银万国投资	2009 年 4 月	5
10	国泰君安	国泰君安创投	2009 年 5 月	5
11	中银国际	中银国际	2009 年 5 月	1
12	中信建投	中信建投资本	2009 年 7 月	1.5
13	国元证券	国元投资	2009 年 8 月	10
14	中投证券	瑞石投资	2009 年 9 月	9
15	银河证券	银河创新资本	2009 年 9 月	10
16	招商证券	招商致远资本	2009 年 9 月	6
17	长江证券	长江成长资本	2009 年 12 月	5
18	东海证券	东海投资	2009 年 12 月	3
19	国联证券	国联通宝资本	2010 年 1 月	2
20	东吴证券	东吴创投	2010 年 1 月	25
21	第一创业	第一投资	2010 年 2 月	2
22	东方证券	东证资本	2010 年 2 月	7
23	宏源证券	宏源汇富	2010 年 3 月	2
24	西南证券	西证投资	2010 年 4 月	4
25	兴业证券	兴业创新资本	2010 年 4 月	8
26	齐鲁证券	鲁证投资	2010 年 5 月	9
27	安信证券	安信乾宏	2010 年 6 月	3
28	方正证券	方正和生投资	2010 年 7 月	18
29	渤海证券	博正资本	2010 年 9 月	1.5
30	东北证券	东证融通	2010 年 11 月	2

续表

序号	证券公司	投资机构简称	成立时间	管理资金规模（亿元）
31	华西证券	华西金智	2011 年 1 月	1
32	山西证券	龙华启富	2011 年 2 月	1
33	民生证券	民生通海	2011 年 3 月	3
34	东莞证券	东证锦信	2011 年 4 月	1
35	南京证券	巨石创投	2011 年 5 月	2
36	东吴证券	东吴创新资本	2012 年 6 月	3
37	国金证券	国金鼎兴	2012 年 6 月	2

资料来源：兴业证券整理。

直投业务作为证券公司金融创新的核心业务之一，未来将在证券公司收入和利润构成中占据日趋重要的地位。

3. 并购基金。并购基金属于私募股权投资基金，以控股方式控制目标企业，然后对目标企业业务、组织架构及管理团队等进行一系列重组改造，待其盈利后再将其股权出售。

中信并购基金作为首只证券公司系并购基金已经面世。中信证券并购基金 2012 年 6 月获批，拟募集规模为 100 亿元。其中，中信并购基金管理公司出资 1 亿元，占比 1%，基金募集对象出资 99 亿元，占比 99%。基金募集主要面向企业、社保基金、保险、证券公司等成熟投资者，最低门槛为 1 亿元人民币。

二、证券公司基础功能建设

（一）托管功能

作为行业创新的一个重要突破，证券公司对金融机构的综合托管服务已经开展。2012 年 10 月 26 日，招商证券获得中国证监会正式批复，准予开展私募基金综合托管服务，标志着证券行业开展托管服务迈出第一步。

私募基金综合托管服务是指证券公司依据与私募基金客户的合同约定，通过为其提供资产保管、净值计算、投资清算、投资监控、托管报告、全面信息服务、风险评估与管理、后台外包等形成的综合金融服务。

证券公司提供综合托管对行业发展有积极的创新意义。对证券公司而言，托管服务不占用经济资本、收入稳定、成本低、业务协同效应显著，同时更能体现证券公司专业优势的特点。因此，证券公司开展综合托管服务可构建行业重要盈利模式，促进证券公司差异化发展。对证券市场而言，证券公司提供的托管服务广度和深度的增加利于资本市场中机构投资者的不断壮大和成熟，利于改善资本市场生态环境。

（二）支付功能

2012 年 5 月证券行业创新大会之后，证券公司开始探索客户保证金账户支付功能的可行性。

2012 年 11 月，光大证券正式获得消费支付首家创新资格，在光大证券开户的股票账户将开通消费支付功能。在遵循分业经营和客户资金第三方存管等制度要求下，光大证券与第三方支付机构合作，首期为客户提供互联网购物消费服务。客户在互联网购物、缴费和支付时可以选择指定的第三方支付机构，使用其证券资金账户直接进行支付；第三方支付机构和光大证券按照客户指示，分别为客户提供资金转移服务和资金清算服务。

证券公司完善基础支付服务不仅可以解决证券公司长期存在的资金服务功能少等问题，还能够夯实和拓展证券公司的金融中介主体职能，进一步提升证券公司综合金融服务和服务实体经济的能力和水平。

（三）交易功能

2012 年 12 月 21 日，中国证券业协会发布《证券公司柜台交易业务规范》，同时批准 7 家证券公司启动柜台交易业务试点，标志着市场呼吁已久的柜台市场由理论步入实践。海通证券、国泰君安证券、国信证券、申银万国证券、中信建投证券、广发证券、兴业证券 7 家证券公司成为首批试点证券公司。

按照《证券公司柜台交易业务规范》，柜台交易客户以机构客户为主，各证券公司须制定相应的柜台交易适当性管理制度，并根据不同产品制定不同的投资者准入标准，通过建立客户分类和产品风险评级制度，实现不同风险偏好的客户和不同风险级别的产品之间的匹配。

在交易制度方面，《证券公司柜台交易业务规范》规定柜台交易将以协议交易为主，同时尝试开展报价交易或做市商交易机制。

交易产品方面，柜台交易产品定位为私募产品，该市场建设初期配合资产管理业务创新，以销售和转让证券公司理财产品、代销金融产品为主。交易产品种类遵循先易后难的原则，且多为证券公司自己创设、开发、管理的金融产品。

柜台交易是金融业，特别是发达国家多层次资本市场的重要组成部分。近年来，美国、英国等海外柜台交易市场发展迅速，美国 OTC 市场交易的证券数量约占全美证券交易量的 3/5。

（四）融资功能

为支持国内证券公司创新发展，提升服务资本市场和实体经济能力的需要，监管部门在 2012 年 5 月重启了暂停近 7 年之久的证券公司短期融资券的发行。招商证券于 5 月 31 日招标发行 40 亿元人民币短期融资券，期限 91 天。这是 2005 年首批证券公司短期融资券发行以后首只发行的短券。除招商证券外，中信证券、华泰证券等证券公司也提出了各自的短期融资券发行方案。

重启短期融资券的发行是监管层近期一系列支持证券公司创新发展的举措之一。作为重要的短期融资工具，短期融资券拓宽了国内证券公司的融资渠道，改变了国内证券公司单一依赖股权融资的现状。同时，发行短期融资券为证券公司拓展创新业务提供了重要的资金支持，有助于证券公司盈利的提升。

（五）投资功能

2012年11月16日，中国证监会发布《关于修改〈关于证券公司证券自营业务投资范围及有关事项的规定〉的决定》。新修改的《关于证券公司证券自营业务投资范围及有关事项的规定》明确：证券自营品种增加一类，扩大两类。增加的是在全国中小企业股份转让系统挂牌转让的证券，即新三板证券。扩大的两类，一是在境内银行间市场交易的证券，由部分扩大到全部；二是在金融机构柜台交易的证券，由仅限于中国证监会批准或备案发行的，扩大到由金融监管部门或者其授权机构批准或者备案发行的，即将银行理财计划、集合资金信托计划等纳入自营投资范围。

在投资金融衍生品的监管政策方面，新自营规定允许具备证券自营业务资格的证券公司从事金融衍生产品交易。不具备证券自营业务资格的证券公司只能以对冲风险为目的。

三、证券公司柜台交易市场等私募市场建设

（一）证券公司柜台交易市场初步发展

柜台市场是证券公司开展私募业务的重要基础。中国证券业协会于2012年初组织多家证券公司对证券公司柜台市场进行了研究，提交了发展证券公司柜台市场的相关报告。此后，中国证券业协会又多次召开会议，围绕我国证券公司柜台交易、托管结算、投资、支付和融资等基础功能的发展进行了深入研讨，发展证券公司柜台交易市场成为行业共识。2012年12月21日，中国证券业协会发布了《证券公司柜台交易业务规范》，正式启动柜台交易市场试点。截至2012年底，共有海通证券等7家公司获得柜台交易市场试点资格，正式开始柜台交易业务。

（二）证券公司积极参与区域性股权交易市场

区域性市场是由省级政府批准设立和监管的非公众公司股权转让和融资的私募市场。2012年8月23日，《关于规范证券公司参与区域性股权交易市场的指导意见》正式发布实施，证券公司参与区域性股权交易市场由中国证券业协会实行自律管理。

（三）证券公司开展场外金融衍生品业务

中信证券、光大证券、招商证券、中投证券、银河证券5家公司于2012年取得权益类收益互换试点业务资格，正式开展场外金融衍生品业务。为适应场外金融衍生品市场发展需要，中国证券业协会积极开展相关业务研究，启动了中国证券市场金融衍生产品交易主协议及相关规范的制定工作。

第三章 2012年证券行业创新发展特点及2013年展望

第一节 2012年证券行业创新发展特点

一、行业创新以政策推动引领创新为主，证券公司自主创新为辅

伴随证券行业的成长，创新逐步成为行业发展的主旋律。但目前行业创新仍然处于起步阶段，其特点是以监管机构和行业自律组织为主导开发市场标准化产品进行的自上而下的创新，证券公司自主创新较少。

政策推动引领创新体现在两方面：

第一，监管机构和自律组织推动开展创新业务。如转融通、约定购回、报价回购、现金宝、场外市场建设等创新业务在监管机构和行业自律组织的大力推动下逐步推出及发展壮大。监管机构和行业自律组织推动行业创新的优势在于监管风险小、协调力度大。

第二，为推进创新有序、持续开展，监管机构和行业自律组织实行创新专业评价制度。创新活动在得到专业评价认可后方可获得创新业务资格，有利于在创新初期鼓励和保护创新的积极性，保证了创新有序、持续开展。

二、证券公司自主创新以提升各项业务效能的后台系统创新居多，业务创新较少

2012年证券公司在创新产品和创新服务模式等自主业务创新较少，创新多集中于信息系统优化、管埋效率提升及资源整合方面。在协会接受的35项自主申报专业评价创新项目中，涉及并购、债券发行的业务创新评价2项，经纪业务、投资研究方面整合资源、优化管理的专业评价14项，其他创新项目多集中于提升业务效率的系统支持创新和管理创新。

在创新大会后，证券公司业务创新步伐加快，逐步尝试了在股票收益权互换、多空分级类产品等方面的探索。

三、政策开放下的标准化创新产品居多，以客户需求为导向的个性化服务较少

2012 年随着相关政策的修订和颁布，证券行业投资品种进一步放宽，自营业务投资范围“一增两扩”；证券公司代销金融产品范围扩大，允许国家有关部门或者授权机构批准、备案发行的各类金融产品都可以在证券公司销售；资产管理业务投资范围拓展，允许自主协商投资范围。

在此背景下，各证券公司抓住契机，丰富证券产品链。在产品种类上，包含证券公司理财产品、基金、保险、信托、外汇、黄金、其他交易所市场、境外市场金融产品在内的各种产品，并逐步推出多空分级、股票收益权互换等创新类产品；在投资领域，在权益投资基础上加大固定收益类产品研发，进一步探索在外汇、黄金、大宗商品方面的投资；在服务领域，从现金管理类产品到报价回购、质押融资等融资类产品，打通客户投融资壁垒，满足客户需求。

目前，证券公司的创新服务尚处于政策开放后逐步丰富标准化投融资产品阶段，对满足客户个性化金融需求的业务创新尚处于探索阶段。

四、初步探索恢复证券公司基本功能，形成托管结算支付功能一体化

创新新政后，证券公司充分利用其在交易执行、交易监控、产品估值、产品清算、风险控制、账户管理、信息系统支持等方面的专业优势，尝试向投资者提供托管、估值、支付等方面的服务，为客户提供一站式金融服务，逐一实现现金管理、投资理财、第三方支付和消费贷款等综合体验。

第二节　证券行业 2013 年创新发展展望

一、证券行业创新将以传统通道业务为主向以客户需求为导向的多元化服务转型

从长远来看，由监管机构主导创新转向金融机构自主创新是行业创新发展趋势所在。在金融机构主导的创新模式下，金融机构以客户需求为导向，提供覆盖资产增值、交易支持、流动性支持、资金支持、现金及证券管理、风险管理、后台运营支持、支付及消费等方面的产品和服务，寻求增长空间和差异化竞争，满足客户多样化需求，提升证券公司的核心竞争力。

二、进一步探索建立多层次资本市场，丰富场外市场交易品种

2012 年，部分证券公司已经开始探索建立柜台市场。柜台市场产品是交易所标准化产品和市场的有效补充，也是证券公司完善销售交易业务的必要探索。在柜台交易市场中，证券公司按照相关规定可以创设和发行金融工具、合约或衍生品，发行自行管理的

金融产品，或从其他市场买入资产后，在自己组织的市场里分割销售金融产品，也可以为第三方机构发行、管理的金融产品提供销售和市场管理等业务。发展证券公司柜台交易市场对于完善资本市场结构、服务实体经济、满足客户多样化投融资需求，改善证券公司盈利结构等都有重要意义。

三、进一步将实体资产纳入资本市场服务的范畴，提升资本市场服务实体经济的广度和深度

实体经济需要是金融创新的源泉，只有紧紧抓住国民经济的关键领域和薄弱环节，证券行业的创新才更具有强大的生命力。融资是服务实体经济的有效手段，在直接融资中，一方面应持续发挥传统直接融资的优势；另一方面，要积极探索资产证券化等创新融资方式，将更广的实体资产范畴纳入证券化标的，拓展证券公司服务实体经济的广度和深度。

四、创新盈利模式，由依赖利润表扩张向以资产负债表为主、兼顾利润表扩张转变

中国证券行业目前的盈利模式还难以摆脱依赖垄断资源之下高佣金率的通道经纪业务，体现为高利润率的手续费收入，该类业务基本不占用公司资本，可视为利润表类业务。随着多层次资本市场的不断发展和创新业务种类的日趋丰富，非标准化的金融产品交易需要证券公司通过做市交易等方式发挥市场组织者的作用提供流动性支持，证券公司作为市场参与者也将受益于资本市场的完善和金融产品的丰富，从而有更多的投资选择和更好的投资机会，这些都催生出大量需要占用资本的资产负债表类业务。

此外，证券公司作为连接投融资双方的桥梁，将发挥更多的中介作用，向融资方提供全方位的投资银行服务，发行股票、债券、资产证券化产品等融资，提供并购重组的顾问服务，向投资方提供所有金融产品的交易通道、资产配置建议、销售合适的金融产品和资产管理服务，大大扩展和提升利润表类业务。

未来证券公司的盈利模式将更多地由依赖利润表扩张向以资产负债表主、兼顾利润表扩张转变。

五、建立与创新业务发展相匹配的风险管理能力

风险定价能力和管理能力将成为未来证券行业创新发展的核心竞争力，是区别于传统商业银行、保险机构、信托机构等资产管理机构的核心业务。未来创新业务发展可能需要大量消耗资本，证券公司通常利用杠杆融入短期资金，放大资本中介带来的交易获利机会。因此，风险管理是创新业务的重要保障，流动性管理则是重中之重。证券公司应当在创新过程中针对公司、行业、市场流动性风险建立谨慎、严格且全面的风险管理体系，为公司提供足够的流动性来支持业务创新。

专题报告之二：
2012年中国证券行业信息技术发展综述

第一章

2012年证券业信息技术应用综述

第一节　2012年证券业信息技术应用概况

一、创新应用系统百花齐放

2012年，随着创新11条措施的逐步落实，行业创新业务百花齐放：在传统经纪业务领域，为突破经纪业务的发展瓶颈，实现业务转型，发挥经纪业务专业及渠道优势，金融产品代销成为行业发展的热点，除传统开放式基金外，集私募理财、信托产品、银行理财产品、中小私募债、证券公司资产管理产品等多种金融产品销售与管理功能的多金融产品代销系统应运而生。在两融业务方面，转融通业务平稳推出，约定购回式证券交易试点范围不断扩大。融资融券配套系统的建设成为2012年两融创新业务的持续热点。配合证券公司网点开放政策，证券公司离柜开户业务厉兵秣马，系统建设已经基本成型。围绕服务创新，部分证券公司加大渠道建设与融合，利用统一通信技术实现与客户的高效沟通。

二、核心业务系统安全保障度进一步提升

为切实保护投资者利益，2012年在行业监管层指导下，行业协会重点推进信息系统备份能力建设、网上交易客户双因素认证、信息系统等级保护、软件正版化工作。证券公司信息系统备份能力的对标工作成为2012年核心业务系统建设的重点，异地数据备份成为备份能力建设的基本前提，同城、异地容灾系统建设成为中型规模证券公司的重要工作。为进一步提高网上交易安全性、保护投资者利益，网上交易双因素认证系统建设在行业全面推广。随着行业等级保护标准的推出，证券行业信息等级保护工作开始由试点走向推广落实。为提高核心业务系统的可靠性，提高系统软件的支持能力，保护知识产权，行业软件正版化工作开始稳步展开。此外，融资融券业务的常规化使得融资融券系统的建设成为部分证券公司信息系统建设的重点。

三、行业信息系统相关法律法规日趋完善

为提高行业信息安全整体防范能力，完善行业法律法规建设，实现信息安全监管工作的依法办事原则，2012 年中国证监会、中国证券业协会在行业内对多项法律进行了调研与征求意见，对证券公司 IT 治理、信息安全保障管理、信息安全事件的报告与调查处置、营业部信息系统建设等多个方面进行了完善，截至 2012 年底，正式发布了三部法规，指导行业信息系统建设与信息安全保障工作（见表 1－1）。

表 1－1　行业 2012 年发布法规统计表

发布日期	法规名称	发布机关	实施日期
2012 年 9 月 24 日	《证券期货业信息安全保障管理办法》	中国证监会	2012 年 11 月 1 日
2012 年 12 月 24 日	《证券期货业信息安全事件报告与调查处理办法》	中国证监会	2013 年 2 月 1 日
2012 年 12 月 3 日	《证券公司营业部信息技术指引》	中国证券业协会	2012 年 12 月 3 日

第二节　2012 年证券业 IT 人员与投入情况

2012 年，中国证券业协会在推动行业信息技术人才队伍建设方面进行了大量卓有成效的工作，先后组织了 3 次全行业的培训活动：2012 年 4 月在厦门、5 月在青岛组织了两次以信息系统等级保护、ISO20000、ITIL 等运维管理和服务管理标准体系、软件正版化为主题的专业培训，7 月在长春组织了以备份能力建设、双因素认证为主题的培训活动。培训对象包括证券经营机构的信息技术负责人，各地监管机构的业务骨干也受邀参加。培训提高了行业对相关法律法规的理解与认识，通过行业先进经验分享，有效促进了知识分享。

2012 年底，中国证券业协会组织对证券公司 IT 人员及投入情况进行了专项调查（样本数据 103 家）。调查显示，与 2011 年 106 家证券公司同类数据比较，IT 专业技术人员基本维持稳定，行业外包情况取得较大增长。IT 投入方面，受行业整体状况影响，总体投入明显减少，投入结果发生了较大变化。从统计数据分析，硬件投入大幅减少，降幅达到 40.87%；软件投入方面保持稳定增长，算上正版化投入，软件增幅超过 18.53%，通信费用有一定幅度下降。人员外包费用增幅较大。行业 106 家证券公司 2011 年 IT 投入及人员情况和 2012 年 103 家证券公司 IT 投入及人员统计情况见表 1－2、表 1－3。

表 1-2　　行业 2011 年 IT 人员及投入汇总表（106 家）

科　目	类　别	2011 年
人员情况	IT 员工总人数（人）	10 471
	总部 IT 员工数（人）	3 685
投入情况	基础设施（万元）	72 594. 77
	硬件投入（万元）	209 640. 01
	软件投入（万元）	102 861. 25
	系统运维（万元）	97 763. 87
	通信费用（万元）	199 209. 40
	合计（万元）	682 069. 30

表 1-3　　行业 2012 年 IT 人员及投入汇总表（103 家）

类　别	科　目	合　计
人员情况	IT 人员总数（人）	10 093
	总部 IT 员工人数（人）	3 669
	网点专职 IT 员工人数（人）	6 234
	常驻外包开发人员数量（人）	378
	常驻外包运维人员数量（人）	179
IT 投入	2012 年 IT 总投入（万元）	518 834. 48
	硬件投入（万元）	123 967. 26
	软件投入（不含正版化）（万元）	100 508. 64
	软件正版化投入（万元）	21 408. 79
	通讯费用（万元）	186 129. 60
	人员外包费用（万元）	6 503. 11

第二章 2012年证券业信息技术重点应用

第一节　多金融产品代销系统

一、应用概述

近年来，面对市场化、规范化和国际化所带来的冲击，证券公司的高利润时代已成为历史，证券公司经济业务通道收入持续下滑，客户保证金流失严重，众多证券公司都在谋求经济业务的转型。股市环境不好，亏损严重，普通投资者也在寻求其他理财方式。为了使手中的钱保值、增值，高净值投资者需要个性化资产配置的手段、途径。

大力开展多种金融产品销售、发展综合金融理财服务是证券公司转型的重要方向。证券公司迫切需要建设一个强大的理财销售平台，将各种金融产品统一集中销售管理，规范地为客户开展各类金融产品销售服务，提高客户财富管理的能力，从而在未来的市场竞争中取得先机。

2012年11月，《证券公司代销金融产品管理规定》发布，进一步明确了证券公司销售多种金融产品的相关政策，为建设统一的金融产品销售平台指明了方向。证券公司金融产品销售平台集产品销售、登记托管、资金结算、市场拓展等多种功能于一体，为一、二级市场投资者提供多样化的金融产品和综合服务，包含各类基金、保险、信托、银行理财产品、证券公司集合理财产品等。

二、系统架构

对于证券公司来说，一般可以采用图2－1的架构，通过产品中心、交易中心、支付中心涵盖系统的十项功能。用户强身份验证模块部署在统一认证平台，资金支付通过大集中柜台三方存管进行，其余模块部署在产品中心，代销金融产品系统作为一个统一平台，负责与各系统进行数据交互，对客户、员工展示统一汇总的界面。

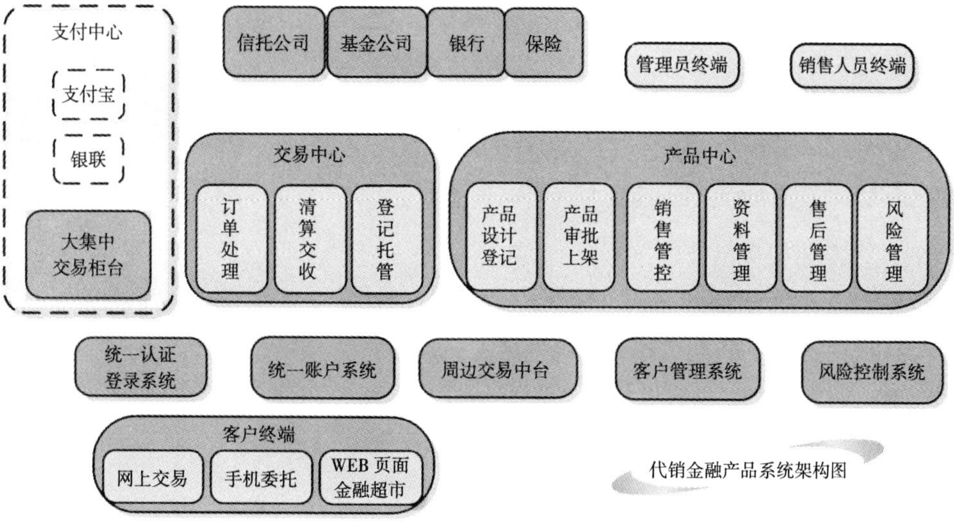

图2－1　多金融产品代销系统架构

三、功能设计

（一）客户开户管理

客户开户管理包括为客户建立综合类的金融理财账户，对客户风险承受能力进行有效测评管理、适当性管理，方便客户购买多个理财业务品种及组合，提供代理金融产品购买协议的签订等。

客户开户、账户登记部署在一柜通系统，在客户号下挂多金融账号（见图2－2）。

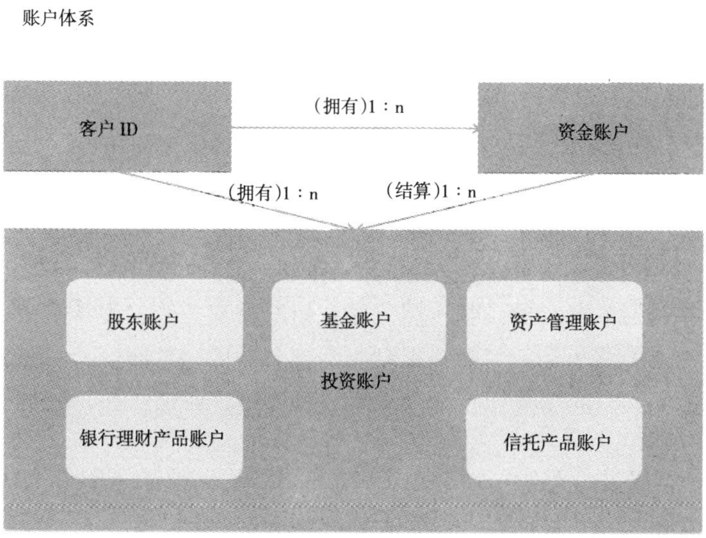

图2－2　账户关系

（二）产品开发设计

产品开发设计包括进行产品登记、关键参数（如产品分类、风险等级、费用等）设置等，需适应灵活多变的业务规则，符合各类管理规范的要求。产品开发设计含对产品发行人的资格管理。

（三）产品上架审批管理

金融产品的审批上架通过产品中心进行管理和逐级审核，可与现有的办公门户整合，供领导及风险控制部门等相关的审核机构在统一的工作平台进行审批（见图2 －3）。

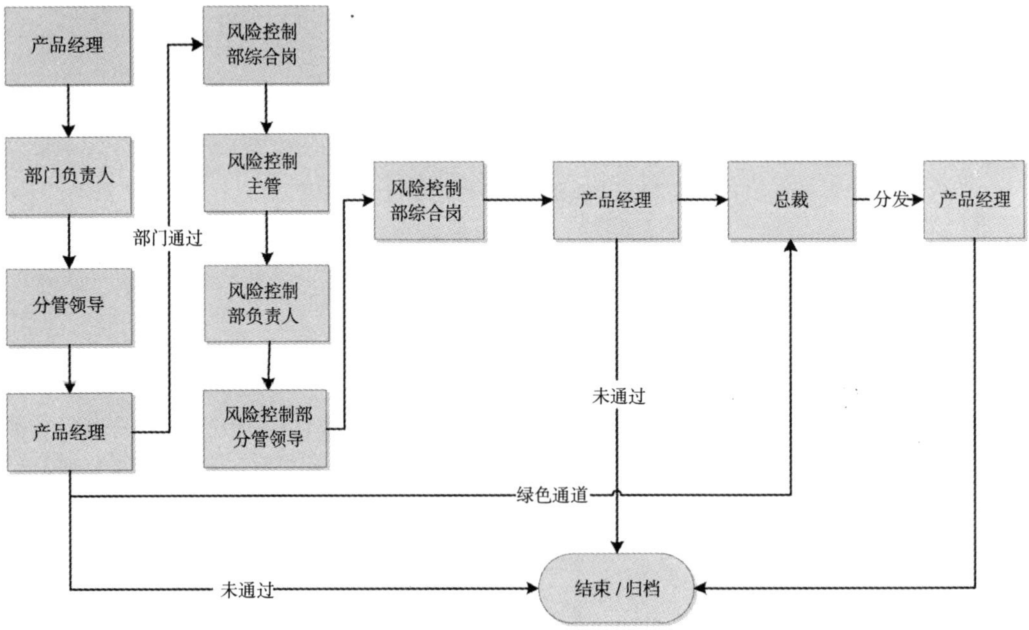

图2－3　产品上架审批流程图

（四）产品订单交易处理

支持客户买卖理财产品（含预约认购、认购、申购、赎回及相关委托撤单等）、非交易过户等，并提供第三方接口，可结合现有的网上交易、手机等多种方式，让客户在熟悉的、整合的界面参与多种金融产品的认购、申赎等业务。

产品订单交易具有灵活的预约控制流程、额度控制功能，支持多种方式的额度分配和动态调整，并在分支机构端口能够实时查询剩余额度；参照客户属性的数据字典，结合产品属性，支持对客户的多维度分类进行适当性销售组合设置、限制可否购买等。

（五）资金支付

资金支付即进行资金账务的处理，支付部分应可预留支持多种方式，可保留多种支付接口，包括三方存管保证金模式、网银支付模式及其他第三方中介支付模式等。目前，仅先支持三方存管保证金模式（见图2－4）。

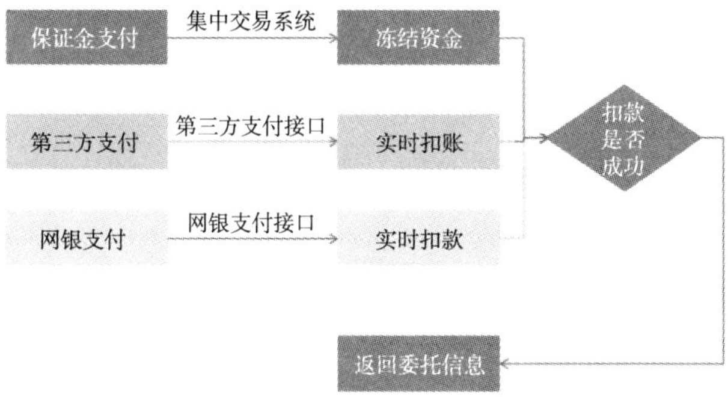

注：第三方支付和网银支付的通道未来规划与证券资金账户综合支付业务的第三方支付和网银支付进行整合共用。

图 2－4　资金支付模式图

（六）登记托管

登记托管即管理投资者的理财产品账户，记录持有人份额，进行份额过户。登记过户需要为多只理财产品同时进行登记过户业务，并可支持多个销售渠道。

（七）清算交收

清算交收即分产品清算，并进行资金账务的处理，同时支持系统的查询、统计和报表生成。清算可支持不同基金公司、信托公司等不同接口（见图 2－5）。

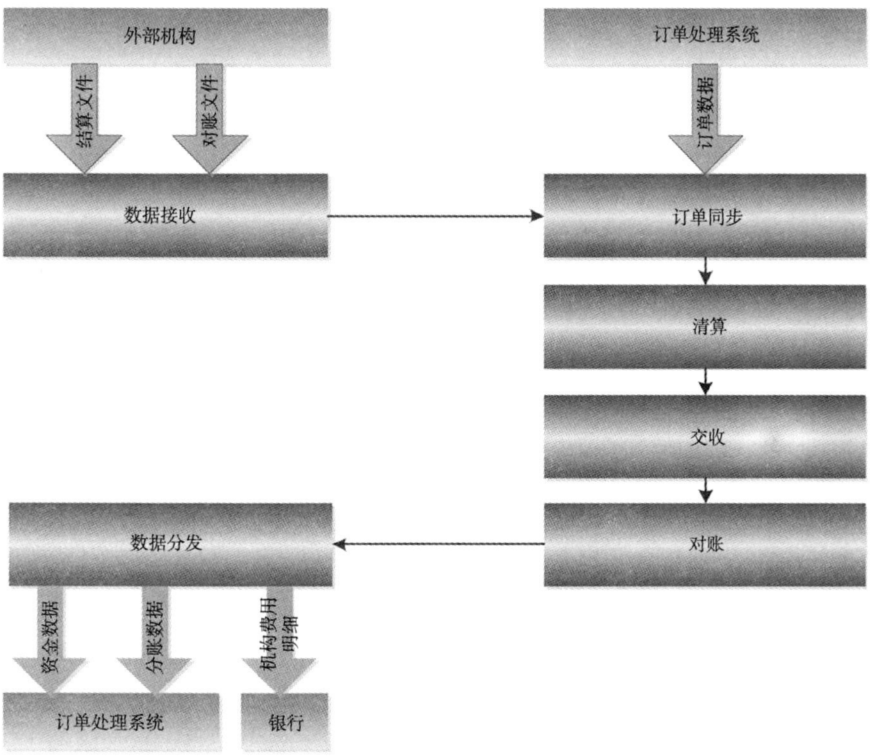

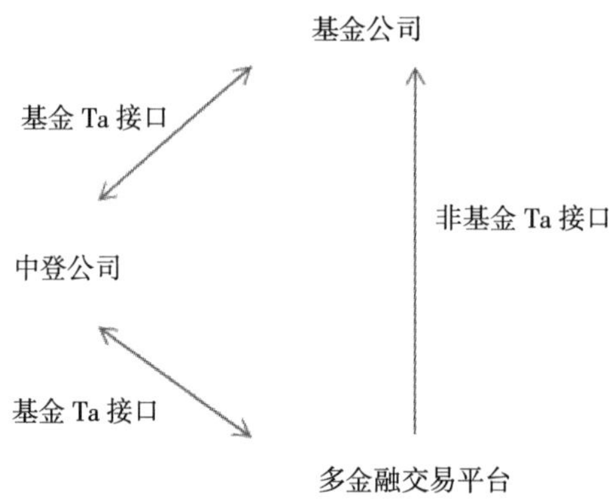

注：①基金 Ta 接口：日终清算和行情文件按 Ta 规范内容进行报送。
②非基金 Ta 接口：产品委托信息以 Excel 文件导出报送给基金公司。

图 2－5　清算交收流程图

（八）风险管理

风险管理包括对投资人购买理财产品的行为进行盯市监控，监控产品风险等级与投资人风险承受能力之间是否匹配等，同时合理充分地对理财产品进行分类。可多个角度进行统计分析，以便事后的风险控制。

（九）售后管理

售后管理包括对客户的回访，产品结束后评价等，并提供相应的报表。客户认购报表可对客户的属性进行灵活地划分，例如实现对是否为新增客户的认定，其新增客户认购方案由管理员定义。

（十）文档资料管理

文档资料管理包括以下文档的电子化管理：

1. 产品销售期文档：重要通知、销售与奖励方案、产品销售手册、认购流程、需签署的法律文件。

2. 产品托管及后续管理文档：重要提示、信托季度管理报告、产品定期投资管理报告、产品投资项目可行性报告概要、产品投资进展公告、产品缴款公告、产品净值报告。

3. 客户适当性沟通的文档记录。

第二节　转融通业务系统

一、应用概述

沪、深证券交易所融资融券交易试点于 2010 年 3 月 31 日正式启动以来，随着试点证券公司数量有序增加、客户数量及授信额度增长，沪、深融资融券余额呈快速增长态势。但是，融资融券市场规模的发展仍受限于标的证券范围窄及转融通业务尚未开闸等制度性因素，这是造成目前融资融券业务规模难以大幅增长的关键原因。

2011 年 10 月，中国证监会发布《转融通业务监督管理试行办法》，对证券金融公司的职责和组织架构、转融通业务规则、转融通的资金和证券来源等事项进行了规定。至此，转融通业务的大门开始打开。

为此，证券公司需要建立一套转融通系统，与证券金融公司转融通平台和交易所大宗交易平台（沪市综合业务平台和深市综合协议平台）对接来完成转融券借入和转融资借入，以及代理机构客户完成转融券出借。系统主要功能包括：参数管理、用户管理、账户管理、保证金管理、交易管理、风险管理、日终管理及经营管理等。

二、系统构架

转融通系统架构见图 2 –6。

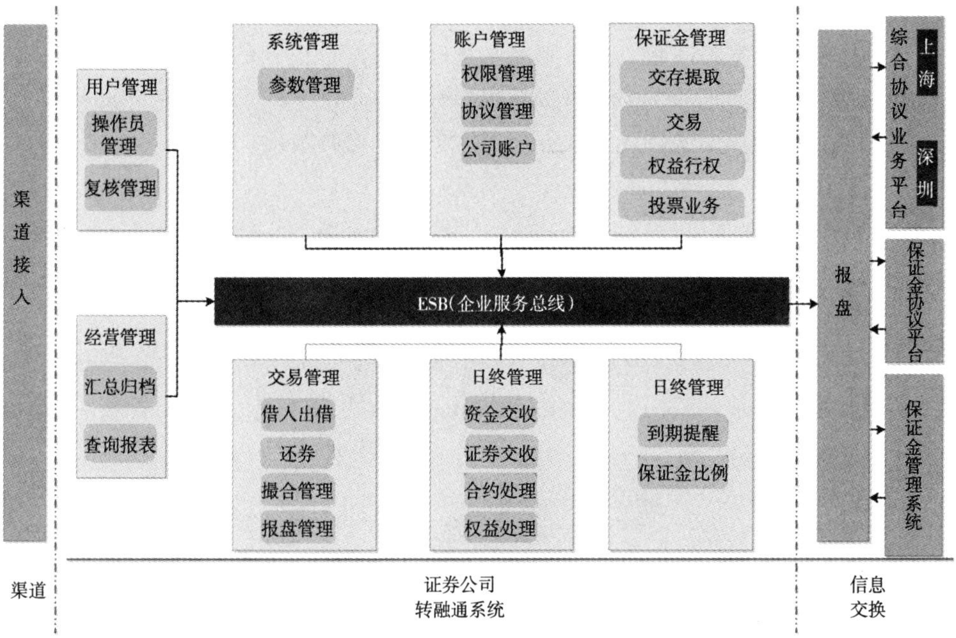

图 2 –6　转融通系统架构图

三、应用特点

专业化分工，转融通系统和集中交易系统、融资融券系统的交互通过接口来完成，分工明确，所有的外联交互均由转融通系统发起，对已有交易系统影响较小。

分段管理，将证券金融公司与证券公司之间的合约，与证券公司与客户之间的合约进行分段管理，统筹管理可以最大程度地适应各类客户需求。

券源整合，将公司自有券源、第三方外部券源等进行统一管理和统一调配，增加券源利用效率。

支持融资融券业务创新，在融资融券随借随还模式基础上自行设计固定期限等不同产品，丰富证券公司产品和服务，以适应不同客户需求。

第三节　非现场开户系统

一、应用概述

2013 年 3 月，中国证券登记结算公司发布《证券账户非现场开户实施暂行办法》，意味着证券公司非现场开户业务放行。

非现场开户业务模式分为两种：一种是见证开户，通过现场见证或者远程视频见证的模式见证工作人员为客户开户；另一种是客户自助开户，是指客户自助在证券公司提供的渠道（如公司网站）开立账户。前者是传统柜台开户业务的向外延伸，重点需要解决网络通信安全、带宽等问题，后者则完全是对传统开户模式的颠覆。这种新的模式应重点关注如何确认客户身份的合法有效、明确客户开户意愿、保护客户资料安全等方面。快捷、安全的开户渠道将成为证券公司电子商务化的基础。

二、系统架构

非现场开户系统架构如图 2－7 所示。

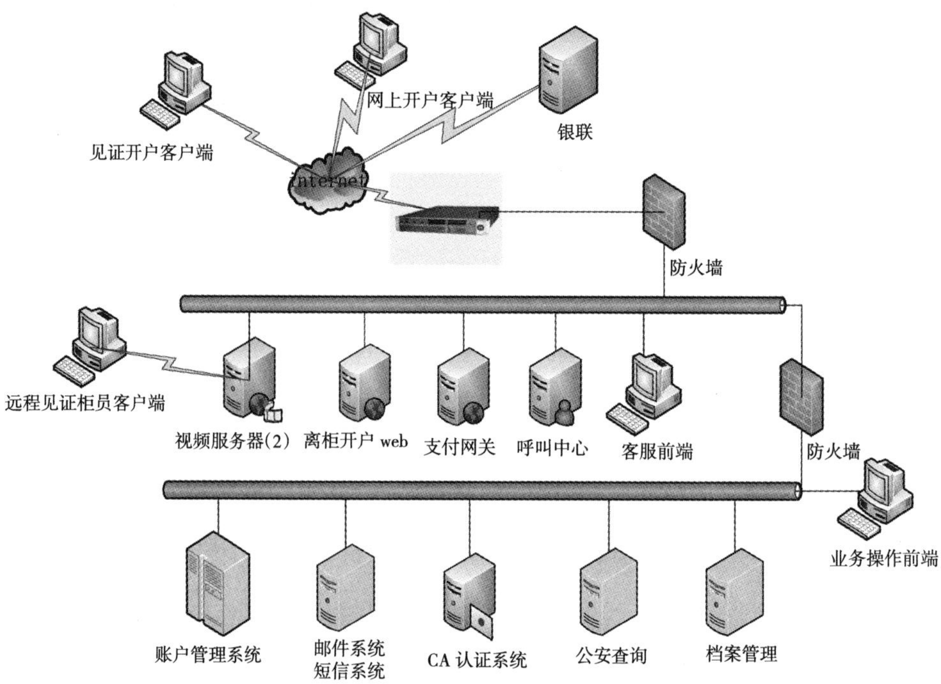

图 2－7　离柜开户系统部署图

三、应用特点

第一，PC（个人电脑）版见证开户通过（虚拟专用网络）VPN 接入保证通信安全。

第二，PAD（平板电脑）版见证开户使用高效的自有通信协议，并计划引入专用 APN（接入点）接入，以实现基于 3G 网络的高速通信和信息安全。

第三，引入 FMS（Flash Media Server）技术实现视频通信，以支持视频见证及客户自助开户视频认证。Adobe Flash 作为一种成熟的技术，具有较高的稳定可靠性。

第四，引入 CA（电子商务认证授权机构）认证系统，为客户签发数字证书（有可能是第三方认证机构签发）。客户使用数字证书对相关的协议、资料进行签名，从而实现信息的防篡改和防抵赖。

第四节　非现场营业部信息系统

一、应用概述

随着证券市场、新技术的不断发展，近几年的证券营业部所处环境已发生显著变化：一是投资者交易方式和交易习惯已从以现场交易为主转向了以非现场交易为主，传统型证券营业部的现场交易功能逐渐弱化；二是移动互联网、虚拟机、通信技术等各类新技术的发展为证券营业部提供了更多的技术选择，促进了非现场证券营业部的发展；三是证券营业部已经从传统的提供开销户服务和交易服务的场所逐渐转变为提供业务办理、客户服务、产品营销、投资咨询等多种服务的场所；四是随着证券营业部功能的转变及现场客户数量的大幅减少，证券营业部信息系统安全保障压力已经大大缓解。

2012 年 12 月 3 日，中国证券业协会正式发布《证券公司证券营业部信息技术指引》，明确把证券营业部类型划分为 A、B、C 三类，其中 C 型模式为非现场营业部模式（在营业场所内未部署与现场交易服务相关的信息系统且不提供现场交易服务）。非现场营业部的出现大大降低了新设证券营业部的建设成本，有利于证券公司快速部署新的营业网点，实现证券营业部功能转型。

二、系统构架

非现场营业部系统架构按图 2 - 8 所示方式设计。

三、应用特点

第一，非现场营业部的主要功能是开户、投资者教育、产品发售、产品演示等。从技术上来说主要是提供开户、证券网上交易和行情信息等功能。为尽可能简化非现场营业部技术维护工作量和降低运行维护要求，除了必要的网络设备和工作电脑设备

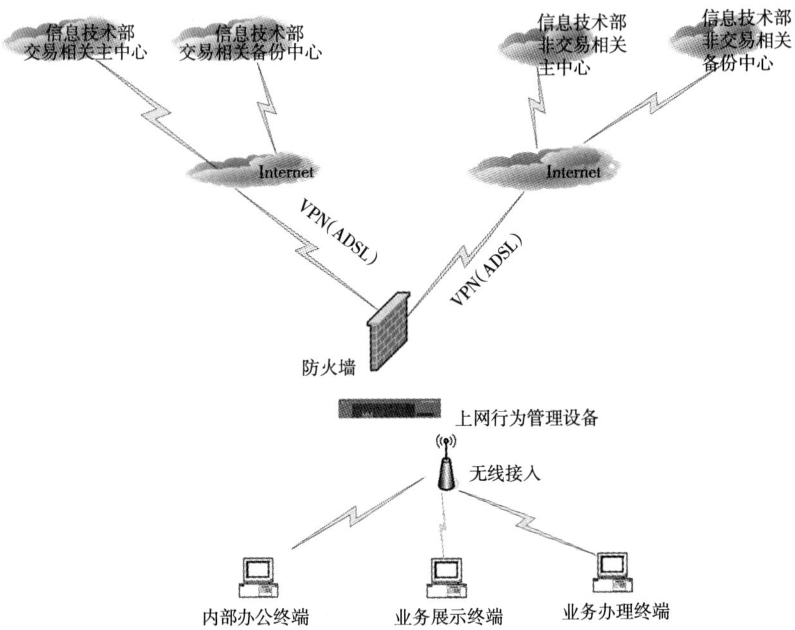

图 2－8　非现场营业部系统架构示意

以外，其他的业务后台系统一般都尽量部署在证券公司总部或区域总部（即核心营业部）。

第二，非现场营业部不配备专职电脑人员和兼职电脑人员，但应指定专人负责营业部信息系统日常简单运维、信息系统升级、信息系统相关事务的沟通协调、应急处理等工作。营业部信息系统建设、运维、系统升级、技术支持由归属管理的上级现场交易营业部或营业部所属分公司负责。

第三，非现场营业部不设机房，网络及通信等设备集中放置于机柜中。机柜内设备应摆放规则，排列有序，设备上应贴有包含名称、用途、IP 地址、网络连接端口等信息的标签。

第四，非现场营业部采用至少 2 条不同运营商或不同介质的互联网线路，通过 VPN 防火墙设备与总部建立网对网 VPN 接入，实现安全、可靠的通信连接，且线路带宽能够满足证券营业部业务需要并留有冗余。

第五，局域网不再划分业务网络和办公网络，并采用无线接入网络。局域网通过 VPN 防火墙设备与互联网进行安全隔离，防火墙由总部统一规划并配置标准安全策略，有效保证营业部局域网络的安全，防范互联网网络攻击等各类风险。

第六，非现场营业部无线局域网络应通过身份识别、准入控制及数据加密等方式，防止非法访问无线网络，充分保证数据传输的安全，并登记、记录无线接入设备的信息，防止未经许可将客户和员工的自备设备接入营业部网络。

第七，非现场营业部局域网络部署包括正版防病毒、防木马、防恶意代码在内的系统安全防护软件，以确保信息系统安全。

第八，非现场营业部局域网部署上网行为管理设备，禁止员工通过网上交易软件下单。

第九，营业部信息系统设备配置。根据非现场营业部的特点，按场地面积100平方米、人员配置4人、接入终端小于20台的情况，需配置的通信线路、设备见表2-1。

表2-1　非现场营业部信息系统设备配置表

设备名称	数量	说明
互联网线路	2条	2条不同运营商或不同介质的互联网线路
无线AP（无线接入点）	2台	—
VPN防火墙设备	2台	也可采用支持VPN的AP
上网行为管理设备	1台	—
有盘站	6台	·业务办理终端：2台 ·办公用机：2台 ·展示用机：2台
业务终端外设	13台	·票据打印机：2台 ·多易拍：2台 ·身份证读卡器：2台 ·摄像头：2个 ·密码小键盘：2个 ·办公用激光打印机：1台

第五节　统一通信系统

一、应用概述

（一）统一通信的定义，内涵和外延

随着人们对通信要求的不断提高，技术手段的日益成熟，越来越多的通信手段出现在人们的面前，其中不乏大量新型的技术和手段，如：即时通信，桌面及手机视频通信，IP无线语音等。人们对通信要求的提升，尤其是企业用户对更高效率的企业通信及更低的通信成本的追求，将明显导致原有的多种通信手段的融合和统一，即通过统一的手段，将多种现有和将来的通信手段和技术集中到统一的界面加以集中使用。这就是通信的未来，统一通信解决方案。

统一通信解决方案可以巧妙地将固定电话、移动电话、电子邮件、语音留言、即时信息、音频及视频会议等各种类型的通信手段融合集成。通过将多种通信工具、网络服务和移动设备整合为统一的用户体验，统一通信以崭新的方式将员工、客户、合作伙伴等智能地联结在一起——不管在办公室，在家，还是在路上——从而帮助证券公司改进业务流程、创新业务模式、提高生产效率，为证券公司建立起高效协同的工作环境。

（二）统一通讯内容

目前，业界主流厂商对统一通信的研究和发展在不断深入，究其功能的实现，主要有以下几大类别和分项。

1. 寻找（Find）：目录索引；专家定位；在线状态/查询；标注类别；自动标注；相关内容搜索。

2. 联结（Connect）：语音电话；语音留言；音频会议；统一信息；实景高清视频会议；即时通讯；音频/视频聊天；数据会议；客户服务中心。

3. 分享（Share）：文档分享；高清视频会议白板分享；RSS 订阅；内部博客/视频博客；内部维基百科；内部论坛/专有站点；企业社交软件。

4. 行动（Act）：工作流程；电子邮件；日程表应用。

5. 分析（Analyze）：企业社交软件分析；数据分析。

二、系统构架

（一）统一通信技术总体框架（见图 2-9）

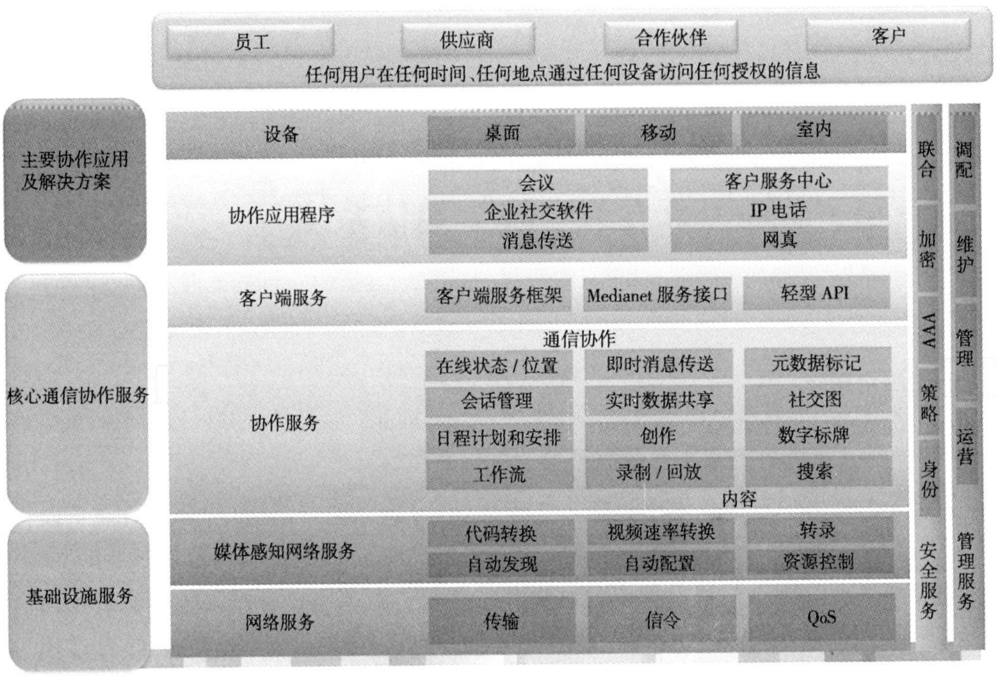

图 2-9　统一通信总体架构图

（二）架构组成（见图 2-10）

1. 网络基础。网络基础对于企业架构至关重要。与建造建筑物的地基类似，网络基础为所有其他组件提供了一个平台。作为一个独立层，网络基础可确保信息可靠地从一个设备发出，并被另一个设备收到。这一切的完成过程对普通用户来说是不可知的。他

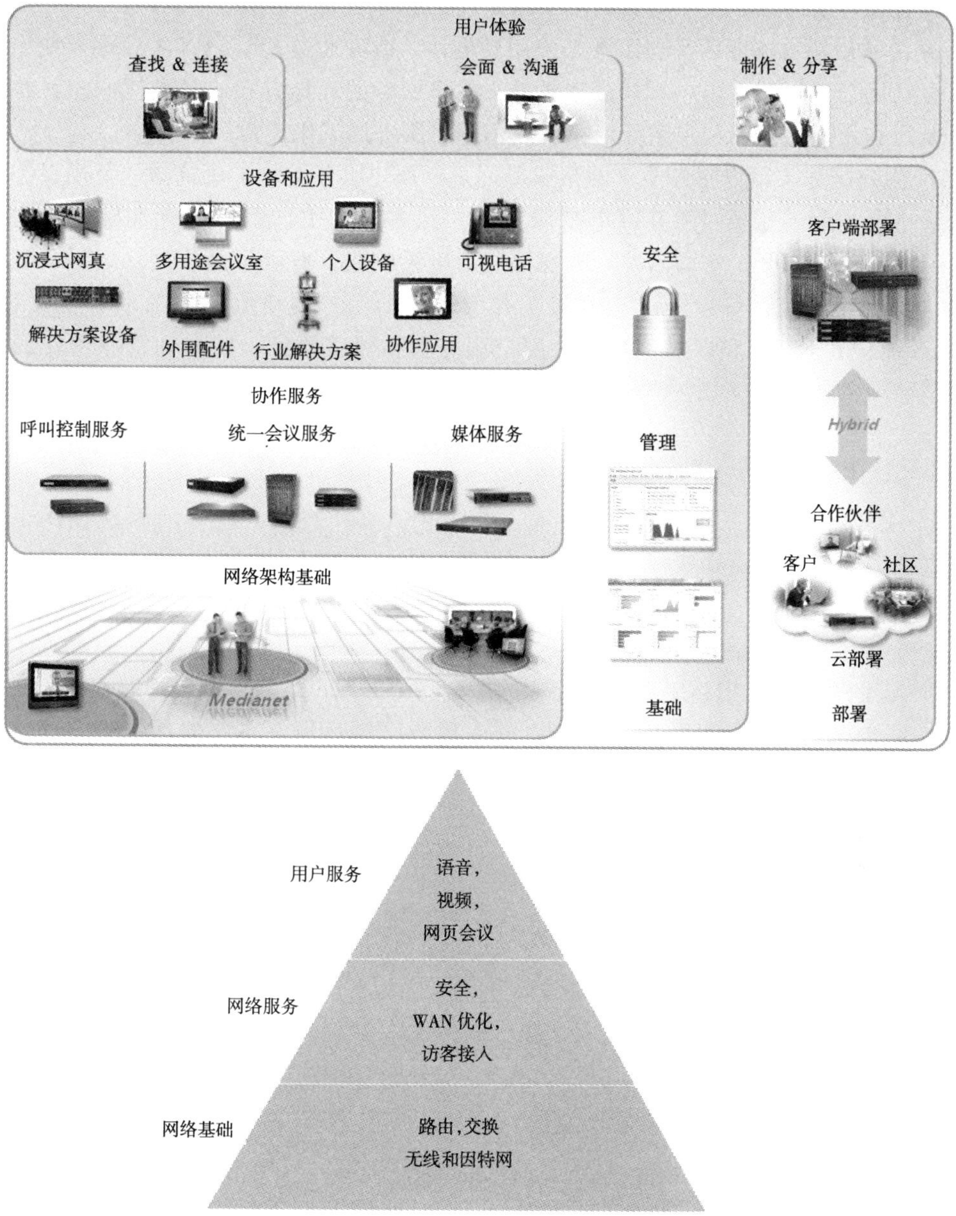

图2－10　统一通信框架构成图

们只知道，当他们拿起电话，就可以听到拨号音。当他们拨打电话，并且另一个人接听时，音频非常清楚，他们能够正常进行通话。所有一切都正常工作，他们无需考虑呼叫如何从一点到达另一点。位于后台的智能基础设施设备，如交换机、路由器、网关、会话边界控制器和无线AP等，让这一切成为可能。

2. 网络服务。网络服务位于网络基础之上。网络服务类似于建筑物的墙、窗和锁。没有这些组件的建筑物只是一个盒子。这些服务能够将基础设施转变成一个可使用的结构，为企业的资产提供可靠性、安全性和可用性。部分用户知道网络服务提供的价值，但并不直接与这些服务交互。示例之一就是在家庭办公室中使用公司电话。用户需要在VPN路由器后端通过电话代理服务来使用硬电话，或者通过SSL VPN客户端来使用软电话，以访问公司资源。用户不知道也不关心网络服务的运作方式。只要他们能够在任意时刻从所在地进行语音和视频呼叫，就表示网络服务层工作正常。

3. 用户服务。用户服务位于网络服务之上。用户服务类似于建筑物的公用设施，包括水、电、电话、互联网和有线电视服务等。在一天之中，用户需要直接使用这些服务。早上，灯光打开，空调制冷，电视播放，电话响起，有水可供饮用。之后，利用建筑物内的公用设施，可以舒适地开展工作。常规的用户网络服务包括商务应用软件、CRM系统、电子邮件和即时消息等。用户服务包括涵盖语音、Web和视频协作的统一通信。

（三）统一通信各子系统组成部分

1. IP（网络之间互联的协议）语音系统及个人客户终端。IP语音系统使用了三个主要组件，包括：用于呼叫控制的系统，用于语音消息的系统，用于语音基础设施的语音网关。

一个统一通信的个人客户端应用程序能够随时随地在任何设备上创造更高的工作效率。个人客户端与IP电话平台采用统一的平台，个人客户端除了一般即时通讯工具常见的对话功能、状态功能和联系人列表之外，功能已经日渐完备，包括视频、语言、留言、即时会议、桌面共享，等等。

2. 高清视频会议系统。完整的视频协作解决方案包含以下部分或全部终端产品（见图2－11）：

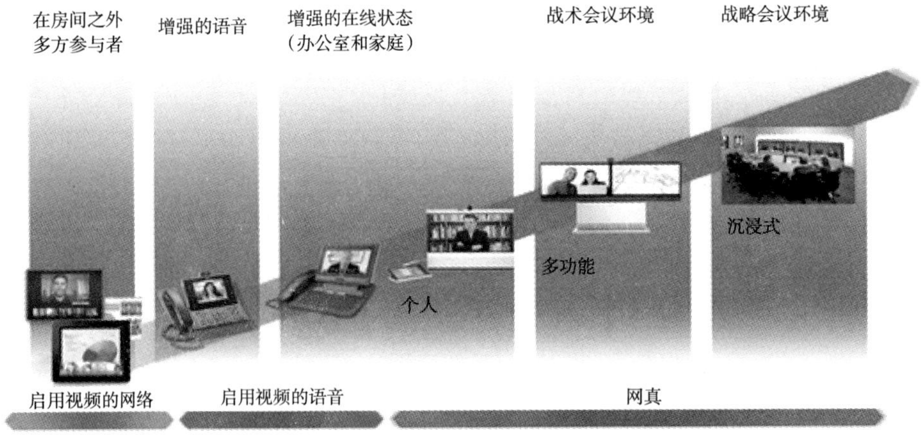

图2－11 高清视频会议系统构成图

（1）沉浸式网真——沉浸式网真能够带来最逼真的面对面会议体验，为沟通和交互提供理想的平台。与会者会感到就如同与坐在桌子对面的同事对话一样。

（2）多功能会议室系统——这些高质量系统供在会议室、礼堂和其他分享环境中使用。高清多功能视频协作解决方案能够带来与沉浸式网真系统同样清晰的画面和声音，是召开团队会议和展开小组协作的理想选择。

（3）桌面、个人或移动解决方案——这些系统专为个人使用而设计，包括视频电话和管理人员网真系统等。它们对办公室、工作站和家庭办公室等环境进行了优化。基于PC 和 Macintosh 的移动视频应用能够在家中或本地咖啡店为移动员工提供虚拟访问支持。

3. 网络会议系统。网络会议技术（Web Conference）能够获得的优势：

（1）按需扩展，支持从两名与会者扩展到数千名与会者。

（2）支持从企业内部和外部进行访问。

（3）在广泛的地理区域内可用。

（4）经济高效。

（5）易于使用，不需要专门的设备或培训。

三、应用特点

（一）统一通信的应用优势

多年来，证券行业一直在探讨统一通信在业内的价值。IP 电话、视频会议等系统在业内已经有不少人开始使用。如今，统一通信的技术原来越成熟，也给证券行业利用技术手段进行自我提升提供了便利条件。具体体现在以下方面：

1. 创新渠道：利用统一通信系统，通过网络视频进行业务办理。

2. 客户服务：虚拟坐席、远程专家坐席，利用智能终端来跟客户实现语音、文字和视频沟通互动。

3. 有效的合规控制：通过办公 IP 电话录音，实现风险防范。

4. 高效节能：提高内部沟通效率，节省通讯和差旅费用。

（二）融合语音、数据、视频

统一通信解决方案巧妙地将固定电话、移动电话、电子邮件、语音留言、即时信息、音频及视频会议等各种类型的通信手段融合集成，能够主动支持用户基于自己的所在地，选择最合适的通信服务传输的方式和内容（例如：移动电话、固定电话、手机或平板电脑上的网际会议）。它以崭新的方式将员工、客户、合作伙伴等智能地联结在一起——不管在办公室，在家，还是在路上。它帮助我们改进业务流程，创新业务模式，提高生产效率，为企业建立起独有的竞争优势。

（三）实现 BYOD 融入工作空间

统一通信解决方案提供让用户拥有在任何时间、任何地点（包括位置感知），利用任何设备通过移动方式接入企业去提取任何授权使用的任何信息的能力，为企业 IT 部门带来了新的机遇和挑战。

智能终端（手机，平板）普及，证券公司开始尝试实现 BYOD（自带设备）的办公模式，这种无处不在的办公模式极大提高了证券公司的办公效率，有效促进了证券公司内部协同。

第六节　开发测试云

一、应用概述

近年来，随着市场业务的不断丰富，特别在2012年行业创新加速的背景下，IT部门不断加大对开发团队及开发管理的投入。如何进一步缩短开发和部署周期的压力成为项目开发管理的一个新话题，同时如何防止敏感数据在开发过程中外泄，对开发数据进行有效的管理及保护也提出了更高的挑战。

随着"云计算"的升温及成熟，基于云的应用交付逐步成为行业发展的一种趋势，证券公司开发及测试环境时采用了"云计算"的解决方式，实施了开发虚拟桌面池及测试服务器虚拟化项目。通过该"开发测试云"，可以快速、有效、灵活地响应各项目开发团队在开发过程中提出的各类资源，满足对开发环境资源快速部署、快速回收的要求，并在一定程度上节省大量的硬件资源投入，同时配合相关安全、审计手段在用户认证、网络准入、网络传输各环节进行有效控制，保障了开发数据的安全性，防止开发数据的泄露。

二、系统架构（见图2－12）

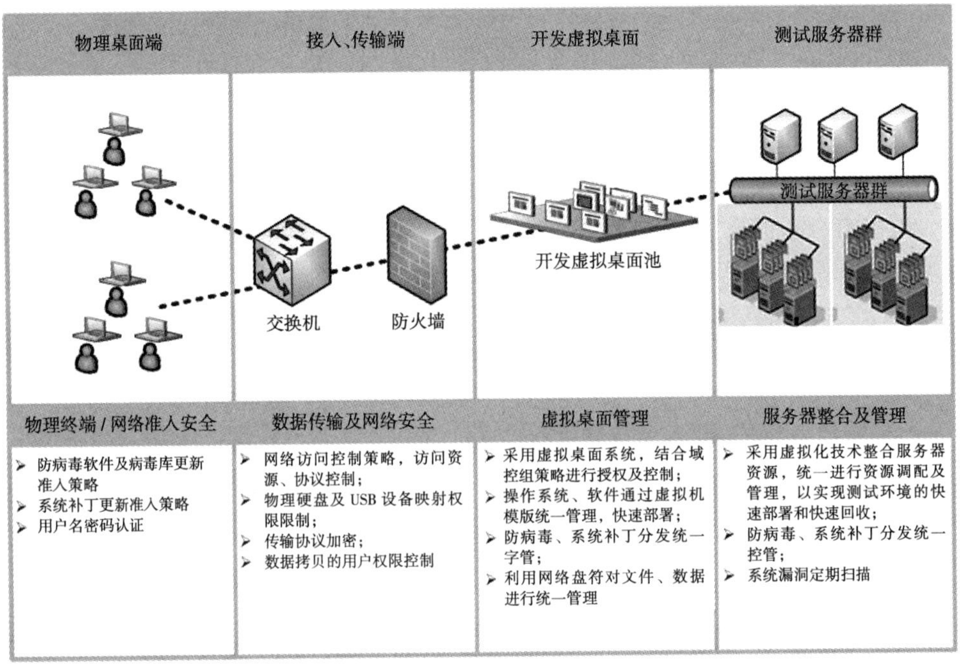

图2－12　开发测试云系统架构图

三、应用特点

（一）服务器虚拟化

采用服务器虚拟化软件对原有的测试物理服务器进行整合，可在单台高能效的多核物理服务上建立多台测试虚拟机，通过云管理软件对测试虚拟机进行统一管理，从而实现对测试环境硬件服务器资源的整合和统一调配，降低硬件投入，大幅提升服务水平，缩短测试系统交付时间。

（二）虚拟桌面

系统采用虚拟机桌面解决方案。虚拟机桌面系统基于服务器虚拟架构构建，通过动态分配资源，可为终端用户提供快速响应和可用的桌面环境，并按需扩展和缩减桌面服务，以快速满足不断变化的业务需求。同时，通过一个集中式的控制台交付和管理桌面、应用与数据，也可分别管理各桌面组件，进而提高调配、更新和交付的灵活性，实现最佳的业务响应。

第三章 2013年证券信息技术应用展望

一、核心业务系统发展展望

大力培育机构投资者一直是监管部门比较关注的方面。机构客户业务是大型证券公司转型的重中之重。证券公司均将机构客户业务作为重点业务，提升对机构客户的服务水平。他们为机构客户定制个性化的产品与服务。针对机构客户的个性化交易需求，参考国外机构客户的服务模式，在交易基础功能方面，2013 年，大型证券公司将推出面向机构客户的高速投资系统。面向机构客户的交易系统将包括如下功能：前端支持灵活的策略定制及客户自开发终端介入，基于内存数据库的极速订单管理、临近交易所主机的高速报盘通道，提供可定制、主动推送的跨市场高速行情服务及历史高频行情服务。

二、创新业务系统发展展望

2013 年，随着创新政策的逐步落实，证券公司创新业务将提升到一个新层次：

2012 年 12 月 21 日，中国证券业协会发布《证券公司柜台交易业务规范》，正式启动海通证券等 7 家证券公司的 OTC 业务试点。随着 OTC 业务的正式开展，证券公司OTC 系统建设将进入高速发展阶段。

上海证券交易所酝酿中的股票质押式回购业务可能在 2013 年开花结果，加上转融券业务的推出，两融业务在证券公司业务占比呈稳步增长的趋势，融资融券系统改造将成为 2013 年信息系统建设的必争之地。

2013 年，随着非现场开户在行业推广，证券公司网站系统定位将发生根本性变化。为适应证券公司部分业务从线下向线上的转移，部分先行证券公司开始实施网站电商化改版，网上经纪证券公司可能在行业涌现。与之适应的支付系统建设也将成为证券公司电商化的必然之选。

中国证监会 2013 年 3 月发布《非银行金融机构开展证券投资基金托管业务暂行规定》，意味着目前商业银行一统基金托管业务的局面将被打破，以证券公司为代表的非银行金融机构有望参与此项业务。允许证券公司从事基金托管业务，证券公司基础功能进一步加强，资产托管系统建设也已经进入启动阶段。

此外，随着创新业务的逐步深入，证券公司风险管理能力将直接影响到证券公司的生存与发展，风险管理系统建设与完善将成为2013年证券公司内部控制平台建设的重中之重。

三、云计算将进入行业核心业务系统领域

2012年，行业内很多证券公司已经开始在测试环境或实施服务器虚拟化，个别证券公司开始在异地容灾中心实施基于云计算的容灾方案。2013年，云计算以敏捷部署、快速恢复、资源弹性分配、高效节能的优势与创新系统的快速部署要求高度吻合，云计算方案在证券行业应用将更加深入，私有云应用将更加普遍——开发测试云，桌面云、非核心业务系统将逐步实现虚拟化，实施数据中心的能效管理，降低数据中心运营成本。同时，云计算部署、管理模式将逐步应用在核心业务系统的周边环境，并逐步向核心层渗透。

专题报告之三：
2012年中国证券公司合规与风险管理发展综述

第一章 2012年中国证券公司合规管理概况

一、2012年证券公司合规管理的基本情况

2012年是中国证券行业全面推行合规管理工作的第五年。行业内证券公司普遍建立了完善的合规管理组织架构和制度体系，各项合规管理职能得到有效的落实。证券公司各业务条线根据外部法律、法规和准则的规定，不断建立健全相应的管理制度和操作流程，并根据这些规则的变化，及时修订完善。全年整个行业合规管理工作进一步深化，有力地保证了证券公司创新发展的有序进行。

中国证监会以证券公司合规与风险管理能力为基础，结合公司市场影响力对证券公司实施分类监管。2012年，参加中国证监会证券公司评价的公司共111家，其中15家公司与其母公司合并评价，共计96家单位参与评价。其中，评价结果为A类的公司占比共计35.4%，比2011年降低了6.3个百分点。当年分类评级中，AA级和A级的公司分别为15家和19家；B类BBB级公司为30家，BB级和B级公司分别为14家和9家，B类公司数量占受评公司总数的55.3%，比2011年提高了7.4个百分点。C类公司共9家，占比9.4%，比2011年下降了1个百分点，其中CCC级、CC级、C级的分别为6家、2家和1家。2012年，证券公司评价结果将无D类和E类公司（见图1-1）。

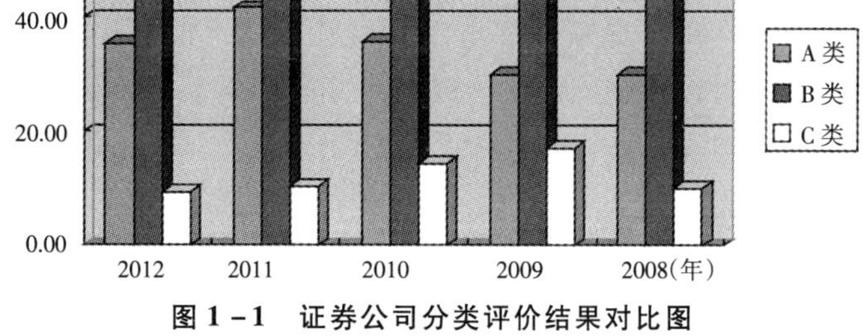

图1-1 证券公司分类评价结果对比图

2012 年分类评价 A 类公司数量显著下降。2008 年以来，A 类公司比例逐年递增的趋势发生了扭转。2012 年度，一些往年评级为 A 类的公司滑入 B 类，个别 C 类公司升入 B 类，致使 B 类公司比例提高较大。

二、创新发展与证券公司合规管理政策的调整

2012 年是证券行业创新步伐显著加快的一年。2011 年 10 月，《证券公司业务（产品）创新工作指引（试行）》出台。2012 年 5 月，证券公司创新发展研讨会召开。中国证监会随后推出中小企业私募债试点，推动多层次债券市场建设。同时，新三板建设也迅速推进，多层次资本市场建设取得新的进展。中国证监会于 2012 年 8 月宣布扩大新三板试点，首批扩大试点除中关村科技园区外，新增上海张江高新产业开发区、武汉东湖新技术产业开发区和天津滨海高新区。8 月，中国证监会发布《关于规范证券公司参与区域性股权交易市场的指导意见（试行）》，允许证券公司参与合法设立的区域性股权市场。同时，代销金融产品业务、柜台市场业务、并购基金、不动产直投基金等创新业务也在 2012 年先后推出。

为了推动创新发展，监管部门对既有规章制度进行了大规模清理，对一些不适应新形势和行业发展要求的规则制度及时进行修订和废止，同时发布了一系列鼓励创新、扩大发展空间的规定。2012 年 3 月，中国证监会发布《关于进一步加强保荐业务监管有关问题的意见》，放宽了保荐代表人负责保荐项目的数量，并把保荐责任范围扩大，要求保荐机构进一步健全完善保荐业务内控制度。4 月，中国证监会发布《关于进一步深化新股发行体制改革的指导意见》，新股发行体制进一步朝着市场化方向发展。5 月，中国证监会发布《关于修改〈证券发行与承销管理办法〉的决定》，提高网下配售比例，取消网下配售股票的限售期规定，建立网下向网上回拨机制，鼓励发行人和承销商创新定价方式。证券公司在承销和保荐业务中的自主权增大。同年 10 月，修订《证券公司资产管理业务规则》，对该业务的行政管制大幅放松，证券公司发行资产管理产品开始实施备案制。在证券公司自营业务方面，监管部门先后两次调整管理政策，放宽自营投资的范围，一些新的交易品种，例如股票收益互换产品、利率互换产品相继推出。一年内，中国证监会两次调整证券公司净资本以及相关风险控制指标的要求，降低证券公司风险资本准备计算标准，调低净资本计算多项扣减比例，为证券公司放大业务空间创造条件。

在放松管制、推动创新的同时，监管机构和自律组织也加强了对证券公司合规管理、企业治理和内部控制措施的规范和指导。2012 年 2 月，中国证券业协会发布《证券公司合规管理有效性评估指引》，明确要求证券公司对合规管理的有效性进行评估，并在评估内容、程序、方法和问责等环节提出了具体要求。2012 年底，中国证监会发布《证券公司治理准则》，明确证券公司在治理架构方面的要求，明确股东会、董事会、监事会和高级管理人员在公司治理中的职责，对高级管理人员薪酬激励和责任落实也进行了明确。中国证券业协会于 2012 年 6 月先后发布《发布证券研究报告执业规范》和《证券分析师执业行为准则》，进一步细化行业规范，对监管规则尚未规定、但对行业普遍反映亟须规范的问题提出规范要求，加强投资者保护，加强研究报告质量控制和对发

布研究报告业务的自律管理。2012 年 10 月，《证券公司客户资产管理业务规范》正式发布，明确了客户资产管理业务的备案、投资者适当性、估值、投资主办人、自律管理相关规定。2012 年 11 月，中国证券业协会发布《证券公司直接投资业务规范》（以下简称《规范》），明确了直投基金备案、直投业务规则、内部控制、直投从业人员、利益冲突管理、自律管理等相关规定。该《规范》标志着今后证券公司直接投资业务主要是通过行业自律管理的方式实现自我约束、自我规范、自我发展。2012 年 12 月，中国证券业协会发布《证券公司投资者适当性制度指引》，通过大量研究国内外投资者适当性制度建设的经验和教训，结合中国资本市场的客观实际，推出行业统一的自律规范，其目的是推动证券公司进一步完善适当性管理机制，细化相关标准、程序和方法，增强制度的完整性、系统性和可操作性，完善全面评价投资者风险承受能力、产品风险及业务特征的机制，鼓励证券公司在产品分类和适配上创新工作机制和方法。

三、创新形势下证券公司合规管理工作面临的挑战

证券公司创新发展要求打破传统业务之间的壁垒，需要证券公司统一调度公司内部资源，按照市场创新发展的新形势来组建新的业务平台，发挥最大的协同效用。这些创新要求既对传统经营理念和业务模式提出了挑战，也对证券公司合规管理工作提出了新的要求。

第一，各类新产品、新业务对证券公司合规审查提出了新的要求。证券公司合规管理部门要在支持跟进业务创新、配合创新发展的同时，有效履行合规审查职能，确保业务符合法律、法规的要求。这对合规管理人员素质及其对业务创新的认识都提出了更高的要求。

第二，新的业务模式和跨业务条线协同迅速扩大了证券公司的潜在客户群，证券公司与客户之间的联系与互动更加紧密，潜在利益冲突的发生机会增多。这要求证券公司在创新发展的过程中，能够及时识别和评估利益冲突的潜在影响，并采取有针对性的措施保证业务有序发展，维护公平、公正的市场环境，保护投资者利益。

第三，新的产品和业务模式对投资者教育和适当性管理提出了更高的标准。随着多层次资本市场的进一步发展，证券公司业务范围逐步拓展，金融产品种类不断丰富。证券公司的营销人员，尤其是分散在各个分支机构的前台人员，需要熟悉新产品或者新业务的特点，并针对投资者的风险承受能力，加强投资者适当性制度建设，把合适的金融产品或金融服务提供给合适的客户。这对证券公司提高服务能力，提高管理风险的能力设定了更高的标准，是营造行业良好发展环境的关键环节。

第二章 2012年中国证券公司合规管理职能的履行情况

根据《证券公司合规管理试行规定》，合规管理是指证券公司制定和执行合规管理制度，建立合规管理机制，培育合规文化，防范合规风险的行为。证券公司合规管理主要通过以下十项职能的履行得到实现。

一、合规咨询与合规审查

合规咨询主要为证券公司各部门、各分支机构提供方便适用的法律、法规、相关政策和公司内部制度的解释和咨询服务。各证券公司的合规咨询工作基本涉及各项业务开展及内部管理中遇到的规则适用与理解问题，目标是保证法律、法规和准则得以准确理解和应用。各公司合规总监也根据实践中遇到的问题，向监管部门进行不定期的咨询活动。2012年，各证券公司通过中国证监会机构部主任信箱等渠道，就监管规定的理解与证券监管机构进行了良好互动，其咨询结果及时有效地指导了证券公司合规管理工作。

合规审查是合规总监与合规部门对公司内部管理制度、重大决策、新产品和新业务方案等进行合规审查，并出具书面的合规审查意见的制度。2012年，证券公司普遍根据监管规定，就公司内部管理制度、重大决策、新产品和新业务方案、监管机构要求公司报送材料经合规总监审查及其他需要合规审查的资料进行审查，并出具书面合规审查意见。各证券公司注重系统参与对新业务、新产品的事前设计和讨论，审查公司内部规章制度，出具专项合规意见。合规审查涵盖柜台交易业务、代销金融产品、转融通、利率互换业务、远程终端开户及非现场开户、跨境ETF及跨市场ETF业务、客户保证金管理等多项创新事项。

二、合规监测

对员工执业行为的合规性进行监测的主要目的是防止员工违规进行股票交易、代客理财以及利用敏感信息谋取不当利益。员工执业行为合规监测主要包括：员工证券账户的报备和交易监控管理，员工办公电脑的股票交易监测、重点岗位员工办公电话录音监控、员工办公电子邮件、即时通讯工具、上网行为等进行留痕和监测等方面的内容。调查显示：2012 年行业内证券公司普遍对员工执业行为开展了合规监测，一些公司将监控范围扩大，对关键岗位人员的近亲属证券交易行为也开展了监测。

在员工证券交易监控方面，合规监测主要采取四种方式。（1）员工对证券账户进行报备，并在任职公司指定交易或托管，公司对员工账户进行监控；（2）员工申报证券账户并提供交易记录，公司对交易记录进行审查；（3）前两种模式相结合，员工在任职公司指定交易或托管的同时申报证券账户和交易记录；（4）采取"一刀切"模式，不允许员工开立证券账户。目前，行业内证券公司多采用前三种方式，第四种监测方式较少使用。对办公电脑发生证券交易行为的合规监测，行业内公司主要是通过交易屏蔽和 MAC 地址交易监测相结合实现的；对办公电话发生证券交易行为的合规监测，主要通过监测系统对办公电话下单及对交易情况进行监测预警。

对办公网络及办公设备电子通讯信息合规监测主要通过办公邮件监控系统实现。目前，各证券公司已经或准备借助系统对外发的办公邮件进行事中预警监控，主要控制策略包括利益冲突部门之间发送控制和敏感字段控制，以及附件大小控制、收件人数控制、收件人账户控制、涉密文件控制等。由于技术条件的限制，对办公网络中的 QQ、MSN、飞信、阿里旺旺等常见即时通讯工具进行合规监测的工作大多仍在研究阶段。目前，使用博客、微博、人人网、开心网等社交媒体网站进行商业和私人交流已经越来越成为信息交流的主流趋势。为了防止敏感信息的不当流动和使用，行业内一些公司也关注到美国金融业监管局（FINRA）对证券从业人员使用社交媒体网站的相关规定①，并着手研究相关合规监测的方法，如对在社交媒体网站上创建账户的人员范围进行限制，对发布内容进行事前审批、事后审核、信息保存等。在实践中，证券公司一般使用上网行为管理软件实现对办公网络通讯信息的留存和检测。

大多数证券公司采用电话录音系统对办公电话监测管理，实现对重点敏感岗位办公电话的录音留痕、实时监听、事后调用、条件检索等功能。证券公司主要采取事后审查的方式，通过系统预设字段，如起始日期、部门、用户姓名、主叫号码、被叫号码等条件，对重点敏感岗位办公电话录音进行检索抽查。

三、法律、法规和准则跟踪

法律、法规和准则跟踪是指证券公司合规总监与合规部门密切关注并持续跟踪法

① 《美国金融业监管局监管通知 07 – 59：电子信息审核和监控的 FINRA 指引》（FINRA Regulatory Notice 07 – 59：FINRA Guidance Regarding Review and Supervision of Electronic Communications）；《美国金融业监管局监管通知10 – 06：有关博客及社交网站的指引》（FINRA Regulatory Notice 10 – 06：Guidance on Blogs and Social Networking Web Sites）；《美国金融业监管局监管通知 11 – 39：社交网站和商务交流指引》（FINRA Regulatory Notice 11 – 39：Guidance on Social Networking Websites and Business Communications）。这些规定要求公司仅允许接受了有关互动式电子交流的政策和程序培训的相关人员才可以参与社交媒体网站上的商业交流。FINRA 还要求，公司制定政策时，对于曾有过合规风险、特别是发生过销售合规风险的相关人员，应当考虑禁止或限制其为商业目的在社交媒体网站上创建账户。公司可以运用风险监控程序，通过事后审核的方式，包括抽样和词汇检测方式进行事后监控，监管内容至少包括：研究部门和非研究部门之间有关研究报告内容的交流必须抄送给公司的法律及合规部门；识别并报告客户的投诉；识别并事先书面审核订单错误及其他账户指定变更。公司须建立或改进信息系统，实现监控、保存员工与执业活动有关的社交媒体网站活动信息。

律、法规、规章及其他规范性文件、行业规范和自律规则以及行业公认并普遍遵守的行为准则等的最新发展变化，及时准确地将相关信息分解和传递到业务部门和业务条线，指导其对内部相关规定或业务流程进行改进，确保修订后的政策和程序符合法律、法规和准则的规定。

2012 年，各证券公司合规部门及时对新出台的法律法规准则进行解读，并在合规管理报告、合规信息专栏等书面或网络媒介上发布，供公司领导或相关部门参考。同时，合规管理人员也积极与业务部门和职能部门开展互动交流，组织专项培训，督促相关业务和职能部门对照新出台的法律法规准则，修订完善自身的业务流程。

四、信息隔离

2012 年，行业内证券公司信息隔离墙制度不断完善，在规范投资银行业务内幕信息的同时，也通过信息隔离制度控制证券自营、发布证券研究报告、证券投资顾问等可能存在利益冲突业务之间敏感信息的流动和使用，防范内幕交易，管理利益冲突。证券公司普遍建立观察名单和限制名单制度，在将涉及投行项目敏感信息的公司或证券列入观察名单外，也普遍将证券自营、证券资产管理、发布证券研究报告、直接投资等业务涉及的上市公司或证券列入观察名单，并采取相应监控措施。证券公司信息隔离墙管理系统建设逐步成熟，电子化管理程度加深。在使用信息隔离墙管理系统的公司中，证券公司多已实现系统与公司证券自营交易系统、证券资产管理交易系统、证券研究报告发布管理系统、投资银行项目管理系统以及证券投资顾问系统的对接。证券公司能够严格执行跨墙管理制度，跨墙人员的合规管理进一步加强。

在创新环境下，行业内证券公司加强了对业务协同与信息隔离关系的研究，认清二者之间相辅相成、辩证统一的关系。一些公司提出要坚持“以风险为本”的原则，积极识别和管控业务协同中的信息隔离风险，加强对内幕交易和利益冲突的防范。证券公司合规部门普遍开展了针对新产品、新业务的信息隔离墙制度设计，识别评估可能存在敏感信息不当流动的风险，提出隔离机制。同时，保持制度设计的灵活性，针对利益冲突业务部门之间的协同合作，加强审核和监控，保证创新活动的有序开展。

五、反洗钱

2012 年，证券行业按照中国人民银行等监管机构的要求，广泛、持续地开展了反洗钱工作。在完善反洗钱工作组织体系和管理架构的基础上，行业内证券公司开展了客户身份识别、大额交易和可疑交易报告等多项工作。在客户身份识别工作方面，多数证券公司已使用“联网核查公民身份信息系统”，协助开展客户身份识别工作。同时，一些公司对无正当理由未在合理期间更新身份信息的客户设定了一定的限制措施，包括限制办理新业务、限制办理柜面业务、限制转取款（证转银）、限制转托管或撤销指定交易、限制委托交易、终止经纪业务关系等。

在大额交易与可疑交易分析和报告方面，大部分公司以中国人民银行《金融机构大额交易与可疑交易报告管理办法》及《金融机构报告涉嫌恐怖融资的可疑交易管理办法》为主要依据，建立大额交易与可疑交易监测报告系统，将系统识别和人工识别相结合，通过由分支机构到公司总部自下而上的审核分析流程，开展分析和报告工作。部分公司将交易所规定的“可能影响证券交易价格或证券交易量”的异常交易行为也纳入反洗钱可疑交易监测和分析范围。为了探索建立更为有效的大额和可疑交易报告工作模式，提升金融机构反洗钱工作的效率，2012 年中国人民银行反洗钱局在全国金融机构中开展了大额和可疑交易报告综合试点工作。行业内共 10 家证券公司作为试点单位参加了该项工作，根据行业特点探索自主设计大额和可疑交易指标模型。

行业中大部分公司建立了客户反洗钱风险等级分类制度。根据客户的特点或者账户的属性，并考虑地域、业务、行业、客户是否为外国政要等因素，划分客户风险等级。部分公司通过建立相关风险指标体系确定客户风险等级，对风险等级较高的客户能够采取更为严格的监控措施，进而有效地开展可疑交易识别工作。

一些公司还根据创新业务的发展情况，积极研究新型营业部建设、柜台交易市场等新业务涉及的洗钱风险，制订相应的风险应对措施。

六、合规投诉举报和合规事件的处置

投诉举报和合规事件的处置应对历来是公司合规管理工作的一项重点，是提高证券公司服务品质和客户服务水平的重要工作。业内证券公司普遍设立了合规举报电话和合规总监邮箱，接待员工和客户的合规投诉举报，并就举报进行分析，对相关事项进行调查和处理。2012 年，业内证券公司合规投诉举报事项主要涉及基金产品销售行为不规范、违规为客户间接融资提供便利、投资顾问业务营销和服务管控不到位等问题。2012 年，中国证监会加大了对投资银行业务保荐承销项目的监管力度，个别保荐机构和保荐代表人因未能履行诚实守信、勤勉尽责义务而被监管部门采取处罚措施。前述投诉举报和监管措施反映出证券公司合规管理方面存在的薄弱环节，证券公司通过优化管理制度、规范业务流程、健全内控机制、提高对员工的培训教育力度、加强检查等措施来防范相关的违规行为。

2012 年，证券公司积极开展投资者教育工作，重点加强产品分级管理和投资者风险承受能力分级管理等工作，向投资者进行提示和风险教育，培养投资者合规交易意识和自我保护能力。证券公司积极配合交易所做好客户异常交易管理工作，对投资者异常交易行为进行及时提醒、动态监控，加强理性投资教育，防止客户从事违规股票炒作等不正当交易行为。证券公司密切跟踪媒体报道，积极关注重大突发事件，主动采取措施应对合规事件。

七、合规文化建设与合规培训

2012 年，各证券公司普遍重视合规文化培养，通过多种手段开展合规文化建设。一些证券公司在公司网站上建设维护“合规管理平台”，将合规动态、法律法规、规章制度、合规培训等功能进行整合，成为员工合规学习、交流和培训的综合平台。一些公司定期编制员工合规手册或其他合规学习文件，汇总业务活动的主要合规风险和行业内突出显露的主要风险，明确员工行为规范，开展员工合规教育，推动合规文化建设。

各证券公司普遍举办了覆盖面多、有针对性的合规培训，提高员工合规意识和合规

工作水平，包括针对新入职员工的合规培训，针对信息隔离、反洗钱等专项合规管理工作的培训，针对员工职业道德和执业规范的教育培训等。

2012 年 6 ~ 7 月，中国证券业协会组织了赴加拿大“证券公司风险管理业务高级研修班”，行业内证券公司高管、风险管理部门负责人、合规部门负责人和相关业务骨干参加了培训。学习和培训对我国证券公司合规管理与风险管理工作实践具有积极的借鉴意义，有利于提高我国证券公司合规和风险管理工作水平。

八、合规检查

2012 年，根据监管要求和合规管理工作计划，各证券公司持续开展了各类定期和不定期合规检查，其中包括对证券公司资产管理业务和 IB 业务的定期合规检查；根据中国证监会各地派出机构要求，组织实施经纪业务、投行业务的合规检查。证券公司还积极配合中国证监会及其派出机构检查工作，主动开展传统业务和创新业务活动、合规管理等方面的自查工作，并针对违规事件或突发事件，开展专项检查工作。在以上各类各项检查之后，各证券公司合规部门及时出具合规建议或向合规总监报告，对发现的问题进行后续督导，落实整改，促进被检查单位提高其合规管理水平。

九、合规考核与合规问责

通过合规考核可以审视与检讨内部合规管理的有效性。2012 年，各证券公司普遍重视合规考核在推动合规管理工作中的作用。大多数证券公司将合规考核纳入员工绩效考核体系，强调合规考核与日常管理工作的结合。合规考核的体系重点关注业务活动中的合规风险，根据风险影响程度确定不同的考评等级。一些公司将重大合规风险作为一票否决事项，列入员工考核指标体系。

一些证券公司还重点推行合规问责工作，通过完善制度和流程，明确问责启动的情形、程序和具体措施，对违规事件的责任人进行责任追究，提高合规管理的制度执行力。合规问责的手段包括形成问责决议、通报以及附带的经济及行政处罚等多样化措施。

十、合规管理有效性评估

2012 年，证券公司普遍开展了合规管理有效性评估工作。证券公司合规管理有效性评估是证券公司自我约束、自我修复和自我完善的重要手段，通过自我评估起到查漏补缺、提高合规管理水平的作用。证券公司开展合规管理有效性全面评估，涵盖合规管理环境、合规管理职责履行情况、经营管理制度与机制的建设及运行状况等方面，重点关注合规咨询、合规审查、合规检查、合规监测、合规培训、合规报告、监管沟通与配合、信息隔离墙管理、反洗钱等合规管理职能是否有效履行。

通过评估，各证券公司检视公司高层是否重视合规管理、合规文化建设是否到位、合规管理制度是否健全、合规管理的履职保障是否充分等，对公司各项经营管理制度和操作流程是否健全，是否与外部法律、法规和准则相一致，是否能够根据外部法律、法规和准则的变化及时修订、完善进行了普查，纠正了经营管理制度和操作流程中有章不循、违规操作等问题。

第三章

2012年中国证券公司风险管理概况

一、2012年证券公司风险管理的基本情况

2012年是证券公司创新发展速度加快的一年。从净资本以及相关风险控制指标的监控方面看，行业内证券公司风险管理状况未发生重大变化。整个年度证券公司没有发生重大风险。作为衡量证券公司资本实力、财务安全、风险状况的因素，证券公司净资本、净资本与各项风险资本准备之和的比率、净资本与净资产的比率、净资本与负债的比率、净资产与负债的比率以及其他风险控制指标仍然稳定在往年的水平上。根据2012年底行业组织的对证券公司风险管理情况的调查，参加调查的97家公司平均杠杆率①为1.53，最小值为1，最大值为4.92，标准方差为0.64。行业整体上为无杠杆经营，证券公司流动性风险管理的压力不大。

2012年，中国证监会两次调整证券公司净资本、风险资本准备比例等风险控制指标计算方法。根据《关于修改〈关于证券公司风险资本准备计算标准的规定〉的决定》的安排，证券公司经营证券自营业务的，对未进行风险对冲的证券衍生品风险资本准备基准计算比例从30%调低至20%，专项、集合、限额特定、定向资产管理业务风险资本准备基准计算比例从4%、3%、2%、2%降低到2%、2%、1%、1%。证券公司经营融资融券业务的，对客户融资业务规模的风险资本准备计算比例从10%调低至5%。根据证券公司分类评价等级不同而设定的风险资本准备计算的基准比例也全面降低。

根据《关于调整证券公司净资本计算标准的规定（2012年修订）》，证券公司净资本计算表和证券公司风险控制指标监管报表也进行了调整。金融资产方面的净资本扣减比例对于上证180指数、深证100指数、沪深300指数成分股由10%降为5%，一般上市股票的扣减比例由15%降为10%，证券投资基金（不含货币市场基金）的扣减比例由2%降为1%，货币市场基金、国债、中央银行票据在计算净资本时不再扣减。在其他

① 杠杆率按照证券公司总资产（扣除代买卖证券款）与权益资本之比率计算。

资产项目的风险调整方面，融出资金的扣减比例由5%降为2%。监管政策的放松将使证券公司自营业务、资产管理业务、融资融券业务、直投等业务获得更大的发展空间。

改革证券公司风险控制指标体系是证券行业2012年确定的推进行业创新发展的主要措施之一。原2008年执行的以净资本为核心的风险控制指标体系对证券公司风险资本准备计算比例要求较高，较大程度上降低了证券公司的净资本规模，限制了证券公司的业务发展。对净资本等风控指标监管要求的放松为证券公司放大业务规模、创新发展打开了空间。但是，由于2012年仍是行业整体创新步伐提速的第一年，很多公司创新业务发展处于起步阶段，业务拓展也较为谨慎，管制放松的政策效应仍需一段时间才能显现。

二、行业内证券公司风险管理部门设置的现状

根据2012年底的一项行业调查，大约51.5%的公司设立了专职的风险管理部门，28.9%的公司将风险管理部门与合规部门或稽核审计部门并列，合设一个部门，仍有19.6%的公司尚未设立专职风险管理部门，或在合规部门、法律部门等内部设立小组或岗位履行风险管理职能。

绝大多数（89.7%）公司的风险管理工作主要按照业务条线进行分工，指定专人对经纪业务、自营业务、资产管理业务、净资本等进行风险管理，未按风险类型设置部门，只有9.3%的公司按照风险类型设立了专职部门。少数公司在其风险管理部门内设置专门的岗位，分别负责市场风险、信用风险的管理。

三、行业监管政策对证券公司风险管理的影响

2012年以来，中国证券行业监管部门出台了一系列放松管制的措施，修订了相关监管规则，对证券公司净资本及风险控制指标的监管要求进行政策调整，放开自营交易品种的限制范围，修订资产管理业务规则，为证券公司创新发展打开了空间，但是，随着管制的放松，证券公司的日常经营更为直接地暴露在风险之下。为了能够在激烈的市场竞争中生存发展，证券公司也亟须提高风险管理的能力。创新形势下证券公司面临的风险和风险管理工作主要呈现以下几个特点：

（一）风险状况迅速复杂化

理财类产品创新、自营投资品种扩大、柜台交易业务开展等都将推动证券公司资本中介型业务和资本投资型业务的扩大，同时也将快速放大证券公司的交易规模和对冲头寸，杠杆率也会随之提高。证券公司业务由场内向场外扩展，风险资产由表内向表外扩散，证券投资活动的市场风险积聚，风险相关性增大，交易对手信用风险复杂化，业务流程涉及的操作风险管理难度显著提高。

（二）风险管理手段逐步丰富

证券公司以自有资金、专项理财基金或直投基金进行跨境投资，直接将风险暴露从境内扩大到了境外，但跨境业务的发展也为风险管理创造了条件，证券公司可以利用不同金融市场的互补性和联动性进行风险管理。股票收益权互换、利率互换等交易类金融

工具的创新也为证券公司对冲各类风险提供了更多的选择，同时也带来对冲无效或对冲不完全的风险。

（三）风险管理的自身需求更加迫切

在“加强监管、放松管制”的政策环境下，证券公司迫切需要将原有的合规监管要求转变为公司自身的风险管理要求，提高对不同风险的识别和计量能力，建立适合自身风险偏好和承受能力的监控指标。同时，制定配套的内部管理制度、流程和管理机制，确保在风险可测、可控、可承受的前提下健康发展公司的各项业务。

（四）内部控制建设需要配合创新发展

在创新产品日益丰富的情况下，证券公司业务流程的增加和变更也更为频繁。证券公司内控体系建设需紧密结合业务发展，有效识别操作风险，不断更新相应的控制措施，落实业务流程，达到实施有效控制的目的。例如，不同营业网点主体资格限制和地域限制的放开将改变经纪业务的竞争格局，证券公司一方面要整合挖掘客户资源，另一方面也要提升服务能力和业务规范水平，为客户提供适当的产品和服务，做好投资者风险教育和适当管理工作。

第四章

2012年证券公司面临的关键风险和风险管理方法

根据风险类型的划分，2012年行业内证券公司面临的风险主要包括市场风险、信用风险、流动性风险和操作风险等。

一、市场风险

证券公司面临的市场风险主要指因证券市场整体或局部变动导致损失或收入减少的可能性。金融市场波动、总体经济环境变差或与证券行业普遍相关的其他风险均可能使证券交易和金融活动减少，影响相关金融资产的价值，进而对证券公司的经纪业务、投资银行业务和资产管理业务收入造成负面影响，损害证券公司持有的金融资产和投资回报，导致经营业绩和财务状况受到重大不利影响。证券公司自营交易持有的权益类和固定收益类证券易受到资产价格、利率、汇率等市场因素波动的影响。行业内一些公司已经开始采用较为先进的风险价值工具（VAR）对持有金融资产的市场风险进行估计。上市证券公司通常采用的置信度水平设定在95%。VAR计算中的另一个参数持有期通常设定在1天，也有个别公司将其设定为5天或10天的。个别公司开始尝试建立跨市场、涵盖公司各类金融资产头寸的统一市场风险管理体系。一些有条件的公司在衍生品的量化模型和风险计算方面，具备自主开发的定价、风险计算和风险报告系统，但是大部分证券公司中后台对于前台的模型设计和参数设置缺乏必要的监督，中后台对前台报价缺乏必要的估值复核。

在对风险进行评估的基础上，证券公司通常通过规范投资决策流程，采用多元化的资产配置和投资策略，设定投资限额和风险集中度指标，对投资活动进行实时监控，及时止盈止损。限额管理实践主要从风险价值限额、压力损失限额、发行人集中度限额等角度对市场风险敞口进行管理。2012年，相当数量的公司积极利用指数期货等衍生金融工具，对市场风险进行对冲管理。

汇率风险是指因外汇汇率变动而导致的风险。行业内证券公司以外币存在的资产占公司净资产的比例一般很小，风险不大，但随着证券公司境外业务的发展，如何有效利用市场工具规避或对冲汇率风险是证券公司面临的一个重要课题。

利率风险是指因市场利率变动而导致的风险。证券公司资产中有关利率的风险主要包括货币性存款、债券投资等。证券公司对利率风险的控制，多数采用规模控制和投资组合等方法，合理配置资产，并通过定期测算投资组合久期、凸性、DV01 等指标衡量利率风险。一些公司进一步使用敏感性分析作为监控利率风险的主要工具。采用敏感性分析衡量在其他变量不变的假设下，利率发生合理、可能的变动时，将对利润总额和所有者权益等指标产生的影响。一些公司已经尝试使用利率互换等衍生金融工具对利率风险进行管理。

二、信用风险

行业内证券公司面临的信用风险主要涉及在代理客户买卖证券、为客户提供融资融券业务，以及债券投资过程中，由于交易对手无法履约导致损失的风险。信用风险管理实践主要包括授信管理、风险限额管理、抵押品收取和管理、交易协议审核、交易对手信用审核，以及一些信用强化安排等。信用风险限额主要包括交易对手信用风险敞口限额、持有信用产品总量限额、集中度限额、单一交易对手授信额度和交易限额等。

为了控制代理客户买卖证券产生的信用风险，证券公司在代理客户进行证券交易时均以全额保证金结算方式进行风险规避，完全能够控制与代理客户买卖证券产生的结算风险。

在融资融券业务方面，证券公司通过制定各项严格的制度和措施，从征信、授信、盯市、平仓等多个环节对该业务涉及的信用风险进行控制，其中包括：建立严格的客户准入制度和征信、授信标准，并由公司总部进行授信；建立严格的担保物范围及折算率、保证金比例、维持担保比例的标准；建立融资融券交易逐日盯市制度，达到平仓线时按照合同约定进行强制平仓；证券公司对客户进行强制平仓后，平仓所得资金或证券仍不能偿还公司因向客户融资融券所生债权的，对客户进行资产追索。个别公司还对客户建立专用评级模板进行信用评级，并对评级结果及评级模板进行年度重检。

为控制债券投资的信用风险，一些公司明确可投资债券的债项评级要求，要求债券投资应限于央行或资信较好的公司发行的债券，或者明确禁止投资风险较大的证券，并密切跟踪投资对象的经营情况和信用评级变化。一些公司在银行间市场开展债券交易时，始终坚持选择使用合适的结算方式，鼓励采用 DVP 结算，或根据不同类别的交易对手，采用不同的交易结算方式。

一些证券公司每日计算交易对手信用风险敞口，对信用风险进行跟踪评估。一些公司采用内部模型估算信用风险当前敞口、平均潜在敞口以及最大潜在敞口。部分公司还集中维护信用交易对手方信息数据库或通过内部评级建立了交易对手的内部信用评级体系。这些内部评级体系从交易对手偿债能力、盈利能力、成长能力、规模状况、监管指标等财务指标出发，结合外部环境、交易对手经营管理、所有权结构、行业地位和履约情况等信息，对交易对手进行综合评级。在无法获得交易对手财务信息，但是在有外部评级的情况下，通过参考外部评级、隐含信用价差等信息对应出具内部评级，相关评级与授信额度、限额管理相联系。另外，一些公司采取以预期损失为基础的交易对手信用风险计量方法，根据违约时的风险敞口、违约概率和违约后的损失等变量计算预期损失。

信用风险的管理要求证券公司有能力独立测算交易产品和抵押品的内在价值，并据此形成对市场有效性的判断。目前，大部分证券公司对债券产品的估值参数采用的是中央国债登记结算有限责任公司的每日盘后报价，但也有个别证券公司开始参照国际管理，采用模型估值法测算债券产品的内在价值；一些公司也在着手研究使用信用衍生产品开展风险对冲的方法和途径。

三、流动性风险

流动性风险主要指在不受价值损失的前提下，证券公司资产能否在可预见的时间内变现，以偿还债务或通过融资方式提高流动性的风险。证券公司融资融券业务、投资银行、自营交易等业务均需要大量资金支持，维持足够的流动资金对证券公司业务经营至关重要，可能对证券公司流动资金水平造成不利影响的因素包括融资融券业务规模大增、监管要求的资金需求增加、大量投资或资本中介业务。另外，投资银行业务大额包销、长期资产比例过高等因素，都会导致证券公司资金周转不灵、流动性出现困难。在信贷市场和资本市场受到干扰期间，金融机构或客户信心下跌，潜在的外部融资来源可能受到限制，证券公司借贷的成本可能上升。在市场不利因素的影响下，证券公司可能无法售出资产，或者信用评级受到下调，信用价差扩大，证券公司业务将会受到不利影响。

证券公司一般采取的风险控制措施包括：重点关注公司总体财务状况、自有资金余额、长期资金占用和流动性情况；对货币资金、结算备付金、存出保证金等进行监控。在实行第三方存管后，证券经纪业务收取的代理买卖证券款均由托管银行进行监控，此部分不再构成证券公司的流动性风险。其他控制方法还包括：通过严格资金管理和集体决策机制控制长期资产占用资金比例，科学运作资金；严格控制自营业务投资规模，股票投资以分散投资为原则，关注投资品种占全部流通股的比例，防止个股投资的流动性风险；债券投资以利率产品和高评级信用债为主，强调分散持仓和剩余期限分布的合理性；审慎选择信用程度高的商业银行存放各项货币资金；关注资产和负债到期日的匹配，合理安排负债结构，有效控制规模和期限的匹配差异，保证到期债务的支付。

调查显示，一些公司已进行资产负债阶梯分析，或采用优质流动性资产储备体系评估与动态现金流测算体系，监控资产负债期限错配与现金流缺口情况。一些公司通过流动性覆盖率指标和净稳定资金比例指标来监测和控制流动性风险，并同时进行资产负债端管理，以确保在压力测试情况下依然不会出现流动性匮乏的情况。在上市证券公司中，个别公司特别进行了资产及负债的到期日分析结果。个别公司在对投资业务的流动性风险进行监测时，注重关注不同风险间的转化和传递，以及突发性风险放大的情况。

为保持流动性，行业内证券公司普遍使用了股权融资、债务融资和转融通业务融资等主要融资方式。融资渠道涉及银行间市场债券回购、同业拆借、发行短期融资券等方式，交易所市场股权增发、配股、债券回购、发行公司债、可转债等债券发行融资方式，以及非交易场所的转融通业务、股票质押贷款等方式。行业内证券公司融资渠道较为有限，基本依赖股权融资，使用债务融资的期限结构以短期和超短期为主，中长期负债占融资负债总额的比例大多维持在低水平。

四、操作风险

操作风险通常包括内部人为操作失误、内部流程不完善、信息系统故障或不完善、交易故障等原因导致的风险，也包括公司外部发生的欺诈行为造成的损失。2012 年上市的主要证券公司普遍开展了企业内部控制规范落实工作，通过强化各业务条线和管理职能领域的内部控制机制，梳理主要风险点，规范业务操作流程，加强业务操作系统化和标准化，控制操作风险。证券公司采取的控制措施还包括构建信息隔离墙制度体系，规范从业人员的执业行为，防止内幕交易和利益冲突；建立技术防范体系，完善实时监控系统，对业务风险进行实时监控和风险预警；加强业务检查稽核力度，保证各项制度、流程和风险管理措施的有效执行；加大对员工的培训，宣传推动合规文化，提高员工合规意识和风险管理能力。

在操作风险的量化管理方面，个别公司已经在风险计量和评估方面进行了深入的探索，建立了损失数据库，搜集公司内外的不同损失数据，并坚持定期进行经纪业务线损失数据分析，通过数据揭示多发风险事件和高损风险事件，指导风险管理实践。还通过组织调查问卷的方式，对分支机构信息技术管理方面的操作风险进行定期评估。自 2012 年开始，制定了非财务损失数据入库标准，将非财务损失的风险事件统一纳入损失数据库。

第五章

2012年证券公司合规与风险管理工作面临的问题

一、合规管理理念与创新发展的相互适应问题

随着证券公司业务的趋同和市场竞争的日趋激烈，单一依靠个别业务获得盈利的模式已经不能满足证券公司自身发展的需要。在这种情况下，通过业务模式的创新，整合内外资源，加强业务协作，追求整体效益的最大化已成为证券公司的必然选择。新的业务模式、跨业务条线协同和业务交叉给原有以信息隔离墙制度为代表的合规管理理念带来了冲击。证券公司传统合规管理方法面临着如何与创新发展相互适应、相互促进的问题，这要求证券公司在合规管理的理念和方法上不断反思。合规管理既要保证和促进业务创新的有序开展，在保持灵活性的同时，持续坚持原则性和敏感性，持续对业务发展过程中可能产生的利益冲突、内幕交易、投资者适当性管理和投资者利益保护等问题保持敏感度，及时识别和控制可能产生的合规风险。

二、风险管理理念与创新发展的相互适应问题

行业内风险管理实践与全面风险管理的要求仍然存在着相当的差距。在2012年底的行业风险管理调查中，当被问及公司对业务部门进行资本分配时如何考虑风险、平衡风险和收益时，有相当多（75.3%）的公司仅仅描述了确定“业务规模”的程序，即由公司董事会或投资决策委员会根据宏观经济形势和业务发展确定规模，或评估业务部门损益是否符合预期，决定不同业务规模的大小，进而分配相关资本。调查显示，仍有相当多的公司尚未在资本分配政策中系统地考虑风险因素。行业内相当多的公司在测算预期收益时，仍没有或者没有明确地平衡可能的风险情况。多数公司也没有将风险纳入对业绩评估的框架中。多数证券公司内部还没有建立起有效促进风险管理实践的激励机制。对于很多公司而言，风险管理还是对风险的简单控制或减少，主动承担和管理风险的理念远未形成。

但是，行业内也有一些证券公司在此方面做出了积极有益的探索，并积累了相当多

的实践经验。一些公司（11.3%）提及具体平衡风险和收益的资本分配方法，例如，根据某项业务市场历史波动率与市场平均收益率的关系，采取风险预算管理，结合对市场预期和自身发展重点，决定资本分配。这一过程或通过对各类风险的计量，确定不同业务需要的经济资本值，根据各业务经风险调整后的收益率情况，进行实体资本和经济资本的配置，或通过年度风险资产负债配置计划的制订、执行、调整和考核，对公司资金、资产、负债和风险等要素进行分配，通过压力测试和考虑经风险调整的各业务部门净资产收益率等方法来衡量业务部门风险和收益。

三、风险管理手段和对冲工具的缺乏

行业内传统风险管理多为定性方法，集中在单一业务、单一风险类型的控制，仅有个别公司较早尝试全面风险管理的实践，通过经济资本等风险管理工具对公司经营实施总量风险控制。然而，随着行业创新的提速，证券公司面临风险的复杂程度和风险量级成倍增加。市场风险、信用风险和操作风险都可能因为风险相关性的加大和杠杆作用而被迅速放大。信用衍生品工具的推出，也将使对信用风险的评估更为复杂。针对业务的复杂化，证券公司需要对风险的总量进行评估和控制。在资本有限的情况下，证券公司还需要在对业务涉及风险进行评估的基础上有效地分配资本。实践中，一些公司已开始将风控系统的监控重点从操作风险转向市场风险及信用风险，利用系统监控强化对公司面临风险的度量，以达到实时反映风险状况的目标，但是，风险管理手段和工具缺乏的问题仍然在行业内普遍存在。在对冲风险方面，行业内也缺少相应的交易模式和工具。

四、风险管理专业人才极其缺乏

较为保守的净资本和相关风险控制指标规定限定了证券公司风险管理的空间，使证券公司发展内生性风险管理能力的需求不强。同时，行业内大部分公司长期以来缺乏对金融风险专业人员的储备，忽视专业人才队伍的建设，使得行业内既懂现代金融风险管理理论，又熟悉证券业务风险的专业人员极其缺乏，极大地制约了行业风险管理能力的提升。

五、风险计量模型的管理问题

行业内一部分公司已经建立了量化模型对风险进行跟踪评估。这类模型主要集中在市场风险管理方面，但是，在市场环境迅速变化的情况下，原有风险计量模型的理论基础也面临着“小概率、大损失”事件的冲击。证券公司建立的信用风险和操作风险计量模型也受到经验数据缺乏、验证困难等因素的限制。在很多公司，中后台对于前台的模型设计和参数设置缺乏必要的监督，中后台对前台报价缺乏必要的估值复核。随着未来大量柜台产品、结构化产品、资产证券化和衍生产品的出现，后台盲目接受前台的估值模型、参数、估值结果，将直接导致风险管理的失效。

六、风险外部化问题

随着业务创新的不断推进，金融行业的合作进一步加深，在银信合作受到严密监控

和限期清理的要求后，银行开始与证券公司寻求更加紧密的合作。银行资产规模庞大，同时也面临较大的违约风险，在银行资产向证券公司转移的同时，相应的风险也进行了转移。这里不仅涉及信用风险，流动性风险管理问题更为突出。在合作过程中，如何衡量相关风险，做到收益与风险相匹配是证券公司必须谨慎处理的一个重要问题。

七、衍生产品市场发展所需要的法律环境仍不确定

中国市场上已有中国银行间市场交易商协会制定的标准合同对“净额清算”进行了明确的规定，但是，《中华人民共和国企业破产法》等立法还未明确净额清算条款的执行效力。该条款能否对抗第三人债权的问题仍不确定。目前，国内金融机构发生倒闭等根本违约的事件较少，有关“净额清算”规定的效力问题及司法实践也不清晰。在今后的市场中，尤其是在柜台交易市场中，交易对手增多，市场参与者的信用状况也会发生分化，根本违约事件的发生概率也将变大，前述法律问题就构成一个重大不确定因素。该问题对于国际市场的参与者特别重要。在法律不明确的情况下，地方政府可能会直接引用国内法律，维护本地债权人作为一般债权人的利益，来对抗国际金融市场参与人（作为柜台交易市场参与人）在净额清算中享有的利益。这种地方保护的做法无疑将损害金融市场的效率。中国金融立法理念和实践仍然面临着众多挑战。

第六章

2013年证券公司合规与风险管理工作的展望

2013年是证券公司业务创新迅速发展的一年。随着创新的深入，证券公司合规与风险管理工作将呈现以下发展趋势：

一、证券公司逐步向全面风险管理体系转型

随着行业创新的不断深入，证券公司在不同业务类型和投资产品上的风险敞口将迅速增大，风险相关性更为复杂。证券公司要及时更新管理控制手段，有效应对风险管理框架的新变化，解决新的产品、服务、业务和程序中可能出现的问题。证券公司风险管理需要逐步由关注特定产品和业务风险，向关注机构整体风险转型。证券公司将围绕建设全面风险管理体系，加强风险识别和评估能力，整合各类风险评估量化指标，并根据自身风险偏好和承受能力，及时调整风险评估和应对的基本政策。同时，证券公司应进一步完善风险管理组织架构、风险管理策略，以及风险管理系统建设，树立风险管理理念，培育良好的风险管理文化，构建高效合理的风险汇报路径和沟通机制，保障整体风险管理工作的有效性。

二、证券公司专职风险管理部门与业务部门风险管理岗位的职责划分将发生变化

由于业务创新的压力，以及自身对风险管理的需要，证券公司业务部门正在开始主动关注风险管理。一些公司为了满足客户对风险管理的需求，积极设计开发创新产品，相应配套的对冲交易、结构化安排等方法成为业务部门实施风险管理的关键工具。业务部门开始注重发展自身的风险管理力量，而一些公司风险管理部门的职能将逐步偏重于对总体风险状况进行评估和管理。在监管政策的推动下，证券公司将加快建立全面风险管理体系，通过专职风险管理部门，利用风险限额或经济资本等工具，将相关指标分解到不同的业务条线和风险类别，实现对风险的有效监控和管理。

可以预见，一些公司的专职风险管理部门因为落后于业务创新实践，会发生风险管

理职能与业务发展脱节的现象。这一危险可能迫使一些证券公司改变传统的风险管理组织架构。业务部门和风险管理部门的互动更为频繁紧密，无法确保有效沟通和互动的公司将面对内部风险管理失灵的困境。

三、证券公司合规管理工作进一步细化

随着创新发展和业务复杂化、多样化，证券公司原有的管理模式和方法都可能很快不能适应证券公司的经营管理需要。该问题突出表现在客户适当性管理难度加大，原有检查制衡机制不再适应复杂的产品和业务流程，多市场、多品种投资交易活动对原有授权体系造成冲击，潜在利益冲突和道德风险发生的可能性变大。针对这些挑战，行业内一些证券公司将进一步细化原有的合规审查、利益冲突审查机制，加强信息隔离、员工行为监测、适当性管理等工作，通过完善制度流程，将激励与纪律执行相统一，加强监控和教育培训，防范违规风险。

四、信息技术在合规与风险管理方面的应用深入

随着行业合规和风险管理各项职能的全面展开和推进，信息技术的应用范围和深度将随之拓展。信息技术将突出集中在合规监测工具、各类风险计量和关键风险监控指标等方面的应用。同时，证券公司内部信息系统缺乏整合、数据缺乏可靠性和系统效率低下等问题将逐步凸现。行业内在信息系统规划和整合、数据挖掘、系统和数据安全等方面的投入将逐步加大。

专题报告之四：
2012 年证券公司投资者教育与服务工作报告

第一章 证券公司投资者教育与服务工作总体情况

根据中国证监会《关于加强证券经纪业务管理的规定》、中国证券业协会《会员投资者教育工作指引（试行）》的有关要求，中国证券业协会在进一步完善2011年证券公司投资者教育与服务专项评估指标体系的基础上，开展了2012年证券公司投资者教育与服务专项调查工作。专项调查的对象为2012年之前成立且具有经纪业务的99家证券公司。根据各证券公司调查表及总结报告，中国证券业协会从证券公司的投入与组织建设情况、网络化投资者教育与服务情况、投资者教育活动与产品情况、投资者信息服务情况、回访与投诉处理情况、投资者适当性工作情况等方面对行业投资者教育与服务工作进行了总结，并对各公司的工作情况进行了综合评估。

第一节 证券公司投入与组织建设情况

证券公司在投资者教育与服务工作方面保持了一定的经费投入，组织机制与相关制度建设健全，普遍建立了以证券营业部为核心阵地的“总公司——分支机构”两级工作机制及工作联系人制度等。

一、投资者教育经费投入

投资者教育经费投入主要包括证券公司在组织投资者教育活动、制作并发放投资者教育产品及媒体投资者教育专栏等方面的费用。

（一）证券公司近年在投资者教育方面的总体经费投入基本保持稳定

2012年，99家证券公司投资者教育经费总计约5.5亿元，占同期代理买卖证券业务净收入的1.09%，平均每家为555.91万元。2012年经费总额较上年度降低了约40%，主要原因在于统计口径差异，2011年的经费统计中将各证券公司相关投资者信息系统建设费用计入，其他年度未计入此项。近年来，行业投资者教育经费占比平均水平不到1%，作为回馈投资者的一种手段，力度还有待加强。此外，98家证券公司制定了2013年投资者教育经费预算，总计约6.06亿元（见图1-1）。

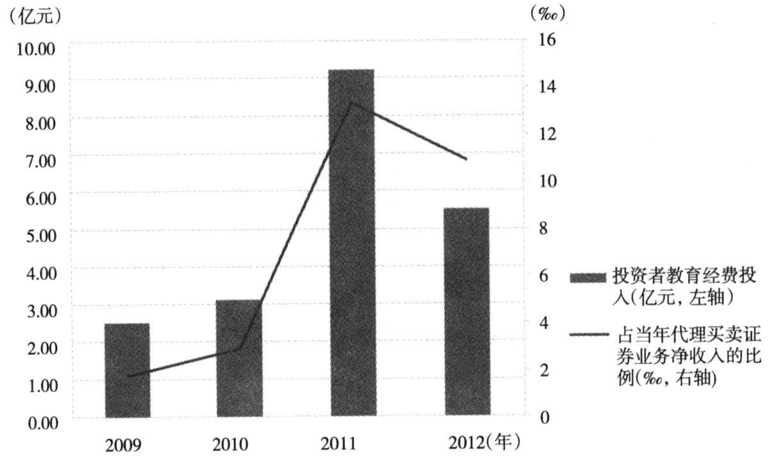

图1-1　2009~2012年证券公司投资者教育经费变化情况

（二）2012年，各证券公司投资者教育经费投入绝对及相对水平差异均显著

经费投入在1 000万元及以上的有18家公司，占比18.18%，最多的达到3 892万元；500万（含）~1 000万元的有12家，占比12.12%；200万（含）~500万元的有29家，占比29.29%；100万（含）~200万元的有16家，占比16.16%；100万元以下的有24家，占比24.24%。从投资者教育经费投入占同期代理买卖证券业务净收入的比重来看，在20‰及以上的有11家，占比11.11%，最高的为62‰；在10‰（含）~20‰之间的有30家，占比30.3%；在5‰（含）~10‰之间的有25家，占比25.25%；在2‰（含）~5‰之间的有21家，占比21.21%；在2‰以下的有12家，占比12.12%（见图1-2）。

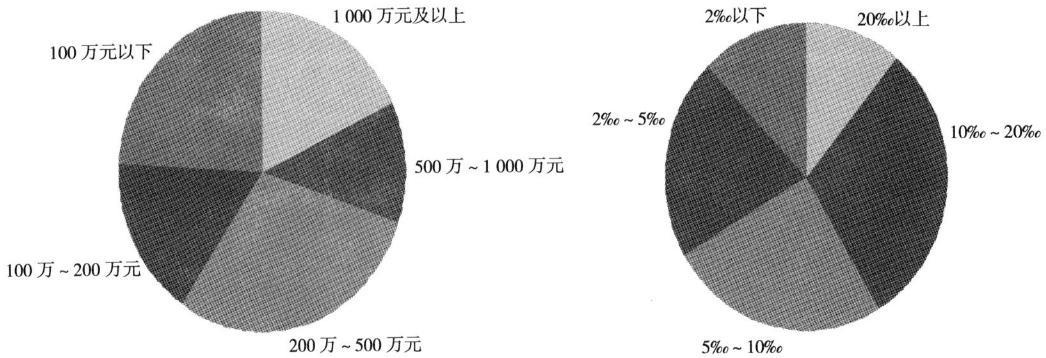

图1-2　2012年证券公司投资者教育经费投入情况

二、工作组织与制度

工作组织与制度包括证券公司开展投资者教育与服务工作的领导及部门参与机制、专岗人员情况、对营业部的督导机制以及相关工作制度建设等情况。证券公司投资者教育与服务工作普遍建立了公司相关部门参与的工作小组及对营业部的监督检查机制，制订了各类工作规范以及创业板、融资融券、约定购回式证券交易、中小企业私募债等专项业务投资者教育与服务办法，制度建设普遍健全。

在工作组织机制方面，99家证券公司全部建立了公司层面投资者教育服务工作小组，一般由经纪业务部门、客户服务部门、运营部门、合规部门以及资产管理、固定收益、场外交易等专项业务部门组成，91家证券公司的工作小组由3个及以上的相关部门组成。部分公司以后台管理集中化为原则，对各业务条线工作进行了整合，以便各专项业务投资者教育服务工作共享投资者信息及沟通渠道等。各证券营业部是证券公司投资者教育与服务的主要执行力量，证券公司普遍建立了对营业部的检查督导机制，99家证券公司年内均对营业部投资者教育与服务工作进行过检查，较上年底提高了6个百分点，83家公司对营业部的检查覆盖率为100%。99家证券公司全部设有总公司投资者教育服务专岗人员，并在各营业部设有工作联系人，总公司专岗人员平均从业年限约为7年。

在相关制度建设方面，99家证券公司全部制定了投资者教育工作规范或管理办法、客户服务工作指引或细则、客户投诉处理及回访办法等方面的制度。95家证券公司针对投资顾问、资产管理、融资融券、创业板等业务制定了专项投资者教育服务制度。

第二节　证券公司网络化投资者教育与服务情况

据不完全统计，目前证券公司开通网上交易的客户比例约为98%，使用网上交易的约为80%，现场交易客户日趋减少，公司网站及网上交易端逐步成为开展投资者教育以及向客户提供投资服务的主要媒介。99家证券公司全部开通了投资者教育与服务专门网站或网页，并普遍链接了中国证券业协会、交易所、地方证监局等单位相关的投资者教育及风险提示内容。约86%的证券公司每月对网站内容进行更新（见图1-3）。

一、主要内容

网站内容主要包括基础投资知识、法律法规介绍、人员信息公示、金融产品信息、投资风险提示以及各类投资教育专题内容等。绝大多数证券公司网站包含基础投资知识、相关法律法规、人员信息公示、投资风险揭示等基本内容；90%的证券公司网站包含所销售的金融产品信息；95%的证券公司网站包含防范非法证券活动警示信息；84%

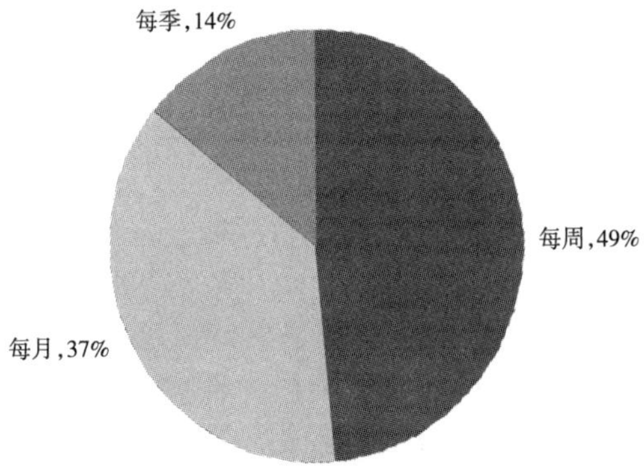

图1－3　证券公司投资者与服务网站（网页）更新频率

的证券公司网站包含课堂教学内容；97%的证券公司网站包含其他专项投资者教育内容，如结合监管要求及市场热点，介绍“炒新”、“退市”、“理性投资”等专题（见图1－4）。

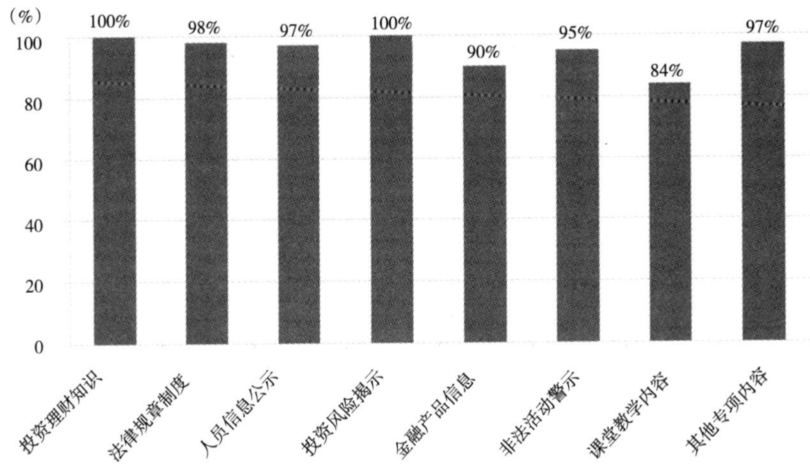

图1－4　证券公司投资者教育与服务网站（网页）主要内容

二、基本功能

网站功能主要包括页面交易功能、风险测评功能、模拟投资功能、在线咨询功能、投诉建议功能等。87%的证券公司网站具有Web交易委托功能；79%的证券公司网站具有投资者风险测评功能；48%的证券公司网站具有模拟投资功能；81%的证券公司网站具有在线咨询功能等。此外，部分证券公司在网上交易中设置主动提示服务功能，当客户账户发生配股缴款、增发、大额资金存取、大额成交、红利红股到账、新股发行及上市等情况时，系统自动发出提示短信，提示客户关注账户安全（见图1－5）。

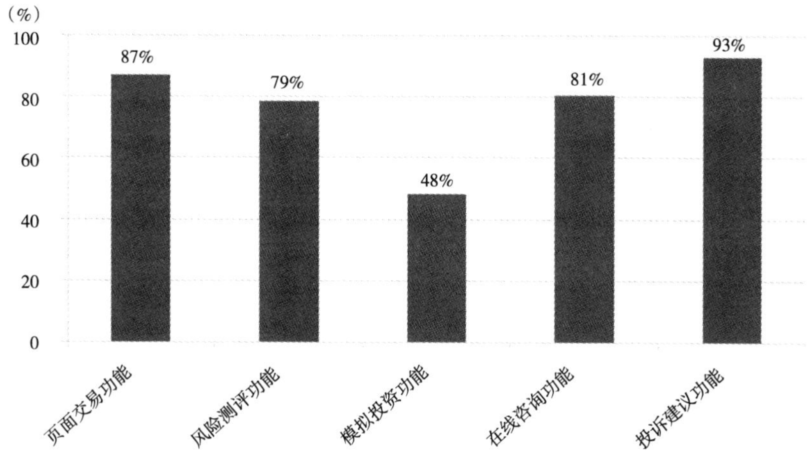

图1-5　证券公司投资者教育与服务网站（网页）基本功能

第三节　投资者教育活动与产品情况

一、投资者教育活动

投资者教育活动是证券公司营业部开展投资者教育工作的基本形式，包括现场活动和非现场活动。目前，各证券公司现场活动的主要形式有股民学校、知识讲座、专题报告会、投资者交流会等；非现场活动的主要形式有视频讲座、网络竞赛、模拟炒股等。2012年，99家证券公司中有98家开展过投资者教育现场活动。全部证券公司营业部部均现场活动场数为29.8场，即每家证券营业部平均每月举办约2~3场活动。现场活动参加人覆盖率（参加人次/公司有效客户数量）平均值为16.35%，中位数为11.75。活动平均场数及参与覆盖率水平与上年度基本持平，证券公司通过现场方式开展投资者教育服务已相对饱和。2012年，证券公司投资者教育活动内容除传统的资产配置、投资策略等方面外，偏重于新股交易、退市整理、差异化股利税收以及新业务适当性规则等，更多地对直接涉及投资者利益的新政策进行解读（见图1-6）。

2012年，99家证券公司中有85家开展了网络形式投资者教育非现场活动，活动数量集中在2~6种。证券公司非现场投资者教育活动广泛采用了微博、微信、QQ群等便于投资者互相交流的网络平台（见图1-7）。

二、投资者教育产品

投资者教育产品包括纸质产品及电子产品。目前，纸质产品主要有折页、手册、海报等形式；电子产品主要有FLASH、游戏、网络社区等形式。在99家证券公司中，约

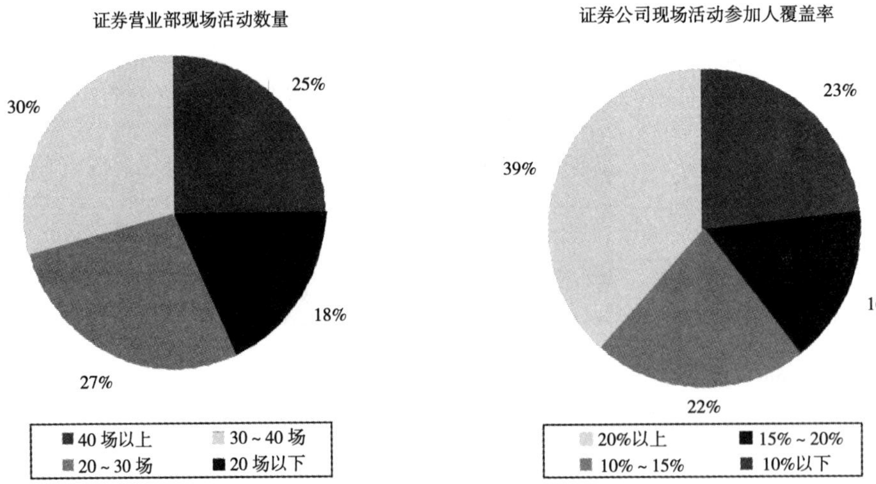

图1－6　2012年证券公司投资者教育现场活动情况

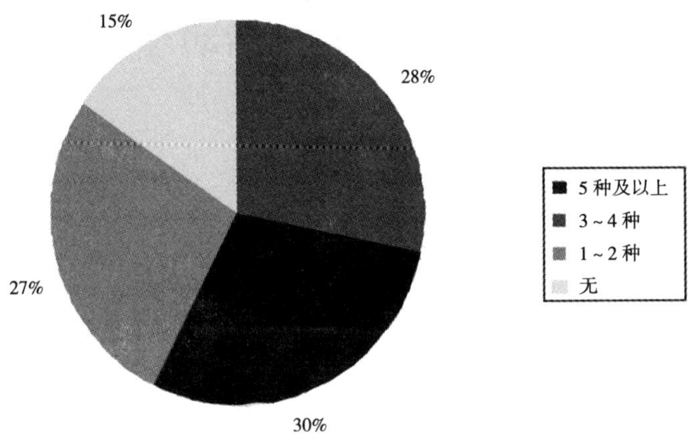

图1－7　2012年证券公司非现场活动数量

98%的证券公司制作了纸质产品，约81%的证券公司制作了电子产品。纸质产品中，平均每家证券公司制作产品种类约为7种，平均每家证券公司营业部发放数量（发放数量/营业部数量）约为4 082件。在电子产品中，平均每家证券公司制作产品数量约为3件，主要形式为公益广告、视频讲座、电子书，以介绍金融产品、倡导理性投资、防范非法活动为主要内容（见图1－8）。

此外，随着中国证券行业创新发展速度的加快，证券公司有针对性地加强在创新业务、产品方面的投资者教育工作。2012年，99家证券公司中约56%的公司结合近期新业务、新产品开展了投资者讲座或制作了知识手册、折页等，主要涉及中小企业私募债、约定式购回证券交易、现金管理以及部分资产管理计划、OTC交易产品等。2012年，证券公司持续通过各类媒体开展投资者教育服务宣传，约91%的证券公司开展过媒体合作宣传。

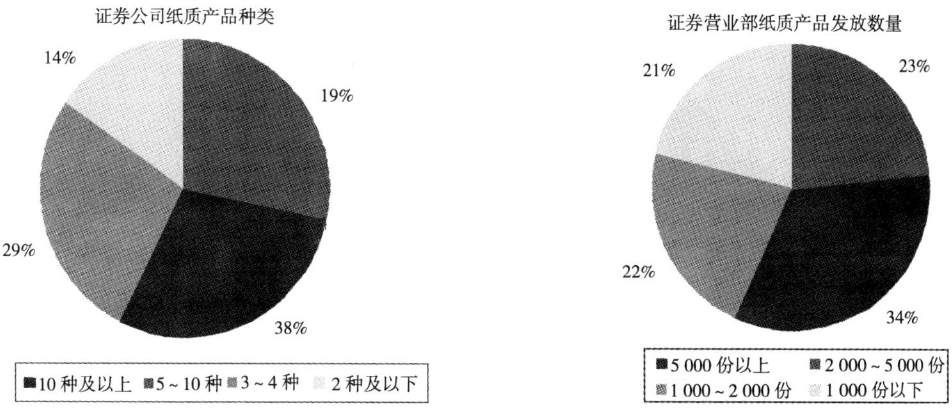

图1-8 2012年证券公司投资者教育纸质产品情况

第四节 投资者信息服务情况

证券公司的信息服务渠道畅通、高效，投资者能快速、准确、完整地获取投资相关信息。投资者信息服务包括证券公司投资者园地建设、通讯服务、信息披露及风险提示机制。

一、营业部投资者教育园地建设

99家证券公司均在每家营业部的显著位置以橱窗、电子显示屏的方式设置了投资者信息服务园地，其中，94家证券公司对各营业部投资者信息园地的内容制定了统一模板，主要内容包括公司概况、营业部人员信息公示、交易流程、收费标准、投诉渠道及各专项业务介绍等。

二、通讯服务

99家证券公司中，约89%的证券公司设立了以呼叫中心为主要形式的对外语音服务统一业务管理系统或机构，采用专业化的坐席分布系统，并逐步整合客户咨询、投诉、回访、调查、产品查询、交易委托等客服功能。2012年，约65%的证券公司为客户提供工作时间（8：30~17：00）外的电话服务；74%的证券公司客服电话接通率在90%以上，平均电话接通率约为82.4%（见图1-9）。

三、信息披露及风险提示机制

99家证券公司中，80%以上的证券公司通过营业部投资者信息服务园地、公司网站、网上交易软件、委托电话、短信、邮件等多种方式，向客户提供相关信息披露和风险提示，包括增发配售信息、新股交易信息、退市整理期股票风险等。部分证券公司借

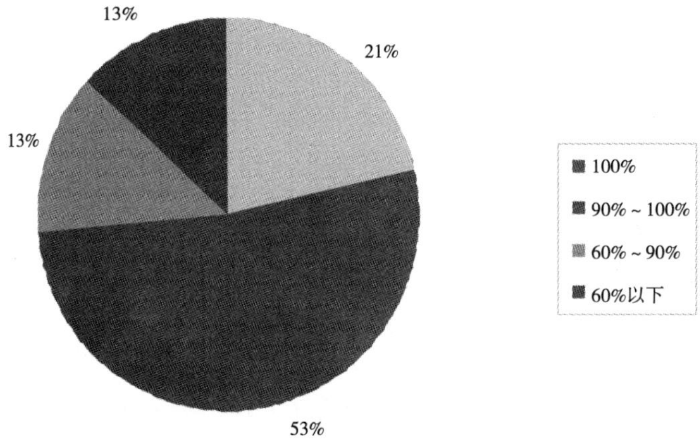

图1－9　证券公司客服电话接通率情况

助客户信息系统建设，为客户提供个性化动态风险提示服务，通过分析投资者的持仓情况、历史交易行为、资产变化情况，适时向客户提供个性化风险提示信息。

第五节　客户回访与投诉处理情况

证券公司重视客户回访及投诉处理工作，实现了工作流程化、标准化。

一、客户回访

证券公司根据相关监管要求，及时对新开户客户进行回访，逐步扩大对原有客户的回访比例，并对回访进行留痕保存。在回访时限方面，33家证券公司在1周内对新开户客户进行回访；12家证券公司在半月内对新开户客户进行回访；54家证券公司会在1个月内对新开户客户进行回访。2012年，99家证券公司对原有客户回访比例平均值为22.10%，中位数为14.10%，平均值较上年提高4.66个百分点，并全部对回访进行了电子或录音留痕。回访的内容包括基本的客户身份核实、账户变动确认、营业部人员行为是否合规以及客户评价建议等，约85%的证券公司制定了客户回访统一话术。此外，部分证券公司还针对投资顾问、融资融券、创业板等业务进行专项回访（见图1－10）。

二、客户投诉处理

99家证券公司均制定了客户投诉处理相关制度，统一投诉处理流程，明确了客户投诉受理、处理、督办、反馈、回访、归档、报备等流程以及职责分工和期限要求，并对处理过程进行语音留痕。从投诉处理情况来看，2012年，有87家证券公司的客户投诉

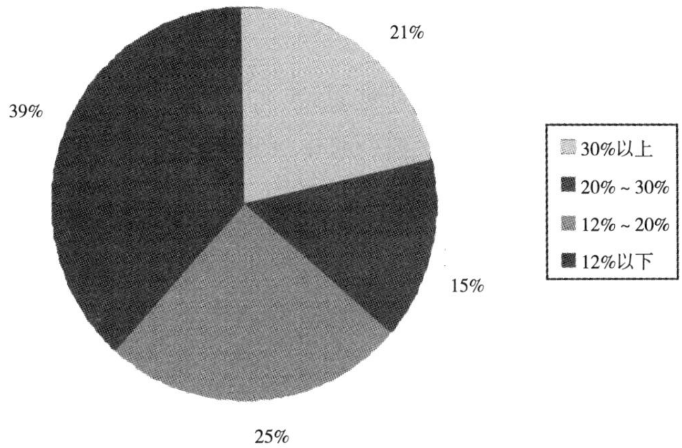

图 1 – 10　2012 年证券公司对原有客户回访比例

处理率（已处理完成数量/受理的投诉数量）为 100%，9 家的投诉处理率在 90% 以上，3 家的投诉处理率低于 90%（见图 1 – 11）。

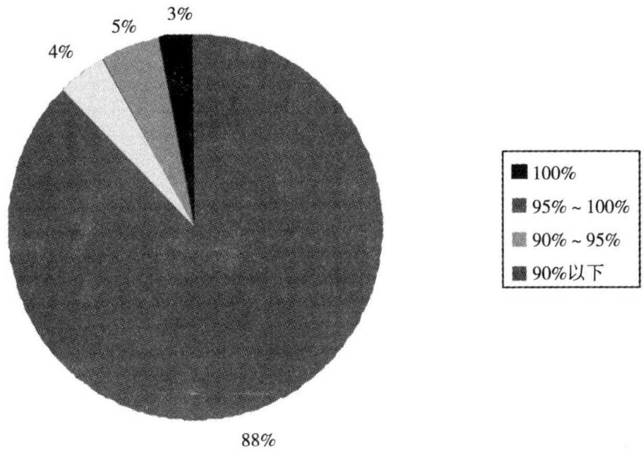

图 1 – 11　2012 年证券公司客户投诉处理率

第六节　证券公司投资者适当性实施情况

随着多层次资本市场建设不断推进及证券公司创新发展步伐加快，新板块、新业务、新产品的推出对于投资者适当性提出了更多要求。证券公司在向客户销售金融产品或提供金融服务时，应尽职了解客户和产品信息，综合评估产品或服务是否符合客户的风险承受能力。投资者适当性工作主要包括了解客户、评估金融产品或服务、适当性匹配以及相关内部控制等具体实施环节。

一、了解客户

证券公司普遍通过调查问卷、客户信息系统、人工沟通3种方式了解客户相关信息，用于其风险承受能力评估。99家证券公司中有93家建立了用于客户分级分类的数据管理系统或功能模块。99家证券公司的客户初次风险评估完成比例平均值为69.43%，中位数为70.22%，平均值较上年提高3.3个百分点；客户后续风险评估完成比例平均值为50.59%，中位数为37.63%（见图1－12）。目前，证券公司了解客户的维度主要包括基本信息（职业）、财务状况、投资知识、投资经验、投资目标以及风险偏好性等。

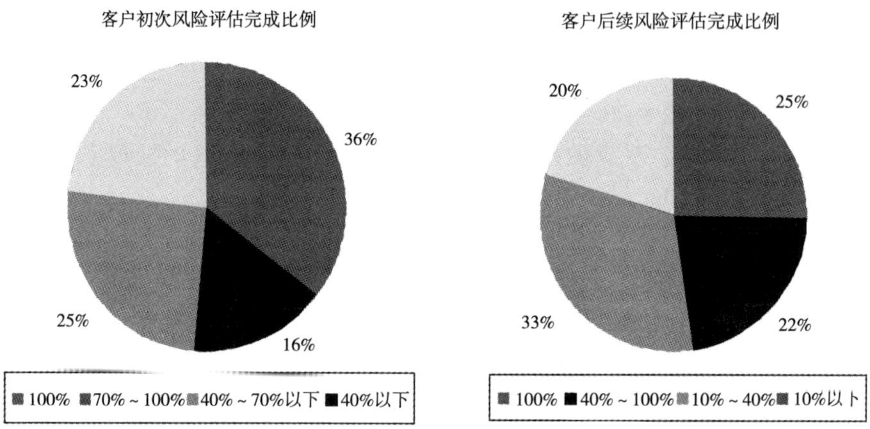

图1－12　2012年证券公司客户风险评估完成比例

二、评估金融产品或服务

在99家证券公司中，82家明确了金融产品或服务的评估机制或流程，部分公司制定了金融产品评估管理办法，在推出新产品、新业务时，会说明该产品适合的客户风险承受能力范围。证券公司对于金融产品评估的指标主要包括其发行合规性、发行人或管理人资质、流动性风险、市场风险、信用风险、投资范围及比例、预期收益、交易成本、交易限制等方面，各公司产品评估指标体系差别较大，指标数量平均约为5项。约91%的证券公司对所销售的全部金融产品进行过初次风险评估；约86%的公司制定了金融产品风险等级表，普遍将产品风险由低到高分为三档或五档，一般将创业板、新三板、衍生品等划分为高风险类；约66%的证券公司表示建立了金融产品信息管理系统，信息系统中已入库的金融产品主要包括公募基金、股票、资管产品、咨询产品及其他理财产品等；约60%的公司能够在产品信息系统中对金融产品风险进行持续跟踪和更新，一般对风险等级较高产品的更新频率较高；约74%的证券公司将投资咨询类服务标准化、产品化，并根据客户等级进行推荐；在此基础上，约18%的证券公司探索并建立了除通道业务佣金之外的独立服务收费模式。证券公司金融产品评估指标数量见图1－13。此外，目前证券公司代销的金融产品主要是公募基金。

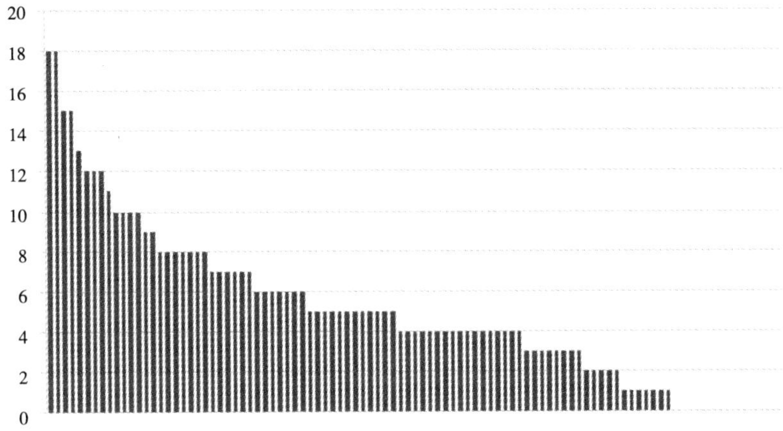

图 1－13　证券公司金融产品评估指标数量

三、适配服务

证券公司应依据客户与产品的风险等级，履行适当性销售义务，在风险等级不匹配时进行风险警示。证券公司客户与产品适配的一般原则是：客户风险承受能力从高到低与金融产品风险等级“一一对应，向下兼容”。99 家证券公司中，约 86% 的证券公司建立了落实适当性适配原则的业务系统；约 77% 的证券公司建立了向客户揭示拟购买金融产品与其自身风险不匹配的风险揭示技术平台，并在业务平台中保留不匹配风险揭示信息的电子留痕。

四、内部保障

在相关工作机制方面，99 家证券公司全部制定了投资者适当性制度或专项业务的适当性管理办法，明确了相应的职责部门和相关岗位人员要求；93 家公司年内开展过对营销服务人员的适当性培训或制作了培训材料，对营销服务人员培训的平均覆盖率超过 90%；90 家证券公司建立了营销服务人员的服务行为管理系统，对服务内容进行审批并在系统留痕。

第七节　其　　他

一、客户满意度调查

为更好地评价投资者服务效果，了解投资者诉求，2012 年，60 家证券公司针对营业部现场服务、投资者教育活动、专项业务办理等，通过呼叫中心或问卷调查等方式开展过客户满意度调查，客户满意率平均值为91.27%。

二、获奖情况

2012年，证券监管部门和自律组织举办了一系列投资者教育与服务类评优、评奖活动。在99家证券公司中，约67%的证券公司参与过相关评奖活动，参与率较上年提高了20个百分点。

第二章

证券公司投资者教育与服务工作的主要特点

从专项调查结果来看，证券公司投资者教育与服务工作主要有以下特点：

一、证券公司投资者教育服务总体情况较好，各公司日常工作普遍标准化

根据评分情况，2012 年证券公司投资者教育与服务状况平均得分 74.69 分（满分 100 分），最高分 94.3 分，最低分 41.9 分；7 家证券公司得分在 90 分以上，占比 7.07%；27 家证券公司得分在 80～90 分，占比 27.27%；34 家证券公司得分在 70～80 分，占比 34.49%；23 家证券公司得分在 60～70 分，占比 23.23%；8 家证券公司得分在 60 分以下，占比 8.08%。2012 年，总体得分率较上年度有所降低，主要是由于指标体系调整所致：一方面是客观性指标增加。2012 年，指标体系细化了各三级指标下的填报项目，均要求填报客观结果，对证券公司日常工作留痕提出了更高的要求。另一方面是前瞻性指标增加。2011 年，指标体系对于相关监管、自律规定中的基本要求考察较多；2012 年指标体系适当提高了创新者教育方式、投资者适当性具体操作等非监管要求指标的比重。

从各指标评分看，基本投入及工作机制建设、投资者服务情况等指标得分率较高，而标准差较小，其得分率分别为 84.6%、87.85%，标准差分别为 0.86、1.63，说明各证券公司制度建设、客户服务日常工作等普遍较好，公司间水平差别不大（见图 2－1）。

二、证券公司重视网络化投资者教育服务，各公司适当性相关系统建设水平差异较大

证券公司普遍重视通过网络开展投资者教育服务，公司网站逐渐成为证券中介机构服务客户的主要通道之一。证券公司网络化投资者教育与服务一级指标得分率为 83.27%，90% 的证券公司网站的相关知识法规、风险揭示、金融产品等方面内容健全，能够为投资者提供较全面的投资信息服务。部分证券公司网站在模拟投资、风险测评等体验性功能方面还有所欠缺，与投资者的网络互动不足，网站功能有待进一步

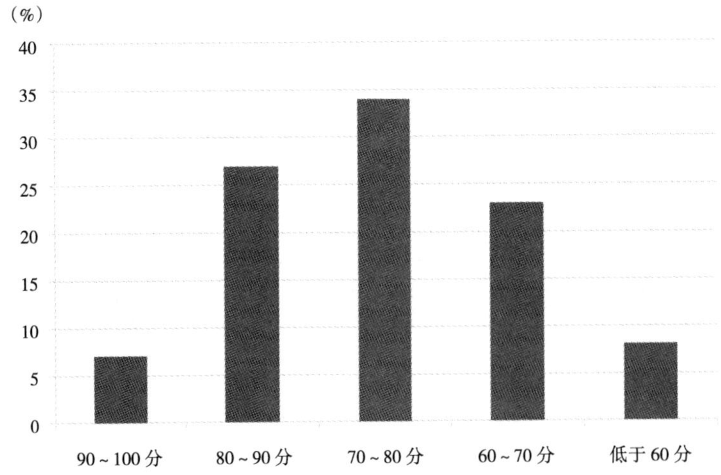

图2－1　2012年证券公司投资者教育与服务工作评分情况

开发。

证券公司已普遍建立了适当性评估的相关制度和方法，部分公司在客户与金融产品适配的相关工作信息系统建设上还比较欠缺。证券公司投资者适当性工作一级指标得分率为74.85%，标准差为5.22，标准差在6项一级指标中相对最高，说明各公司在适当性工作方面水平差别较大。具体而言，证券公司在了解客户方面做法已比较成熟，差异主要体现在对客户的测评及对后续信息的更新完成情况上，主要是“量”的区别而非“质”的区别，而且这与客户配合意愿存在一定关系。在评估金融产品方面，不同规模或分类的证券公司差异较大：一方面，金融产品信息系统建设水平不一；另一方面，适当性主要是针对非通道交易金融产品，部分公司此类产品还相对匮乏，对于代销基金也是主要使用第三方机构评级。由此可见，金融产品线还需进一步丰富。

三、不同分类标准下的证券公司投资者教育与服务工作情况呈现不同特点

参照证券公司规模大小、上市与否和监管分类的不同分类标准，证券公司投资者教育与服务状况呈现以下不同特点：

（一）大型证券公司的投资者教育与服务状况总体上好于中小型证券公司

按照净资本或营业收入指标将99家证券公司分为三类[①]：大型公司、中型公司和小型公司。按照上述两种标准分类，大型证券公司投资者教育与服务工作的平均得分和平均排名均好于中小型公司：（1）按2011年12月31日净资本排序，大型证券公司平均得分为80.77分，平均排名为34名；中型证券公司平均得分为74.02分，平均排名为51

① 方法1：2012年数据暂未公布，因此按2011年12月31日净资本降序排列，前33家为大型证券公司，最后的33家为小型证券公司，中间的33家为中型证券公司；方法2：按2011年度营业收入降序排列，前33家、中间33家、后33家证券公司分别为大型、中型、小型证券公司。

名；小型证券公司平均得分为69.28分，平均排名为64名。（2）按2011年度营业收入排序，大型证券公司平均得分为80.73分，平均排名为34名；中型证券公司平均得分为73.76分，平均排名为52名；小型证券公司平均得分为69.58，平均排名为64名。（3）大型证券公司中得分高于80分的证券公司比例明显高于中小型证券公司。这在一定程度上说明证券公司投资者教育服务工作的规模效应（见表2－1、表2－2、图2－2、图2－3）。

表2－1　2012年度证券公司投资者教育与服务状况比较（按净资本分类）

按净资本分类	均值	排名平均数	证券公司数量
大型	80.7	34	33
中型	74.02	51	33
小型	69.28	64	33
总计	74.69	50	99

表2－2　2012年度证券公司投资者教育与服务状况比较（按营业收入分类）

按营业收入分类	均值	排名平均数	证券公司数量
大型	80.73	34	33
中型	73.76	52	33
小型	69.58	64	33
总计	74.69	50	99

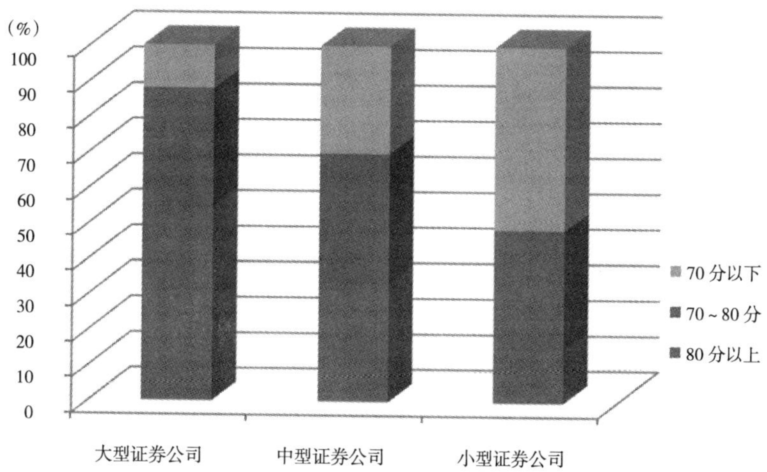

图2－2　2012年度证券公司投资者教育与服务状况比较（按净资本分类）

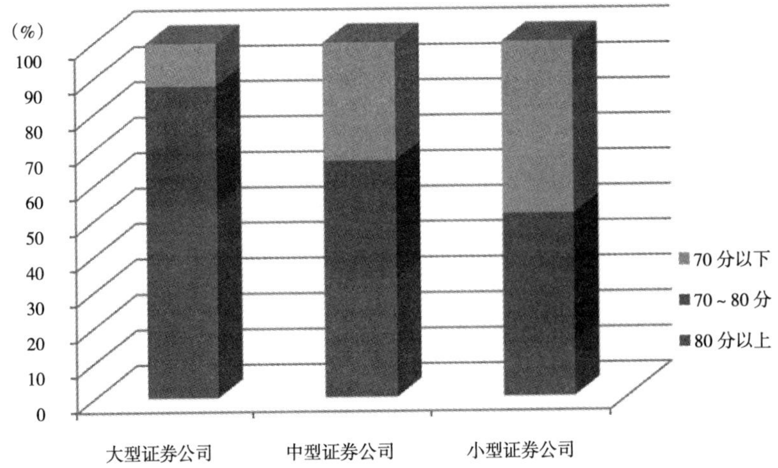

图2－3　2012年度证券公司投资者教育与服务状况比较（按营业收入分类）

（二）上市证券公司投资者教育与服务状况优于非上市证券公司

截至2012年底，我国证券公司中已上市公司共19家。从评估结果看，具体表现为：（1）上市证券公司投资者教育与服务工作平均得分为79.63分，高于非上市证券公司的73.52分；（2）分指标来看，上市证券公司在网络化投资者教育与服务、产品与活动、投资者服务和投资者适当性等四个一级指标上的平均得分均高于非上市证券公司；（3）上市证券公司中评价得分为80分以上的公司比例明显高于非上市证券公司。19家上市证券公司中评价得分为80分以上的公司共有10家，占比53%，明显高于非上市证券公司30%的比例（见图2－4、图2－5）。

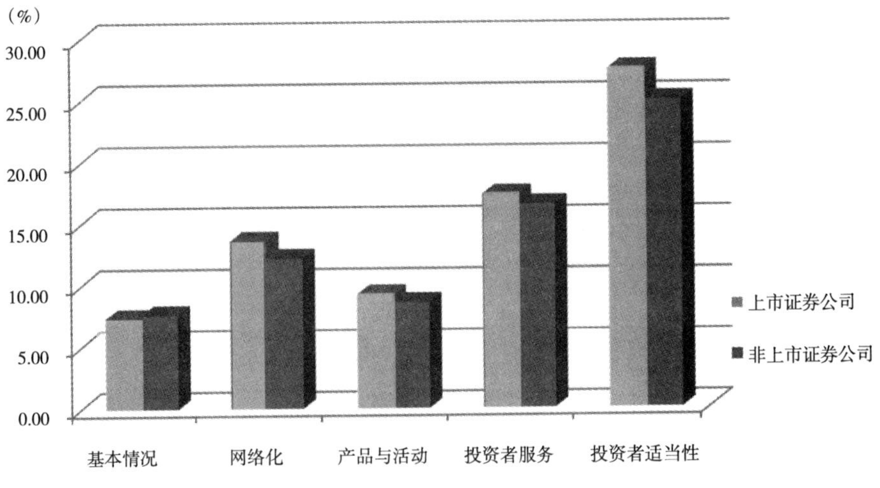

图2－4　2012年度证券公司投资者教育与服务状况一级指标得分比较（按上市与否分类）

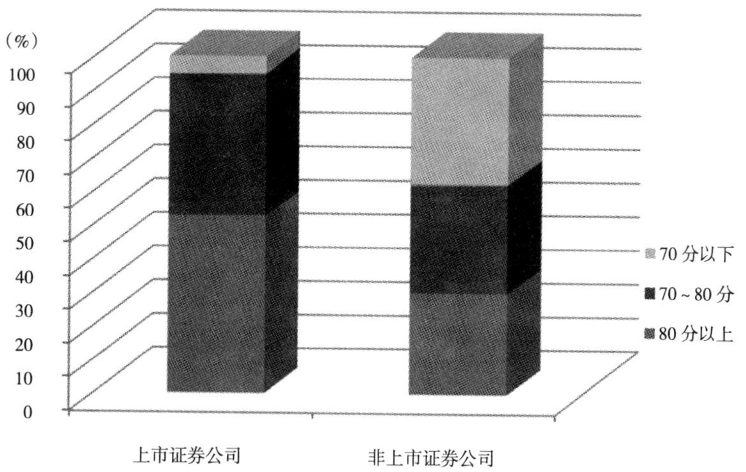

图2－5　2012年度证券公司投资者教育与服务状况评分结果比较（按上市与否分类）

（三）中国证监会分类评价为A类的证券公司投资者教育与服务工作状况明显优于其他类公司

1. 分类评价为A类的证券公司中，得分在80分以上的比例明显高于分类评价为B类、C类的证券公司（见图2－6）。

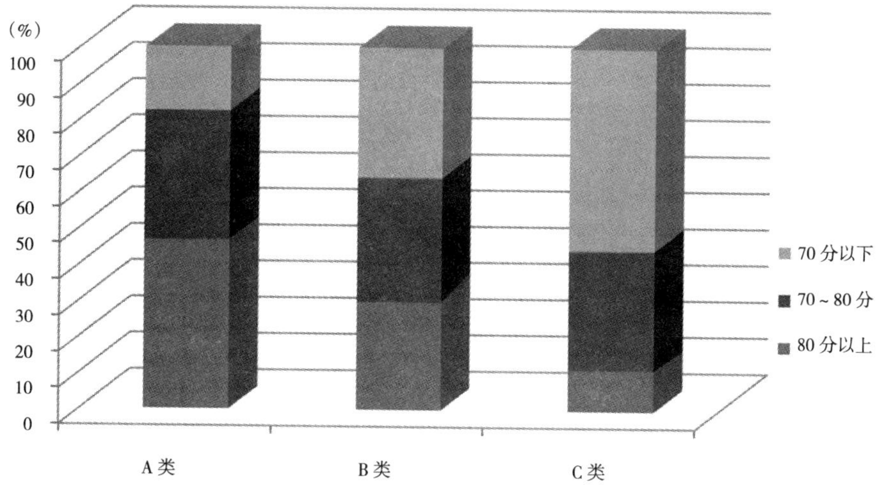

图2－6　2012年度证券公司投资者教育与服务状况得分结果比较（按中国证监会分类）

2. 分类评价为A、B、C类的证券公司平均得分分别为78.58、73.64和66.34分。此外，分类评价为A类的证券公司在各项一级指标上得分均略高于其他两类证券公司（见表2－3、图2－7）。

表 2-3　2012 年度证券公司投资者教育与服务状况比较（按中国证监会分类）

证券公司监管分类	均值	证券公司数量
A 类	78.58	34
B 类	73.64	53
C 类	66.34	9
总计	72.85	96

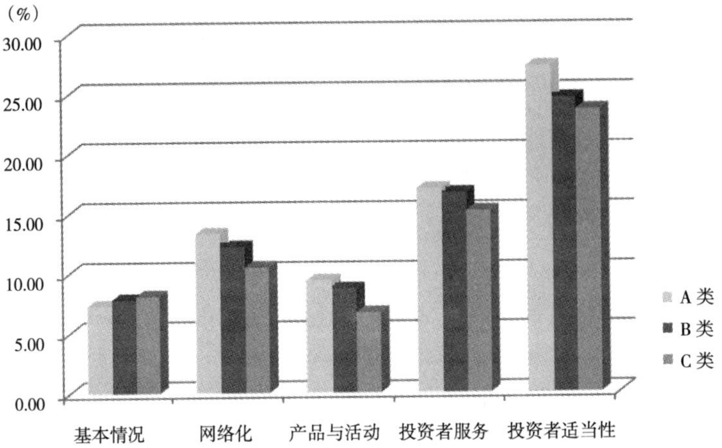

图 2-7　2012 年度证券公司投资者教育与服务状况一级指标得分比较（按中国证监会分类）

总之，2012 年证券公司投资者教育与服务工作总体情况良好，投资者教育活动及产品、客户服务等日常工作基本标准化，网络化投资者教育服务比例逐步提升，投资者适当性相关信息系统功能逐步发挥。行业投资者教育与服务工作在以下几方面尚需进一步加强：一是投资者教育服务内容应与证券公司创新发展相结合。伴随创新发展，证券公司金融产品增加、业务规模发展以及基础功能完善，从向投资者提供单纯的交易通道为主，逐渐扩展到投资顾问、金融产品配置、资产管理及柜台交易等综合性金融服务。与之相适应，投资者教育服务内容应从以一般性投资方法、市场分析及风险提示为主，向如何做好金融创新环境下的财富管理、风险管理转变，并融入公司各项创新业务、产品推介的过程中。如果脱离了具体金融业务及产品，投资者教育服务就难以实现倡导理性投资、提升投资能力这一目标。二是投资者教育服务形式应充分借助信息技术。目前，投资者现场交易比例不足 20%，随着证券公司非现场开户放开，以及投资者群体年轻化、受教育程度持续提升，投资者与中介机构现场接触将进一步减少。同时，证券公司有限的经营场所及人员对于开展现场投资者教育服务也形成一定的瓶颈。利用互联网、数据系统等现代信息技术创新投资者教育方式，对于提高客户覆盖面、动态掌握投资者情况以及有效落实适当性原则具有重要意义。三是应继续完善投资者教育服务工作的调查、评价机制。通过完善调查、评价机制，为对证券公司投资者教育与服务工作提供一定的导向性，鼓励行业开展投资者教育服务模式创新。根据中小客户、高净值客户等不同客户类别，努力提供差异化的产品与服务，并将投资者诉求回应、关系管理等融入各业务环节，维护、扩展行业客户资源，全面提升行业投资者教育与服务水平。

专题报告之五：2012年中国证券资信评级业务发展综述

第一章

2012年中国证券资信评级行业发展环境

第一节　证券资信评级行业的市场环境

一、宏观经济增长率有所下降，货币政策转向宽松，财政、产业政策向“稳增长”倾斜

2012年，我国房价、物价涨幅明显降低，出口增长大幅回落，经济增长率与2011年相比呈继续下行态势，但全年GDP增速仍达到7.8%，略高于7.5%的预期目标。我国经济增长的动力来自政策效应及消费和出口的逐步好转。2012年，我国最终消费对GDP的贡献是51.8%，资本形成贡献是50.4%，货物和服务的净出口贡献是-2.2%。上述情况反映出我国经济结构出现新模式，消费成为第一拉动力，投资驱动模式成为未来发展趋势。

2012年上半年以来，我国货币政策正式转向宽松。2012年第2季度，中央银行通过运用公开市场操作、下调法定存款准备金率、降息等货币政策工具向实体经济释放流动性，信贷宽松逐渐展开，为经济的“软着陆”维持稳定适宜的货币环境。目前，我国财政政策、产业政策以“结构性调整”为重点，国务院已着手推进“十二五”规划重大项目按期实施，同时鼓励民间资本进入。伴随着宏观经济的企稳回暖，中国企业景气指数和企业家信心指数在2012年第4季度双双回升，我国未来经济发展趋向继续看好。

二、监管机构继续大力推行债券融资，债券市场发行规模增长较快，产品种类愈加丰富

2012年的债券发行市场呈现出如下新情况：（1）监管部门继续大力发展债券融资。企业债券融资积极性加大，加之私募债等新产品的推出，短期融资券、中期票据、公司债等信用债券产品发行大幅放量。（2）我国银行业新资本监管标准已正式发布。各银行资产和业务规模的扩张进一步增强了其补充资本金的需求，商业银行金融债、次级债发行规模出现大幅增长。（3）受资本市场持续低迷导致投资收益下降和资产减值损失增加的影响，保险公司业绩下滑，通过发行次级债可以提高其偿付能力，优化资本结构。保险公司次级债发行意愿增强，2012年，保险公司次级债融资获批达到731亿元。（4）由

于证券公司创新业务不断增加，资金需求上升，其债券融资规模有所扩大。暂停7年之久的证券公司短期融资券发行重启，多家证券公司启动了短期融资券发行工作，其后包括公司债、次级债等融资模式也进一步重启。（5）停滞4年的资产证券化重启。2012年5月，中国人民银行、中国银监会和财政部联合下发《关于进一步扩大信贷资产证券化试点有关事项的通知》，首批发行规模将高达500亿元，交易所债券市场的资产证券化业务也相应放开。（6）银行间市场交易商协会规定，凡公开市场评级在AA级（含）以上的发行人，将不区分企业性质，允许其短期融资券和中期票据发行额度互不占用，未来企业在银行间债市发债的规模有望快速增长。（7）2012年初，中国证券业协会出台了《证券资信评级机构执业行为准则》，对评级机构的执业行为进行了规范。2013年1月初，中国银行间市场交易商协会也出台了针对评级业务的自律制度，即《非金融企业债务融资工具信用评级业务自律指引》。上述两大文件搭建了评级业务自律管理的大体框架，推动自律管理工作走向规范化、系统化。

根据Wind的统计数据，2012年全国债券市场（包括银行间债券市场、交易所债券市场、商业银行柜台市场）共发行各类债券2 942期，较2011年同期增长69.47%；发行金额合计8.08万亿元，较2011年小幅增长了3.30%。其中，以国债、地方政府债、央行票据、政策性银行债、政府支持机构债为代表的政府性债券产品合计发行3.97万亿元，较2011年同期减少23.14%，主要来自国债和央行票据发行量的减少；以商业银行债、企业债、中期票据、短期融资券和公司债等为代表的企业债券产品发行规模合计4.11万亿元，同比增长54.69%。

从债券市场存量债券品种分布看，截至2012年12月末，以国债、地方政府债、央行票据和政策性银行债为主的政府性债券产品合计占比68.31%；以商业银行债、企业债、中期票据、短期融资券和公司债等为主的企业债券产品合计占比31.69%。整体来看，政府政策型债券产品仍占据主导地位（见表1－1）。

表1－1　　2012年债券发行一览表

项目		2012年				2011年		增长情况	
		发行期数（期）	期数比重（%）	发行总额（亿元）	总额比重（%）	发行期数（期）	发行总额（亿元）	期数同比增长（%）	额度同比增长（%）
1	国债	61	2.07	14 442.38	17.88	73	15 417.59	-16.44	-6.33
2	地方政府债	18	0.61	2 500.00	3.10	16	2 000.00	12.50	25.00
3	企业债	484	16.46	6 474.31	8.02	195	2 485.48	148.21	160.49
4	金融债	237	8.06	25 929.10	32.10	148	23 074.30	60.14	12.37
5	央行票据	—	—	—	—	100	14 140.00	-100.00	-100.00
6	短期融资券	1 013	34.44	15 340.47	18.99	640	10 162.30	58.28	50.95
7	公司债	269	9.11	2 600.33	3.21	83	1 291.20	222.89	101.39
8	中期票据	797	27.10	11 544.62	14.29	458	8 199.93	74.02	40.79
9	可转债	5	0.17	163.55	0.20	9	413.20	-44.44	-60.42
10	政府支持机构债券债	12	0.41	1 500.00	1.86	8	1 000.00	50.00	50.00
11	资产支持证券	46	1.56	280.92	0.35	6	12.79	666.67	2 096.37
合计		2 942	100	80 775.68	100	1 736.00	78 196.79	69.47	3.30

资料来源：Wind资讯。

三、交易所债券市场规模继续大幅增长，发行品种进一步丰富

在银行债务融资成本依旧相对较高和定向增发市场持续低迷的两头挤压下，多数上市公司资金紧张。目前，发行公司债已成为上市公司的首选融资渠道。根据 Wind 的统计数据，2012 年，交易所债券市场共发行各类信用类公司债产品合计 274 期，同比增长 197.83%；发行金额 2 763.88 亿元，同比增长 62.16%。其中，可转换公司债 5 期，合计 163.55 亿元；私募债 82 期，合计 92.83 亿元；创业板非公开公司债 6 期，合计 15.5 亿元。从发行量和发行额度上看，上述各类公司债产品 2012 年的发行规模已远超过 2011 年全年的水平，同时新品种（如创业板公司债、私募债）和新发行主体（中小非上市公司）不断涌现。

2012 年，可转债的发行规模出现较大萎缩，发行企业家数也有所减少。可转债发行量下降的原因来自两方面：（1）中国证监会目前大力推行债务融资，可转债偏向于股权融资，政策面并未有实质利好变化；（2）进入 2012 年以来，股市一直处于低迷状态，也限制了上市公司发行可转债的积极性。

除此之外，作为证券监管部门 2012 年助推证券公司创新的新举措之一，企业资产证券化的再度开闸，给证券公司提供了一条新的业务途径。2012 年，深圳证券交易所市场已成功发行两单企业资产证券化产品，均为中信证券承销，分别为“南京公用控股污水处理收费收益权专项资产管理计划”和“欢乐谷主题公园入园凭证专项资产管理计划”。此外，2012 年 6 月，隧道股份公告已委托国泰君安证券资产管理有限公司发起设立专项资产管理计划，拟以项目公司应收专营权收入为基础设计资产支持证券。上述情况表明，资产证券化作为企业创新融资渠道之一，已开始重新发展。下述分析的公司债重点以上市公司发行的信用债产品为主（见表 1－2）。

表 1－2　　2012 年各类公司债产品发行情况统计

种类	汇总数据	2012 年	2011 年	同比增长（%）
汇总	规模（亿元）	2 763.88	1 704.40	62.16
	总期数（期）	274	92	197.83
	主体家数（家）	234	79	196.20
	单笔发行规模（亿元）	10.09	18.53	－45.55
公司债	规模（亿元）	2 507.50	1 291.20	94.20
	总期数（期）	187	83	125.30
	主体家数（家）	151	70	115.71
	平均单笔发行规模（亿元）	13.41	15.56	－13.80
可转债	规模（亿元）	163.55	413.20	－60.42
	总期数（期）	5	9	－44.44
	主体家数（家）	5	9	－44.44
	平均单笔发行规模（亿元）	32.71	45.91	－28.75

注：此处公司债产品包括 6 单创业板非公开公司债。

资料来源：Wind 资讯。

四、交易所债券市场价格稳步上行，中长期收益率曲线走势平稳

2012 年，交易所债券市场成交量继续增大。根据中证网的统计数据，2012 年中证公司债成交量为 2 411.61 亿元，较 2011 年增长了 120.59%。2012 年中证公司债指数由年初的 131.07 点增长至年末的 141.55 点，增幅为 8%。中证全债净价由年初的 100.84 点略降至年底的 99.9 点，降幅为 9.32%。值得注意的是，相对于银行间债券市场的交易量和交易规模（2012 年末现券交易规模占 99%，回购交易规模占 85%），交易所债券市场的交易规模依旧非常小，仍处于从属地位（见图 1－1）。

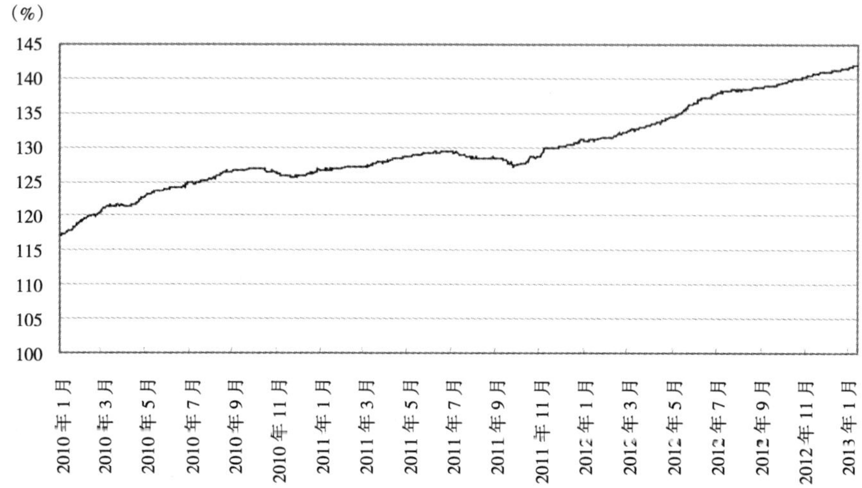

图 1－1　2012 年中证公司债指数趋势变动图

资料来源：Wind 资讯。

从债券市场收益率看，2012 年，为缓解实体经济的下行风险，中央银行采取了适度放松的货币政策，债券市场收益率整体呈现震荡态势，但收益区间变化不大。从债券市场收益率表现来看，第 2 季度以后债券市场中长期品种到期收益率下行中逐渐走平，到期收益率小幅走低。整体来看，交易所的资金流动性基本处于较为宽松的态势，资金价格水平有所下降，债券市场整体的资金成本远低于 2011 年（见图1－2）。

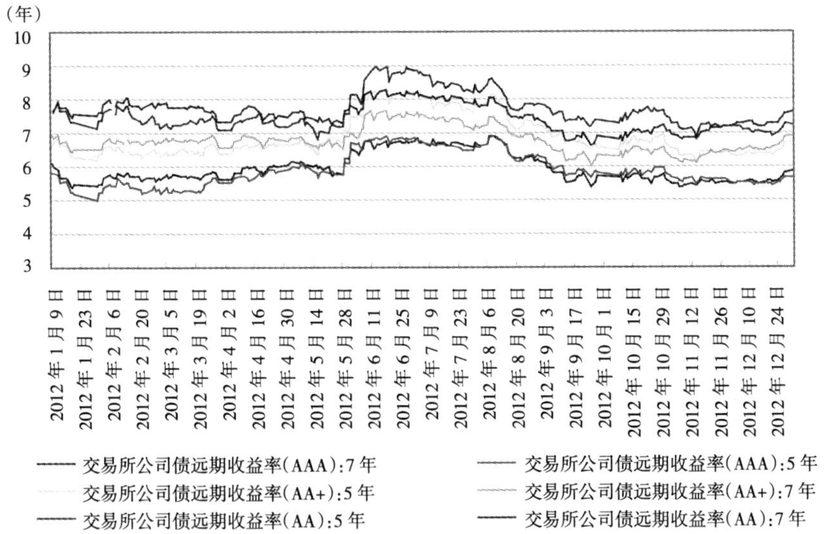

图 1－2　2012 年交易所公司债券到期收益率整体变化情况

资料来源：Wind 资讯。

第二节　证券资信评级行业的政策监管环境

一、监管机构进一步提高发审效率

2011 年末，中国证监会正式成立债券办公室，推进股债审核分离。公司债发行审核程序进一步简化，无重大原则问题及满足四种条件之一的上市公司发行公司债在 1 个月内就能完成审核并发行。

二、两大交易所降低了公司债上市要求，提升了部分债券的流动性

2012 年 2 月，上海证券交易所对公司债券上市交易分类管理的有关标准进行了调整，将公司债上市规则中部分条款修改为“债券上市前，发行人最近一期末的净资产不低于 5 亿元人民币，或最近一期末的资产负债率不高于 75%”；深圳证券交易所同样于 2012 年 6 月将上市的净资产标准降低到了 5 亿元人民币。上述修改降低了公司债上市标准的要求，有利于提升部分债券的流动性。

三、投资者管理进一步细化

随着公司债市场的不断发展，相关监管机构也不断细化对债券市场投资者的适当性管理，针对不同特点和风险特性的债券交易品种作出分类，并区别不同产品认知和风险承受能力的投资者，引导其参与相应类型债券交易的制度安排。上海证券交易所于 2011

年 12 月发布《上海证券交易所债券市场投资者适当性管理暂行办法》，按照产品认知水平和风险承受能力，将投资者区分为专业投资者和普通投资者两大类，参与不同的投资品种。

2012 年 5 月，随着中小企业私募债的推出，两大交易所均细化了参与私募债券认购和转让的合格投资者的条件，规定需要具备一定的风险识别和承受能力的投资者可参与私募债投资交易。其中，合格投资者主要是指注册资本不低于人民币 1 000 万元的企业法人；认缴出资总额不低于人民币 5 000 万元，实缴出资总额不低于人民币 1 000 万元的合伙企业。

四、公司债可被投资范围进一步扩大

2012 年 5 月，中国保监会出台《关于保险资金运用监管有关事项的通知》，规定保险机构可以投资以簿记建档方式公开发行的已上市交易的无担保企业债、非金融企业债务融资工具和商业银行发行的无担保可转换公司债等债券，意味着保险资金在无担保债券领域的投资大幅放大。2012 年 10 月，中国保监会出台《关于保险资金投资有关金融产品的通知》，规定保险资金可以投资境内依法发行的商业银行理财产品、银行业金融机构信贷资产支持证券、信托公司集合资金信托计划、证券公司专项资产管理计划、保险资产管理公司基础设施投资计划、不动产投资计划和项目资产支持计划等金融产品。上述金融产品的信用等级不低于国内信用评级机构评定的 A 级或者相当于 A 级的信用级别。

五、债券发行主体进一步扩大，新发行品种涌现

2012 年 5 月，沪、深证券交易所分别发布了《中小企业私募债券业务试点办法》，启动中小企业私募债业务试点，为我国中小企业提供了一条新的融资途径。中小企业私募债的发行有利于信用债市场层次的增加，有利于投资者资产配置多元化，对投资组合收益的提高具有一定的意义。

2012 年 12 月，由中信证券设立并管理的企业资产证券化业务——“欢乐谷主题公园入园凭证专项资产管理计划”已基本完成询价并在深交所综合协议交易平台发行。这是自 2009 年证券公司资产证券化业务重启以来，首次有上市公司通过该渠道获得融资。从被中国证监会正式受理到正式发行，该单企业资产证券化产品仅耗时两个多月，显示监管层对企业资产证券化业务的审批流程已大大加快，证券公司该项业务正在加速走向常规化。

2012 年 12 月，根据中国证监会发布的政策信息，中国证监会正在抓紧研究推动拓宽证券公司融资渠道工作，修改完善证券公司债券管理办法，降低发行条件，简化审批程序，增加期限品种，支持证券公司根据需要发行公司债，制定政策允许证券公司通过交易所市场依法向合格的机构投资者私募发行次级债券，并依法转让。

六、证券资信评级行业监管进一步完善

2012 年 3 月，中国证券业协会正式发布了《证券资信评级机构执业行为准则》（以

下简称《准则》)。《准则》从评级质量、评级程序、利益冲突防范、信息披露、保密信息的处理、合规检查、监督管理等多个方面，对评级机构的执业行为进行了规范。《准则》中强调了评级质量保障和评级过程的规范性，以树立证券评级机构诚信执业的良好形象；强调了证券评级机构及其评级从业人员的独立性，以防范利益冲突；强调了信息披露的真实、准确、完整、及时、公平，以增强评级透明度；强调了证券评级机构内部制度建设和合规检查，以促进评级机构规范发展。《准则》与2007年中国证监会颁布实施《证券市场资信评级业务管理暂行办法》一起，形成了中国证监会对证券资信评级行业较为完善的监管制度体系。

整体来看，2012年，伴随着宏观经济的继续平稳向好发展，监管层大力发展债券市场的利好政策不断出台，包括交易所债券市场在内的债券市场经历了蓬勃发展的一年，发行量和发行规模大幅增长，创新产品不断涌现；监管层继续从债券发行、交易投资和中介机构参与等多方面陆续出台了多项监管政策，证券资信评级行业面临的外部环境进一步规范和完善。

第二章

2012年中国证券资信评级业务发展状况

第一节　评级机构发展概况

一、合规体系初步建立

在原先《证券市场资信评级业务管理暂行办法》和《证券资信评级行业自律公约》的基础上，2012年3月，中国证券业协会正式出台了《证券资信评级机构执业行为准则》，使证券资信评级机构的合规体系建设进一步完善。目前，6家证券资信评级机构按照中国证券业协会的要求在内部控制合规体制上进一步完善，已建立起“制度完备、流程控制、风险管理、过程留痕、竞争有序”的自我约束机制。在评级业务开展方面，各机构均在努力推进业务部门和市场部门独立，以规避利益冲突；在评级流程方面，评级机构均制定并实施了全方位的控制制度，维持评级的客观性，以求保证良好的评级质量；在信息披露方面，评级机构均已在中国证券业协会网站和各家公司网站披露了其对评级对象的全面评级方法及标准，并进行评级报告全文披露，从而在一定程度上增强了评级的可比性、一致性和透明度。

二、评级技术不断发展

证券资信评级机构在从事评级实践的同时，也做了多方面的基础研究工作。同时，部分机构也在不断改进和完善自身的评级方法体系，主要包括宏观经济及政策研究、债券市场及信用利差研究、行业分析及其评级方法研究、创新产品及其评级方法研究等。

在评级方法及标准方面，各家评级机构均设立了研究部，在吸收国际评级机构的理念和技术的基础上，结合中国经济运行的信用环境，建立了定性与定量分析技术和工具相结合的较为系统的方法体系。针对传统评级领域，目前证券评级机构的评级方法涵盖主权、准主权、地方政府、行业及公司评级、公司治理评级、社会责任评价等；针对结构融资等创新产品评级，评级方法涉及ABS、RMBS、CMBS和CLO评级等。

除传统评级业务外，为配合新股发行制度改革中引入的独立第三方风险评级机制的有关工作，中国证券业协会组织部分评级公司对独立第三方风险评析的方法和管理机制进行了深入研究，未来评级咨询技术也将成为评级公司的研究方向之一。

三、信息系统逐步完善

证券资信评级机构普遍重视数据库和信息系统的开发和建设。近年来，6 家证券资信评级机构着力进行公司管理信息系统和评级数据库系统的开发和维护，一方面使评级作业规范化和系统化，另一方面也作为评级解决方案的组成部分。

在评级数据库系统方面，证券评级机构目前已基本建立了按业务种类和行业分类进行数据统计、描述和分析功能的数据库系统，对提高及保持评级结果的准确性和一致性起到了积极的作用。在管理信息系统方面，评级机构普遍开发了初步的、适合公司运营的信息系统，这对整个企业的管理、人员和技术以及培养员工对文化和经营理念的认同感有着不可或缺的作用。

四、人员素质逐步提高

信用评级机构竞争的核心是人才和技术的竞争。截至 2012 年底，我国 6 家证券资信评级机构中具有证券从业资格的评级人员总数达 400 人，人数较 2011 年增长了 17%。其中，具有 3 年以上评级从业经验的人员数量为 183 人，人数较 2011 年增长了 12%，但其在具有证券从业资格评级人员的占比由原来的 48% 小幅下降至 46%。从学历构成来看，在 6 家机构的所有员工构成中，7% 的分析师具有博士学历，占比较 2011 年末下降 2 个百分点；55% 的分析师具有硕士学历，占比较 2011 年末上升 5 个百分点（见图 2-1）。总体来看，我国评级机构已经拥有了一支高学历、经验丰富的分析师队伍。

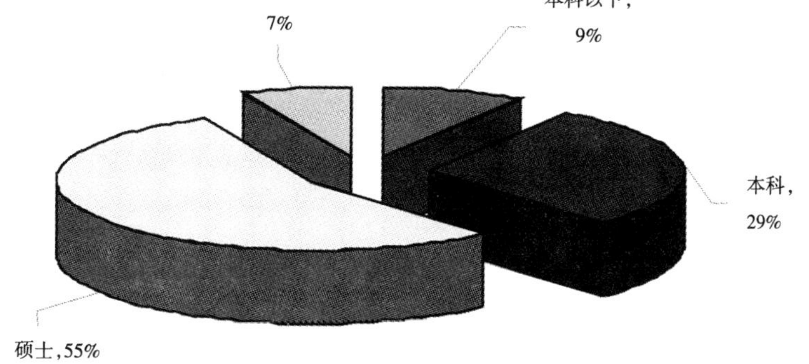

图 2-1　2012 年末 6 家证券资信评级机构人员学历结构

资料来源：中国证券业协会。

五、评级业务持续发展

伴随着交易所债券市场的蓬勃发展，证券资信评级业务逐年增长。2012 年，6 家评级机构共完成首次评级业务 299 单，较 2011 年大幅增长 92%。首次评级业务中，公司债（含创业板非公开发行产品）评级业务达到 162 单，占比 54%；可转债业务 6 单，占比 2%；私募债 113 单，占比 38%；其他业务（资产证券化等）18 单，占比 6%。其中，作为传统的公司债依旧保持主导地位，而私募债作为新增加的业务品种，呈现大幅增长态势。整体来看，国家大力发展债券市场、资本市场充沛的流动性以及较低的融资成本是 2012 年公司债市场大力发展的原因。

跟踪评级是为投资者服务的重要工作。2012 年评级机构持续跟踪发债企业，关注并监测企业信用风险动态，出具了 306 份跟踪评级报告。2012 年，评级机构将 12 家发行企业（保利地产、湖北宜化等）的主体评级调升，将 3 家发行企业（华锐风电、超日太阳、银鸽投资）的主体评级调降；将 1 家发行企业（新黄浦）列入评级观察名单，原因是实际控制人可能会发生变化，但在信用观察期结束时，企业主体信用评级级别未发生变化（见图 2－2）。

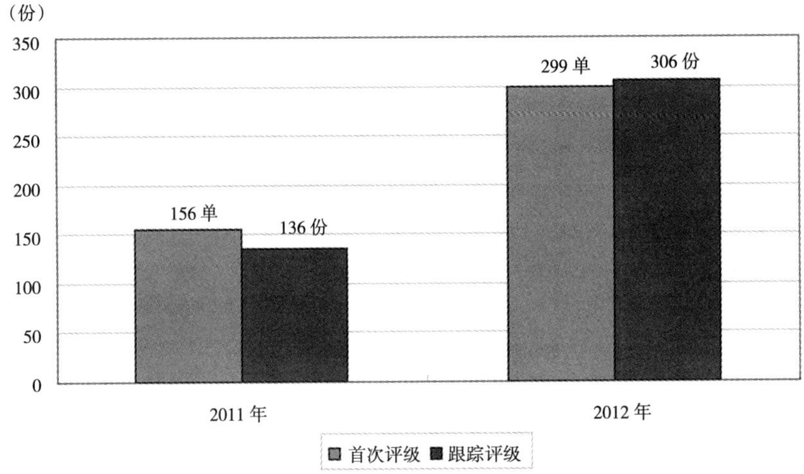

注：由于统计口径差异，此图各家承接项目统计数与 2012 年实际发行债券数量有差异。

图 2－2　2012 年 6 家证券资信评级机构承做评级项目情况

资料来源：中国证券业协会。

六、评级收入稳定增长

2012 年是信用评级行业发展十分迅速的一年，特别是市场化程度高、发行规模大的中小企业私募债的推出以及创业板非公开发行公司债、资产证券化产品的先后出台，带动了整个交易所债券市场的大规模增长。2012 年，证券资信评级机构的资产规模和盈利能力也随债券市场的发展获得快速增长。全年 6 家评级机构的资产总额达到 86 457.04 万元，较 2011 年增长 23.62%；评级业务总收入约为 50 260.81 万元，同比增长 25.50%。

第二节　交易所债券市场评级分析

一、发行主体信用等级继续呈现多元化，AA级占比较高；债项级别基本均在AA级以上

从发行主体级别的分布情况来看，发行公司债的146家企业中，主体级别分布在AA－～AAA级之间，级别分布较为广泛。其中，AA级的企业有79家，占比达到了54.11%，份额占比最大，主要来自电力、钢铁、有色和机械装备制造等行业；AA－级的主体级别家数为12家，份额占比为8.22%，分布在家电、电子、信息技术、化肥等行业（见表2－1）。

表2－1　　2012年公司债主体及债项级别分布情况

级别（级）	主体家数（家）	占比（%）	债券期数（期）	占比（%）
AAA	24	16.44	52	28.73
AA＋	31	21.23	46	25.41
AA	79	54.11	81	44.75
AA－	12	8.22	2	1.10
合计	146	100	181	100

注：创业板非公开发行公司债、私募债和可转债大都未公布主体级别，此表统计不包括上述种类。

资料来源：Wind资讯。

从债项级别分布情况看，在2012年发行的181期公司债产品中，基本为AA级以上的债项级别，其中AA级的债项级别占比最大（期数占比为44.75%），AAA级的债项级别占比次之（期数占比为28.73%）。由于目前交易所市场对于AA级以下的债项级别的债券产品流动性有所限制（如不能上大宗交易平台、不能质押回购等），使发行人尽力通过各类增级措施将债项级别提升至AA。值得注意的是，随着发行主体不断趋向广泛，无担保AA－级的信用债也开始出现，分别来自12金王债和12康盛债。

创业板市场上，自2012年5月，乐视网首家非公开发行公司债券以来，截至2012年末，已有5家企业发行了6期公司债，其间债项级别为AA－级的有2期（12乐视01、12乐视02），债项级别为AA级的有4期（12向日01、12东宝债、12蓝标01和12制药债），发行利率在7.8%～9.99%之间。

可转债方面，由于大多数转债附有赎回条款，偿债压力相对小于同等条件下的公司债，2012年发行的5单可转债中，债项级别均在AA级以上（见表2－2）。

表 2-2　　2012 年创业板非公开公司债及可转债项级别分布情况

级别(级)	创业板期数(期)	占比（%）	备　注	可转债期数(期)	占比（%）	备　注
AAA	—	—	—	2	40	同仁转债、重工转债
AA+	—	—	—	1	20	海直转债
AA	4	67	12 向日 01、12 东宝债、12 制药债、12 蓝标 01	2	40	南山转债、恒丰转债
AA-	2	33	12 乐视 01、12 乐视 02	—	—	—
合计	6	100		5	100	—

资料来源：Wind 资讯。

二、主体等级由 AA 级调整至 AA+级是变动占比最大的区间，大部分债项级别调整均为 1 个小级别的调整

年度迁移率分析是基于静态池的数据分析。静态池是指某一时点具有有效评级的发行人集合，用于年度信用迁移分析的静态池时点通常为年初，年度的新增发行人则进入下一年度的静态池。整合 2012 年公司债发行人及其发行的债券的年度存量静态池一年期信用等级迁徙情况（见表 2-3 和表 2-4）可以看出：（1）发行人主体信用级别基本稳定，除 AA 级外，其余的发行人主体大都维持原有级别或仅有 1 个级别的调整；（2）主体及债项级别上调情况占调整情况的绝对多数，主体仅原 AAA、AA、AA-级别出现了 3 家下调情况，债项仅 10 银鸽债出现了下调；（3）跨级别调整的情况较为少见，仅出现在 08 莱钢债债项级别由 AA 级调整到 AAA 级；（4）信用级别较低的主体（主要指 A+级和 A 级），其级别基本未发生迁移（此类主体共有 6 家）。

2012 年新增的发行人及其发行的债券中，有 3 家主体级别较原先出现提升，对应的债券级别出现提升。

可转债方面，2012 年初存量的 66 期可转债中，债项级别均未发生变化（见表 2-3、表 2-4、表 2-5）。

表 2-3　　2012 年公司债发行人主体信用等级以及迁徙情况

级别（级）	AAA	AA+	AA	AA-	A+	A	合计	调整备注
AAA	17	1					18	华锐风电调低
AA+	1	34					35	保利地产调升
AA		9	50	1			60	超日太阳调低，湖北宜化等 9 家调升
AA-			2	19	1		22	北辰实业、中粮地产提升，银鸽投资调减
A+					4		4	4 家企业为东华实业、银基发展、爱使股份、泰达股份
A						2	2	2 家企业为中国高科、津滨发展

注：由 AA 级调整至 AA+级的 9 家企业有湖北宜化、金地集团、金融街、金发科技、日照港、交运股份、招金矿业、正泰电器和山东钢铁。

资料来源：Wind 资讯。

表 2－4　　2012 年公司债信用等级以及迁徙情况

级别（级）	AAA	AA+	AA	AA-	合计	调整备注
AAA	68				68	—
AA+	1	77			78	09 招金债调升
AA	1	5	67	1	74	08 莱钢债调升两级别至 AAA 级，10 银鸽债调减至 AA－级
AA-			1	5	6	09 宜华债提升

注：①由 AA 级调整至 AA+级的债券有 09 津滨债、08 金发债、09 广汇债、09 宜化债和 09 天房债。②原 08 莱钢债发行主体因重组合并事项变更为济南钢铁（现名山东钢铁），担保方变更为山钢集团，主体级别由 AA 级提升至 AA+级，债项级别由 AA 级提升至 AAA 级。

资料来源：Wind 资讯。

表 2－5　　2012 年新增发行人主体及债项级别变化情况

项目	提升	备　注	调减	备　注
主体级别（级）	3	广州发展由 AA+级调整至 AAA 级、永泰能源、豫园商城由 AA 级调整至 AA+级	—	—
债项级别（级）	2	12 广控 01 由 AA+级调整至 AAA 级、11 永泰债由 AA 级调整至 AA+级	—	—

资料来源：Wind 资讯。

三、2012 年公司债发行利率呈现前高后低走势，整体发行利率稍高于同期中票，4 月份之后较同期贷款利率优势凸显

相对于银行间市场的债券存量规模和交易方式，交易所债市存在着交易方式单一、债券存量低和资金规模小等不利因素，市场交易量相对不高，上述情况使得公司债的发行利率在多数情况下仍然高于同期的中票利率。由于目前投资者对同期发行的企业债（以城投债为主）仍保持一定的谨慎，企业债的发行利率在同期发行的长期债券产品中处于最高水平。2012 年 6 月第一次降息之后，公司债较同期贷款利率的优势凸显。

从 2012 年公司债发行利率走势情况看，受资金面因素、投资者风险预期及降息等因素的影响，整体发行利率呈现前高后低的趋势，其间 6～7 月处于全年利率低点，8～9 月有小幅调整高升。以样本量最丰富的 5 年期公司债发行利率为例，在 AA 级债项级别水平下，受宏观经济预期和资金面影响，2012 年 1 月发行的 11 远兴债达到了 8% 的利率水平，其后 3 月发行利率出现下行，受 6 月和 7 月两次降息的带动，发行利率也达到最低点；其中，2012 年 6 月发行的 12 海药债发行利率达到了年度最低的 5.2%；8～9 月受宏观经济预期的影响，公司债发行利率重新走高，其中，8 月末发行的 12 金瑞债达到了 7.9% 的利率水平；随后的发行利率有所回落，11～12 月的发行利率基本接近前期 7 月份的平均发行水平（见图 2－3）。

由于发行主体、发行条件及税收待遇、市场流动性、违约可能性的差别，公司债与国债价格或收益率通常不一致，公司债与国债的收益率之差可以表示为即期利率之差或

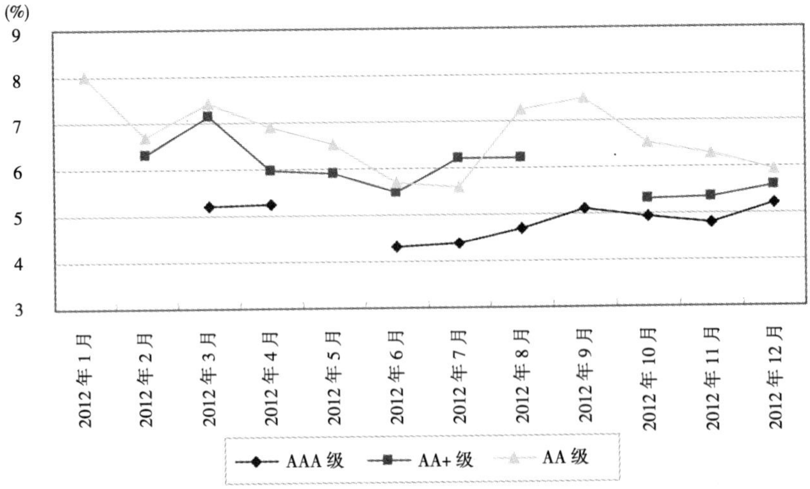

图2－3　2012年5年期公司债发行利率统计（以债项级别统计）

资料来源：Wind资讯。

到期收益率之差，两者的区别在于后者的计算包含了息票、利差及利差的变化。从公司债的发行定价情况看，公司债的发行利率较好地体现了信用等级、债券期限和流动性的差异：其一，高信用等级公司债的发行利率明显低于同期限低信用等级公司债的发行利率；其二，长期限公司债的发行利率明显高于同信用等级期限短的公司债的发行利率；其三，部分交易受限、流动性较弱的公司债发行利率要明显高于同等条件下的其他债券。从2012年发行的3年、5年和7年期公司债券统计情况看，AAA级的利差均值和标准差水平较其他级别最低；利差随着期限的增加和级别的降低而呈逐渐扩大态势（见表2－6）。

表2－6　　2012年不同级别、期限公司债对应的利差情况

发行期限	债项级别（级）	利率区间（%）	平均发行率（%）	利差均值（BP）	标准差（BP）	样本数（个）
3年	AAA	4.20～4.99	4.75	172	0.13	11
	AA＋	4.60～6.63	6.63	288	0.66	4
	AA	5.28～8.20	5.60	328	1.08	7
5年	AAA	4.20～5.30	5.04	173	0.25	21
	AA＋	4.55～8.50	5.80	265	0.81	26
	AA	5.20～8.98	6.66	354	0.82	49
	AA－	7.50～7.80	7.65	457	0.51	2
7年	AAA	4.75～6.60	5.26	186	0.59	7
	AA＋	4.74～7.00	5.86	241	0.66	10
	AA	5.30～8.00	6.73	331	0.76	18

注：①为保持统计数据口径的一致性，此处统计未包括非公开发行的公司债。②统计数据以2012年发行的3年期、5年期和7年期的AAA级、AA＋级、AA级和AA－级信用等级公司债作为样本。③利差计算的基准利率为发行当日相应交易所债券市场中债固定利率国债到期收益率。

资料来源：Wind资讯。

四、公司债发行大都采用了担保措施，担保以第三方信用担保为主，多数担保措施增级效果明显

由于公司债多为中长期债券，大多数发行主体都采取了相应担保措施。2012 年发行的 192 期公司债中（不含私募债），有 96 期提供了担保，占比达到了一半。担保措施种类主要为第三方信用担保，大多由发行人控股股东或实际控制人提供担保。

从担保增级效果上看，在国有独资及控股企业中，除原主体为 AAA 级的发行人外，多数的发行人控股股东的担保有一定增级效果，但部分以上市公司作为主要经营体的担保人担保增级效果并不明显。民营企业方面，除采用传统的股东担保措施外，部分民营企业还采取质押发行人上市公司股票、质押子公司非上市公司股权、土地房产抵押、非关联第三方担保等措施。

从公司债发行情况看，从主体级别为 AA + 级、AAA 级的发行人的情况来看，担保措施主要来自控股股东或实际控制人担保；对于主体级别为 AA - 级和 AA 级的发行人，其增信担保措施出现了多样化，部分以股权质押、资产抵押的担保措施的覆盖倍数也多在 1 倍以上（见表 2 - 7）。

表 2 - 7　　2012 年公司债发行增信情况统计

原主体级别（级）	债项级别（级）	期数（期）	增信方式
AAA	AAA	34	控股股东或实际控制人担保
AA +	AAA	4	控股股东或实际控制人担保
	AA +	9	控股股东或实际控制人担保
AA	AAA	3	控股股东或实际控制人担保
	AA +	14	12 欧亚债资产抵押担保，覆盖倍数为 3.76 倍；12 中利债由资产抵押 + 第三方担保，资产覆盖倍数为 1.01 倍；其余为控股股东或实际控制人担保
	AA	17	12 海药债以非上市公司股权质押担保，覆盖倍数为 1.6 倍；12 中孚债以采矿权质押担保，覆盖倍数为 1.07 倍；其余为控股股东或实际控制人担保
AA -	AA	10	11 万家债以非上市公司股权担保，覆盖倍数为 2.07 倍；11 华微债以资产抵押担保，覆盖倍数为 1.53 倍；11 鹿港债以发行人限售股质押担保，覆盖倍数为 2.26 倍
期数合计		91	

注：此表统计数据为主板公开发行的公司债。

资料来源：Wind 资讯。

由于创业板非公开发行的公司债及可转债未披露相关主体级别，其债项增信效果未充分体现（见表 2 - 8）。

表2－8　　2012年创业板非公开公司债及可转债增信情况统计

债券名称	增信方式	债项信用等级（级）	发行时间	期限（年）	利率（%）
恒丰转债	控股股东担保	AA	2012年3月23日	5	—
12乐视01	实际控制人担保	AA－	2012年5月8日	3	9.99
12向日01	实际控制人以发行人限售股质押担保	AA	2012年6月1日	5	9.60
12乐视02	实际控制人担保	AA－	2012年7月13日	5	8.50
12东宝债	发行人股份质押和实际控制人担保	AA	2012年8月10日	3	8

资料来源：Wind资讯。

五、私募债发行主体以中小民营企业为主，主体级别大都较低，发行人抗风险能力相对较弱

根据Wind披露的私募债发行情况，自2012年6月8日首单私募债12苏镀膜发行以来，私募债发行主体主要来自中小企业，发行额度较小，区间多分布在1 000万元～3亿元之间。私募债的发行期限均为1～3年，利率普遍较一般公司债产品高，年利率多分布在8%～10%之间。虽然没有公开披露的主体及债项级别，但根据各评级机构的反馈情况，大部分发行私募债的中小企业主体级别分布在BBB～A＋级区间内，整体抗风险能力较弱，因此也存在一定的违约风险。

整体来看，在监管层强化监管、大力发展交易所债券市场的整体政策环境下，国内的证券评级机构在内部管理、人员队伍建设、技术研发水平、收入盈利状况等方面均取得了良好的发展，评级业务规模进一步扩大，服务投资者的作用进一步凸显，市场影响力进一步提升。

第三章 中国证券资信评级行业2013年前景展望

第一节 目前中国证券资信评级业面临的问题

一、评级行业的监管制度有待统一

我国债券市场涉及多种债券品种，对不同品种债券的区别监管衍生出对评级机构的多头监管，而不同监管部门对资信评级机构资质认可标准也不尽一致，导致评级机构缺乏统一有效的监管。例如，国家发改委认定的企业债券评级机构名单与中国人民银行认可的评级机构名单不一致；中国证监会认可的6家机构中，有3家未取得中票和短融的评级资格，2家未取得企业债券评级资格，2家未获中国保监会认可。在对评级机构的具体监管政策方面，各监管部门之间也存在差异。如对于评级信息披露的要求、对于评级业务流程的监管要求、对报备材料的要求、对人员资格的要求等，银行间债券市场和交易所债券市场就有诸多不同之处。整体来看，目前交易所债券市场和银行间债券市场在参与主体、市场准入、信用评级等方面存在着区别，使同一公司、同类品种在不同市场获得不同评价，这在一定程度上造成了债券市场价格体系扭曲，因此，评级监管制度的统一势在必行。

二、评级市场表现的分析数据不完全，尤其是缺乏违约率统计数据

国际三大评级机构一般都有各自关于信用评级等级的明确含义，并有与之相映射的违约概率或预期损失率。国内评级业务开展的时间较短，在交易所债券市场中，从事证券资信评级的各家评级机构在数据积累和数据库建设方面还比较滞后，评级市场表现的分析数据不完全，尤其是缺乏违约率分析的统计数据。此外，国内宏观经济与金融环境变化较快，评级结果与实际情况之间会出现一定的时效性偏差，且评级分析以定性为主，由于各家评级机构把握的评级标准和方法不完全相同，因此，对同一评级对象的评级结果可能存在较大差异。

三、评级市场存在不正当竞争现象，依法惩戒机制还需建立

我国信用评级行业目前仍存在着一些经营不规范的行为，除相关法律法规建设滞后，缺乏统一、透明和稳定的认可制度等原因外，另一个重要的原因是缺乏对评级机构有效的评价机制和惩戒机制，从而使得评级机构实施不正当竞争的成本很低，不利于规范中国评级行业的合规经营及促进评级行业健康发展。2006 年 11 月，中国人民银行颁布的《信贷市场和银行间债券市场信用评级规范》中首次提出了评级机构的退出问题；2012 年 12 月下旬，国家发改委下发通知，规范企业债市场中的评级行为，特别提出要防止以高评级招揽顾客、以级定价、评级虚高等现象；2013 年 1 月初，中国银行间市场交易商协会颁布《非金融企业债务融资工具信用评级业务自律指引》，直指以价定级、以级定价、级别虚高等行业乱象。但由于缺乏法定约束力及可操作性的具体办法，故难以对评级机构的不当行为产生足够的威慑力。目前，交易所债券市场对评级机构实质的惩戒机制仍为空白。

四、评级技术研发投入需要进一步提高

长期以来，评级行业整体规模较小，在研究上的投入不足，研究力量相对较弱，导致评级机构在评级方法、评级技术以及其他与评级相关问题方面的研究上还存在不足。由于缺乏研究数据以及经验的积累，目前，国内评级机构在国家、宏观经济和行业风险分析技术、结构融资产品评级技术、投资人服务技术等方面还有待提高。

五、评级机构的合规经营需要进一步完善

目前，在评级机构采用的评级方法中，定性分析的比重通常较高，这客观上导致在确定等级的时候很难判断该评级结果是否公正、准确。正因为如此，对于评级机构而言，避免利益冲突对评级结果公正性的影响就显得尤为重要。然而，由于评级市场规模有限，市场竞争激烈，评级机构业务收入规模较小，在人才培养、研究开发、内部控制等方面投入不足，系统有效的制度管理和组织建设亟须加强，评级结果的公正性和准确性仍需进一步提高。近年来，中国人民银行、中国证监会等监管部门均组织了业务检查，并对检查结果按照监管政策提出了整改要求。通过这些检查和整改，评级业务的开展尽管在整体状况上有所好转，但仍存在一些不规范之处。

第二节　2013 年交易所债券市场发展方向

一、适应宏观经济增长的需求，监管机构将继续大力发展债券市场，交易所债券规模有望继续增长

根据 2012 年中央经济工作会议的精神，我国未来将继续实施积极的财政政策和稳健

的货币政策，预计2013年经济增速较2012年小幅回升的可能性较大。顺应经济发展的需要，发展多层次资本市场尤其是债券市场支持实体经济的发展，是党的十八大报告提出的发展方向。目前，我国股市市值规模已位居全球前列，但债券市场规模仍偏小。其中，交易所债券市场不论从债券存量还是交易量来看，与银行间债券市场相比仍处于弱势。截至2012年底的债券市场债券存量中，银行间债券市场占97%左右，交易所债券市场只占3%左右。2012年9月出台的《金融业发展和改革“十二五”规划》提出，非金融业企业直接融资占社会融资规模的比重将提高至15%以上，作为重要组成的债券市场的发展有望继续保持快速增长。

二、债券发行管理体制进一步完善，债券发行审核制度将进一步改革

《金融业发展和改革“十二五”规划》中提出，将在“十二五”期间完善债券发行管理体制，加强各部门的协调配合，稳步扩大债券市场规模，推进产品创新和多样化。同时，还将加强债券市场基础设施建设，坚持市场化改革方向，着力培育商业信用，强化市场约束和风险分担机制，提高市场运行透明度，为债券市场发展营造良好的制度环境。

三、发行主体更加广泛化，中低级别主体发债继续放开，创新品种增加

在2011年创业板非公开发行公司债产品、2012年推出中小企业私募债后，交易所债券发行主体进一步扩大，中小企业发行人所占比例进一步提升。目前，中国证监会正在酝酿创新发行模式，推行主板公司非公开发行公司债，主板公司非公开发债可以不受累计债券余额不得超过企业净资产40%限制，并且能够突破募集资金投向限制。上述政策若能够实施，将大大提高主板公司的发债热情。2012年12月初，为适应证券公司创新发展，提升服务资本市场和实体经济能力的需要，中国证监会正在抓紧研究拓宽证券公司融资渠道，《证券公司资产证券化业务管理规定》、《证券公司债务融资工具管理规定》等相关文件也即将正式发布。上述文件的出台将支持证券公司根据需要发行公司债，鼓励证券公司开展资产证券化业务。

四、投资者结构层次进一步丰富，债券交易活跃度进一步提升

2012年10月，中国保监会连续发布了4条新规，对4万亿元保险资金投资运用的渠道继续松绑，是继7月份连续颁布4项保险资金运用政策之后，再度出台关于保险资金投资的新政策。新规出台后，保险公司对投资信贷资产支持证券、专项资产管理计划的产品信用等级不低于国内信用评级机构评定的A级或相当于A级的信用级别，相关产品的投资主体更加丰富。未来，随着债券市场的扩容，养老基金、RQFII2陆续开放投资交易所债券市场，合格个人投资交易所债券市场将进一步放开，交易所债券交易的活跃度将进一步提升。

五、债券市场信用风险增加，评级机构面临市场考验

随着债券市场的持续扩容，发行人愈加广泛，特别是随着中小企业私募债的推出，

目前国内债券市场的信用风险事件进一步增加。2010年，中关村高新技术中小企业集合债券的其中一家发行人，因经营困难而出现兑付困难。后来，陆续有山东海龙、江西赛维等企业出现违约风险。虽然，前述的多数债券后期通过当地政府支持、第三方担保代偿等陆续完成了本息支付，但总体来看，未来债券市场的实质性违约将是大概率事件，这也将对国内的评级机构提出更高的专业要求。

第三节 2013年证券资信评级行业发展展望

一、随着交易所债券市场的不断扩容，证券资信评级业务规模会进一步扩大

目前，《证券公司债务融资工具管理规定》、《证券公司资产证券化业务管理规定》等文件也在征求意见中，中国证监会对证券公司融资渠道的拓宽，对新品种（如资产证券化业务）的鼓励，加之中国保监会规定保险资金投资各类金融产品必须有国内评级机构的评级，都会间接促进交易所债券市场规模的扩大。随着交易所债券市场的不断扩容，证券资信评级业务规模会进一步扩大。

二、评级行业自律规范不断落实和实施，评级机构的运营将更加规范

2012年以来，伴随着《证券资信评级机构执业行为准则》和《非金融企业债务融资工具信用评级业务自律指引》的出台，评级行业的自律管理框架已初步形成。两大规范文件禁止信用评级机构采取低于行业公允价格、级别保证和诋毁同业等不正当竞争手段承揽业务；在制度和组织建设上，两大规范文件要求信用评级机构建立健全利益冲突管理的工作机制和相关制度，有效识别、防范和消除信用评级业务中产生的利益冲突。随着自律规范的不断落实和实施，未来评级机构业务运营的规范度将进一步提升。

三、随着两大债券市场的互联，不同市场的评级差异情况有望改变

公司债券市场发展面临的问题集中表现在市场分割严重，在主管机构、发行条件、审批方式、托管交易等诸多环节都不统一。交易所债券市场和银行间债券市场在参与主体、市场准入、信用评级等方面存在区别，使同一公司、同类品种在不同市场获得不同评价，这在一定程度上造成了债券市场价格体系扭曲。未来，随着中国人民银行、国家发改委和中国证监会债券部际协调机制的进一步深化，债券市场制度规范的“五个统一”（即统一准入条件、信息披露标准、资信评级要求、投资者适当性制度和投资者保护制度）在场内、场外市场有望进一步实现互联互通，不同市场的评级差异情况有望改变。

四、信用风险逐步积累，评级机构面临的挑战进一步加大

随着我国债券市场不断扩容，低资质发行主体比重不断增加，其面临的信用风险也在逐步积累，零违约现状将被打破。由于债券违约与宏观、微观经济状况密切相关，钢铁、水泥、光伏等产能过剩行业仍在面临信用资质的恶化，加之中小规模债券发行人带来的企业信用资质下沉和城投债地方政府的“兜底”成本增加，局部领域违约事件的风险概率更大。上述违约风险的加大，使得市场对评级机构风险预警的前瞻性提出了更高的要求，评级机构面临的挑战也进一步加大。

预计 2013 年，公司债等传统产品发行仍会保持较大规模，中低级别主体发债将保持较高增速，以公司债为代表的交易所债券市场仍会维持向好态势，业内评级机构也面临着前所未有的发展机遇。

后　记

《中国证券业发展报告（2013）》由中国证券业协会组织编撰。本报告的编撰工作由中国证券业协会和10家会员单位组成的编写组进行。本报告分为总报告、分报告及专题报告，撰稿单位做了精心分工：海通证券股份有限公司负责撰写“总报告：2012年中国证券业发展回顾与展望”及“专题报告之三：2012年中国证券公司合规与风险管理发展综述”；国泰君安证券股份有限公司负责撰写“分报告之一：2012年中国证券经纪业务发展回顾与展望”；国信证券股份有限公司负责撰写“分报告之二：2012年中国投资银行业务发展回顾与展望”；申银万国证券股份有限公司负责撰写“分报告之三：2012年中国证券公司资产管理业务发展回顾与展望”；中国银河证券股份有限公司负责撰写“分报告之四：2012年中国证券投资咨询业务发展回顾与展望”；中信证券股份有限公司负责撰写“分报告之五：2012年中国证券公司融资融券业务发展回顾与展望”和“分报告之六：2012年中国证券公司投资业务发展回顾与展望”；中国国际金融有限公司负责撰写“分报告之七：2012年中国证券公司国际业务发展回顾与展望”；兴业证券股份有限公司负责撰写“专题报告之一：2012年证券行业创新发展综述”；广发证券股份有限公司负责撰写“专题报告之二：2012年中国证券业信息技术发展综述”；中国证券业协会投资者教育与服务部负责撰写“专题报告之四：2012年证券公司投资者教育与服务工作报告”；联合信用评级有限公司负责撰写“专题报告之五：2012年中国证券资信评级业务发展综述”。按报告顺序，各编写组负责人为：李明亮、张红梅、鲁伟、单蔚良、张凯慧、祁曙光、李志勇、徐锋、林建何、王建业、袁熙、常丽娟同志。

本报告初稿完成后，中国证券业协会证券经纪业专业委员会、投资银行业专业委员会、资产管理业务专业委员会、直接投资业务专业委员会、证券分析师与投资顾问专业委员会、证券公司合规专业委员会、创新发展战略专业委员会、国际合作专业委员会、证券资信评级专业委员会和信息技术专业委员会的专家分别对报告内容进行了认真审阅并提出了修改意见。各编写组根据相关专业委员会的意见和建议对稿件进行了认真修改和完善。

本报告的完成得到了会员单位及中国证券业协会专业委员会的支持，在此一并表示感谢！

《中国证券业发展报告（2013）》编委会

2013年4月